“四川历史名人丛书”编委会名单

“四川历史名人丛书·研究系列”编委会

（按姓氏笔画排序）

主编 | 何一民

扬雄研究文选

李大明
本册主编
王怀成
本册副主编

四川人民出版社

图书在版编目（CIP）数据

扬雄研究文选/李大明主编．—成都：四川人民出版社，2020.2
（四川历史名人丛书研究系列/何一民主编）
ISBN 978-7-220-11204-1

Ⅰ.①扬… Ⅱ.①李… Ⅲ.①扬雄（前53-18）-人物研究-文集 Ⅳ.①B234.995-53

中国版本图书馆CIP数据核字（2019）第113144号

YANGXIONG YANJIU WENXUAN

扬雄研究文选

本册主编　李大明　本册副主编　王怀成

出品人	黄立新
策划组稿	周　颖　吴焕姣
项目统筹	江　澄
责任编辑	唐海涛　江　澄
封面设计	今亮后声
版式设计	戴雨虹
责任校对	舒晓利
责任印制	王　俊
出版发行	四川人民出版社（成都槐树街2号）
网　址	http://www.scpph.com
E-mail	scrmcbs@sina.com
新浪微博	@四川人民出版社
微信公众号	四川人民出版社
发行部业务电话	（028）86259624　86259453
防盗版举报电话	（028）86259624
照　排	四川胜翔数码印务设计有限公司
印　刷	成都东江印务有限公司
成品尺寸	170mm×240mm
印　张	29.25
字　数	407千
版　次	2020年2月第1版
印　次	2020年2月第1次印刷
书　号	ISBN 978-7-220-11204-1
定　价	98.00元

“四川历史名人丛书”总序

——传承巴蜀文脉，让历史名人“活”起来

文化是民族的血脉，是哺育民族成长壮大的乳汁，是一个国家、一个民族的灵魂，文化兴国运兴，文化强民族强。从十八大到十九大，习近平总书记以政治家的战略眼光，以唯物主义的科学态度，从中华文化的思想内涵、道德精髓、现代价值和传承理念等方面多维度、系统化地阐述了对待中华文化的根本态度和思想观点。他将中华优秀传统文化提升到“中华民族的基因”“民族文化血脉”“中华民族的根和魂”和“中华民族的精神命脉”的崭新高度，指出“一个国家、一个民族不能没有灵魂”，“优秀传统文化是一个国家、一个民族传承和发展的根本，如果丢掉了，就割断了精神命脉”，要“加强对中华优秀传统文化的挖掘和阐发”，从传统文化中提取民族复兴的“精神之钙”，“对历史文化特别是先人传承下来的道德规范，要坚持古为今用、推陈出新，有鉴别地加以对待、有扬弃地予以继承”，努力实现传统文化的“创造性转化、创新性发展”。总书记的一系列著名论断，从中华民族最深沉精神追求的深度、国家战略资源的高度、推动中华民族现代化进程的角度，把中华文化的发展提升到一个新高度，升华到一个新境界，推向了一个新阶段。

中华文化源远流长，积淀着中华民族最深沉的精神追求，是中华民族独特的精神标识，为中华民族生生不息、发展壮大提供了丰厚滋养。沧海桑田，古印度、古埃及、古巴比伦文明早已成为阳光下无言的石柱，而中华文明至今仍然喷涌着蓬勃的生机。四川作为中华文明

的重要发源地之一，历史文化源通流畅、悠久深厚。旧石器时代，巴蜀大地便有了巫山人和资阳人的活动。新石器时代，巴蜀创造了独特的灰陶文化、玉器文化和青铜文明。以宝墩文化为代表的古城遗址，昭示着城市文明的诞生；三星堆和金沙遗址，展示了古蜀文明的不同凡响；秦并巴蜀，开启了与中原文化的融通。汉文翁守蜀，兴学成都，蜀地人才济济，文章之风大盛。此后，四川具有影响力的文人学者，代不乏人。文学方面，汉司马相如、王褒、扬雄，唐陈子昂、李白，宋苏洵、苏轼、苏辙，元虞集，明杨慎，清李调元、张问陶，近现代巴金、郭沫若等，堪称巨擘；史学方面，晋陈寿、常璩，宋范祖禹、张唐英、李焘、李心传、王称、李攸等，名史俱传。此外，经过一代代巴蜀人的筚路蓝缕、薪火相传，还创造了道教文化、三国文化、武术文化、川酒文化、川菜文化、川剧文化、蜀锦文化、藏羌彝民族风情文化等，都玄妙神奇、浩博精深。瑰丽多姿的巴蜀文化，是中华文化的重要组成部分，有着鲜明的地域特征和独特的文化品格，是四川人的根脉，是推动四川文化走向辉煌未来的重要基础。记得来路，不忘初心，我们要以“为往圣继绝学”的使命担当，担负起传承历史的使命和继往开来的重任，大力推动巴蜀文化的传承、接续与转生，让巴蜀文化的优秀基因代代相传，“子子孙孙无穷匮也”。

四川历史文化异彩独放，民族文化绚丽多姿，红色文化影响深广，历史名人灿若星辰，这是四川建设文化强省重要的文化资源。中共四川省委、四川省人民政府秉持高度的文化自觉和文化自信，借助四川文化资源富集的优势，持续深入推进文化强省建设，先后出台《四川省“十三五”文化发展规划》《关于传承发展中华优秀传统文化的实施意见》《建设文化强省中长期规划纲要》等一系列战略规划及措施，大力推进古蜀文明保护传承、三国蜀汉文化研究传承、四川历史名人传承创新、藏羌彝文化保护发展等十七项优秀传统文化传承发展工程，着力构建研究阐发、保护传承、国民教育、宣传普及、创新发展、交流合作等协同推进的文化发展传承体系，不断探索传承守护中华文脉的四川路径。

“四川历史名人文化传承创新工程”是四川启动最早、影响最广的一项文化工程。自2016年10月提出方案，经过八个多月的论证调研、市（州）申报、专家评审，最终确定大禹、李冰、落下闳、扬雄、诸葛亮、武则天、李白、杜甫、苏轼、杨慎为首批十位四川历史名人。这十位历史名人，来自政治、文化、科技、艺术等多个领域，他们是四川历史上名人巨匠的首批杰出代表，各自在自己专业领域造诣很高，贡献杰出：李冰兴建都江堰，功在千秋；落下闳创制《太初历》，名垂宇宙。李白诗无敌，东坡才难双；诸葛相蜀安西南，杜甫留诗注千家。大禹开启中华文明，则天续唱贞观长歌。扬雄著述称百科全书，千古景仰；升庵文采光辉耀南国，万世流芳。

十大名人之所以值得传颂，不仅在于他们具有雄才大略、功勋卓著、地位崇高、声名显赫，更在于他们身上所承载的思想理念、人文精神、气质风范、文化品格等，是中华民族和巴蜀文化的集中表达。大禹公而忘私、为民造福的奉献精神，李冰尊崇自然、求真务实的科学态度，落下闳潜心研究、孜孜不倦的探求意志，扬雄悉心著述、明辨笃行的学术追求，诸葛亮宁静淡泊、廉洁奉公的自律品格，武则天巾帼不让须眉的豪迈气概，李白“直挂云帆济沧海”的博大胸怀，杜甫心系苍生、直陈时弊的忧患意识，苏轼宠辱不惊、澄明旷达的坦荡胸襟，杨慎公忠体国、坚守正义的爱国情怀，都是中华民族优秀文化的浓缩和凝聚，是四川人民独特气质风范的体现，是社会主义核心价值观的本源和本质，是四川发展的宝贵资源和突出优势。

历史名人要有现实意义才能活在当下。今天我们宣传历史名人，不能停留在斯土有斯人的空洞炫耀，而要用历史的、发展的、辩证的思维去深入挖掘、扬弃传承、转化创新，不断赋予时代内涵，不断呈现当代表达，让历史名人及其文化“站起来”“活起来”“动起来”“响起来”“火起来”，真正走出历史、走出书斋、走进社会，走向世界、走向未来。“四川历史名人文化传承创新工程”实施三年多来，全社会认知、传承、传播历史名人文化的热潮蓬勃兴起，成效显著：十大名人研究中心全面建立，一批中长期规划先后出台，一批优秀成果陆续推出；十大名人故居、博物馆、纪念馆加快保护修复，展陈质量迅速提升；十大名人宣传片全部上线，主题突出，画面精美；名人大讲堂、东坡艺术节、人日游草堂、都江堰放水节、广元女儿节等品牌文化活动多地开花，万紫千红；以名人为元素打造的储蓄罐、笔记本、手机壳、冰箱贴等文创产品源源上市，深受民众喜爱；话剧《苏东坡》《扬雄》，川剧《诗酒太白》《落下闳》，歌剧《李冰父子》，曲艺《升庵吟》，音乐剧《武侯》，交响乐《少陵草堂》等一大批舞台艺术作品好戏连台，深入人心……

“四川历史名人丛书”的编纂出版，是实施振兴四川出版战略、实现文化强省目标的重要举措，其目的是深入挖掘提炼历史名人的思想精髓和道德精华，凝练时代所需的精神价值，增强川人的历史记忆、文化记忆，延续中华文化的巴蜀脉络，推动中华文化传承创新，彰显巴蜀文化的生命力和影响力。

“四川历史名人丛书”的编纂出版，始终坚持正确的政治方向、出版导向、价值取向，深入挖掘名人的精神品质、道德风范，正面阐释名人著述的核心思想，借以增强川人的文化自信，激发川人了解家乡、热爱家乡、建设家乡的澎湃力量；始终坚守中华文化立场，着力传承中华文化的经典元素和优秀因子，促进人民在理想信念、价值理念、道德观念上团结一致；始终秉承辩证唯物主义和历史唯物主义观点，用客观、公正、多维的眼光去观察历史名人，还原全面、真实、立体的历史人物，塑造历史名人的优秀形象，展示四川文化的独特魅力，让历史名人文化为今天的社会发展提供精神动能。

“四川历史名人丛书”的编纂出版，注重在创新上下功夫，遵循出版规律，把握时代脉搏，用国际视野、百姓视角、现代意识、文化思维，将思想性、知识性、艺术性、可读性有机结合，找到与读者的共振点，打造有文化高度、历史厚度、现代热度的文化精品，经得起读者检验，经得起学者检验，经得起社会检验，经得起历史检验；注重在质量和水平上下功夫，立足原创、新创、精创，努力打造史实精准、思想精深、内容精彩、语言精妙、制作精美的文化精品，全面提升四川出版的知名度和美誉度，为建设文化强省、助推治蜀兴川再上新台阶提供思想引领、舆论推动、精神鼓励和文化支撑，为增强中华文化影响力贡献四川力量。

“四川历史名人丛书”编委会

2019年10月30日

序

中共十九大报告指出：“实现中华民族伟大复兴是近代以来中华民族最伟大的梦想。”今天，我们比任何时候都更加接近这一伟大目标。实现中华民族伟大复兴，不仅要在经济上取得大发展，同时也要在文化上实现大发展，传承和发展中华优秀传统文化是当代文化复兴和大发展的重要前提。2017 年 1 月 25 日，中共中央办公厅、国务院办公厅为建设社会主义文化强国，增强国家文化软实力，实现中华民族伟大复兴的中国梦，印发了《关于实施中华优秀传统文化传承发展工程的意见》。该意见指出：“文化是民族的血脉，是人民的精神家园。文化自信是更基本、更深层、更持久的力量。中华文化独一无二的理念、智慧、气度、神韵，增添了中国人民和中华民族内心深处的自信和自豪。”“中华文化源远流长、灿烂辉煌。在 5000 多年文明发展中孕育的中华优秀传统文化，积淀着中华民族最深沉的精神追求，代表着中华民族独特的精神标识，是中华民族生生不息、发展壮大的丰厚滋养，是中国特色社会主义植根的文化沃土，是当代中国发展的突出优势，对延续和发展中华文明、促进人类文明进步，发挥着重要作用。”

中共四川省委、四川省人民政府为了贯彻落实以习近平同志为核心的党中央关于“传承和弘扬中华优秀传统文化”的战略决策，不断提升四川文化软实力、影响力和竞争力，做出了实施“四川历史名人文化传承创新工程”的重要决定。

四川历史悠久，是中华文明的发祥地之一。大约在距今 200 万年前，今巫山地区出现了早期人类的踪迹；距今4万—3.53万年前，在今资阳等地已经出现了晚期智人的活动。距今4500年前新石器时代晚期，形成了以宝墩文化为代表的早期城市文明和国家雏形。距今3800—2500年，在成都平原形成了以三星堆文化和十二桥—金沙文化为代表的古蜀文明，高度发达的古蜀文明与中原文明、良渚文明并称为中国上古三大文明。智慧、勤劳、勇敢的四川人民在中华民族的光辉历史进程中创造了一个又一个辉煌。四川物华天宝，人杰地灵，名人辈出，灿若星辰，特别是从先秦到晚清、民国的数千年间，涌现出无数的政治家、军事家、发明家、哲学家、科学家、文学家、艺术家等，他们不仅对四川历史的发展，而且对中国历史的发展甚至人类历史的发展都产生了深刻的影响。他们之中大部分人并非声名显赫的帝王将相，也非英雄豪杰，但是从不同的领域对历史进程的发展方向，对国家政治、经济、社会和文化的发展产生了直接的影响；对社会大众的世界观、人生观、价值观、精神状态、认识深度、感情倾向和生活方式、行为方式等产生了深刻的影响。正如英国哲学家培根所言："智慧与学术给人类社会所造成的影响远比特权与统治持久。"历史名人并未因岁月的流逝而销声匿迹，他们的光芒反而因时光的打磨而更加熠熠生辉。

四川历史名人承载着中华民族优秀的传统，闪烁着四川人民独特的气质风范，是巴蜀文化命脉和集体记忆的重要部分，因而四川历史名人资源是助推当代四川发展稀缺而宝贵的文化资源。"组织、实施历史名人文化传承创新工程，对于增强当代四川人的历史记忆、文化记忆、精神记忆，延续中华传统文化的巴蜀脉络，推动中华优秀传统文化传承创新，提升人民群众文化素养，增强四川文化软实力、影响力、竞争力，具有重大的现实意义和深远的意义。"

2017年7月上旬，四川省公布了首批四川历史名人名单：大禹、李冰、落下闳、扬雄、诸葛亮、武则天、李白、杜甫、苏轼、杨慎。这十大历史名人有七位出生于四川，"禹生西羌"，落下闳生于阆中，扬雄生于成都，武则天生于广元，李白生于江油，苏轼为眉州人，杨慎为新都人，他们虽然出生于四川，但却活跃在中华神州的历史大舞台上；而李冰、诸葛亮、杜甫虽非川人，但是他们人生的光辉顶点和成就都与四川有着密切的关系。因而四川十大历史名人不仅对四川的发展产生了重要影响，而且也对中国历史甚至世界历史产生了重要影响，如：大禹是华夏国家文明的创造者，亚洲东方治水的英雄，对中华文明的发展作用甚巨；李冰所主持修建的都江堰是人类水利工程史上的奇迹，2000多年来仍然还在发挥重要作用，为汉代以后四川取代关中地区成为“天府之国”奠定了重要基础；落下闳是汉代太初历的主要创立者，浑天说创始人之一，对中国历法产生了深远的影响；扬雄是汉代著名的文学家、哲学家、语言学家，其思想对后世产生了深刻的影响，被后人称之为“西道孔子”；诸葛亮、武则天都是中国历史上著名的政治家，对中国历史进程产生了巨大的影响；李白和杜甫皆为影响世界的伟大诗人，是世界文学史上两座高峰；苏轼是中国历史上罕见的文化巨擘，对中国文化的贡献和对后世的影响不可估量；而杨慎则是明代著述最丰的文化巨人，影响也十分巨大。四川十大历史名人不仅对中国政治、经济、文化和科技的发展做出了杰出贡献，彪炳史册，而且他们的思想理念、传统美德、人文精神，承载了巴蜀文化记忆，代表了四川人的精神品格和气质风范。

为了深入贯彻四川省委宣传部关于实施“四川历史名人文化传承创新工程”的指示，四川人民出版社组织编纂了“四川历史名人丛书·研究系列”（以下简称“研究系列”）。

近百年来，海内学术界对四川十大历史名人有着较多的研究，我们对知网和民国报刊网进行了关键词搜索，可知相关研究成果十分丰硕。参见下表。

20世纪以来四川十大历史名人研究论文统计表（单位：篇）

历史名人	知网文章（新中国成立以来）	民国报刊网文章
大禹	440	151
李冰（都江堰）	458	179

续表

历史名人	知网文章（新中国成立以来）	民国报刊网文章
落下闳（太初历）	17	0
扬雄	360	39
诸葛亮	1688	325
武则天	685	329
李白	3855	1081
杜甫	4235	434
苏轼	5947	199
杨慎	291	25
合计	17976	2762
	20738	

上表统计截至 2018 年 8 月底，收集得并不完全，部分论文集的文章和学位论文未统计在内，学术专著也未统计在内，但大体上也能反映学术界对这些历史名人的研究状况。从以上统计可见，新中国成立以前，学术界对四川十大历史名人的研究相对较少，仅有 2762 篇论文，其中以对李白的研究最多，有 1081 篇，约占总量的 39%；其次为研究杜甫的论文，共有 434 篇，约占总量的 15.7%；对诸葛亮和武则天的研究也相对较多，分别为 325 篇和 329 篇；但是对落下闳的研究实为空白，并无一篇文章发表。新中国成立以来的 70 年间，对四川十大历史名人的研究取得了很大进展，研究论文总量增至 17976 篇，是民国时期研究论文总量的 6.5 倍；其中有关苏轼研究的论文多达 5947 篇，占四川十大历史名人研究论文总量的 33.1%，是民国时期苏轼研究论文数量的 29.9 倍，足见新中国成立以来苏轼研究受到学术界的高度重视。新中国成立以来有关杜甫研究的论文有 4235 篇，占四川十大历史名人研究论文总量的 23.6%，为民国时期杜甫研究论文数量的 9.8 倍；新中国成立以来有关李白研究的论文有 3855 篇，占四川十大历史名人研究论文总量的 21.4%，为民国时期李白研究论文数量的 3.6 倍；另外，有关诸葛亮和武则天的研究也有大幅度增

加，分别达1688篇和685篇，分别占四川十大历史名人研究论文总量的9.4%和3.8%，是民国时期诸葛亮和武则天研究论文数量的5.2倍和2.1倍；大禹、李冰、扬雄、杨慎的研究也分别取得较大进展；而落下闳研究则取得了零的突破，研究论文增至17篇，特别是研究落下闳的专著也有出版。总的说来，百年来国内学术界对四川十大历史名人的研究可以说取得了很大的成就，不仅发表的论文总量达到近1.8万篇，而且相关专著也有上千部，成果非常丰硕。

编纂出版“四川历史名人丛书·研究系列”，目的在于用严肃的学术态度，总结百年来学术界对四川十大历史名人的研究，通过对四川历史名人研究重要论文的梳理，发掘四川历史名人研究的内在动力，展现四川十大历史名人在中国历史上的地位和后人对他们的评价。这将有助于深刻阐释、弘扬四川历史名人文化，深入挖掘阐发蕴含其中的思想精髓和道德精华，延续四川历史文化的精神文脉，进而打造四川的学术品牌和学术精品。

“研究系列”一共分为10册，每册35万字左右，即每一个历史名人编纂一本研究文选，分别收集1911年以来国内专家学者对该名人的经典研究文章，以此梳理、展示百年来学术界对四川十大历史名人的研究水平；同时展现四川十大历史名人在历史长河中的不断开拓、继承创新精神，让四川十大历史名人再现辉煌。

“研究系列”在编纂方面有如下几个特点：

1. 坚持名家、名作的收录原则。

在选编文章方面，要求一定是名家所写文章，或虽非名家，但是文章却有相当的学术影响，实为名作。另外论文选编坚持学术创新性和传承性相统一，坚持独特性与广泛性相统一，努力展现四川十大历史名人的研究体系。

2. 项目创新，首次出版，多学科覆盖。

“研究系列”是国内目前唯一精选知名学者撰写的四川十大历史名人研究的学术丛书，所选论文涵盖历史、考古、文学、科技等多个学科，希望通过多个视角展现四川十大历史名人所蕴含的丰富文化底蕴，赋予他们当代文化价值和当代表现形式，为其走出四川、走向世界提供学术支撑。

3. 三代学人研究成果汇集。

在选取作者上，注意时代性，注意汇集老中青三代学人的研究成果，力图系统展现每一代学人对四川十大历史名人的研究思路、方法和路径上的成就，从而为以后的学术研究打下良好的基础，启发和培养更多有志于此的学者对四川十大历史名人进行研究。

4. 名家导读。

“研究系列”各分册的主编均为该研究领域内颇有声望的专家学者，他们的学识使他们能独具慧眼，为读者挑选最具代表性的论文；另外每分册都撰写了一篇百年来该名人研究的综述，系统地梳理了百年间不同时期学术界对相关名人的研究，让读者较清晰地了解到该历史名人的文化影响和历史贡献。

5. 编有百年重要论著目录索引。

“研究系列”每分册的书末都附有百年研究重要论著目录索引，希望借此索引，与研究综述相呼应，从而较完整地展现20世纪以来学术界对该历史名人的研究历程。

“研究系列”编纂从2017年9月开始启动，历时两年，经过12位分册主编和8位分册副主编以及编辑部人员的共同努力，即将付梓。回顾过去的两年，“研究系列”的编纂得到多方面的支持和帮助。

中共四川省委宣传部副部长周青、原副部长向宝云对“研究系列”的编纂和出版给予了大力支持，多次主持相关工作会议，协调解决各种疑难问题。四川人民出版社社长黄立新、总编辑刘周远、原副总编辑周颖高度重视“研究系列”的编纂，不仅提出了很多好的意见和建议，而且还从多方面给予保障。对此，表示真诚的感谢。

分册主编中有多位已过古稀之年，有多位还负责主持多项重大研究项目，但是他们为了推动中华优秀传统文化的传承与发展，为了民族文化的复兴，对此项工作并未推辞，毅然担负起分册主编的工作。该项工作看似简单，实为复杂，首先要从数百篇或数千篇论文中精心挑选经典论文，不仅要有很深的学术功底，要独具慧眼，还需要耗费大量的精力和时间；而要撰写百年研究综述，更是要对百年间的相关研究进行整体把握，其难度可想而知。因而对各位分册主编、副主编深表敬意，并衷心感谢他们的大力支持。

另外还需要提到的是“研究系列”的几位年轻编辑：吴焕姣、黄俊棚、曹鹏程、江澄、杨雨霏、王莹、蒋科兰等，他们默默地参与相关的组织、联系工作，付出了大量的精力，在此一并表示感谢。

何一民

2019 年 9 月 2 日于四川大学竹林村

凡　例

一、编纂宗旨

“四川历史名人丛书·研究系列”旨在梳理和精选百年来中国学术界研究首批四川十大历史名人的经典论文，以此展现四川历史名人在中国历史上的地位，加强今人的历史记忆、文化记忆、精神记忆，延续巴蜀优秀传统文化发展脉络，推动中华优秀传统文化创造性发展、创新性转化，进一步提升人民群众文化素养和人文精神。

二、编纂原则

在相关研究论文选择上，研究系列坚持名家、名文的基本标准，坚持学术创新性和传承性相统一，坚持独特性与广泛性相统一，突显研究论文的经典性和代表性，精选不同历史时期的经典研究代表作。努力构建四川历史名人研究的新体系，展现四川历史名人在历史长河中不断开拓的创新精神，挖掘四川历史名人与当代社会价值的交融辉映之处。

三、编纂体例

“四川历史名人丛书·研究系列”共分 10 册，分别为《大禹研究文选》《李冰研究文选》《落下闳研究文选》《扬雄研究文选》《诸葛亮研究文选》《武则天研究文选》《李白研究文选》《杜甫研究文选》《苏轼研究文选》《杨慎研究文选》，每册约35万字。每册均分为三个部分：第一部分为该名人的百年研究综述，第二部分为经典研究论文选，第三部分为重要论著索引。

1. 百年研究综述：要求具有全面性、系统性、概括性，对辛亥革命以来百余年间海内外学术界对该四川历史名人的研究论著分时段、分学术问题进行概述，总结已经取得的学术成就和存在的不足。

2. 经典研究论文选，按研究的学术问题分类编纂，同一学术问题的论文按相关学术问题和发表时间分先后排序，每册研究论文的分类不求相同，根据每位名人的研究论文所展现的学术问题来分类。

3. 重要论著索引分为三大类：专著、论文、学位论文。每类以1949年中华人民共和国成立为界，分为两大时段，每一时段再按作者姓名笔画顺序排序，同一作者的论著则按时间先后排序。

四、编辑原则

1. 关于研究论文的规范

相关名人的研究论文分别发表在不同时代，而不同时代发表论文有不同的学术规范，因而“四川历史名人丛书·研究系列”原则上不对论文行文做文字改动，包括注释在内，尽量保持论文的原貌，只对错别字、异体字和不当的标点符号做出修订。

2. 关于注释

“四川历史名人丛书·研究系列”注释一律采用页下注，每页起注。注码为圈码，其引文、注文顺序、字形等皆按现行图书出版规范编辑。

目录

前　言 …………………………………………………… 李大明（001）
近百年来扬雄研究综述 ……………………… 李大明　王怀成（008）

扬雄事迹研究

扬雄至京、待诏、奏赋、除郎的年代问题 …………… 杨福泉（027）
扬雄《自序》考论 …………………………………… 陈朝辉（038）
《剧秦美新》及扬雄与王莽的关系 ………………… 方　铭（044）
《剧秦美新》“帝典”论与汉新之际士人心态 ………… 邵　杰（055）

扬雄思想研究

扬雄的道统思想及其在道统史上的地位 …………… 蔡方鹿（077）
论扬雄对先秦儒学的继承与发展 …………………… 边家珍（094）
《太玄》对“易”“老”的会通与重构 ………………… 周立升（106）
论《太玄》对《周易》的模仿与改造 ………………… 刘保贞（123）
取道宗儒:《太玄》的义理诠释 ……………………… 解丽霞（135）
述“事”作“文”: 扬雄《太玄》旨意探微 ……………… 魏鹏举（149）
“西道孔子”扬雄的大一统观与儒风在巴蜀的流布 …… 谭继和（164）
《太玄》·黄老·蜀学 ……………………………………… 魏启鹏（176）
扬雄的社会历史观 …………………………………… 黄开国（191）

扬雄文学业绩研究

论扬雄融合儒道对其文论的影响 …… 许　结（201）
扬雄的文学追求与文学观念之迁变 …… 孙少华（220）
扬雄赋论准则及其大赋创作模式 …… 王德华（239）
试论扬雄赋的模拟与转型 …… 陈恩维（259）
从模拟论扬雄《反骚》的范式意义 …… 冯小禄（268）
试论扬雄在汉大赋上对司马相如的因革与发展 …… 王以宪（277）
扬雄、左思《蜀都赋》比较 …… 吴明贤（287）

扬雄《方言》研究

《方言》与汉语方言研究的古典传统 …… 殷孟伦（305）
《方言》与《尔雅》的关系 …… 濮之珍（318）
《方言》里的秦晋陇冀梁益方言 …… 赵振铎　黄　峰（336）
扬雄《方言》中的秦晋方言 …… 李恕豪（346）
《方言·郭注》述例 …… 吴庆峰（358）

相关文献研究

扬雄著述考略 …… 王春淑（369）
跋扬雄《法言》卷十、卷十一 …… 白寿彝（379）
《扬子法言》历代校注本传录 …… 王　菡（381）
扬雄《畔牢愁》与《九章·悲回风》的“附益”问题 …… 张树国（392）
扬雄《蜀都赋》释疑 …… 熊良智（417）
论《蜀王本纪》成书年代及其作者 …… 徐中舒（424）

重要论著索引 ……（433）
后　记 ……（449）

前　言

◎ 李大明

扬雄是西汉末期的大学问家，巴蜀文化的杰出代表，在哲学、政治学、思想史、文学、语言学等诸多领域，成就卓著。他是今四川成都郫都区人，四十多岁出川，游学京师，一辈子沉沦下僚。居蜀期间，受益于赓绵深厚的蜀学滋育和蜀中学术大师的亲炙，他的学问已然养成，又能在出蜀以后将其发扬光大，促进了汉代学术的发展和进步。扬雄素好深湛之思，心怀绍圣之志，孜孜以求，学问精进，通雅博洽，扩展治学领域，成就“名山事业”，昭示学术精神，对后世中华文化学术的发展和繁荣贡献极大，影响深远。

余生也晚，仰止生活在两千年前的这位历史文化名人，多年来，对他的著作的研习从未懈怠。1995 年，我出版的《汉楚辞学史》，其中专门论述了扬雄的辞赋创作及其楚辞学思想。我的其他学术论著中，对扬雄的著作（不只是辞赋作品，还有《太玄》《法言》《方言》等），也多有引述。这一年多，因为编选这本扬雄研究的论文集，我重读了他的文章著述和史传等有关资料。而拜读（很多是重读）近百年来的扬雄研究论著，尤其是老一辈学者和中青年才俊的精彩论文，我受益多多，也感慨良多。不但借以检验我过去研习扬雄之所得，也学到了不少新的知识，受到新的启发。我和学生王怀成在编定本论文集之后而撰写的《近百年来扬雄研究论文综述》（见本书，又已刊发于《中华文化论坛》2018 年第 6 期），就是这一学习过程的初步汇报。

今则愿意就扬雄居蜀期间的学问养成以及其后学问的拓展精进，他的治学态度与其人生经历、思想意识的关系，进而还想就扬雄身上所体现出的“蜀学精神”，谈一些心得体会，以求教于学界同人。

据《汉书·扬雄传》（采录扬雄“自叙传”，班固又有接叙）记述，扬雄“少而好学”，“博览无所不见”。学习辞赋写作，蜀中先贤司马相如对他影响特大。其自叙说：“先是时，蜀有司马相如，作赋甚弘丽温雅，雄心壮之。每作赋，常拟之以为式。”班固则曰，扬雄以为“赋莫深于《离骚》，反而广之；辞莫丽于相如，作四赋”。“反而广之”，是说扬雄学屈原《离骚》而作《反离骚》和《广骚》，也包括了依仿屈原的《惜诵》等《九章》作品而创作的《畔牢愁》；“作四赋”是指他进京后在成帝朝所作的游猎题材的《甘泉赋》《河东赋》《校猎赋》和《长杨赋》。其《广骚》和《畔牢愁》，传文未载，无由研读讨论；《反离骚》因涉及扬雄的思想意识和人生态度，下文再议。而从总体上看，“四赋”之作，是在精神实质上继承了屈原、相如辞赋的讽喻传统，在体式上又兼有屈赋的楚骚特点和相如赋的弘丽特点。前引他说心壮相如，“每作赋，常拟之以为式”，而“四赋”则多用楚骚体式，且与相如《子虚赋》《上林赋》相比，已渐演为短制，说明扬雄注意将骚体赋和大赋的各自特点融合起来，并且更倾向于拟则屈赋“深”的特点。这应该是他出蜀以后在辞赋创作体式上很自觉的新变。他的《蜀都赋》，则是汉代游猎赋向京都赋题材转变的先声，这也是一种新变。又，汤炳正先生《汉代语言文字学家扬雄年谱》论曰：“扬雄居蜀，其学业以辞赋为主，盖沐相如、王褒之流风者。来京后，始以辞赋为无用，弃不复作，而转事学术著述。雄素习天文学，主盖天说；来京后，由盖天之说改从浑天，其演《太玄经》，即以浑天之法起算。中国语言学名著之祖《方言》，亦始撰于扬雄来京之三年。是扬雄之来京，实为其生平学术思想大转变之契机。”“以辞赋为无用”和《方言》的有关问题，容后述论。今就他哀帝时所作《太玄》而言，“由盖天之说改从浑天”，是接受了汉代最优秀的天文学家、今四川阆中人落下闳的思想。但这只是一个方面。扬雄少时受业于蜀郡学者、黄老道家《易》学大师严遵，学养积成，识通古今，故能继续探索，超迈其师。《太玄》由《易》入《玄》，会通儒道思想，探讨世界图式，推究人事义理，启迪魏晋玄学。扬雄的这一学术文化特点及其贡献，也为后来蜀学守正求变、会通创新的特点的形成，导夫先路。还有他晚年所作的《法言》，对先秦以来的文化学术进行反思，对自己一生的学术实践和学术思想进行总结，而基本上归宗于儒学道统，也是这一学术精神的体现。本论文集中，多位学者对此有精彩的阐释和发挥，值得研习。

居蜀期间扬雄所作《反离骚》，纯用骚体。据其中“汉十世之阳朔兮，招摇纪于周正”二句可知，《反离骚》作于成帝阳朔中，时扬雄三十余岁。他对屈原的遭遇很同情，这与贾谊《吊屈原赋》和司马迁《屈原列传》“太史公曰”相同。但他又从君子全身远害和宿命论的角度对屈原的思想行为表示了不理解，乃至批评和指责，这就是其自叙所说的“又怪屈原文过相如，至不容，作《离骚》，自投江而死。悲其文，读之未尝不流涕也。以为君子得时则大行，不得时则龙蛇，遇不遇命也，何必湛身哉”。扬雄的这一思想意识，也是受到了贾谊和司马迁的影响，但更与他家族的不幸遭遇、个人的生活处境和人生态度，以及他居蜀期间所受到的思想教育都有密切的关系。据其自叙，其先祖本居晋，后被逼“逃于楚巫山，因家焉”，“楚、汉之兴也，扬氏溯江上，处巴江州，而扬季官至庐江太守。汉元鼎间避仇复溯江上，处岷山之阳曰郫”，“世世以农桑为业”。“自季至雄，五世而传一子”。而他本人“清静亡为，少耆欲，不汲汲于富贵，不戚戚于贫贱，不修廉隅以徼名于当世。家产不过十金，乏无儋石之储，晏如也”。时运不济，家族罹难，人生多艰，家境孤寒（甚至五代单传）。这样的家族遭遇和人生经历，当然就很容易养成顺时从命、因以自保，即“不得时则龙蛇”的人生态度。另据《汉书·王吉贡禹传》，扬雄少时从游学蜀人严遵，而严遵就提倡保身全性的人生哲学，要求“不祸自生”，“常处玄默”（《道德真经指归》卷十一），“以保其身”（同上，卷十）等等，这对扬雄思想意识和人生态度的养成，影响极大。

这种思想意识和人生态度，贯穿扬雄一生。哀帝时，扬雄草《太玄》，自叙说是“有以自守，泊如也”。《古文苑》还载其《太玄赋》，章樵注云：“此赋推太玄之理，以保性命之真。”《太玄·玄莹》就认为人命在天，“天地福顺而祸逆”；《太玄·傒》亦云“不祸祸，傒天活我”。再后来，平帝时著《法言》，《问明》篇更明确地指出：“命者，天之命也，非人为也”，“命不可避也”。“或问：活身？曰：明哲。……君子所贵，亦越用明，保慎其身也。”他在成帝、哀帝、平帝“三世不徙官”。至于王莽专擅时期，他“以耆老久次转为大夫”，后来被人牵累，“恐不能自免”而投阁几死，乃是“自保”尤为难得。其悲也乎！

扬雄仕途艰厄，终生贫困，在处世之道上柔顺避患、淡泊自守，非常弱势。但是，在文化学术事业上他却具有可贵的反思（批判）精神和甘心寂寞的坚持，这也许是他对抗苦难人生的一种方式，圣人所谓“君子忧道不忧贫”是也，也是他所寻求到的心灵安妥之所。也可以说，这是一种强势的学术坚守或曰文化自信。从《法言》中所表达的意思来看，他是以圣贤自任，勉力地推进学术发展和学术进步。《方言》之作，也是如此（见后）。他对汉代辞赋创作流弊的反思与批判，以及他坚持二十七年至死未辍的汉语方言研究，就是明证，而这也是历代巴蜀学人所努力继承、发扬的优良学风和学术精神。

扬雄晚年，结合自身的创作经历，对汉代辞赋创作进行了深刻的反思。其自叙云：“雄以为赋者，将以风也。”但是由司马相如所开创的写作模式则是“极丽靡之辞，闳侈巨衍，竞于使人不能加也，既乃归之于正，然览者已过矣”，这是说作赋过分注重浮华之言、弘丽之辞，以吸引帝王眼球，而帝王对其讽谏之旨并不在意，或者干脆想到一边去了。扬雄专门举了司马相如作《大人赋》的例子：“往时武帝好神仙，相如上《大人赋》，欲以风，帝反缥缥有陵云之志。繇是言之，赋劝而不止，明矣。”其实扬雄当初所上“四赋”，也是同样效果。王充《论衡·谴告》就说汉成帝“好广宫室”，扬雄上《甘泉赋》

以讽，而“皇帝不觉，为之不止”。所以扬雄指出，这样的辞赋写作，“非法度所存，贤人君子诗赋之正也”，“于是辍不复为”。后来在《法言·吾子》中，他重申：“或曰：赋可以讽乎？曰：讽乎，讽则已；不已，吾恐不免于劝也。”“或问：吾子少而好赋？曰：然。童子雕虫篆刻。俄而曰：壮夫不为也。”更进一步指出：“诗人之赋丽以则，辞人之赋丽以淫。”这是以“宗经”为本（《法言》中多有论述），厘清了屈原辞赋与宋玉以下至汉代司马相如等赋家的区别。这和他早年认为的“辞莫丽于相如”，“每作赋，常拟之以为式”有很大不同，是理论上的反思和进步。“诗人之赋丽以则，辞人之赋丽以淫”是很深刻的著名文论命题，且影响深远。历代阐释发挥，难以列举，本论文集中亦有学者发为宏论，兹不赘述。

在语言学研究方面，蜀中早有优良传统。武帝时，司马相如通《苍颉》、作《凡将》，事见《汉书·艺文志》的记载；犍为文学舍人注《尔雅》，事见《经典释文·叙录》的记载。扬雄进京以后，受张竦、杜邺形义训诂之学影响，晚岁在平帝时作《训纂篇》，不但踵事相如所为，又能补续《苍颉》。据《汉书·艺文志》和许慎《说文解字·叙》所记，《苍颉》文字计三千三百字，扬雄勤勉努力，补续两千零四十字，《训纂篇》共计五千三百四十字，故许慎言“群书所载，略存之矣”。至于汉语方言，蜀中学者也是早有措意和初步的研究，并形成治学传统。据扬雄《答刘歆书》，扬雄在成都时曾得见严遵所收罗到的千余字方言资料，临邛学者林闾亦有研究方言的“梗概之法”。扬雄少师二人，得其师传，进京后即利用有利条件，全身心地致力于方言的调查收集研究。他甚至上书成帝“愿不受三岁之奉，且休脱直事之繇，得肆心广意，以自克就”。汤炳正先生述曰：“京师五方杂犊，语言各异，故天下上计、孝廉及内郡卫卒至京者，雄皆就访异言而识诸椠素。审其声音，厘其地域，交错思索者，前后二十七年，卒时书犹未成。其历时之久，用力之勤，较《法言》《太玄》巨倍之（详谱中）。雄之小学著述，以《方言》为最精，乃中国古代音韵学、语言学之鼻祖。”此诚为的当之论。扬雄在《方言》撰述研究中所表现出的专业和敬业，令人感佩，还有学术自期和学术自信，即坚信《方言》必将是一部开辟学术新领域、求实求真求精的传世之作。其《答刘歆书》中引张伯松之言，说《方言》是“县（悬）日月不刊之书”，就是这个意思。这也是巴蜀学人所承续和践行的治学传统和学术精神，以及所追求的很高的学术境界。

扬雄的学术事业，在当时就有异见，或者不解，甚至贬损，而他自己却很自信。《汉书》本传中班固记曰，雄“实好古而乐道，其意欲求文章成名于后世”。他的《太玄》，刘歆尝谓“吾恐后人用覆酱瓿”，扬雄对此话是“笑而不应”，正是自信的表现。他死后四十余年，“《法言》大行，而《玄》终不显”，但是后来《太玄》的影响越来越大，研究《太玄》也成为对高深学问的一种追求。如北宋大学者司马光之著《太玄集注》，他还盛赞扬雄是继孔子之后，超过孟子、荀子的“大儒”（《太玄集注·读玄》）。其实，扬雄刚去世，他的同时代人、大学者桓谭就断言其书“必传”，甚至在其《新论》中还称誉扬雄不只是“西道孔子”，还是“东道孔子”。也就是说，扬雄因其学术文化业绩，庶几乎亦成为影响和推进整个中华文化的“至圣”。这是极高的赞誉，甚至是过誉，但也说明，孤寂的不为时人所识的扬雄，当年至少有桓谭这样的知己至交对其推崇备至。还有班固的父亲班彪亦与之善，张伯松也属于他的二三知己。而在后世，扬雄则拥有一代又一代的景仰者、研究者和评价者，或者借用陈寅恪先生的话，是扬雄的“理解之同情”者，比如本论文集作者以及本书附录《扬雄研究论著要目》所列的众多专家学者，还有像我和王怀成这样的研习者。历代也有学者批评他，在某些问题上还批评得比较尖锐（比如对其所作《反离骚》）。这实属正常，因为扬雄的学术肯定存在某些局限、缺点和问题，他的思想固然深邃、深刻，但也有片面的地方。加之身处西汉末年吊诡的政治文化环境，他的某些作为（如写《剧秦美新》），也容易引起后人的误解，乃至颇遭非议和责难。其实批评者也存在着类似的问题。至于有的学者也只是借题发挥，或者影射而已。个别人则可能并无实事求是之意，而故作惊人之论。其间是非曲直，实难一一评骘。而近代以来，尤其是近70年特别是改革开放40年来，在唯物史观的指引下，客观理性的研究越来越占据主导地位，海内外的扬雄研究也持续地向着纵深发展。2017年，在扬雄的故乡，四川省启动了“四川历史名人文化传承创新工程”，将扬雄列为首批四川历史名人。其后，四川省扬雄研究会和四川省扬雄研究中心亦相继成立，还举办了几次高水平的学术研讨会。包括本册《扬雄研究文选》在内的“四川历史名人丛书·研究系列”，亦陆续出版。凡此，皆有力地推进了扬雄研究迈向新的台阶，新成果还将不断涌现。这表明，扬雄越来越引人注目。他的学术业绩，越来越受到后人的重视；他的学术精神，正由我们继承和发扬。《论语·里仁》记孔子之言有云：“德不孤，必有邻。”我们巴蜀学人，都是扬雄的比邻；海内外的扬雄研究者，都是他的后学。

以上所言，实乃有感而发。一则有感于扬雄卓越的学术业绩和可贵的学术精神；二则有感于历代专家学者所进行的卓有成效的研究和大批高质量的学术创获，其中当然也包括了本论文集所收录的几十篇宏文佳作。专家学者们的高论，有教于我，我忝列本书主编，也忍不住发表了一番议论。草草成文，难免浅陋，亦请专家学者和广大读者朋友批评指正。

近百年来扬雄研究综述

◎ 李大明　王怀成

扬雄（前53—后18），字子云，蜀郡成都（今四川成都）人，西汉后期著名的哲学家、文学家、语言学家，巴蜀文化的杰出代表。

扬雄的著述，自班固《汉书·艺文志》始，历代公私目录书，多有著录；选编（如梁昭明太子萧统《文选》）和笺注（如清代学者汪荣宝《法言义疏》、戴震《方言疏证》等），代有名作；作品流传，更是长盛不衰。近百年来，在继承发扬传统学术的基础上，以现代学术理念对扬雄进行的评论和研究，由出版社出版、学术期刊或报纸的文化学术副刊发表，以及近十多年来的网络发布（主要是硕博士论文），更是硕果累累，成就斐然，其中，中国改革开放近40年来取得的成绩尤为突出。据不完全统计，至2017年年底，包括大陆及港台地区、国外汉学者的研究成果，论文超过400篇，专著20多部，硕博士学位论文40余篇。就近百年来公开发表的扬雄研究论文，现拟从扬雄事迹研究、扬雄思想研究、扬雄文学业绩研究、扬雄《方言》研究、相关文献研究等几个方面作一简要的论述，又以改革开放近40年发表的论文为综述的重点。其中有代表性的论文，则编入本书，以供文史研究专家和广大读者阅览。

一、扬雄事迹研究

关于扬雄的生平事迹，董作宾于1929年发表的《方言学家扬雄年谱》进行了深入的考论。[①]《论学杂志》1937年连载了汤炳正《汉代语言文字学家扬雄年谱》。扬雄生平事迹的一些具体考证，20世纪四五十年代先后有陆侃如《扬雄与王音王商王根的关系》[②]、唐兰《扬雄奏甘泉河东羽猎长杨四赋的年代问题》[③]、施之勉《扬雄奏〈甘泉〉〈羽猎〉二赋在成帝永始三年考》等，施之勉还有《扬雄待诏承明之庭在永始元年考》[④]，徐复观《扬雄待诏承明之庭的年代问题》提出不同意见，认为其时间不得早于元延元年。[⑤] 杨福泉《扬雄至京、待诏、奏赋、除郎的年代问题》，认为扬雄写奏《甘泉》《河东》二赋的时间应在汉成帝永始四年，并由此推断：扬雄至京的年龄，今传《汉书》本传"赞"文说"四十余"确实错了，应是"三十余"；先为王音门下史，后得王音和杨庄举荐，于永始二年或三年待诏；由于受到日食影响，永始元年即复的甘泉、河东郊祠，迟至永始四年方始实行。扬雄除为黄门侍郎，应在此年末奏《羽猎赋》和元延二年上《长杨赋》之间的元延元年。[⑥] 杨氏所论，较之前贤，似乎后出转精。陈朝辉《扬雄〈自序〉考论》认为扬雄《自序》之作当于《法言》初成之时，在始建国二、三年间。《自序》既非《法言》之序，亦非扬雄著作"三十八篇之总序"，而是扬雄在其著作不用于世的情况下，对自己立身行事与思想著述的总结，既"著篇之意"，并兼有"自叙风徽，传

---

① 董作宾：《方言学家扬雄年谱》，《中山大学语言历史研究所周刊》，1929年8月。

② 陆侃如：《扬雄与王音王商王根的关系》，《大公报·文史周刊》，1947年第39期。

③ 唐兰：《扬雄奏甘泉河东羽猎长杨四赋的年代问题》，《学原》，1948年第10期。

④ 施之勉：《扬雄奏〈甘泉〉〈羽猎〉二赋在成帝永始三年考》，《大陆杂志》，1952年第2期；《扬雄待诏承明之庭在永始元年考》，《大陆杂志》，1975年第2期。

⑤ 徐复观：《扬雄待诏承明之庭的年代问题》，《大陆杂志》，1975年第6期。

⑥ 杨福泉：《扬雄至京、待诏、奏赋、除郎的年代问题》，《上海大学学报》，2002年第1期。

芳来叶”的性质。[①]

关于扬雄与王莽的关系，特别是扬雄仕于王莽之新朝，历代学者褒贬不一，近 20 多年来的研究有一些新的突破。方铭《〈剧秦美新〉及扬雄与王莽的关系》认为《剧秦美新》非伪托之文，《剧秦美新》之写作，当扬雄晚年，《汉书》不录《剧秦美新》，并非不承认该文出自扬雄手笔，而是认为其“典而亡实”；《剧秦美新》非诡言遁词之文，王莽代汉，既合圣贤故事，又顺民心，“圣人乐天知命，乐天则不勤，知命则无忧”。一个熟谙历史发展规律、尊经征圣的学子，自然会有顺应时势的认识，《剧秦美新》正体现了他真实之思想，非可以“诡言遁词”目之。王莽遵教化，而百姓如唐尧之民，及即位，仿古改官号，封黄帝等后裔，以彰圣贤；改良社会弊端，以复唐尧虞舜三代之治。扬雄的政治理想，正是王莽所身体力行的。扬雄与王莽的关系，体现了君臣知遇。扬雄作《剧秦美新》，正说明早期儒家思想家继承孔子诛一独夫、孟轲贵戚之卿可以推翻昏君之意见，是在君臣观念和社会革命立场上的进步性和民主性的体现。由此可见，《剧秦美新》不是扬雄一生之污点，而是他进步思想的体现。[②] 刘志伟、邵杰《〈文选〉所收〈剧秦美新〉之作年及涉莽时事考论》，对扬雄与王莽的关系做了比较深入的研讨。邵杰又有《〈剧秦美新〉“帝典”论与汉新之际士人心态》，认为扬雄建议王莽作新的《帝典》，是要整治、振兴帝王典业，不仅是绍述尧舜之旧典，寻求古典支持以彰显现实政权的合法性，更是要熔古铸今，焕发尧舜旧典之精神生机，开创垂统万世之典业。“奋三为一”之“奋”，实为极高明而极精准的用语。又扬雄将“帝典阙者已补”之情况归于新朝，固然与王莽大力复古、遵循并模仿三代治政有关，但更重要的是，王莽的作为符合了士人的期待。与着眼于帝德谱系来印证新朝的合法性不同，扬雄的指向是：参旧典而制新典，配圣王以树新王。有了新典与新王，新的王道便呼之

---

① 陈朝辉：《扬雄〈自序〉考论》，《四川师范大学学报》，2006 年第 2 期。

② 方铭：《〈剧秦美新〉及扬雄与王莽的关系》，《中国文学研究》，1993 年第 2 期。

欲出。汉代士人在现实王权既定的情况下，对德位关系做出重新调适，突出了德业之重要性。扬雄“作《帝典》”之建议，不仅致力于提供新的治政范本，而且希望王莽新朝能够超越先秦以来王道体系阐释者、遵循者的角色，去“制礼作乐”，匹列圣王。《剧秦美新》的文本呈现亦具有相似之结构：外“述”而内“作”。总归来讲，都是士人阶层基于天人关系的一种“立言”，是调适、构建天人关系及其相关机制的重要方式。借天命、王道以寄托、呈现自身的意图，本质都是士人群体关于人类社会发展的自我设定与期许。士人心态及其外化，标志着人类对于自身和未来的种种思考与自觉探索，是人类智慧确认自身存在并推动社会前进的重要环节。①

二、关于扬雄的政治思想和哲学思想

关于扬雄的儒家思想与道统思想、扬雄的道家思想与黄老思想、扬雄《太玄》等哲学思想问题的探讨，呈现出较为全面、深入和精细化的研究特征。吴则虞 1957 年发表的《扬雄思想平议》②，较早用新的思想观念研究扬雄思想，引人关注。

扬雄的哲学思想中，儒家思想是最为典型的。蔡方鹿《扬雄的道统思想及其在道统史上的地位》认为扬雄尊孔崇圣、重视五经、抬高孟子的地位，并把孟子和其他诸子区别开来，初步提出了儒学道统思想，以回归和传承儒家圣人之道为己任，认为儒家圣人之道一脉相传而众说不足为言，由此坚守圣人之道。扬雄对依然存在的诸子之学如阴阳灾异、天人感应、谶纬神学以及老子抛弃仁义等思想提出批评，以传扬儒家圣人之道为己任。扬雄的道统思想对后世产生了较大影

① 刘志伟、邵杰：《〈文选〉所收〈剧秦美新〉之作年及涉莽时事考论》，《河南师范大学学报》，2014 年第 5 期；邵杰：《〈剧秦美新〉“帝典”论与汉新之际士人心态》，《文学遗产》，2016 年第 2 期。

② 吴则虞：《扬雄思想平议》，《哲学研究》，1957 年第 6 期。

响，在道统思想发展史上占有重要地位。[①] 该文也是从道统角度，深入剖析扬雄思想的力作。边家珍《论扬雄对先秦儒学的继承与发展》认为面对西汉末年的神学经学的危机，扬雄自比于孟子，从学理上树立以孔孟为代表的先秦儒学为学术正宗的观念，张扬人本主义理念，目的在于扫除董仲舒以来的神学泛滥及道、法等学派思想的抬头；扬雄借鉴道、墨等诸子的思想，丰富和发展了先秦儒学的内涵；他在儒学指向上突出“内圣”，拓展了孔孟重视个体人格的道德自律及自我完善的一面，有利于矫正汉代神学经学在促使士人人格自觉上的苍白乏力。扬雄的努力，是对儒学的继承和发展。[②] 谭继和《“西道孔子”扬雄的大一统观与儒风在巴蜀的流布》认为扬雄是孔子思想在汉代传承的集大成者。扬雄以中和精神为内核的关于“三”的创见，是大一统思想的哲学基础，是汉文化统一进程在思维方式变革上的集中反映。它对巴蜀儒风的流布产生了深远的影响，使巴蜀成为“其学比于齐鲁”的一个全国性文化重心。[③] 黄开国对扬雄思想的研究，用力甚勤，近 30 年来发表多篇较高质量的论文，还有专著出版。其《扬雄的社会历史观》认为：扬雄对社会发展的论述，包含着前进性与曲折性的统一、继承性与变革性的统一，虽然是不自觉的理论，但具有不可否认的价值。扬雄承认天的作用，但又否认此前儒家把历史发展的动因归结为天命的看法。他以有德、无德作为能否受天保佑的原因，这又把历史兴废的最终原因归结为道德的作用了，从而使他的社会历史观带上了道德决定论的色彩。[④]

《太玄》在扬雄的哲学思想体系中具有举足轻重的地位。刘保贞《论〈太玄〉对〈周易〉的模仿与改造》认为无论是在形式上还是内

---

① 蔡方鹿：《扬雄的道统思想及其在道统史上的地位》，《四川师范大学学报》，2017 年第 4 期。

② 边家珍：《论扬雄对先秦儒学的继承与发展》，《河南大学学报》，2002 年第 3 期。

③ 谭继和：《“西道孔子”扬雄的大一统观与儒风在巴蜀的流布》，《中华文化论坛》，2001 年第 1 期。

④ 黄开国：《扬雄的社会历史观》，《重庆师范学院学报》，1990 年第 2 期。

容上，扬雄的《太玄》对《周易》都有很明显的模仿痕迹。从性质上看，《太玄》像孟京易学一样，是一种天人之学。《太玄》的独创性在于体例上采用“三、九”系统；赞辞以生动形象的比喻直接说明事理；《太玄数》所说的筮法仅是扬雄的一个小把戏，没什么实际用途，而他又把五刑、律吕、月令等方面的内容引入《太玄》，以使其也具有“以卜筮者尚其占”的功用。[①] 解丽霞《取道宗儒：〈太玄〉的义理诠释》提出扬雄《太玄》具有“儒道互补”的特点，既有“与‘道’相应的‘玄’的意义设定”“以‘玄’为本的宇宙生成论”“‘物极必反’的朴素辩证法”“‘退守无为’的自然价值观”等道家思想，又有与象数、五常等有密切关联的儒家思想，对儒家“重中和”“倡明君贤臣”“重时”“守信”等思想均有具体阐述，且依据首名、赞数来分述儒家五常。该文认为《太玄》与《易传》一样，属于“象数解释吸取道家思想，由经衍生的义理诠释归宗儒家思想”的“儒道互补”类型，具体分析《太玄》兼具“玄摛万类”的道家思想和“玄为仁义”的儒家伦理，可发现《太玄》“以《易》《老》形式言儒”的著作体例体现了“取道宗儒”的思想特质。[②] 魏鹏举《述“事”作“文”：扬雄〈太玄〉旨意探微》认为《太玄》所表达的并非道家思想，也非通常所说的淡泊之志，而是扬雄的发愤之作。述周、孔以来儒学道义传统之“事”，作一己发愤言志之“文”。《太玄》是扬雄拒绝并对抗体制经学的一种书写实践，是一种试图恢复并光大原始儒学精神，对拘泥烦琐的博士经学作风拨乱反正的自觉的话语实践。[③] 魏启鹏《〈太玄〉·黄老·蜀学》认为在今文经学神学化，谶纬思潮泛滥、符命论兴起的西汉末世，扬雄的《太玄》高扬黄老之学，关注社稷命运，是西汉末年闪现出的一束理性辉光。《太玄》进行了艰苦而严肃的哲学

---

① 刘保贞：《论〈太玄〉对〈周易〉的模仿与改造》，《周易研究》，2001 年第 1 期。

② 解丽霞：《取道宗儒：〈太玄〉的义理诠释》，《四川师范大学学报》，2009 年第 5 期。

③ 魏鹏举：《述“事”作“文”：扬雄〈太玄〉旨意探微》，《文学评论》，2009 年第 3 期。

思考，冲击了今文经学神学化的体系，批判了谶纬迷信，故扬雄是汉兴以来出类拔萃的思想家。严君平、扬雄师徒的思辨风格和学术品位，对魏晋玄学、道家易学产生了深远的影响。[①] 周立升《〈太玄〉对“易”“老”的会通与重构》，继承了魏启鹏的部分观点，认为《太玄》是拟《易》之作，同时又吸收了道家的天道观和辩证法，因此是会通“易”“老”的杰作。但就运思理路而言，《太玄》明显地近于《老子》，而与《周易》有所不同。《周易》以二分法把阴阳视为两体，故而两体的“中和”“中介”不易透显。《太玄》则不同，它以三分法代替了《周易》的二分法，凸显了贯通阴阳而兼体的“和”的作用。扬雄一方面希冀以《太玄》取代汉代经学而又未能予以取代，另一方面他想超越烦琐的象数之学，向思辨哲学迈进，而又未能达到魏晋玄学的高度，从而成为两汉哲学向魏晋玄学转化过程中极为重要的中间环节。[②] 以上学者以《太玄》为中心，从扬雄的写作动机上进行了有益的探讨，尤其值得肯定和重视。

三、关于扬雄的文学创作及作品价值

学术界从文学的角度对扬雄及其作品的研究，主要集中于扬雄的文论观、文学观，扬雄辞赋创作对前贤的继承与发展，扬雄辞赋研究等问题。

许结《论扬雄融合儒道对其文论的影响》认为：如果说与西汉强盛的大一统专制帝国的需求相关，董仲舒把阴阳五行同王道政治的类比联系建构起系统宇宙图式，是积极参与建立官僚政教体系，那么，与西汉王朝末年腐败衰落的社会状况相关，扬雄虽也接受了天人合一的思想，但却在积极努力参与恢复封建王朝昌盛与极力躲避腐朽残暴的官僚政权统治的矛盾中形成特异的心理状态，从而创造了以“玄”

---

① 魏启鹏：《〈太玄〉·黄老·蜀学》，《四川大学学报》，1996 年第 2 期。

② 周立升：《〈太玄〉对“易”“老”的会通与重构》，《孔子研究》，2001 年第 2 期。

为中心、阴阳五行为形式的宇宙图式。就儒学而言，扬雄是先秦儒家发展到汉代董仲舒集大成后发生深刻变化之关键；就道学而言，他是先秦道家发展到魏晋玄学之间的枢纽；就儒道融合对古代文化心理结构产生之影响而言，他的作用更不应轻估。扬雄一生的思想行为正是在儒、道之间，“仕”与“隐”两种意识中徘徊的。因此，扬雄文艺观始终贯串了两种精神：一是儒家文为经世、学以致用之精神，一是道家轻禄傲贵、淡泊自守之精神。而扬雄文论中的矛盾，与这两种精神同时起作用不无关系。归纳起来，其文论中之矛盾又主要表现在文与道、文与质、对汉赋的评价与对屈原的评价四方面。[①] 本文影响颇大，也为多位后进学者引述。孙少华《扬雄的文学追求与文学观念之迁变》认为其文学追求与思想观念经历了一个有趣的演变过程，即早期以汉赋创作为主，后期逐渐转向经学与诸子学术研究，《太玄》《法言》《训纂》《方言》代表了他后期多方面的学术才能与研究成就。扬雄由文学向经学的转变，不仅有时代与社会学术风尚的作用，还与本人个性心理有关。[②] 扬雄在中国文学史与学术史上具有很高的地位，对后世文学与学术研究影响深远。

对扬雄赋论和辞赋创作的研究，一直是学术研究的热点。如王以宪《试论扬雄在汉大赋上对司马相如的因革与发展》认为扬雄的大赋虽然是模拟司马相如的《子虚》《上林》，但他并非简单地模仿，而是有所改革和创新。在内容上，扬雄赋的讽谏之意较相如更明白率直；从艺术的表现手法上讲，司马相如长于描述而扬雄善于议论；在艺术风格上，司马相如清峻豪放而扬雄则庄重深沉；在汉赋的结构和题材上，扬雄也做出了改革和创新。扬雄对汉赋的贡献更重要的是他的赋论，他提出了一条对辞赋进行批评的标准：“诗人之赋丽以则，辞人之赋丽以淫。”这句名言千百年来几乎成为一条固定不变的法则而直

① 许结：《论扬雄融合儒道对其文论的影响》，《学术月刊》，1986 年第 4 期。

② 孙少华：《扬雄的文学追求与文学观念之迁变》，《清华大学学报》，2012 年第 1 期。

接地影响了后世文学评论家们对辞赋的看法。[①] 陈恩维《试论扬雄赋的模拟与转型》提出扬雄前期的赋作以模拟为主，在模拟时进行了多种创新的尝试，或表达自己的独立见解，或根据需要，调整结构与句式，从而形成了自己的特色。扬雄在模拟创作的阶段进行了理论反思，对其后期创作的导向是多元的。一方面，他坚持作赋“将以讽也”的立场，但是由于大赋的创作方法和这一要求的根本矛盾难以调和，导致他不再创作大赋。经短暂的反思性调整后，扬雄在哀平新莽时期的赋作开始转型，从而开启了他创作的新时期：一是表现为箴文的创作，二是言志赋的创作。就赋史的进程和他个人创作的发展历程而言，前者是前进路上必经阶段，而后者则反映了探索路上难以避免的曲折。[②] 冯小禄《从模拟论扬雄〈反骚〉的范式意义》认为，政治道德化批评和模拟消极论遮蔽了人们对《反骚》文学史意义的准确认识。面对屈原的文学技巧与典型的人格模式，扬雄静观默察时代精神之变迁，而有意识地以模拟的形式作《反骚》，来达成新的文化—心理结构和文学风貌的建立，从而在文学技巧和人格心灵上成为新的范式，为后代文人所仿效。[③] 王德华《扬雄赋论准则及其大赋创作模式》认为，扬雄大赋所讽谏的内容一件比一件更切中时弊，扬雄以颂美理想中的汉成帝讽谏现实中汉成帝的失德之举，其歌颂的内容恰恰是现实中所缺失的，扬雄无疑是将一种理想的政治理念加在汉成帝身上，体现了扬雄大赋创作以颂为讽的思维模式。扬雄“丽以则”的赋论准则与“以颂为讽”的大赋创作模式，对东汉赋体理论与创作产生的影响，一是创作上继续延续“以颂为讽”的模式，二是扬雄“以颂为讽”创作实践的失败，揭示了大赋创作走出“以颂为讽”的模式而转

① 王以宪：《试论扬雄在汉大赋上对司马相如的因革与发展》，《江西师范大学学报》，1985 年第 1 期。

② 陈恩维：《试论扬雄赋的模拟与转型》，《中国韵文学刊》，2003 年第 2 期。

③ 冯小禄：《从模拟论扬雄〈反骚〉的范式意义》，《北京师范大学学报》，2003 年第 3 期。

向以颂美为主。[①]

吴明贤《扬雄、左思〈蜀都赋〉比较》，认为扬雄《蜀都赋》作于出蜀前的汉成帝永始二、三年间，左思《蜀都赋》作于晋惠帝初（292）左右。两赋皆以描绘蜀都为题材内容，铺陈夸张，未出汉人樊篱。但前者重在模仿相如，展示才华，为都城赋的先声；而后者重在讽谏，旨在表明主张统一，反对分裂，为都市赋的绝响。[②] 这种比较研究，深化了我们对扬雄文学业绩的认识。

四、扬雄语言学著作《方言》的相关研究

扬雄《方言》是最早的汉语方言学名著，也为后世学者对各地方言的研究提供了重要的资料。濮之珍 60 多年前发表的《〈方言〉与〈尔雅〉的关系》一文，将汉世两部重要的小学著作进行对比研究，以探索二者的关系，认为《方言》的雅诂是从《尔雅》中来的。也就是说，《方言》是根据《尔雅》先立下雅诂，然后再去求方言的。不论从组织形式来看，或从母题雅诂对照研究来看，都具体有力地说明了二书的关系。[③] 殷孟伦《〈方言〉与汉语方言研究的古典传统》，从《方言》的作者问题和《方言》的内容、《方言》的编纂目的、《方言》的资料依据和来源、《方言》的作用、郭璞在《方言》研究上的成就、《方言》中的转语问题、关于疏证《方言》一类的著作等方面做了深入研究，依次解决了如上问题，并殷切提出研究者应注意的事项：一是必须重视典籍以明所本；二是收集材料以广应用；三是派人实际考察，或出自亲身的访问；四是注意不同语言的语词；五是必须亲身整理；六是分析出方言变易的规则，评论其工作完善与否和成就大小，

---

① 王德华：《扬雄赋论准则及其大赋创作模式》，《浙江师范大学学报》，2011 年第 4 期。

② 吴明贤：《扬雄、左思〈蜀都赋〉比较》，《四川师范大学学报》，2005 年第 1 期。

③ 濮之珍：《〈方言〉与〈尔雅〉的关系》，《学术月刊》，1957 年第 12 期。

明确其疏误的由来。如此，才能有利于方言的研究。[1] 周祖谟《方言校笺》（中华书局 1993 年版）汇校历代刻本，吸纳前代学者校勘成果，又断以己意，提供了《方言》精善定本。

近几十年，以扬雄《方言》提供的材料研究方言的地域相关性成为热点，如李敬忠《〈方言〉中的少数民族语词试析》[2]、傅鉴明《扬雄的〈方言〉与历史比较语言学》[3]、张全真《从〈方言〉郭注看晋代方言的地域变迁》[4]、吴永焕《从〈方言〉所记地名看山东方言的分区》[5]、陈立中《论扬雄〈方言〉中南楚方言与楚方言的关系》《从扬雄〈方言〉看汉代南岭地区的方言状况》[6]、黄革《见于〈方言〉中的柳州方言词》[7]、张文轩《兰州方言的历史演变——由〈方言〉所见西汉方言词汇》[8]、杨晓宏《〈方言〉与鲁南方言词汇的古今词义演变》[9]、芜崧《扬雄〈方言〉中的荆楚方言词汇释》[10]、杜俊平与高亮《论偃师话中保存的〈方言〉古语词》[11]、王彩琴《扬雄〈方言〉里的

---

① 殷孟伦：《〈方言〉与汉语方言研究的古典传统》，《文史哲》，1985 年第 3 期。

② 李敬忠：《〈方言〉中的少数民族语词试析》，《民族语文》，1987 年第 3 期。

③ 傅鉴明：《扬雄的〈方言〉与历史比较语言学》，《成都大学学报》，1988 年第 1 期。

④ 张全真：《从〈方言〉郭注看晋代方言的地域变迁》，《古汉语研究》，1998 年第 4 期。

⑤ 吴永焕：《从〈方言〉所记地名看山东方言的分区》，《文史哲》，2000 年第 6 期。

⑥ 陈立中：《论扬雄〈方言〉中南楚方言与楚方言的关系》，《湘潭大学社会科学学报》，2001 年第 5 期；《从扬雄〈方言〉看汉代南岭地区的方言状况》，《韶关学院学报》，2002 年第 4 期。

⑦ 黄革：《见于〈方言〉中的柳州方言词》，《广西右江民族师专学报》，2003 年第 5 期。

⑧ 张文轩：《兰州方言的历史演变——由〈方言〉所见西汉方言词汇》，《甘肃高师学报》，2005 年第 4 期。

⑨ 杨晓宏：《〈方言〉与鲁南方言词汇的古今词义演变》，《宿州教育学院学报》，2008 年第 4 期。

⑩ 芜崧：《扬雄〈方言〉中的荆楚方言词汇释》，《荆楚理工学院学报》，2009 年第 10 期。

⑪ 杜俊平、高亮：《论偃师话中保存的〈方言〉古语词》，《衡水学院学报》，2013 年第 5 期。

河洛方言》[①]、杨春宇与王媛《扬雄〈方言〉所见的幽燕方言》[②] 等，可见我国各大具有相近语言特征的区域，几乎都能从《方言》的记载中找到方言的遗存。赵振铎与黄峰《〈方言〉里的秦晋陇冀梁益方言》，依据罗常培、周祖谟两先生把当时汉语的方言分为七大区，依次是（一）秦晋、陇冀、梁益；（二）周郑韩、赵魏、宋卫；（三）齐鲁、东齐、青徐；（四）燕代、晋之北鄙、燕之北鄙；（五）陈楚江淮之间；（六）南楚；（七）吴越，而选取秦晋陇冀梁益方言作为例子来进行分析。因为这个地区是周民族的故土，秦国也是从这个地区发展起来，秦都咸阳、汉都长安都在这个地区，秦汉时期汉民族共同语的基础方言正是这个地区的方言，在当时占有非常重要的地位，而且在汉语发展历史上也很有影响。秦晋和梁益中间有秦岭山脉相隔，而梁益古代又属于戎人的地盘，所建立的蜀国和巴国，不是周王朝所封。秦惠文王更元九年（前 316），司马错、都尉墨率军队伐蜀，秦得到这块地盘后，大量向蜀地移民。蜀地受秦的影响在语言上有了变化，变得同中土的语言一致了。这就是秦晋陇冀梁益在汉代可以看作一个方言区的原因。扬雄生在蜀郡，四十岁以后到长安，他的足迹没有离开秦晋梁益这片地区，《方言》对这一地区词语用描写说明的方式作解释的较其他方言区为多。《方言》里面的秦晋梁益方言在汉语史上占有重要的地位。它是当时汉语共同语的基础方言，因而得以推广。[③]李恕豪《扬雄〈方言〉中的秦晋方言》，以扬雄《方言》为主要材料，结合历史人文地理等方面的知识，对汉代的秦晋方言，作比较详细的研究。该文不仅着眼于对汉代秦晋方言的特点作大致的描写，勾画出这一方言的粗略轮廓及次方言，而且着重论述这一方言与其他方言的关系，它们之间的接触、交往和相互影响，并试图从政治、经济、历

① 王彩琴：《扬雄〈方言〉里的河洛方言》，《河南社会科学》，2014 年第 12 期。

② 杨春宇、王媛：《扬雄〈方言〉所见的幽燕方言》，《辽宁师范大学学报》，2015 年第 6 期。

③ 赵振铎、黄峰：《〈方言〉里的秦晋陇冀梁益方言》，《四川大学学报》，1998 年第 3 期。

史、文化等方面去寻找原因。作者认为秦方言是秦晋方言的核心，晋方言和梁益方言都是受秦方言强烈渗透和影响的方言。与秦方言相比，晋方言的孤立程度要低一些，它与关东的一些方言有较多的接触。这与历史上晋国曾经是一个强大的向外扩张的国家，与关东各国有着频繁的交往有关。从地理上看，晋比秦更接近东方各国，它们之间有较多的接触是非常合理的。[①] 李恕豪还出版了专著《扬雄〈方言〉与方言地理学研究》（巴蜀书社 2003 年版）。华学诚对《方言》研究发表了多篇论文，如《〈方言〉"奇字"考》等。他还有专著《扬雄〈方言〉校释汇证》上下册（中华书局 2006 年版），影响颇大。

吴庆峰《方言·郭注述例》以扬雄的《方言》面世三百年后的郭璞注为研究对象，从注字、注音、注词语、注体例四方面对郭注加以分析。在注字上，郭璞之注表现在说明两字的古今字关系，对假借字释以本字，对异体字释以当时通行的字。在注音上，郭璞之注表现在常用反切法和直音法，以注音的形式指示出双音词。在注词语上，郭璞之注表现在对要加以注释的词语，如一字能够为义的，则多以"谓某某""言某某"进行说解；组词连读为释，侧面释义；凡《方言》说得不明晰、不彻底的，都重新解说，表现为明确词义、沟通词义、推求语源等方面。在注体例上，郭璞之注表现在阐明《方言》的性质、发明《方言》行文例、发明《方言》释词例等极为复杂而细致的梳理。[②]

总之，扬雄的《方言》，对于研究中国古汉语和我国各大方言区的语言溯源与发展变化，具有不可替代的作用。时至今日，《方言》在我们的学术研究中，依然有很多领域有待探索。

五、相关文献研究

关于扬雄著述，王春淑《扬雄著述考略》，统计文献记载扬雄的

---

① 李恕豪：《扬雄〈方言〉中的秦晋方言》，《四川师范大学学报》，1992 年第 1 期。

② 吴庆峰：《方言·郭注述例》，《古汉语研究》，1995 年第 1 期。

著述有《训纂》《苍颉训纂》《方言》《乐》《蜀王本纪》《州箴》《官箴》《续史记》《志录》《太玄》《法言》《难盖天》等十二种，赋十二篇，诗文十余篇。《训纂》与《苍颉训纂》，或以为两书，一为字书，一为传释之作。《方言》的作者、书名、卷数、所收字数等，诸书记载不一，使人难解，其实乃扬雄未成之稿，后世颇有增益。《乐》，疑为集体编写。《蜀王本纪》，后世多以为伪托，实乃辞赋家的笔法记史。其他种种，见记何书，或存或佚，皆一一梳理，展示了扬雄著述的概略。①

白寿彝《跋扬雄〈法言〉卷十、卷十一》认为扬雄《法言·重黎卷第十》《渊骞卷第十一》大都是评论历史人物，《法言序》说作者的历史观点是正宗儒学的观点。这两卷中的议论，如以六国之亡归之于时激（时势之相激）、地保（地势险要之保卫）和人事的具备，论秦汉兴亡由于天（历史条件）人（人谋）的具备，论李斯之非忠，都跟太史公的论断相似。然称赞石庆，反对游侠，反对陈胜吴广，这都是跟太史公对立的，表达了正宗学者的立场。② 王菡《〈扬子法言〉历代校注本传录》就扬雄《法言》历代学者之校勘注释本的流传予以考述。一是李轨注本，相当完整地保存至今。李轨注本因其年代较古，特别又经北宋治平年国子监校勘发行，成为《法言》的重要注本，后来虽有司马光等人的补注集注，也不能取代李轨注本的流传和影响。二是《音义》和唐宋时期的注本。唐以后有《法言音义》一卷，不知撰人，以五代所作可能性较大。三是司马光对《法言》的集注与校注。元丰四年，司马光住在洛阳的时候，完成了集注《法言》的工作。为后人研究扬雄的思想提供了钥匙，也为后人研究司马光的思想提供了材料。③

对扬雄赋的具体问题，从文献学角度进行阐发，也取得了引人注

---

① 王春淑：《扬雄著述考略》，《四川师范大学学报》，1996 年第 3 期。

② 白寿彝：《跋扬雄〈法言〉卷十、卷十一》，《北京师范大学学报》，1963 年第 3 期。

③ 王菡：《〈扬子法言〉历代校注本传录》，《文献》，1994 年第 3 期。

目的成果。张树国《扬雄〈畔牢愁〉与〈九章·悲回风〉的“附益”问题》关注到《九章·悲回风》是一聚讼纷纭的历史遗留问题，近现代以来，《悲回风》被有些学者认为“伪作”，但多凭感觉，证据不足。近年出土了一些竹简文献，对简帛编连体例的研究，对《悲回风》作者问题的解决，提供了一些富有启发性的材料。《悲回风》由两大部分组成，从开头至“宁溘死以流亡兮，不忍为此之常愁”共四十八单句，为屈原原作；自“孤子唫而抆泪兮”至结尾共六十二单句，为汉成帝时扬雄所作《畔牢愁》。在刘歆等人整理《七略·诗赋略》时追录并“附益”在《九章·悲回风》之下。[①] 熊良智《扬雄〈蜀都赋〉释疑》列举了一些学者质疑《蜀都赋》非扬雄所作，如蜀之有都，晚于扬雄久矣；《蜀都赋》不见于《汉书·艺文志》；《蜀都赋》最早见著于《古文苑》，其真伪莫得而明；《蜀都赋》的创作动机，引人生疑，等等。针对以上问题，广引当时之相关文献，一一释疑，令人信服；扬雄模拟蜀人司马相如作赋的事实，证明扬雄最有可能创作《蜀都赋》；从《蜀都赋》用韵的情形，鉴出蜀方言的典型特征。据此，《蜀都赋》为扬雄所作，证据最为充分。[②]

徐中舒《论〈蜀王本纪〉成书年代及其作者》认为《蜀本纪》或《蜀王本纪》的作者是蜀汉时代的谯周而不是西汉末年的杨雄[③]。《蜀王本纪》虽相传为西汉末杨雄所作，但其书不见于《汉书·艺文志》。《蜀王本纪》初名《蜀本纪》，或省称《蜀纪》，他书征引皆作《蜀记》。《蜀纪》荟萃成书，当在刘焉、刘备相继统治益州之时。刘焉为益州牧时，就有一班文人学士随之入蜀。又有一班宾客陪着他谈宴寻欢，经常以蜀中掌故旧闻作为剧谈的资料。因此，他认为《蜀本纪》就是刘焉宾客根据谈宴的资料写成的。《蜀本纪》或《蜀王本纪》出

---

① 张树国：《扬雄〈畔牢愁〉与〈九章·悲回风〉的“附益”问题》，《文学遗产》，2017 年第 1 期。

② 熊良智：《扬雄〈蜀都赋〉释疑》，《文献》，2010 年第 1 期。

③ 徐中舒：《论〈蜀王本纪〉成书年代及其作者》，《社会科学研究》，1979 年第 1 期。按：本文发表时作“杨雄”，以下述评保留原样。

于来敏、秦宓以后，已有确凿可据的资料，而唐人断为杨雄所作。唐人崇尚诗赋，既以此《蜀都赋》为杨雄作，因此，说《蜀本纪》出于扬雄，他们也就深信不疑了。谯周作《古史考》既是阐述秦宓旧说，其掇拾先蜀掌故旧闻，亦当是继承秦宓的余绪。《蜀本纪》荟萃于谯周，在时代风尚与传授系统，他就是最适当的人选。本文影响很大，几为定论。

地域文化研究历来是学术研究中的一个显著现象，某一行政区域内的文化名人，往往能带动这一区域的学者热情地追慕和深入地挖掘。扬雄虽为蜀人，但在中国文学史、思想史和文化史上，其影响力绝不限于蜀地，纵向能跨越两千年，横向则覆盖全中国。但是，任何具有全局意义的伟大人物，其成长环境、师承关系、思想渊源等因素，他的成功，都会带上所在地的文化基因。近百年来的扬雄研究，海内外学者包括一些老一辈著名学者，如董作宾、唐兰、白寿彝、高亨、殷孟伦、汤炳正、周祖谟、徐复观等先生，皆有高质量的研究论著发表。而川籍学者对扬雄的研究，用力尤勤，如徐中舒、赵振铎、刘君惠等先生，以及谭继和、李恕豪、蔡方鹿、黄开国等先生，都在扬雄研究上做出了突出的贡献，推动了扬雄研究向前发展。

中共十八大、十九大以来，习近平总书记提出：优秀传统文化是一个国家、一个民族传承和发展的根本，如果丢掉了，就割断了精神命脉；文明特别是思想文化是一个国家、一个民族的灵魂。在此前提下，四川历史名人文化传承创新工程领导小组审定，四川首批历史名人就包括了扬雄。我们期待着在新时代扬雄研究能够取得更大的成果。

扬雄事迹研究

扬雄至京、待诏、奏赋、除郎的年代问题

◎ 杨福泉

摘要：扬雄长安初期的生平事迹，如至京、待诏、奏赋、除郎的年代问题，众说纷纭。本文论证扬雄写奏《甘泉》《河东》二赋的时间应在汉成帝永始四年，并由此推断：扬雄至京的年龄，今传《汉书》本传“赞”文说“四十余”确实错了，应是“三十余”；先为王音门下史，后得王音和杨庄举荐，于永始二年或三年待诏；由于受到日蚀影响，永始元年即复的甘泉、河东郊祠，迟至永始四年方始实行。扬雄除为黄门侍郎，应在此年末奏《羽猎赋》和元延二年上《长杨赋》之间的元延元年。

关键词：扬雄　至京　待诏　奏赋　除郎

扬雄（前53—后18），字子云，蜀郡成都（今四川成都）人，西汉末年著名的思想家、文学家和语言学家。他的一生以自蜀至京为界，分成前后两个时期。由于今传《汉书·扬雄传》的记载自身存在明显疑误，致使扬雄长安初期的生平事迹，如至京、待诏、奏赋、除郎的年代，往往不易确定。后世学者对此猜测纷纷，迄今尚未定案。

一

《汉书》本传“赞”简要叙述扬雄一生的仕进历程说：

> 初，雄年四十余，自蜀来至游京师，大司马车骑将军王音奇其文雅，召以为门下史，荐雄待诏。岁余，奏《羽猎赋》，除为郎，给事黄门，与王莽、刘歆并。哀帝之初，又与董贤同官。

按："哀帝之初"前面的这段文字，都是讲扬雄在成帝时期的情形，其中包括至京、待诏、奏赋、除郎四个环节，涉及相应的四个年代问题。

第一，扬雄至京的年龄及与王音的关系。主要有两种观点：一种认为"年四十余"有误，应是"年三十余"。王先谦《汉书补注》引钱大昕曰："雄以天凤五年卒，年七十一，则成帝永始四年年始四十有一；而王音之薨乃在永始二年正月，使果为音所荐，则游京师之年尚未盈四十也。"又引周寿昌曰："阳朔三年己亥，王音始拜大司马车骑将军，雄年三十二；永始二年丙午，音薨，雄年三十九。与书中所云'四十余，自蜀游京师，为王音门下史'语不同。"董作宾即从周说，定扬雄至京在成帝阳朔三年，时三十二岁。[①] 但此说遭徐复观的合理反问："董氏何以能断定是三十二岁，而不是从三十二岁到三十九岁中的任何一岁呢?"[②] 另一种认为"年四十余"不误，误在"王音"。司马光《资治通鉴考异》卷一"扬雄待诏"注云："时王音卒已久，盖王根也。"陆侃如不同意此看法，认为王音乃王商之误。[③]

第二，荐雄者及待诏时间。也有两种不同意见：一种根据班固"赞"文，认为荐雄的是王音（一说王根，一说王商，见前）；另一种根据扬雄《自序》，认为荐雄的是杨庄。关于扬雄待诏的时间，施之勉说在永始元年复甘泉、河东祠之后，王音薨逝之前。[④] 徐复观说不能早于元延元年。[⑤]

---

① 董作宾：《方言学家扬雄年谱》，《中山大学语言历史研究所周刊》，1929 年 8 月。

② 徐复观：《扬雄论究》，《大陆杂志》，1975 年第 3 期。

③ 陆侃如：《扬雄与王音王商王根的关系》，《大公报·文史周刊》，1947 年第 39 期。

④ 施之勉：《扬雄待诏承明之庭在永始元年考》，《大陆杂志》，1975 年第 2 期。

⑤ 徐复观：《扬雄待诏承明之庭的年代问题》，《大陆杂志》，1975 年第 6 期。

第三，《甘泉》《河东》《羽猎》《长杨》四赋的写奏年代。就前三赋而言，共有三种不同看法：（一）“永始三年”说。《文选》李善注引《七略》曰：“《甘泉赋》，永始三年正月，待诏臣雄上。”姚振宗《汉书艺文志拾补》卷三云：“按《河东赋》，永始三年三月上者，《七略》佚其文，故今不具也。”施之勉根据《七略》，认为扬雄奏《甘泉》《羽猎》二赋在汉成帝永始三年①。（二）“永始四年”说。《文选·甘泉赋》李善注云：“《汉书》曰：‘永始四年正月，行幸甘泉。’《七略》曰：‘《甘泉赋》，永始三年正月，待诏臣雄上。’《汉书》三年无幸甘泉之文，疑《七略》误也。”唐兰说：“我们如其假定三赋作于永始四年，那么，《七略》所说《甘泉赋》和《羽猎赋》作于永始三年，就不用完全推翻，只需像李善《甘泉赋注》认为三年是四年之误就可以了，数目字是比较容易错误的。”②（三）“元延二年”说。多数学者怀疑李善所引《七略》恐非原文，认为扬雄三赋应作于元延二年。关于《长杨赋》，暂待后文讨论。

第四，扬雄何时除为黄门侍郎。这个问题，一般认为在奏《羽猎赋》之后。

综上所述，我认为，诸家看法虽颇有可采，但不足之处亦较突出，主要表现在两方面：一是所考对象大多仅限于上述事件中的某一项，难免顾此失彼，执于一偏；一是所据史料基本雷同，新材料挖掘不够，原思路拓展不宽。唐兰说：“考证之学，最好把原始史料都摊出来，然后寻求怎样才可以说得通。万不可先有了成见，更不可只着眼在巧合。研究历史，第一得有材料，第二就是在精密的方法，即使一个年代的考证，也是一点大意不得的。”③ 这番话颇耐人寻味，也很有指导意义。

---

① 施之勉：《扬雄奏〈甘泉〉〈羽猎〉二赋在成帝永始三年考》，《大陆杂志》，1952年第2期。

② 唐兰：《扬雄奏甘泉河东羽猎长杨四赋的年代问题》，《学原》，1948年第10期。

③ 唐兰：《扬雄奏甘泉河东羽猎长杨四赋的年代问题》，《学原》，1948年第10期。

二

扬雄在长安初期的生平，正当汉成帝统治中后期。成帝刘骜于元帝竟宁元年（前33）六月即位，绥和二年（前7）三月驾崩，在位凡二十六年。此间，王氏五大司马相继辅政，赵氏姊妹专宠后宫。成帝晚年忧无继嗣，多次行幸甘泉、河东，郊天祀地，终不获佑。为了弄清扬雄至京、待诏、奏赋、除郎的具体年代，还是先将有关史料罗列出来，认真做一番梳理考订工作。兹据《汉书》所载，择要编年如下：

阳朔三年（前22），扬雄三十二岁。八月，王凤卒。九月，王音为大司马车骑将军（据《成帝纪》及《百官公卿表》）。王莽拜为黄门郎，迁射声校尉（据《王莽传》）。

永始元年（前16），扬雄三十八岁。三月，诏复甘泉、河东祠。《郊祀志》载成帝时期“罢”“复”甘泉泰畤、河东后土郊祠云：“建始元年，徙甘泉泰畤、河东后土于长安南北郊。永始元年三月，以未有皇孙，复甘泉、河东祠。绥和二年，以卒不获佑，复长安南北郊。”按：《成帝纪》载此事在永始三年，曰：“冬十月庚辰，皇太后诏有司复甘泉泰畤、汾阴后土、雍五畤、陈仓陈宝祠。”考《成帝纪》，永始二年冬十一月已“行幸雍，祠五畤”，则《纪》《志》所载其中必有一误。《纪》文或有移窜，当以《志》文为确；又《郊祀志》载皇太后诏有“春秋六十，未见皇孙”语，据《元后传》“太后年八十四，建国五年二月癸丑崩”推算，“春秋六十”当在元延二年，与《志》文“永始元年”及《纪》文“永始三年”均不合。此“春秋六十”盖以约数计。

五月，王莽为新都侯（据《成帝纪》及《王莽传》）。六月，赵氏立为皇后。《成帝纪》云：“（永始元年）夏四月，封婕妤赵氏父临为成都侯。”“六月丙寅，立皇后赵氏。大赦天下。”

永始二年（前15），扬雄三十九岁。正月，王音卒。二月，王商为大司马卫将军（据《成帝纪》及《百官公卿表》）。按：《元后传》云："王氏爵位日盛，唯音为修整，数谏正，有忠节，辅政八年，薨。吊赠如大将军，谥曰敬侯。"

永始四年（前13），扬雄四十一岁。正月，行幸甘泉，郊泰畤。三月行幸河东，祠后土（据《成帝纪》）。十一月，大司马王商赐金，安车驷马免（据《百官公卿表》）。

元延元年（前12），扬雄四十二岁。正月，王商复为大司马卫将军（据《百官公卿表》）。三月，行幸雍，祠五畤（据《成帝纪》）。十二月，王商迁为大司马大将军，卒。王根为大司马骠骑将军（据《成帝纪》及《百官公卿表》）。赵昭仪害后宫皇子。颜师古注曰："赵飞燕之妹。"（据《成帝纪》及《五行志》）

元延二年（前11），扬雄四十三岁。正月，行幸甘泉，郊泰畤。三月，行幸河东，祠后土（据《成帝纪》）。冬，行幸长杨宫，从胡客大校猎（据《成帝纪》）。

元延三年（前10），扬雄四十四岁。三月，行幸雍，祠五畤（据《成帝纪》）。

元延四年（前9），扬雄四十五岁。正月行幸甘泉，郊泰畤。三月行幸河东，祠后土（据《成帝纪》）。

绥和元年（前8），扬雄四十六岁。赵氏姊妹及王根等谋立定陶王刘欣为汉嗣（据《哀帝纪》《外戚传》及《孔光传》）。三月，行幸雍，祠五畤（据《成帝纪》）。四月，大司马骠骑将军王根更为大司马，七月，赐金，安车驷马免。十一月，王莽为大司马（据《成帝纪》《百官公卿表》及《王莽传》）。

绥和二年（前7），扬雄四十七岁。正月行幸甘泉，郊泰畤。三月行幸河东，祠后土（据《成帝纪》）。三月成帝崩于未央宫。皇太后诏复长安南北郊（据《成帝纪》及《郊祀志》）。赵昭仪自杀（据《外戚传》）。

三

根据上述有关史料，运用排除法，首先可以初步考订扬雄《甘泉》《河东》二赋的写奏年代。

《甘泉》《河东》二赋的写奏，与汉代甘泉泰畤、河东后土的宗教祭祀活动密切相关。成帝晚年为求继嗣，曾先后四次行幸甘泉、河东，郊祠泰畤、后土。单就《甘泉》《河东》而言，这四次郊祠均有可能，但结合《羽猎》《长杨》来看，“绥和二年”的一次可先排除，毫无异议；“元延四年”的一次也不大可能，姑且存疑，因为《成帝纪》明文记载，“行幸长杨宫，从胡客大校猎”在元延二年。

再看“元延二年”的一次。多数学者确定扬雄写奏《甘泉》《河东》二赋在此年，正是依据上文所引《成帝纪》的记载，与《汉书》本传所录扬雄《自序》相合。《汉书》本传云：

> 明年，上将大夸胡人以多禽兽，秋，命右扶风发民入南山，西自褒斜，东至弘农，南驱汉中，张罗罔罝罘，捕熊罴豪猪虎豹狖玃狐菟麋鹿，载以槛车，输长杨射熊馆。以罔为周阹，纵禽兽其中，令胡人手搏之，自取其获，上亲临观焉。是时，农民不得收敛。雄从至射熊馆，还，上《长杨赋》，聊因笔墨之成文章，故藉翰林以为主人，子墨为客卿以风。

应该相信，本传所云与帝纪所载是指同一件事。但如此一来，《羽猎赋》的年代就出现了问题，无法落实。《汉书》本传虽未明言扬雄四赋作于何年，但从《传》文来看，《甘泉》《河东》《羽猎》三赋分别作于同年“正月”“三月”和“十二月”（《羽猎赋》亦云“玄冬季月”），《长杨赋》其“明年”作。《传》文乃录《自序》，应该没有疑问。《文选·长杨赋》李善注云：“明年，谓作《羽猎赋》之明年，即校猎之年也。”由此可见，《甘泉》《河东》《羽猎》三赋与《长杨赋》绝不作于同一年。确定《甘泉》《河东》作于元延二年，则《羽猎》《长杨》其中必有一赋年代落空。即使像司马光《通鉴》那样，说《成帝纪》错了，而将“长杨校猎”之事改系元延三年，实亦难圆其说。

至此，只剩下“永始四年”这次了。《汉书·扬雄传》云：“孝成帝时，客有荐雄文似相如者，上方郊祠甘泉泰畤、汾阴后土，以求继嗣，召雄待诏承明之庭。正月，从上甘泉，还奏《甘泉赋》以风。……其三月，将祭后土，……还，上《河东赋》以劝。”又《甘泉赋》文曰：“惟汉十世，将郊上玄，定泰畤，雍神休，尊明号，同符三皇，录功五帝，恤胤锡羡，拓迹开统。”颜师古注引应劭曰：“时成帝忧无继嗣，故修祠泰畤、后土，言神明饶与福祥，广迹而开统也。”细揆文意，成帝此番“郊祠甘泉泰畤、汾阴后土”应是第一次。所谓“方”“将”“定修”，正透露着其中的消息。成帝建始元年罢甘泉、汾阴祠，作长安南北郊，此次重郊泰畤，故曰“定”。

值得注意的是，永始四年这第一次郊祠的“气派”，也与其他三次显著不同。《汉书·成帝纪》云：

> （永始）四年春正月，行幸甘泉，郊泰畤，神光降集紫殿。大赦天下。赐云阳吏民爵，女子百户牛酒，鳏寡孤独高年帛。三月，行幸河东，祠后土，赐吏民如云阳，行所过无出田租。

按：成帝“大赦天下”、赏赐吏民，与其郊天祠地、以求继嗣的宗教性质和政治目的紧密相连。这一点正和永始元年立皇后赵氏的“大赦天下”完全相同。卫宏《汉旧仪》“中宫及号位”曰：“立皇后、太子，大赦天下，赐天下男子爵，女子牛酒缯帛，夫增秩。”蔡质《汉官典职仪式选用》“立宋皇后仪”亦云：“后即位，大赦天下。”

《汉书·扬雄传》云：“又是时赵昭仪方大幸，每上甘泉，常法从，在属车间豹尾中。”赵昭仪即皇后赵飞燕之妹。成帝自鸿嘉以后，稍隆内宠，湛湎酒色，所幸卫婕妤、赵氏姊妹皆起于微贱。赵氏姊妹骄妒专宠，淫靡奢侈。《外戚传》云：“皇后（按指赵飞燕）既立，后宠少衰，而弟绝幸，为昭仪。居昭阳舍，其中庭彤朱，而殿上髹漆，切皆铜沓黄金涂，白玉阶，壁带往往为黄金釭，函蓝田壁，明珠、翠羽饰之，自后宫未尝有焉。姊弟颛宠十余年，卒皆无子。”对此，宗室刘向深表忧虑，尝著书讽劝。《楚元王传》云：“向睹俗弥奢淫，而赵、卫之属起微贱，逾礼制。向以为王教由内及外，自近者始。故采取《诗》《书》所载贤妃贞妇，兴国显家可法则，及孽嬖乱亡者，序次为《列女传》，凡八篇，以戒天子。”按：赵昭仪深受成帝宠幸，乃在其姊赵飞燕立为皇后以后的数年间。永始四年郊泰畤，赵昭仪从上甘泉，有违礼制，故扬雄《甘泉赋》言及“屏玉女而却虙妃”，以微戒齐肃之事。至于《传》文提及“每”“常”，有人据以认为，扬雄写奏《甘泉赋》，不在成帝第一次郊祠甘泉、河东的永始四年。其实这是个误解。甘泉在西汉不仅是帝王宗教祭祀的重要场所，也是天子后妃休闲游乐的避暑胜地。成帝建始元年以后，甘泉泰畤虽遭罢徙，其宗教祭祀功能暂且丧失，但甘泉作为帝妃游乐胜地却从未废弃过。受成帝“大幸”的赵昭仪“每上甘泉，常法从”，实在是件再合乎情理不过的事。

试问：永始元年已复甘泉、河东祠，为何迟至永始四年方才实行呢？我认为，这主要是由于受到日食影响。自汉武帝始定甘泉泰畤，“二岁一郊，与雍更祠”，已成常法。《汉书·郊祀志》云：“元帝即位，遵旧仪，间岁正月，一幸甘泉郊泰畤，又东至河东后土，西至雍五畤。”照此，永始元年诏复甘泉、河东祠，二年“行幸雍，祠五畤”，三年本该又是郊祠甘泉、河东的年头。然据《成帝纪》及《五行志》记载，永始三年正月，“日有蚀之”。成帝因此下诏曰：“天灾仍重，朕甚惧焉。惟民之失职，临遣大中大夫嘉等循行天下，存问耆老，民所疾苦。”所以永始三年的郊祠只好取消，直到永始四年才得以实行。

四

《甘泉》《河东》二赋既已确定作于永始四年，其他年代也就不难弄清楚了。

首先是《羽猎》《长杨》二赋的写奏年代。据《汉书·扬雄传》，《羽猎》与《甘泉》《河东》同年作，则此赋应作于永始四年十二月，无可争议；问题在于《长杨赋》。按《成帝纪》所载“长杨校猎”事，《长杨赋》作于元延二年无疑。但据扬雄《自序》，作《羽猎赋》的“明年”，上《长杨赋》，则此赋又似应作于元延元年。个中原因可能是，扬雄永始四年十二月作《羽猎赋》，真正写成奏上恐怕已在元延元年，其“明年”正是元延二年。如果这点误差还不必当作是扬雄错记，那么《七略》佚文所云就实在难以理解了。《文选·长杨赋》李善注引《七略》曰：“《长杨赋》，绥和元年上。”对此，王先谦《汉书补注》引沈钦韩曰：“又疑《七略》篇当时文，不当有失，或雄《自叙》止据奏御之日；秘书典校，则凭写进之年，故参差先后也。”

其次是荐雄者及待诏时间。前引《汉书》本传云：“孝成帝时，客有荐雄文似相如者，上方郊祠甘泉泰畤、汾阴后土，以求继嗣，召雄待诏承明之庭。”所谓“客”者，即杨庄。扬雄《答刘歆书》曰：“而雄始能草文，先作《县邸铭》《王佴颂》《阶闼铭》及《成都城四隅铭》。蜀人有杨庄者为郎，诵之于成帝。成帝好之，以为似相如。雄遂以此得外见。”《文选·甘泉赋》李周翰注云：“扬雄家贫好学，每制作慕相如之文。尝作《绵竹颂》，成帝时直宿郎杨庄诵此文，帝曰：‘此似相如之文。’庄曰：‘非也，此臣邑人扬子云。’帝即召见，拜为黄门侍郎。”按照扬雄本人的说法，似乎推荐他的只有杨庄一人。但从班固“赞”文来看。“荐雄待诏”的主语承前省，为王音。我认为，扬雄得以待诏承明之庭，王音和杨庄都是帮了忙的，即庄荐其文，音举其人。王音卒于永始二年正月，则其荐雄待诏最迟不晚于去世前，或亦如王凤临终荐莽故事。由于本该永始三年的郊祠因日蚀故延至四年，相比之下，倒是杨庄的推荐来得更直接、切实些；扬雄以文似相如而被成帝召用，自然更看重后者。扬雄待诏的时间，据“岁余，奏《羽猎赋》”推算，应在永始二年或三年。其时适逢成帝“方郊祠甘泉泰畤、汾阴后土，以求继嗣”之际，需要文学之士为其歌功颂德。在王音和杨庄举荐下，扬雄终于得以待诏、除郎，从此真正走上仕途。

再次，扬雄至京的年龄及其与王音的关系。扬雄奏赋年代既已确定，则荐雄者实为王音，而非王商或王根。班固“赞”文并没有错。退一步说，即使他将人名记错了，但将“卫将军”“大将军”或“骠骑将军”错成“车骑将军”的可能性实在太小。《汉书·百官公卿表》云：“（武帝）元狩四年初置大司马，以冠将军之号。宣帝地节三年置大司马，不冠将军，亦无印绶官属。成帝绥和元年初赐大司马金印紫绶，置官属，禄比丞相，去将军。”按：大司马而冠将军之号，在汉代其政治地位有等级差别。蔡质《汉官典职仪式选用》云：“汉兴，置大将军、骠骑，位次丞相；车骑、卫将军、左、右、前、后，皆金紫，位次上卿。”[①] 王音死后吊赠“如”大将军，王商卒前“迁”为大将军，由此可窥一斑。至于扬雄至京的年龄，今传《汉书》本传“赞”文说“年四十余”，确实错了，应作“年三十余”；但扬雄至京的具体年代，由于缺乏更准确的史料，只能概略地说，在王音任大司马车骑将军辅政的八年中，即从阳朔三年至永始二年，时年三十二岁至三十九岁之间。在此期间，扬雄身为王音门下史，类似文学侍从之职。

最后，扬雄除为黄门侍郎的时间。班固“赞”文序扬雄“除为郎，给事黄门”在“奏《羽猎赋》”之后，但具体年代很难确定。我认为，扬雄除郎应在永始四年末奏《羽猎赋》和元延二年上《长杨赋》之间的元延元年。《太平御览》卷二二一“黄门侍郎”条引《汉书》曰：“王音荐杨雄，待诏岁余，为给事黄门郎，成、哀、平三代

---

① 孙星衍：《汉官六种》，中华书局，1990 年。

不徙。”按：扬雄历仕成、哀、平，“三世不徙官”。史家记其官名不一，或“黄门郎”，或“黄门侍郎”，或“为郎，给事黄门”，或“给事黄门郎”。杨鸿年认为这四种不同说法，“指的完全是一个官职”①。其说可从。另外需要说明的是，班固“赞”文提到“与王莽、刘歆并”，是说扬雄与他们一起在朝廷任职，亦即所谓“同官”之义，而不是说此时扬雄和王莽、刘歆同为黄门侍郎。

原载《上海大学学报》2002年第1期

① 杨鸿年：《汉魏制度丛考》，武汉大学出版社，1985年。

扬雄《自序》考论

◎ 陈朝辉

摘要：扬雄晚年作《自序》，班固采之以为《扬雄传》。扬雄《自序》的性质，颇有可议者。扬雄《自序》既非《法言》之序，亦非扬雄著作“三十八篇之总序”，而是扬雄在其著作不用于世的情况下，对自己立身行事与思想著述的总结，既“著篇之意”，并兼有“自叙风徽，传芳来叶”的性质。

关键词：扬雄　《自序》　性质

一、《自序》之作年及内容

王莽始建国元、二年间，扬雄作《法言》成[①]。雄之《自序》叙事止于《法言》目，则其《自序》当作于《法言》成书后。班固作《扬雄传》即全录扬雄《自序》，而以《扬雄传赞》接续后事及评价扬雄。《扬雄传赞》中论及扬雄投阁之事，则扬雄《自序》之作当在投阁之前。雄之投阁乃因甄寻、刘棻事牵连所及，考《汉书·王莽传》，始建国二年下令收捕甄寻，岁余捕得，放于三危。则扬雄投阁事在始建国三年，《自序》之作当于《法言》初成之时，在始建国二、三年

① 汤炳正：《语言之起源·汉代语言文字学家扬雄年谱》，台湾贯雅文化事业有限公司，1990年。

间。其时《方言》未成，故未言及之。洪迈以《自序》未言及《方言》，遂疑为汉魏之际好事者为之，其失盖在未考扬雄《自序》之作年。

扬雄《自序》，首以世系，兼及立身行事；次以《反离骚》系列，明其吊原之意；次以四赋系列，著其风劝之旨；次以《太玄》，以《解嘲》及《解难》述其作意与结构；次以《法言》，除自述评骘诸子之大旨外，更以《法言》目“著篇之意”[①]。值得注意的有以下两点：

一是四赋之作，原本无序。故扬雄作《甘泉赋》，本讽谏成帝之奢侈，成帝虽“异焉”[②]，然据王充《论衡·谴告》，“孝成皇帝好广宫室，扬子云上《甘泉颂》，妙称神怪，若曰非人力所能为，鬼神力乃可成。皇帝不觉，为之不止”[③]。若献赋之时即有赋序明言讽谏，成帝虽可能“为之不止”，断不会“不觉”。扬雄晚年有感于辞赋之不用于世，故有《自序》述诸篇作旨。《太玄·莹》云：“观其施辞，则其心之所欲者见矣。”[④] 观扬雄《自序》之施辞，其于己作颇为自珍，且追述意甚明。或以献赋之时即有序，盖失之。

二是《自序》当兼包《法言》目。汪荣宝撰《法言义疏》，用力至巨，实为《法言》功臣。然其驳段玉裁《书〈汉书·扬雄传〉后》[⑤]之说，认为“（段氏）谓‘雄之自序云尔’为兼包《法言》目而言，则为误解颜注。……此由段不悟《自序》为杨书三十八篇之总序，而疑其尝有单行之本故云尔”[⑥]，则颇有疏失。徐复观撰《两汉思想史》已言其非，其着眼点在于扬雄《自序》的内容与汪氏所谓“总序”不符，请更足成之。汉世著作多篇卷单行，其例甚众，兹举二例以明

---

① 《汉书·扬雄传》：“《法言》文多不著，独著其目。”师古注曰：“雄有序，著篇之意。”颜注所谓“序”，指《法言序》，即《法言》目。

② 班固：《汉书》，中华书局，1985年。

③ 黄晖：《论衡校释》，中华书局，1990年。

④ 司马光：《太玄集注》，中华书局，1998年。

⑤ 扬雄之姓氏，扬、杨互歧，徐复观《两汉思想史》第二卷《扬雄论究》言之最详，可参看。本文引用，概依原著，不求划一。

⑥ 汪荣宝：《法言义疏》，中华书局，1987年。

之。向、歆父子，领校众书，必合中外诸本，乃得窥一人一书之全。《别录》“去其复重”云云乃公私所藏篇卷多寡不一之确证，正因为篇卷单行，故公私机缘与能力不同，所藏篇卷即或多或寡。此其一也。考《后汉书·窦融传》，光武帝“赐融以外属图及太史公《五宗》《外戚世家》《魏其侯列传》”，此为汉世《史记》单篇流传之明证。或许正因为篇卷单行，著作极易亡缺，故班固修《汉书·司马迁传》时，《史记》即“十篇缺，有录无书”[①]。此其二也。即以扬雄著作而论，班固本刘歆《七略》作《汉书·艺文志》，其于诸子略儒家类“入扬雄一家三十八篇”，这三十八篇即班氏于“扬雄所序三十八篇”后自注所云“《太玄》九，《法言》十三，《乐》四，《箴》二”。若这些著作果已勒成专书，并有扬雄《自序》为其总序，则班氏当云三十九篇，这样才与《史记》的情况吻合。《汉书·艺文志》录《太史公》百三十篇即包括《太史公自序》。明乎此，扬雄《自序》单行及其兼包《法言》目就容易理解了。

二、《自序》之性质

《史通·序传》云：“盖作者自叙，其流出于中古乎？按屈原《离骚经》，其首章上陈氏族，下列祖考；先述厥生，次显名字。自叙发迹，实基于此。降及司马相如，始以自叙为传。然其所叙者，但记自少及长，立身行事而已。逮于祖先所出，则蔑尔无闻。至马迁，又征三闾之故事，放文园之近作，模楷二家，勒成一卷。于是扬雄遵其旧辙，班固酌其余波，自叙之篇，实烦于代。”[②] 刘知幾此言述自序源流，颇为明晰，今姑据此以考扬雄《自序》之性质。

《离骚》首陈氏族，开篇即是矣；相如《自序》为传，则《史记》

---

① 《史记》十篇是缺佚还是未成，后世聚讼纷纭。本文认为，《汉书·艺文志》自注、《汉书·司马迁传》与《后汉书·班彪传》班彪《史记论》皆言其事而性质不详，然《史记·太史公自序》记篇数字数甚详，盖当时即已写定。本文即本此立论。

② 浦起龙：《史通通释》，上海古籍出版社，1978 年。

《汉书》相如本传无征，盖本刘炫“通人司马相如、扬子云、马季长、郑康成等，皆自叙风徽，传芳来叶”（《隋书·刘炫传》）之说。浦起龙作《史通通释》即已言之矣。然犹有可论者，屈原作《离骚》，除首陈氏族外，亦屡述己志，所谓“冀幸君之一悟，俗之一改也，其存君兴国而欲反复之，一篇之中，三致志焉”（《史记·屈原列传》）。据汤炳正先生《屈赋新探·〈史记·屈原列传〉理惑》[1] 考证，此为刘安《离骚传》的叙文，被后人割裂窜入《史记·屈原列传》传文。及“扬雄讽味，亦言体同《诗·雅》”（《文心雕龙·辨骚》），观点同于淮南。屈子于篇中自述作意，远绍《诗经》，后世踵其事而增其华，非但致意于篇中，亦自述其作旨于篇外。关于相如《自序》，《史》《汉》本传虽无自序明文，然细绎《传》文，颇有可论者。据《史记·太史公自序》，“《子虚》之事，《大人》赋说，靡丽多夸，然其指风谏，归于无为”。是则相如作《大人赋》，本立意讽谏。然“相如既奏《大人》之颂，天子大说，飘飘有凌云之气，似游天地之间意”（《史记·司马相如列传》）。盖相如上赋之时，本无赋叙以言讽谏之意，故武帝不悟；晚年感于辞赋劝而不止，故作《自序》，于诸篇作意每每申明之，此观《史》《汉》相如本传可知。若献赋之时即明言神仙非实，武帝断不会不悟而有“似游天地之间意”。司马迁为长卿作传，或剌取相如《自序》为之，刘炫之说要当有本。

及司马迁撰《太史公书》百三十篇，以《太史公自序》殿尾，其法后世修史者多有效仿。《太史公自序》首著世系，次以父谈学术观点，次以己身行事本末，次以发愤著书之志意，次以百三十篇之篇目。确有灵均余影、长卿遗意，而篇章不苟，次序井然，宜夫其为后世所法。班固作《汉书》，非但全录《太史公自序》以为迁《传》，而且效法《太史公自序》以《叙传》终篇。

那么，扬雄《自序》何以作呢？汪荣宝《法言义疏》认为是“扬书三十八篇之总序”，徐复观《两汉思想史》第二卷《扬雄论究》已

① 汤炳正：《屈赋新探》，齐鲁书社，1984 年。

力言其非，上文更足成其说。

《自序》并载《法言》目，此目即《法言序》，为《法言》之篇目及各篇作由，雄之《自序》显非《法言》之序。余嘉锡《古书通例》卷二《明体例》“秦汉诸子即后世之文集”条认为扬子《自序》即《法言序》，其以自序入著述，性质同于史迁、班固①。此说存在两个疑点：其一，无法解释《法言序》与《自序》并载的问题。汪荣宝氏注意到了这一点，故力主《自序》不当兼包《法言》目，以成其“总序”之说。其二，无法解释篇卷数目的疑问。《自序》性质既同于史迁、班固，然《太史公》百三十篇包括《太史公自序》，《汉书》篇卷亦兼《叙传》而言，《法言》十三何以不含《自序》?

《后汉书·班彪传》李贤注云扬雄有踵继《史记》之作，《自序》初不言其事，则《自序》亦非扬雄所续《史记》之序，然扬雄善史可知矣，故扬雄晚年遵马迁之旧辙而为《自序》，非但兼提诸多著述，并于诸篇之作旨每每致意。扬雄“实好古而乐道，其意欲求文章成名后世”（《汉书·扬雄传赞》），然辞赋劝而不止；《太玄》当世即有“覆酱瓿”（《汉书·扬雄传赞》引刘歆语）之讥。扬雄亦深知序对于著作的重要性，《法言·问神》：“惜乎！《书·序》之不如《易》也。”且古书不题撰人。据《史记》，秦皇、汉武读韩非、相如书，而不知撰者为何人。子云亦有类似遭遇。《文选》卷七《甘泉赋》李周翰注云：“扬雄家贫，好学，没制作，慕相如之文，尝作《绵竹颂》。成帝时，直宿郎杨庄诵此文，帝曰：‘此似相如之文。’庄曰：‘非也，臣邑人扬子云。’帝即召见，拜为黄门侍郎。”② 故扬雄《自序》非但兼提诸多著述，以为读者知人论世之资；且于辞赋诸作则详言其作旨，于《太玄》则以《解嘲》“回环自释”（《文心雕龙·杂文》），既耳提面命，又自嘲自解。盖扬雄晚年睹道之不行、赋之不用，故作《自序》，既“著篇之意”，冀其必传；又“自叙风徽，传芳来

---

① 余嘉锡：《古书通例》，中国人民大学出版社，2004年。

② 《六臣注文选》，中华书局，1987年。

叶”。《自序》之作，既反映了扬雄对世俗的失望，也反映了扬雄对己作的自珍。吕思勉《史通评》认为“书之有序，其义有二：一曰：序者，绪也，所以助读者，使易得其端绪也。二曰：序者，次也，所以明篇次先后之义也”[①]。扬雄《自序》虽非书序，然助读者、明先后之义却有焉。

综上，《自序》作为扬雄一生立身行事与思想著述之总结，固可视为知人论世之资而起到书序的某些作用，然其初意并非针对某篇某书而作。余颇疑扬子深谙史例，知己必入传，故作《自序》，以备史家之采撷。宜乎孟坚录雄之《自序》以为雄《传》。然于史无征，故姑识此说，以就教于方家。

原载《四川师范大学学报》2006 年第 2 期

① 吕思勉：《史通评》，商务印书馆，1934 年。

《剧秦美新》及扬雄与王莽的关系

◎ 方 铭

《文选》卷四八“符命”录扬雄《剧秦美新》一篇，因该文关系对扬雄思想行为之把握，千百年来，歧见纷呈。要而言之，或以为伪托，或以为非伪托。而为非伪托者，也存在两种对立的观点：一种认为剧秦以美新，暗寓讥刺之意；一种以为美新以谄媚，有失节之嫌。莫衷一是，准的无依，有必要进行详细的讨论。

一、《剧秦美新》非伪托之文

《汉书·扬雄传》曰，扬雄“年七十一，天凤五年卒”，据此知扬雄生当西汉宣帝甘露元年，经汉、新二朝，宣、元、成、哀、平、孺子婴、王莽七帝。见于《艺文类聚·冢墓》的《扬雄家牒》，除指出扬雄以天凤五年去世之外，还称扬雄死后“葬安陵阪上，所厚沛郡桓君山、平陵如子礼、弟子巨鹿侯芭，共为治丧，诸公遣世子、朝臣郎吏行事者会送，桓君山为敛赙起祠茔，侯芭负土作坟，号曰玄冢”。应该说，以上记载不会有问题，但李善《文选》注于《甘泉赋》下引桓谭《新论》曰：“雄作《甘泉赋》一首，始成，梦肠出，收而内之，明日遂卒。”若此说成立，扬雄在汉成帝时已死，自不及作《剧秦美新》。但班固称《汉书·扬雄传》“赞”以前皆扬雄“自序之文”，而自序云“哀帝时”，当作于平帝之世，并云《甘泉赋》后，先后作

《河东赋》《羽猎赋》《长杨赋》《太玄》《法言》《解嘲》《解难》。扬雄上《羽猎赋》，“除为郎，给事黄门”，《汉书·赵充国传》和《汉书·陈遵传》言及“黄门侍郎”扬雄作《赵充国颂》及《酒箴》。《汉书·五行志》载哀帝建平二年四月乙亥朔，扬雄对灾异问。《汉书·匈奴传》载建平五年扬雄上书谏勿许单于朝。许慎《说文解字·叙》称“孝平皇帝时，征礼等百余人，令说文字未央庭中……黄门侍郎扬雄采以作《训纂篇》”。《汉书·艺文志》曰：“至元始中，征天下通小学者以百数，各令记字于庭中，扬雄取其有用者以作《训纂篇》，顺续《苍颉》，又易《苍颉》中重复之字，凡八十九章。”据《汉书·平帝纪》，此事当在元始五年。《后汉书·班彪传》称汉有好事者续《史记》，章怀注曰：“好事者谓扬雄……”王充《论衡·须颂》曰：“扬子云录宣帝以至哀平。”《汉书·扬雄传》称莽即位，“雄复不侯，以耆老久次，转为大夫”。又载，因刘棻事恐株连，跳天禄阁自杀未遂，为王莽所解脱，市井妇孺曰“惟寂寞，自投阁；爰清静，作符命”，以讥诮，此事当在始建国三年。据《汉书·孝元皇后传》，始建国五年，扬雄曾受命作《元后诔》。以上信史，足证扬雄不当死于成帝时。按《太平御览》卷五八七引《新论》曰：“余少时见扬子云之丽文高论，……子云亦言，成帝时，赵昭仪方大幸，每上甘泉，诏令作赋，为之卒暴，思虑精苦，赋成遂困倦小卧，梦其五脏出在地，以手收而内之。及觉，病喘悸，大少气，病一岁。……”据此知“卒”当为“卒暴”之误。

大抵前贤以为扬雄夭亡成帝时之说不可信，遂有人以《剧秦美新》为谷永或刘棻手笔。谷永字子云，刘为扬雄弟子，二人皆依附王党。按全祖望《鲒埼亭集外编》卷四十《扬子云生卒考》指出：“或又以谷永亦字子云，欲以《美新》之文嫁之，不知谷死于王根之世，不及见禅代。或又以刘棻当之，然总莫之证也。”又据《汉书·谷永传》，王根荐谷永任大司农岁余，因病免，数月后死于家。据《汉书·百官公卿表》，谷永免官在绥和元年，距王莽建新尚有十数年。又《汉书·王莽传》载，刘棻父子因符命得宠，刘棻为侍中东通灵将、五司大夫、隆威侯，若刘棻得志时，美新何须假借？放于幽州后，假借又有何用？朱珔《文选集释》辩曰："《汉书》不载此文，正以其媚新室，故削之耳，而《典引序》明言之，尤为确证。张氏《胶言》，尚引余氏《管城硕记》及诸说，谓是后人诬笔。试思所谓后人，当在何时？若雄以前死，而莽之时托为此文，将献之莽乎？抑特欲污雄而为此，以私传之乎？王莽不久夷灭，光武已立，岂有又作颂新之文者乎？"班固《典引序》曰："扬雄《美新》，典而亡实。"足见《汉书》不录《剧秦美新》，并非不承认该文出自扬雄手笔。朱珔认为，昭明题《剧秦美新》入"符命"，只是一家之言，并非旧称"符命"，"况孟坚《典引》系奏御之作，何得援人所伪托者与相如《封禅》并称。……且雄作《元后诔》，哀思文母，而盛赞宰衡，中云'火德将灭，惟后于斯，天之所坏，人不敢支'，又云'历世运移，属在圣新'，又云'汉祖承命，赤传于黄，摄帝受禅，立为真皇'，直言莽当代汉，则其为《美新》，更何以解？诸说欲曲为开脱，未免失实"。这是说从《元后诔》到《剧秦美新》，是顺理成章的事。

《剧秦美新》的序言导引情本，称曰："诸吏中散大夫臣雄稽首再拜，上封事皇帝陛下，臣雄经术浅薄，行能无异，数蒙渥恩，拔擢伦比，与群贤并，愧无以称职。臣伏惟陛下以至圣之德，龙兴登庸，钦明尚古，作民父母，为天下主。执粹清之道，镜照四海，听聆风俗，博览广包，参天贰地，兼交神明。配五帝，冠三王，开辟以来，未之闻也。臣诚乐昭著新德，光之罔极。往时司马相如作《封禅》一篇，以彰汉氏之休，臣常有颠眴病，恐一旦先犬马填沟壑，所怀不章，常恨黄泉，敢竭肝胆，写腹心，作《剧秦美新》一篇，虽未究万分之一，亦臣之极思也。"其中明言写作动机在感恩图报，仿司马相如，而彰新之美，所谓"昭著新德"。班固《典引》序曰："司马相如夸行无节，但有浮华之辞，不周于用，至于疾病而遗忠，主上求取其书，竟得颂述功德，言封禅事，忠臣效也。"又曰："窃作《典引》一篇，虽不足雍容明盛万分之一，犹启发愤懑，觉悟童蒙，光扬大汉，轶声前代，然后退入沟壑，死而不朽。"《剧秦美新》之写作，也当扬雄晚年，《昭明文选》李善注引贾逵《国语》注曰："眩，惑也，眴与眩古字通。"唐张铣注曰："颠眴，谓风疾也。"大致颠眩病之症有头眩是不会错的，偶尔清醒，可以作文，临死哀鸣，颂美当世，故曰遗忠之事。

二、《剧秦美新》非诡言遁词之文

李充《翰林论》曰："扬子论秦之剧，称新之美，此乃计其胜负，比其优劣之义。"刘勰《文心雕龙·封禅》曰："观《剧秦》为文，影写长卿，诡言遁词，故兼包神怪。"李、刘之言，概括而言，是说扬雄以秦与新对比，以显示新之美，但却含有以新拟秦、虚意美新之意。这种说法，无疑是忽视了王莽及其僚属如刘歆等人的学识。《汉书·扬雄传赞》言刘歆与雄为友，足见扬雄对王莽的亲信并不厌恶。又《剧秦美新》自"臣雄稽首再以闻曰"以下，简叙历史，自权舆天地，至羲皇、唐虞、成周，才"厥有云者"，"仲尼不遭用，而《春秋》困斯发，言神明所祚，兆民所托，罔不云道德仁义礼智"，但历史发展常有匪夷所思之事，"独秦屈起西戎，邠荒岐雍之疆，因襄、文、宣、灵之僭迹，立基孝公，茂惠、文，奋昭、庄，至政破纵擅衡，并吞六国，遂称乎始皇。盛从鞅、仪、韦、斯之邪政，驰骛起、翦、恬、贲之用兵，划灭古文，刮语烧书，弛礼崩乐，涂民耳目。遂欲流唐漂虞，涤殷荡周，燓除仲尼之篇籍，自勒功业，改制度轨量，咸稽之于秦纪。是以耆儒硕老，抱其书而远逊；礼官博士，卷其舌而不谈。……二世而亡，何其剧与?"尽管扬雄对秦统一中国，以及法家、纵横家思想之认识尚值得商榷，但批判秦倒行逆施，毁灭人类优秀文化遗产，招致天怒人怨，却是正确的。扬雄宗经征圣，《太玄》《法言》无不倡导仁义道德礼智，如《法言·先知》曰："君子为国，张其纲纪，谨其教化。导之以仁，则下不相贼；莅之以廉，则下不相盗；临之以正，则下不相诈；修之以礼义，则下多德让：此君子所当学也。如有犯法，则司狱在。"若不遵从先王之正道德治，"如纲不纲，纪不纪，虽有罗纲，恶得一日而正诸”。法家重威势而轻教化，正是二世剧亡的原因。《剧秦美新》曰：“帝王之道，兢兢乎不可离己，夫能贞而明之者穷祥瑞，回而昧之者极妖愆。”秦因不正不明，故祥瑞不至，邪回暗昧，妖愆丛生。“上览古在昔，有凭应而尚缺，焉怀彻而能全，故若古者称尧舜，威侮者陷桀纣，况尽汛扫前圣数千载功业，专用己之私，而能享祐者哉?”如果我们通达到可以把天人感应看作为政治善恶的象征，《剧秦美新》的“神怪”之表象实含蕴了中肯而进步的意见。桀纣之行，不得天之庇佑，实因触犯众怒，被取而代之，正是人心所向，天道必然。秦正是步了桀纣之后尘。

对于汉王朝，扬雄也有微词，《剧秦美新》指出：“会汉祖龙腾丰沛……而帝天下，秦政惨酷尤烦者，应时而蠲，如儒林刑辟、历纪图典之用，稍增焉，秦余制度，项氏爵号，虽违故而犹袭之，是以帝典阙而不补，王纲弛而未张，道极数殚，暗忽不还。”作于汉哀帝建平年间的《解嘲》也称：“当今县令不请士，郡守不迎师，群卿不揖客，将相不俯眉。言奇者见疑，行殊者得辟。是以欲谈者宛舌而固声，欲行者拟足而投迹。”《解嘲》的批评可以作为《剧秦美新》的注解与补充。

但是，扬雄为什么不剧汉以美新呢？一方面，如上所引，汉毕竟对秦有所蠲减增益；另一方面，新汉是禅让关系，如三代故事。据《汉书·王莽传》，王莽封孺子婴为定安公，“永为新室宾”；立汉祖宗之庙，“与周后并，行其正朔、服色”；孝平皇后为定安太后，黄皇室主。甄寻称符命欲以黄皇室主为妻，王莽怒曰：“黄皇室主天下母，此何谓也!”王莽代立时，曾流涕歔欷，执孺子婴之手，称“昔周公摄位，终得复子明辟，今予独迫皇天威命，不得如意”，“哀叹良久”。尊孝元王皇后为“新室文母太皇太后”。王皇后崩，“立庙于长安，新室世世献祭”，“莽为太后服丧三年”。王莽曰：“予之皇始祖考虞帝受嬗于唐，汉氏初祖唐帝，世有传国之象，予复亲受金策于汉高皇帝之灵。惟思褒厚前代，何有忘时？汉氏祖宗有七，以礼立庙于定安国，其园寝庙在京师者，勿罢，祠荐如故。予以秋九月亲入汉氏高、元、成、平之庙，诸刘更属籍京兆大尹，勿解其复，令终厥身。州牧数存问，勿令有侵冤。”在其他场合，王莽对汉虽有批评，但并不完全否定，对秦却颇为激烈，称：“秦为无道，厚赋税以自供奉，罢民力以极欲，坏制度，废井田，是以兼并起，贪鄙生……”扬雄在对待秦、汉的态度方面，与王莽是一致的。

扬雄作《元后诔》，曰：“汉成既终，胤嗣匪生。哀帝承祚，惟离典经。尚是言异，大命俄颠。厥年夭陨，大终不盈。”元皇后选宰衡王莽以救困厄，“博选大智，新都宰衡。明圣作佐，与图国艰，以度厄运”。“穆穆明明，昭事上帝。弘汉祖考，夙夜匪懈。兴灭继绝，博立侯王。亲睦庶族，昭穆序明。帝致支属，靡有遗荒，咸被祚庆。冀以金火，赤仍有央。勉进大圣，上下兼该，群祥众瑞，正我黄来，火德将灭，惟后于斯，天之所坏，人不敢支。哀平夭折，百姓分离，祖宗之衍，终其不全。天命有托，谪在于前，属遭不造，荣极而迁。皇天眷命，黄虞之孙，历世运移，代于汉刘，受祚于天。汉祖受命，赤传子黄，摄帝受禅，立为真皇，允受厥中，以安黎庶。”刘邦水德，后正为土德，再潜移为火德，尚赤。以金木水火土五行相生相克之说，虞后裔王莽，为黄帝苗裔，黄、虞二帝皆为土德、尚黄，水灭火，王莽受禅，则取相生，火生土，王莽以土代火，正是上应苍天，下适苍生。

汉自昭帝起，便有移德之说。春秋学家眭弘以泰山大石自立，及上林苑一枯柳再生之异事，以为将有天子自民间出，游说昭帝访贤禅让。成帝时，甘忠可称汉可再受天命。哀帝时，夏贺良再倡甘忠可之说，竟导致哀帝改称陈圣刘太平皇帝。其后，禅让之对象渐归于王莽。《诗·大雅·文王》曰：“侯服于周，天命无常”。孔子作《春秋》，“至于哀十四而一代毕”。《汉书·王莽传》载：哀帝六年，平帝五年，至孺子婴三年，“亦哀之十四年”，“赤世计尽，终不可强济”，“今百姓咸言皇天革汉而立新，废刘而兴王”。王莽代汉，既合圣贤故事，又顺民心。扬雄《法言·修身》尝云：“圣人乐天知命，乐天则不勤，知命则无忧。”一个熟谙历史发展规律、尊经征圣的学子，自然会有顺应时势的认识，《剧秦美新》正体现了他真实之思想，非可以“诡言遁词”目之。

三、王莽与扬雄

《汉书·扬雄传赞》曰：“初，雄年四十余……除为郎，给事黄门，与王莽、刘歆并……当成、哀、平间，莽、贤（董贤）皆为三公，权倾人主，所荐莫不拔擢，而雄三世不徙官。及莽篡位，谈说之士用符命、称功德，获封爵者甚众，雄复不侯，以耆老久次转为大夫，恬于势力乃如是。”又曰：“莽诛丰父子，投棻四裔，辞所连及，便收不请。时雄校书天禄阁上，治狱使者来，欲收雄，雄恐不能自免，乃从阁上自投下，几死。莽闻之，曰：‘雄素不与事，何故在此？’间请问其故，乃刘棻尝从雄学奇字，雄不知情，有诏勿问。”扬雄与王莽虽无私人交情，但王莽却了解扬雄恬淡的性格，而《汉书·元后传》曰“莽诏大夫扬雄作诔”，又足见王莽对扬雄文采之器重。《汉书·扬雄传》云扬雄“实好古而乐道，其意欲求文章成名于后世”，王莽正是了解扬雄这一点，虽未有高官显爵赠予，却授以诸吏中散大夫之顾问官，不能不说有知遇之明。扬雄虽非谄事王莽，但对王莽的赞许却很明确。《法言·孝至》曰：“周公以来，未有汉公之懿也，勤劳则过于阿衡，汉兴二百一十载而中天，其庶矣乎。辟雍以本之，校学以教之，礼乐以容之，舆服以表之，复其井刑，免人役，唐矣夫。”平帝元始四年，为汉兴二百十年，这时王莽尚未代汉，然扬雄之褒扬却与其即位后无二致。

王船山《读通鉴论》卷五指出：“以全盛夫缺之天下，未浃岁而迁，何其速也。上有暗主而未即亡，故桓灵相踵而不绝；下有权奸而未即亡，故曹操终于魏王，……唯至于天下之风俗，波流簧鼓而不可遏，国家之势，乃如大堤之决，不终旦溃以无余，故王莽之篡，如是其速也，合天下奉之以篡。”又曰：“莽之初起，人即仰之矣，折于丁、傅，而讼之者满公车矣。”检《汉书·王莽传》，王莽父早死，孤贫，折节为恭俭，“受《礼经》，师事沛郡陈参，勤身博学，被服如儒生，事母及寡嫂，养孤兄子，行甚敕备，又外交英俊，内事诸父，曲有礼意”，后因叔父王凤一力举荐，从黄门侍郎任起，有贤名，“宿卫谨敕。爵位益尊，节操愈谦”。尊敬师长，轻财仗义，呵护少小，并因幼太后姊子淳于长而有忠直之名。哀帝即位，反对为定陶傅太后及哀帝母丁姬上尊号，遣就国。王莽在当时可谓孝悌、友于、忠敬、节俭、廉正。其子因杀奴而自杀，其妇俭朴如仆妇。因而“在位更推荐之，游者为之谈说”，“在国三岁，吏上书冤讼莽者以百数”。班固指出：“莽色厉而言方，欲有所为，微见风采，党与承其指意而显奏之，莽稽首涕泣，固推让焉，上以惑太后，下用示信于众庶。”设使班固不带有攻击王莽的倾向性，那么王莽的作为一定能激起如扬雄等人对三代大同天下为公理想的向往，而衷心拥护王莽之代汉了，因为扬雄是不可能知道王莽的阴谋的。

《汉书·王莽传》指出：王莽执政之时，“奏起明堂、辟雍、灵台，为学者筑舍万区，作市、常满仓，制度甚盛。立《乐经》，益博士员，经各五人，征天下通一艺教授十一人以上，及有逸《礼》、古《书》、《毛诗》、《周官》、《尔雅》、天文、图谶、钟律、月令、兵法、史篇、文字，通知其意者，皆诣公车。网罗天下异能之士，至者前后千数，皆令记说廷中，将令正乖缪，壹异说云”。王莽遵教化，而百姓如唐尧之民，“市无二价，官无狱讼，邑无盗贼，野无饥民，道不拾遗，男女异路之制”，庶几可期。并“北化匈奴，东致海外，南怀黄支”，遣使疏通西方，“以经义正十二州名分界”，以合《尧典》，平帝疾，作策以请命泰畤，“戴璧秉圭，愿以身代”，宛然周公。及即位，仿古改官号，封黄帝等后裔，以彰圣贤。认为井田制“国给民富颂声作”，秦坏制度，“强者规田以千数，弱者曾无立锥之地，又置奴婢之市，与牛马同栏，……缪于‘天地之性人为贵’之义”，而有汉虽三十税一，由于更赋及豪民侵陵，“实什税五也。父子夫妇终年耕耘，所得不足以自存”，导致贫富悬殊，社会不安。遂推行井田，并设六管之令。“专念稽古之事”，期改良社会弊端，以复唐尧虞舜三代之治。《法言·问道》曰："法者，谓唐虞成周之法也。"《法言·重黎》曰："什一，天下之正也，多则桀，寡则貉；井田之田，田也；肉刑之刑，刑也。田也者，与众田之；刑也者，与众弃之。"扬雄的政治理想，正是王莽所身体力行的。

四、正确评价《剧秦美新》

《剧秦美新》先以圣贤理想对秦及汉提出批评，而其重心，在于美新。其曰："逮至大新受命，上帝还资，后土顾怀，玄符灵契，黄瑞涌出，……云动风偃，雾集雨散，诞弥八圻，上陈天庭，震声日景，炎光飞响，盈塞天渊之间，必有不可辞让云尔。"新受天命，不得已代汉，"于是乃奉若天命，穷宠极崇，与天剖神符，地合灵契，创亿兆，规万世，奇伟倜傥谲诡，天祭地事，其异物殊怪，存乎五威将帅，班乎天下者，四十有八章。登假皇穹，铺衍下土，非新其畴离之。卓哉煌煌，真天子之表也"。《汉书·王莽传》载，始建国元年秋，"遣五威将王奇等十二人班《符命》四十二篇于天下"，符命是新禅立的天命物化形态。王莽"委心积意，储思垂务，旁作穆穆，明旦不寐，勤勤恳恳者，非秦之为与。夫不勤勤，则前人不当；不恳恳，则觉德不恺。是以发秘府，览书林，遥集乎文雅之囿，翱翔乎礼乐之场。胤殷周之失业，绍唐虞之绝风。懿律嘉量，金科玉条，神卦灵兆，古文毕发，焕炳照曜，靡不宣臻。式軨轩旗旗以示之，扬和鸾肆夏以节之，施黼黻衮冕以昭之，正嫁娶送终以尊之，亲九族淑贤以穆之。夫改定神祇，上仪也；钦修百祀，咸秩也；明堂雍台，壮观也；九庙长寿，极孝也；制成六经，洪业也；北怀单于，广德也。若复五爵，度三壤，经井田，免人役，方甫刑，匡马法，恢崇祗庸烁德懿和之风，广彼搢绅讲习言谏箴诵之途。振鹭之声充庭，鸿鸾之党渐阶。俾前圣之绪，布濩流衍而不韫韣。郁郁乎焕哉！天人之事盛矣，鬼神之望允塞"。有了如上事迹，"帝典阙者已补，王纲弛者已张，炳炳麟麟，岂不懿哉"。在扬雄眼里，三皇五帝之事业如在目前，岂可不如故事，遂劝王莽巡四民，迄四岳，增封泰山，禅梁父，完成“受命者之典业也”。

《剧秦美新》虽美新，劝王莽封禅，宗旨与《封禅文》《典引》同。而《美新》主要在颂赞王莽，但立论之根基在于爱民、勤政，发扬圣贤传统，这是进步的。虽及符命、神怪，不过是用以证明王莽顺天应人的证据而已。其与《封禅文》所似颇多。刘勰《文心雕龙·封禅》指出：“观相如《封禅》，蔚为唱首，尔其表权舆，序皇王，炳玄符，镜鸿业，驱前古于当今之下，腾休明于列圣之上，歌之以祯瑞，赞之以介丘，绝笔兹文，固维新之作也。”扬雄仿作《剧秦美新》，结构相类，严谨而前后呼应，排比铺陈，气势雄伟，颇有大赋之风，而双声叠韵，互文对仗，又是骈文权舆，典雅庄重，为后世法。《文心雕龙·封禅》曰：“骨制靡密，辞贯圆通，自称极思，无遗力矣。”班固《典引序》曰：“相如《封禅》，靡而不典，扬雄《美新》，典而亡实，然皆游扬后世，垂为旧式。”“亡实”自是班固对王莽的偏见所致，而《美新》在东汉尚为“旧式”，足见其影响。

颜之推《颜氏家训·文章》曰“德败《美新》”，以为扬雄作《剧秦美新》为一生大污点。至宋，曾巩《答王深父论扬雄书》曰：“雄遭王莽之际，有所不得去，又不必死，辱于仕莽而就之，固所谓明夷也。然雄之言著于书，行著于史者，可得而考；不去非怀禄也，不死非畏死也，辱于仕莽而就之，非无耻也，在我者亦彼所不能易也，故吾以谓与箕子合。”又曰：“至于《美新》之文，则非可已而不已者也。若可已而不已，则乡里自好者不为也，况若雄者乎？且较其轻重，辱于仕莽为重矣。雄不得已而仕，则于其轻者，其得已哉！箕子者，至辱于囚奴而就之，则于《美新》，安知其不为？而为之岂有累哉？‘不曰坚乎？磨而不磷。不曰白乎？涅而不淄’，顾在我者如何耳？若此者，孔子所不能免，故于南子，非所欲见也；于阳虎，非所钦敬也。见所不见，敬所不敬，此《法言》所谓拙身所以伸道者也，然则非雄所以自见者欤？”王安石《答龚深父书》亦指出：“扬雄亦用心于内，不求于外，不修廉隅以徼名当世。……扬雄者，自孟轲以来，未有及之者，……扬雄之仕，合于孔子无可无不可之义，奈何欲非之乎?”曾、王之说，比之颜之推，以及在《通鉴纲目》中以扬雄为“莽大夫”的朱熹，是进步多了，但仍未脱出封建伦理原则。扬雄所处之时代，异乎内忧外患的六朝及宋，汉人尊崇三代禅让制度，了解家天下之非理，因而鼓吹顺应天意，不必为一家一姓之家天下而牺牲百姓利益。汉至成帝以后，皇帝多平庸，是所谓衰世，王莽代汉，如尧舜禹之禅让，符合社会发展之规律。王莽声誉鹊起，缘于其品性才能胜汉哀、平、孺子婴多多，又与扬雄理想吻合，扬雄自然举手拥护。扬雄作《剧秦美新》，正说明早期儒家思想家继承孔子诛一独夫、孟轲贵戚之卿可以推翻昏君之意见，是其在君臣观念和社会革命立场上的进步性和民主性的体现。由此可见，《剧秦美新》不是扬雄一生之污点，而是他进步思想的体现。

原载《中国文学研究》1993 年第 2 期

《剧秦美新》“帝典”论与汉新之际士人心态

◎邵 杰

摘要：《剧秦美新》文中三处“帝典”，前两处指上古三代之典章制度，其言汉初“阙而不补”而莽新时“阙者已补”，说明王莽的政治施为符合了士人阶层的期待；文末“帝典”，则指反映帝王治政的篇籍。扬雄建议王莽制作新《帝典》，并与《尧典》《舜典》合为一体，意在提供新经典以建构新王道，反映出当时士人群体在有德无位情势下将“制礼作乐”心志转化为篇籍创造的表达策略。汉新之际的符命造作，亦可视为此种策略在天人关系建构中的规模化运用。

关键词：帝典 王道 士人心态 符命

对扬雄《剧秦美新》一文的研究，主要有四个方面：一、真伪问题：由于文中对莽新的颂扬之辞，宋代以降颇有疑此篇为伪者。经清代以来众多学者辨析，扬雄的著作权得到确定[①]。二、年代问题：有始建国元年（9）、二年（10）、四年（12）、五年（13）之说。综合比参，其作年应在四年夏[②]。三、思想倾向：主要牵涉两个层面，一是

---

① 参见全祖望《鲒埼亭集外编》卷四〇《扬子云生卒考》、梁章钜《文选旁证》卷四〇、朱珔《文选集释》卷二三等相关论证。

② 诸说及相关梳理，参见拙文《〈剧秦美新〉作年及涉莽时事考论》，《“文选学与汉唐文化”国际学术研讨会暨中国文选学会第十一届年会论文集》（中），郑州大学出版社，2014年，第584—593页。

此文对新朝的态度，二是扬雄自身的心态。前者基本集中在颂扬；后者或以为是真心颂扬，或以为是明颂暗讽，或以为是媚莽避祸，至今意见尚未统一。四、价值与意义：主要集中在文学层面和文化层面。文学层面主要关涉文体意义和语句修辞。前者多据《文心雕龙·封禅》及《文选》“符命”类展开讨论；后者自班固“典而亡实”的评论始，大宗见于历代评点著作中。文化层面主要聚焦于观念、思想等。总体来看，此前研究已取得不少成果，但很多问题仍有待深入。如文中言及“帝典”者，颇能反映汉新之际的士人心态，惜历来深究者不多。笔者不揣浅陋，略加考析，以向方家求教。

一

《剧秦美新》文中提及“帝典”者，主要有三则：

> 会汉祖龙腾丰沛……而帝天下。……秦余制度，项氏爵号，虽违古而犹袭之。是以帝典阙而不补，王纲弛而未张，道极数殚，暗忽不还。
>
> （新朝）绍少典之苗，著黄虞之裔。帝典阙者已补，王纲弛者已张，炳炳麟麟，岂不懿哉！
>
> 宜命贤哲作《帝典》一篇，旧三为一，袭以示来人，摛之罔极。[①]

扬雄建议王莽作《帝典》，说明新朝尚未制作《帝典》，则其赞新朝“帝典阙者已补”之语，不免费解。李善及五臣注皆不及此，其内涵如何，需先分析汉初“帝典阙而不补”的情形。

此语李善注曰：“为袭秦、项，故阙者不补，弛者未张也。”[②] 吕

① 萧统编、李善注：《文选》卷四八，中华书局，1977 年，第 680—681 页。

② 《文选》卷四八，第 679 页。

延济注曰："典，则也。弛，废也。"[①] 寻绎可知，此处"帝典"应指秦、项之前与古之盛世相对应的典章制度。文中此前已言及先秦"上罔显于羲皇，中莫盛于唐虞，迩靡著于成周"[②]，三者皆为扬雄笔下盛世的代表，其所谓秦、项"违古"，应以此为主要参照。但秦在吞并六国及建立统一帝国的过程中，曾对此前的古典文明及遗留形态进行了改造乃至消除，已使代表古之盛世的典章制度阙失无疑。汉代未能补阙，在崇古的汉人看来，显然是巨大的遗憾。"帝典阙而不补"，实际上是以复古立场来评说汉初治政，哀叹古之盛世典制的不复。此种情形亦合史书记载，"汉兴，拨乱反正，日不暇给，犹命叔孙通制礼仪，以正君臣之位"[③]。可见汉初许多制度礼仪尚不够完备，需要逐步制定。叔孙通曾献言刘邦，争取"起朝仪"。他认为汉代礼仪不必皆遵古法，具体操作则"采古礼与秦仪杂就之"，即杂合古礼与秦代礼仪，创造出符合汉初治政需要与刘邦个人习惯的新型礼仪，并迅速获得认可和推广。此后，叔孙通又受诏制定多种礼仪[④]。可以想见，此类仪法必然会考虑当时的现实需要，而不仅仅是遵袭古制。《史记》评价其"大抵皆袭秦故。自天子称号下至佐僚及宫室官名，少所变改"[⑤]，可知叔孙通制礼时，参考秦仪更甚于古制。扬雄文中言"虽违古而犹袭之"，应非虚语。

那么，为何直到王莽时，才有"帝典阙者已补"？据载，在叔孙通未及备制礼仪而卒后，制定礼仪的努力一直存在。不过，文、景时期由于多种因素阻碍，并未施行。武帝时朝廷极力支持，然而受制于儒学内部认知的差异，竟十余年迁延不决。最后武帝出面统一思想："盖受命而王，各有所由兴，殊路而同归，谓因民而作，追俗为制也。

---

① 《六臣注文选》卷四八，中华书局，1987 年，第 913 页。

② 《文选》卷四八，第 679 页。

③ 班固：《汉书》卷二二《礼乐志》，中华书局，1962 年，第 4 册，第 1030 页。

④ 司马迁：《史记》卷九九《叔孙通传》，中华书局，1959 年，第 8 册，第 2722—2723 页。

⑤ 《史记》卷二三《礼书》，第 4 册，第 1159—1160 页。

议者咸称太古，百姓何望？汉亦一家之事，典法不传，谓子孙何？化隆者闳博，治浅者褊狭，可不勉与！”① 遂有定议。武帝并不主张事必曰古，此与汉初高祖类似。区别在于，高祖仅以个人习惯为出发点，而武帝已开始深入考虑汉代“一家之事”比肩古代的可能性。两相比较，武帝显然更具弘拓治统的雄心与气象。因此，武帝时制定的礼仪典法，至多是借鉴古制，而绝不可能复古求同。其后直到王莽执政，礼法结构与框架基本已无大的变动。此时在制度上去追随上古三代，已无可能亦无必要。元帝为太子时曾建议宣帝“宜用儒生”，宣帝作色而答：“汉家自有制度，本以霸王道杂之，奈何纯任德教，用周政乎！”② 宣帝论汉政为“王霸并用”，可谓精辟，而其对于德教的态度，已决定其内心不可能过分看重上古三代的礼制，遑论补阙“帝典”！如此看来，王莽执政时的举措，实为汉代以来最大规模亦最为深入的复古运动。扬雄文中所谓“帝典阙者已补”，应属王莽治政的组成部分，指涉王莽复现了上古三代的典章制度。

不难看出，文中前两处“帝典”相互照应，与文末“帝典”并非同指。前者对应于典章制度，后者则对应于具体篇籍。二者虽有差别，但亦紧密相关。制度往往通过文本方成依据，而其传承，虽非全借助文本，但形诸文本更易保存完整、传之久远。早期文献中“帝典”连言，基本指涉具体篇籍，且不出《尚书》之《尧典》《舜典》。如：

> 子曰：“吾于《帝典》见尧、舜之圣焉，于《大禹》《皋陶谟》《益稷》见禹、稷、皋陶之忠勤功勋焉，于《洛诰》见周公之德焉。故《帝典》可以观美……”③
>
> 于惟帝典，戎夷猾夏；周宣攘之，亦列《风》《雅》。④

① 《史记》卷二三《礼书》，第 4 册，第 1160—1161 页。

② 《汉书》卷九《元帝纪》，第 1 册，第 277 页。

③ 傅亚庶：《孔丛子校释》，中华书局，2011 年，第 17—18 页。

④ 《汉书》卷一〇〇《叙传》，第 12 册，第 4267 页。

（延光二年）尚书令忠上奏："汉祖受命，因秦之纪，十月为年首，闰常在岁后。不稽先代，违于帝典。"①

讯夏启于甘泽兮，伤帝典之始倾。②

参照《孔丛子》此处之《尚书》篇目，可知其《帝典》即《尧典》《舜典》，于中见尧、舜之圣，固其所宜。《汉书》此条可参《舜典》："帝曰：'皋陶，蛮夷猾夏，寇贼奸宄，汝作士。'"③ 则此"帝典"即《舜典》。《后汉书》条揭示出秦之纪历与先代不合，《尧典》曰："朞三百有六旬有六日，以闰月定四时，成岁。"④ 而秦代及西汉初期之岁历，与此显然有异，此处"帝典"指《尧典》。《显志赋》中"讯夏启于甘泽"应指涉夏启与有扈氏的战争，《尚书·甘誓》："启与有扈战于甘之野，作《甘誓》。"⑤ 据汉唐诸儒解释，有扈氏为姒姓，乃夏之同姓。同姓互相攻伐，违背了《尧典》中"克明俊德，以亲九族"的原则，故有"伤帝典始倾"之叹，此处"帝典"即《尧典》。

文末"作《帝典》"之语，李善注曰："言宜命贤智作《帝典》一篇，足旧二典而成三典也，谓《尧典》《舜典》。"⑥ 可知"旧三为一"之"旧"，李善释为足成之意。此种解释未见于其他典籍，令人生疑。后世学者为求更合理解释，将"袭"字上读。如清人梁章钜："按《封禅文》：'袭旧六为七'。此倒用其句，置'袭'字于下耳，仍读作'一袭'为是。"⑦ 《封禅文》中有"将袭旧六为七，摅之亡穷"之语⑧，意谓承袭六经再作一经，共成七经。其"袭"显然是承袭。若扬雄亦用此义，其文应是"袭旧三为一"；且以《封禅文》句式方之，

① 范晔：《后汉书》志二《律历志中》，中华书局，1965年，第11册，第3034页。

② 《后汉书》卷二八《冯衍列传》，第4册，第992页。

③ 《尚书正义》卷三，《十三经注疏》，中华书局，1980年，第130页。

④ 《尚书正义》卷二，第119页。

⑤ 《尚书正义》卷七，第155页。

⑥ 《文选》卷四八，第681—682页。

⑦ 梁章钜：《文选旁证》卷四〇，福建人民出版社，2000年，第1114页。

⑧ 《文选》卷四八，第677页。

"旧三为一"似应指新作《帝典》与旧日三典合而为一，若仅有旧日二典，似当为"旧二为一"。学者或言："一袭，犹言一套。旧有《尧典》《舜典》二典，今作《帝典》一篇，与《尧典》《舜典》共三篇为一套也。"[①] 看似圆满解决了"袭"的归属，但旧典是两个，"旧三"仍未着落。况且，在李善注和五臣注中，"袭以示来人"都是连贯的意义单元。在没有充分证据的情况下，"袭"字不宜上读，更不宜另立新说。

敦煌残卷《文选》此句作"宜命贤哲作典篇，奋三为一，以示来人，摛之罔极"[②]，五臣本《文选》与其较为接近："宜命贤哲作典一篇，奋三为一，袭以示来人，摛之罔极。"[③] 如此，"袭"字的来历就值得怀疑；而在李善注本中令人困惑的"旧（舊）"字，也因与"奋（奮）"字形体的接近，变得可疑。结合笔画架构对比两字差异，可知两字上部的"艹"与"大"之间的讹变，发生概率较高，互讹的容易度也不易区分；而两字下部的"臼"与"田"之间的讹变，显然是后者更易讹为前者，"臼"字即便顺笔连写，中间多出竖笔的可能性也较低，而"田"字若写得潦草，在"艹"与"隹"之下，极易被认为是"臼"。也就是说，从"奋（奮）"到"旧（舊）"的讹变，更加容易，更具可能性。这也标示着，"奋（奮）三为一"应更接近《文选》此句的原貌。刘良注曰："宜作《帝典》一篇，述至德，令振尧舜之典，合三篇以为一书，袭行于时，以示来世……奋，振。"[④] 将新作《帝典》与《尧典》《舜典》振而为一，显然更符合扬雄原文的语意与气脉，也更符合王莽新朝的政治文化策略。在此种语境中，"袭"字已无立足地，其所以出现在李善及五臣注本中，盖因《封禅文》"袭旧六为七"之语而误增，复由传写颠倒而成定貌。不少注家虽多方弥

① 扬雄著、张震泽校注：《扬雄集校注》，上海古籍出版社，1993年，第231页。郑文先生的意见亦类似，参其《扬雄文集笺注》，巴蜀书社，2000年，第250页。

② 饶宗颐：《敦煌吐鲁番本文选》，中华书局，2000年，第72页。

③ 《六臣注文选》卷四八，第916页。

④ 《六臣注文选》卷四八，第916页。

缝，终难掩矛盾。今综合比观而定此处之文，方显清晰无碍。扬雄建议王莽作新的《帝典》，是要整治、振起帝王典业，不仅是绍述尧舜之旧典，寻求古典支持以彰显现实政权的合法性，更是要熔古铸今，焕发尧舜旧典之精神生机，开创垂统万世之典业。“奋三为一”之“奋”，实为极高明而极精准的用语。

二

扬雄将“帝典阙者已补”之情况归于新朝，固然与王莽大力复古、遵循并模仿三代治政有关，但更重要的是，王莽的作为符合了士人的期待。据《汉书·王莽传》，王莽早期教育及仕宦经历，颇合儒士之行；自西汉后期执政以来，推行古制，颇得士人拥戴。当时多数士人在王莽代汉过程中持拥护或至少是默许的态度。纵观王莽走向权力巅峰的过程，每一步都有士人阶层自觉或不自觉的推动。钱穆先生曰：“莽朝一切新政莫非其时学风群议所向，莽亦顺此潮流，故为一时所推戴耳。”[①] 可谓得之。即便以维护汉家正统来修史的班固，虽对王莽颇有讥刺，对其代汉之前的作为亦表露出隐约的欣赏：“王莽始起外戚，折节力行，以要名誉，宗族称孝，师友归仁。及其居位辅政，成、哀之际，勤劳国家，直道而行，动见称述。”[②] 扬雄文中将“已补”与汉初“不补”的情形相对应，不仅传达出自身对于王莽复古运动的赞赏与期望，大约也蕴含着当时士人群体对于汉家王权政治依违古制的一种略显压抑的反抗姿态。

先秦儒家以降，士人阶层多推崇古圣先王之道，并据以构建理想治政。其主要特征是教化行于天下，风俗移染万民。尽管这可能仅是美好的梦幻，但作为一种言说，已为多数士人接受。“孝武之世……

① 钱穆：《刘向歆父子年谱》，《两汉经学今古文平议》，商务印书馆，2001 年，第 94 页。

② 《汉书》卷九九《王莽传》，第 12 册，第 4194 页。

时少能以化治称者，惟江都相董仲舒、内史公孙弘、兒宽，居官可纪。三人皆儒者，通于世务，明习文法，以经术润饰吏事，天子器之。”① 此时所谓“化治”，本质上是儒士们对于古圣先王之道的推尊与模仿，目的在“使民化”而非“使民服”。与单纯的事务性吏治相比，儒者之治显然更具思想性。将代表古圣先王之道的思想观念与意识形态施用于现实政治运作，是儒士阶层理想治政的重要手段。此义自汉初陆贾、贾谊，到后来的公孙弘、董仲舒，再到匡衡、萧望之、翟方进等儒术名臣，形态虽然各异，实则一以贯之。王莽治政将这种运作推向了极致，尽管其依据书本的举措时常显得不切实际，但其推崇古制之心确实强烈。董仲舒曰：“古以大治，上下和睦，习俗美盛……德润草木，泽被四海，凤皇来集，麒麟来游。”② 上古化治的表征是凤凰、麒麟等祥瑞的出现，其深层指向是天地运行与人事更替之间的和谐与平衡。此为天人关系之理想状态，先秦儒家已持此观。对于士人群体而言，王莽代汉无疑是接近甚或实现此种理想状态的契机。

王莽统治期间，亦有士人采取不合作态度，或拒以出仕，或默然自守。如“（卓）茂与同县孔休、陈留蔡勋、安众刘宣、楚国龚胜、上党鲍宣六人同志，不仕王莽时，并名重当时”③，此数人是否真的“名重当时”，尚属疑问。而其不仕行为，不论出发点是感情还是名分，在汉新之际都意味着部分士人思想活力与理想追求的减弱。当时大部分士人对于新朝的诚心拥戴，正意味着士人群体在“弘道”追求下对于自身阶层和人格的强烈认同。这种认同超越了汉家既有的王权及伴随而来的君臣名分，体现出士人群体鲜活的人格追求与政治信念。当时拥戴王莽的士人群体，大致可分三种：一种是直接在上书、奏议、策论中表达颂扬之情。此部分人数量较多，合于莽意者或致封

① 《汉书》卷八九《循吏传》，第 11 册，第 3623 页。
② 《汉书》卷五六《董仲舒传》，第 6 册，第 2520 页。
③ 《后汉书》卷二五《卓鲁魏刘列传》，第 4 册，第 872 页。

侯；另一种是献符命来增强王莽统治的合法性，这类人数量亦不少，颇迎合王莽意旨而行事，此二者都显得较为直接；还有一种是为王莽统治寻求更周密的依据，刘歆、扬雄是其中重要代表。

刘歆深谙典籍，曾为王莽的复古举措提供不少学理依据，平帝时由王莽举荐，“典儒林史卜之官，考定律历，著《三统历》《谱》”[①]。《三统历》及《谱》的原貌，今已无考，《汉书·律历志》认为其“推法密要”，故基本采纳其说。其中《世经》排出了较为严密的帝德谱：1. 帝系之初归于太昊伏羲氏，应于木德；2. 三皇（太昊、炎帝、黄帝），五帝（少昊、颛顼、帝喾、唐尧、虞舜），三王（夏商周开国之主）及汉高祖共十二帝，皆有对应之帝德，按照“五行相生”的序列渐次延展；3. 共工与秦皆为水德，因在木火之间，与序列不合，故不入正统。该谱系既照顾到汉人“伐秦继周”之功业及政治理想，又符合西汉中期以后渐趋普遍的“汉为尧后”“汉为火德”的社会认知[②]，影响颇大。该谱系的发明权，或以为是“刘向父子”，或归于刘向或刘歆[③]。据载，“至孝成世，刘向总六历，列是非，作《五纪论》”[④]。《五纪论》今已不存，典籍中间有征引，但条目过少，难以确知原貌。五纪，见于《尚书·洪范》：“一曰岁，二曰月，三曰日，四曰星辰，五曰历数。”[⑤] 可知《五纪论》应主要着眼于天文历法层面，结合西汉“论”文的特点，其排出帝德谱的可能性不大。且刘向于永始元年（前16）曾上疏成帝：“王者必通三统，明天命所授者博，非独一姓也。”[⑥] 所言通于绥和元年（前8）成帝诏书语：“盖闻王者必

① 《汉书》卷三六《楚元王传》，第7册，第1972页。

② “尧后”“火德”之说，参见顾颉刚《五德终始说下的政治和历史》，《清华学报》，1930年第1期。

③ 相关看法可参杨权的梳理，他推测《世经》所见谱系始创于刘向，后刘歆在其基础上有所改进（《新五德理论与两汉政治——“尧后火德说”考论》，中华书局，2006年，第126—161页）。陈泳超对此作了精当的反驳（《〈世经〉帝德谱的形成过程及相关问题——再析“五德终始说下的政治和历史”》，《文史哲》，2008年第1期）。

④ 《汉书》卷二一《律历志》，第4册，第979页。

⑤ 《尚书正义》卷一二，第188—189页。

⑥ 《汉书》卷三六《楚元王传》，第7册，第1950页。

存二王之后，所以通三统也。”[①] 其“三统”仍近于董仲舒的黑、白、赤“三统说”，是新王通过存续最近两个朝代王者之宗祀，以示天命流转并凸显自身合法性的理念架构[②]。此与《汉书·律历志》中天、地、人“三统”及孟、仲、季“三统”差异明显，且其循环体系以三为基数，更与帝德谱之五行迥异[③]。据考，刘向卒于绥和元年[④]，若《世经》帝德谱为刘向所创，则其前后数年之思想不应剧变如此。参互看来，将《世经》帝德谱归于刘歆创立，更为妥当。“刘向父子”之说，应属一种着眼于家学的叙事策略[⑤]。

刘歆此谱，不仅可与汉德相连通，亦可契合王莽为自身确立的谱系。王莽曾溯自身谱系至黄帝与舜，而刘歆谱中，汉为尧后，尧既禅位于舜，尧后之汉帝禅位于舜后之王莽，即合于古事，顺理成章；同时，炎帝、尧、汉皆为火德，据五行相生关系，代汉之王莽应为土德，谱中黄帝与舜恰皆为土德。或以为王莽之谱系与刘歆并不相同：

> “始祖”乃是言自己的王氏血统之源，“初祖”则是言“帝王之统”开始于何帝……王莽显然仍旧遵循着司马迁的《太史公书》所系之帝王世系，而以黄帝为“帝系之始”，其准仍在《尚书》与司马迁《史记》。[⑥]

王莽言黄帝为“皇初祖考”，并不意味着以黄帝为“帝系之始”，他对黄帝和舜的追认，应以同为土德为基础，如果初祖、始祖与自己

---

① 《汉书》卷一〇《成帝纪》，第1册，第328页。

② 董仲舒著、苏舆义证：《春秋繁露义证》，中华书局，1992年，第186—202页。

③ 徐兴无认为儒家三正论与五德终始的模式来自两个体系，有无法弥合的缝隙（《谶纬文献与汉代文化构建》，中华书局，2003年，第174—181页）。

④ 刘向卒年有争议，具体辨析及结论可参见刘跃进《秦汉文学编年史》，商务印书馆，2006年，第286—287页。

⑤ 李纪祥：《以“汉”为“书”——班固笔下的“一代”与“始末”》，《文史哲》，2014年第3期。

⑥ 李纪祥：《以“汉”为“书”——班固笔下的“一代”与“始末”》，《文史哲》，2014年第3期。

并非“同德”，何谈祖系！至于其他材料中的帝王序列，往往据族属定先后，与帝德谱并非同指。帝德谱之序列必须在五行相生的体系内，不合者即被剔除，并非严格的递嬗次序。明乎此，便可知王莽追祖黄、虞与刘歆帝德谱的建构，正可互相呼应。刘歆帝德谱在西汉后期“汉祚已衰”的思想浪潮下，无疑具有浓厚的政治色彩，其呼唤新德的意图十分明显，放眼当时政治舞台，唯王莽足以当之。此谱虽非王莽代汉之唯一依据，但其确实为王莽代汉提供了近乎完美的理论支撑。据载，刘歆等人的初衷可能并未指向王莽代汉甚且居摄①，但在王莽的意志面前，他们表现出了非凡的适应和推助能力。其内心或许有纠结与犹疑，但王莽的自我设定通过士人的鼓吹尤其是刘歆帝德谱的推助，已足以进入王道政治体系，此类士人就必然选择顺从乃至依附。

与刘歆等人不同，扬雄在王莽掌权、居摄及代汉过程中未见有政治行为，亦未获特别青睐，只是“以耆老久次转为大夫”②。其作《剧秦美新》之时，已值新朝，王莽政权的合法性已经确定，故扬雄为王莽助力的取径就异于一般政治人物，而着力于文本呈现。首先，《剧秦美新》文中突出《舜典》，与《尧典》并称，在今文《尚书》为主流的汉代，实属罕见。众所周知，《舜典》仅在古文《尚书》中列目。据汉唐诸儒解释，今文《尚书》中仅有《尧典》，其内容包括古文《尚书》的《尧典》与《舜典》③。扬雄此举，无疑基于古文《尚书》的立场。此或与扬雄的好古崇尚与王莽立古文《尚书》于学官的举措相关，但真正的因素，应是突出《舜典》对于“舜之后裔”的王莽有着正面的意义。其次，其提出制作新的《帝典》，应是参照《尧典》

① 《汉书》卷九九《王莽传》，第12册，第4123页。

② 《汉书》卷八七《扬雄传》，第11册，第3583页。

③ 据陆德明《经典释文》，今本《尚书》之《舜典》，乃自王肃注《尚书》之《尧典》中分出。但开篇“曰若稽古”以下二十八字，则来自南齐姚方兴所上之《尚书·舜典》，非王注《尚书》之内容。孔《疏》意见与此类似（《尚书正义》卷三，第125页）。可见，今本《舜典》已非汉代之旧。后世分《舜典》于《尧典》之行为，足证汉代古文《尚书》确有《舜典》，其内容在今文《尚书》中隶属《尧典》。

《舜典》反映尧舜事迹功业的成例，希望新作《帝典》能够反映新朝的治政功绩。尧舜之治，已为春秋以来之典范，西汉儒生多所称颂且寄此希望于汉朝，扬雄的诸多赋作亦有此倾向，其如此建议王莽，足见其对新朝的期望。班固曰："虽尧舜之盛，必有典谟之篇，然后扬名于后世，冠德于百王。"[①] 文本呈现于帝王盛业之意义，当时或已成共识。承续《尧典》《舜典》的新《帝典》，足以标示莽新治政可以追攀尧舜之治。再次，其建议将新《帝典》与《尧典》《舜典》合而为一。文字篇籍的一体化，不仅有助加强王莽政权的合法性、宣扬新朝治政，而且可以催生新的《帝典》范本进入知识体系，进而影响思想及意识形态，作用于现实政治，从而成为王道政治的自然组成。联系文末"令万世常戴巍巍"等语，可知扬雄关于王道政治的理想并不满足于古圣先王之道的复返与再现，而是要树立新王以垂统万世。于此可见，扬雄的思考显然更为沉潜，亦更显超越。与着眼于帝德谱系来印证新朝的合法性不同，扬雄的指向是：参旧典而制新典，配圣王以树新王。有了新典与新王，新的王道便呼之欲出。此种新王道的基点便是"奋三为一"的新《帝典》。如果说刘歆提供的是一种关于史运的新解释，具有强大的现实功能；那么扬雄则是古今并融，致力于促成新文本，为后世提供解释的经典依据。

三

扬雄关于作《帝典》、"奋三为一"的建议，某种程度上已越出王莽、刘歆等人的设定。虽然"作《帝典》"是对王莽的建议，但若比照扬雄"斟酌六经，放《易》象《论》"[②] 的行径，亦未尝不可视为扬雄的自我期许。史载扬雄"欲求文章成名于后世，以为经莫大于《易》，故作《太玄》；传莫大于《论语》，作《法言》……皆斟酌其

---

① 《汉书》卷一〇〇《叙传》，第 12 册，第 4235 页。

② 《汉书》卷一〇〇《叙传》，第 12 册，第 4265 页。

本，相与放依而驰骋云”[①]，此种作品在当时显得极为特殊：“诸儒或讥以为雄非圣人而作经，犹春秋吴楚之君僭号称王，盖诛绝之罪也。”[②]“非圣人而作经”，恰可映衬出扬雄的自圣心态。如果将“作《帝典》”视为扬雄自圣心态的再次表现，那么当时诸多儒士对扬雄的评价，则反映出士人群体对于“作”的复杂态度。

“作”在先秦时期已有多种意义。除指称具体动作外，主要指涉三个层面：一是对应于实物的创制，如宫室的建设，《诗经·文王有声》“文王受命……作邑于丰”；又如器具、器物的制作，《周易·系辞下》“古者包牺氏之王天下也……作结绳而为罔罟”[③]。二是对应于事物的兴发，如圣王之业的兴起，《周易·系辞下》“神农氏没，黄帝、尧、舜氏作”[④]；植物的生长，《诗经·采薇》“采薇采薇，薇亦作止”[⑤]；如疾病的发作，《孟子·离娄下》“今日我疾作，不可以执弓”；如人的奋发，《孟子·告子下》“困于心，衡于虑，而后作”[⑥]；还可引申为音声的起兴、音乐的演奏，《论语·八佾》“乐其可知也：始作，翕如也”[⑦]。三是对应于制度、文化、篇籍等的创立，包括制度的创设，《尚书·禹贡》“任土作贡”[⑧]；文化的创生，《周易·说卦》“昔者圣人之作《易》也”[⑨]；篇籍的创造，《诗经·节南山》“家父作诵，以究王讻”[⑩]。汉代文献中的“作”，基本承袭了此种复杂态势，但在典籍创造的涵盖下出现了新的变化。如司马迁一面说自己“作”××本纪、××书、××世家、××列传，一面又自陈是“述故事，整齐其世传，非所谓作也”，其结尾亦曰：“余述历黄帝以来至太初而讫，百

① 《汉书》卷八七《扬雄传》，第11册，第3583页。
② 《汉书》卷八七《扬雄传》，第11册，第3585页。
③ 《毛诗正义》卷一六，《周易正义》卷八，《十三经注疏》，第526、86页。
④ 《周易正义》卷八，第86页。
⑤ 《毛诗正义》卷九，413页。
⑥ 《孟子注疏》卷八、卷一二，《十三经注疏》，第2729、2762页。
⑦ 《论语注疏》卷三，第2468页。
⑧ 《尚书正义》卷六，第146页。
⑨ 《周易正义》卷九，第93页。
⑩ 《毛诗正义》卷一二，第441页。

三十篇。"[①] 此种既言"作"又不敢称"作"的矛盾现象，亦见于其他汉代文献。可知此时对应于典籍之"作"，至少已分化出两个层面：其一与先秦相同，泛指篇籍创造，汉人皆有此资格；其二较为神圣，似非普通阶层所能任及。此中关键，当在孔子与《春秋》的关系。

孔子据鲁国史书而成《春秋》，并未以《春秋》为"作"，《论语》载孔子语曰："述而不作，信而好古，窃比于我老彭。"[②] "信而好古"包含两个方面，信古是价值判断，好古是情感判断，都意味着对于古道的遵循。那么，"述而不作"应是指孔子的思想倾向：只继承古道而不另事改创。反映到篇籍层面，应是注重保存先代典籍而不擅自著文，遵循古圣先王之言而不私自立说。《汉书》言孔子："叙《书》则断《尧典》，称《乐》则法《韶舞》，论《诗》则首《周南》……皆因近圣之事，以立先王之教，故曰'述而不作，信而好古'。"[③] 虽基于篇籍层面而立论，但指出孔子"立先王之教"的用意，可谓洞见。但自战国以降，孔子"作"《春秋》之说渐入人心，并显示出极强的典范意义。其于文献当源自《孟子》：

> 世衰道微……孔子惧，作《春秋》。《春秋》，天子之事也。
>
> 孟子曰："王者之迹熄而《诗》亡，《诗》亡然后《春秋》作……孔子曰：'其义则丘窃取之矣。'"[④]

将《春秋》与"王者之迹"相连接，置于"天子之事"的层面上，与战国时孔子地位的上升甚至神圣化紧密相关。孔子在《春秋》中寄托自己的政治理想，此时被视为"微言大义"的特殊创造，高于常人，比于圣人，延续了王道之命脉。汉人继承此种观念，将《春秋》当作一种创立，某种程度上象征着王道之法。董仲舒以《春秋》

---

① 《史记》卷一三〇《太史公自序》，第10册，第3299—3300、3319、3321页。

② 《论语注疏》卷七，《十三经注疏》，第2481页。

③ 《汉书》卷八八《儒林传》，第11册，第3589页。

④ 《孟子注疏》，第2714、2727—2728页。

为基础来建构自己的理论体系，并将其抬高到“素王之文”的位置。“素王”在先秦原指身怀道家素德之王，至汉代乃专指孔子，盖以其有天子之德而无天子之位。[①] 德位相称的观念，在《周易》“十翼”中时有所见。《中庸》载孔子语：“非天子，不议礼，不制度，不考文。……虽有其位，苟无其德，不敢作礼乐焉；虽有其德，苟无其位，亦不敢作礼乐焉。”[②] 此语是否孔子所言，未敢遽断，但其将制礼作乐归结为德位相兼者专有之事，显然符合儒家思想。《礼记》“知礼乐之情者能作，识礼乐之文者能述。作者之谓圣，述者之谓明。明圣者，述作之谓也”[③]，与《中庸》之论可谓一脉相承。

汉代士人在现实王权既定的情况下，对德位关系做出重新调适，突出了德业之重要，将孔子《春秋》之“作”单独设域，与古代圣人天子制礼作乐、创设制度文化相匹配。此种意义之“作”，遂成圣人之专利。是以汉代士人于孔子之后，不敢复言“制礼作乐”及其对应之篇籍“作”事。汉人在“作”的言辞上显得矛盾，不仅展示出士人群体在王道权威框架下卵翼自身生命创造的谨慎姿态，亦标示着德位不称情势下士人群体“制礼作乐”在篇籍层面之曲折表达。时人批判扬雄，除却嫉妒之心作祟，其实是在警惕扬雄的拟经之作会僭越至礼乐之“作”，破坏既有格局。东汉初期士人于此尤显谨慎，班固自称“缀辑所闻，以述《汉书》”[④]，《汉书》中于纪、表、志、传等皆言“述”而不称“作”；《论衡》更是将篇籍创作区分出作、述、论的等级次序[⑤]。总的来看，无论是指涉篇籍体制还是礼乐体系，汉代的“作”都意味着提供一种“事实”，而“述”和“论”则是在既成“事实”上的董理，是基于“事实”的行为。以此反观扬雄“作《帝典》”

① 葛志毅：《玄圣素王考》，《求是学刊》，1992 年第 1 期。

② 《礼记正义》卷五三，《十三经注疏》，第 634 页。

③ 《礼记正义》卷三七，第 1530 页。

④ 《汉书》卷一〇〇《叙传》，第 12 册，第 4235 页。

⑤ 王充著、黄晖校释：《论衡校释》，中华书局，1990 年，第 4 册，第 1180—1181 页。

之建议，可知其不仅致力于提供新的治政范本，而且希望王莽新朝能够超越先秦以来王道体系阐释者、遵循者的角色，去“制礼作乐”，匹列圣王。此种“作”的权力，并不属于士人，所以士人群体对于此种“作”的热望和践行，只能以“述”的面目出现。寄“作”于“述”，以“述”代“作”，这种表达策略更典型地体现在汉新之际的符命制作中。

关于符命，学界多将其归入谶纬文化中。陈槃认为：“符应”于诸书或作“符命”“符瑞”“瑞应”“应瑞”“瑞命”“嘉应”“福应”“德祥”“祯祥”“祥瑞”“祥异”等，其实一也[①]。以思想体系而言，此论自属合理，但若细较于两汉文献，似嫌绝对。“符应”之称出现较早，在两汉文献中主要指天降福祥应于自然者，多关涉物事。王莽代汉，据称有“十二符应”：武功丹石、三能文马、铁契、石龟、虞符、文圭、玄印、茂陵石书、玄龙石、神井、大神石、铜符帛图[②]。汉平帝时，“前辉光谢嚣奏武功长孟通浚井得白石，上圆下方，有丹书著石，文曰：‘告安汉公莽为皇帝。’符命之起，自此始矣”[③]，似将武功丹石归入“符命”。始建国元年秋，王莽“遣五威将王奇等十二人班《符命》四十二篇于天下。德祥五事，符命二十五，福应十二，凡四十二篇。其德祥言文、宣之世黄龙见于成纪、新都，高祖考王伯墓门梓柱生枝叶之属。符命言井石、金匮之属。福应言雌鸡化为雄之属”[④]，“福应十二”应即武功丹石等“十二符应”，但此中“井石”即武功丹石，亦属“符命”，何以一事分属两间？且既言“符命四十二篇”，复言“符命二十五”，何以前后不一？

察两汉文献，“符命”之称于王莽执政时才正式出现。最早见于《汉书·元后传》：“（太后）怒骂之曰：……且若自以金匮符命为新皇

---

① 陈槃：《古谶纬研讨及其书录解题》，台湾编译馆，1991年，第1页。
② 《汉书》卷九九《王莽传》，第12册，第4113页。
③ 《汉书》卷九九《王莽传》，第12册，第4078—4079页。
④ 《汉书》卷九九《王莽传》，第12册，第4112页。

帝……何用此亡国不祥玺为，而欲求之?”[①] 元后骂语声气俱存，愈逼真反愈可疑，当出后人追记。真正能体现当时“符命”含义者，当属王莽所颁四十二篇符命的总说：

> 帝王受命，必有德祥之符瑞，协成五命，申以福应……故新室之兴也，德祥发于汉三七九世之后。肇命于新都，受瑞于黄支，开王于武功，定命于子同，成命于巴宕，申福于十二应……皇天眷然，去汉与新，以丹石始命于皇帝。……申命之瑞，浸以显著，至于十二，以昭告新皇帝。皇帝深惟上天之威不可不畏，故去摄号，犹尚称假，改元为初始，欲以承塞天命，克厌上帝之心。然非皇天所以郑重降符命之意，故是日天复决以龟书。[②]

显然，德祥、符命、福应是四十二篇中原有分类[③]。三者皆为帝王受天之命的表征，但有所区别。德祥，“大体是伪托其祖宗德泽，明其受命之有自”[④]，属于未兆之几；福应，属于受命之事物应验；符命，则是皇天郑重所降，代表正式天命。从“丹石始命”和“复决以龟书”之语来推断，符命应是天命的文本表现。始建国五年王莽语：“玄龙石文曰：‘定帝德，国雒阳。’符命著明，敢不钦奉!”[⑤] 玄龙石属十二福应，而玄龙石文于此为符命，可知丹石、石龟之属亦然，论事则为福应（符应），其文则为符命。《剧秦美新》言“其异物殊怪，存乎五威将帅，班乎天下者，四十有八章”，是说物怪之事有四十八章，应属德祥和福应，与四十二篇之数并不矛盾。将包含德祥、符命、福应的四十二篇皆称为“符命”，是“符命”涵盖扩展的结果。东汉著述中其例甚多，盖以后设立场追溯而言，与莽新时“符命”已

---

① 《汉书》卷九八《元后传》，第 12 册，第 4032 页。

② 《汉书》卷九九《王莽传》，第 12 册，第 4112—4113 页。

③ 孙少华认为三者即四十二篇中篇名（《桓谭年谱》，社会科学文献出版社，2012 年，第 202 页）。

④ 《古谶纬研讨及其书录解题》，第 52 页。

⑤ 《汉书》卷九九《王莽传》，第 12 册，第 4132 页。

非同指。王莽对于符命的认定亦见以下诸例：

> 嘉新公国师以符命为予四辅，明德侯刘龚、率礼侯刘嘉等凡三十二人皆知天命，或献天符，或贡昌言……厥功茂焉。（始建国二年诏）
>
> 予受符命之文，稽前人，将条备焉。（地皇元年诏）
>
> 昔符命文立安为新迁王，临国雒阳，为统义阳王。（地皇元年诏）
>
> 符命文立临为统义阳王……辄顺符命，立为统义阳王。（地皇二年策）[①]

由此可知当时“符命”主要有两大特征：一是皇天所降，二是皇天有命。前者一般体现为来源之神秘，至少是珍异；后者则往往体现为文字、图画等文本信息。与前者相比，后者或许更为重要。因为罕秘之事仍需解释才能发挥作用，而解释本身的不确定性无疑会影响其结论的权威性和合理性，但若有文本依据，则可减少此等忧虑。董仲舒曾回答武帝“三代受命，其符安在”的疑问：“必有非人力所能致而自至者，此受命之符也。……《书》曰‘白鱼入于王舟，有火复于王屋，流为乌’，此盖受命之符也。”[②] 以此启端，西汉时“受命之符”多指超异的自然现象。“受命之符”形诸文本，当始于成帝时的赤精子之谶[③]，但真正大规模的文本制作，且以“符命”称之，则发生于王莽执政时期。

符命文本，多由士人造作，以篇籍创造而言，其为“作”；以天命而言，其为“述”；形式上是宣扬天命以理人事，本质上则是代天立言。符命在莽新时期的兴盛，不仅出于士人阶层呼唤新王、参与王者兴作进程的意图与理想，而且因为外“述”而内“作”的文本造作

---

① 《汉书》卷九九《王莽传》，第 12 册，第 4119—4120、4158、4159、4165 页。

② 《汉书》卷五六《董仲舒传》，第 8 册，第 2500 页。

③ 顾颉刚：《秦汉的方士与儒生》，上海古籍出版社，2005 年，第 23—24 页。

更符合士人角色之自我设定与“立言”追求。“立言”是先秦所谓“三不朽”（立德、立功、立言）之一[①]，随着儒家重文倾向的凸显，“立言”愈发重要，甚且成为“立德”与“立功”的凭据和基础。汉代以降士人认知结构中对于文本篇籍的偏好，亦与此有关。无论是刘歆的帝德谱、扬雄的“帝典”之论，还是莽新时期的大量符命乃至后汉的谶纬之文，都可视为士人群体“立言”以追求不朽德业的象征。此种心志，上通天道，下通人事，是士人群体构建和谐天人关系的重要机制。此种机制在新朝建立过程中厥功至伟，但在王莽即真后，却迅速显露出危机。始建国二年，朝廷规定“吏民出入，持布钱以副符传”，导致大家出入甚为不便：“是时争为符命封侯，其不为者相戏曰：‘独无天帝除书乎？’”[②] 此种戏谑之语，反衬出天帝之命经常被用为具体的行政手段，干预社会运行，对人世正常秩序造成了不良影响。此种“天命”的权威性在下降，代表“天命”的符命文本亦必然受到质疑。王莽随后下诏使臣属验治符命，“非五威将率所班，皆下狱”，就是对符命烦琐化、庸俗化倾向的反拨。此年发端的甄寻、刘棻符命事件，更揭示出符命造作中个人意志的难以自控。甄寻两献符命，皆以个人私利来构拟天命，致惹悲惨祸端[③]。扬雄亦受此事牵连而投阁：“京师为之语曰：‘惟寂寞，自投阁；爰清静，作符命。”[④] 学界多将此处“符命”理解为《剧秦美新》，实则此语是对扬雄卷入符命事件的嘲讽，并不意味着扬雄真的造作了符命。不过“作符命”之说，透射出士人群体将此类文本创造与天命紧密连接的理念，与礼乐之“作”有相通之处。而此“作”的个人化趋势，虽然扩大了符命的内涵，亦降低了天命的应有品格，从而影响到天人之间的合理距离与和谐关系。于此，士人所构建的天人关系机制乃有重新调适之契机。

在天人感应的关系模式中，机制的调适无非两种：改天命、换人

① 《春秋左传正义》卷三五，《十三经注疏》，第 1979 页。

② 《汉书》卷九九《王莽传》，第 12 册，第 4122 页。

③ 《汉书》卷九九《王莽传》，第 12 册，第 4123 页。

④ 《汉书》卷八七《扬雄传》，第 11 册，第 3585 页。

事。前者主要是提供关于天命的新“事实”及新解释，后来反莽势力中符命、谶文之出，皆属此列；后者则主要是以王道言说来规导王权，甚至促成王权更迭、江山易主。符命因与王莽关系密切而颇致非议，其内在精神则不断为东汉及后世的官方意识形态提供资源。《文选》将《封禅文》《剧秦美新》和《典引》三文归入“符命”类，虽不符合命之原义，亦自有深意：一方面应该是看到了三文在规整天人关系及秩序的深层用意上，与汉代符命制作的相同之处；另一方面应是突出三文中对于帝王受命的规范化理解，暗含着对西汉末以降符命谶纬滥造滥用的批判。虽然班固《典引》中对其余二者颇有讥弹，但三文都着眼于构建帝王受命的应时体系，是以儒家正统立场对于王道政治的指引性言说，具有强烈的意识形态指向。

余　论

汉新之际的士人群体，接受且秉持先秦以来王道政治的基本理念，多将王莽于汉末执政期间的举措作为古圣先王之道的复现，是以在王莽代汉立新的过程中热诚拥戴、推波助澜。刘歆的《世经》帝德谱、扬雄《剧秦美新》“帝典”之论和此时的符命制作，都可视为士人群体在德位不称的既定情势下“制礼作乐”理想之外化。其思想表现具有共通性：追求并建构王道，规范并引导王权；其文本呈现亦具有相似之结构：外“述”而内“作”。总归来讲，都是士人阶层基于天人关系的一种“立言”，是调适、构建天人关系及其相关机制的重要方式。借天命、王道以寄托、呈现自身的意图，本质都是士人群体关于人类社会发展的自我设定与期许。士人心态及其外化，标志着人类对于自身和未来的种种思考与自觉探索，是人类智慧确认自身存在并推动社会前进的重要环节。

原载《文学遗产》2016 年第 2 期

扬雄思想研究

扬雄的道统思想及其在道统史上的地位

◎ 蔡方鹿

摘要：扬雄提出了由伏羲始创圣人之法，经尧、舜、禹、汤、文、武、周公至孔子、孟子，再至扬雄这样一个儒家圣人之道传授的统绪，并坚守圣人之道，批评异于孔子的诸子之说，以及当时经学的流弊。其道统说对后世产生了一定的影响，在道统思想发展史上占有一定的重要地位。

关键词：扬雄　道统思想　道统史

扬雄在批评诸子、尊孔崇圣、重视五经、五经济道、自比于孟子的基础上，初步提出了儒学道统思想，以回归和传承儒家圣人之道为己任，认为儒家圣人之道一脉相传而众说不足为言，由此坚守圣人之道，对诸子提出批评。这对后世儒家道统思想的提出产生了一定的影响，并在道统思想发展史上占有重要地位，值得探讨总结。

一、扬雄的道统思想

所谓道统，一般指儒家圣人之道的传授统绪。道统是维系道存续的形式，道是道统所传授的内容。道统是以传道为目的，为道的存续而形成的。道统本身不是原则或尺度，它包含了道的原则，是为道的思想、道的原则和精神服务的系统和形式。儒家为了论证圣人之道的精神和道的传授系统，便形成了道统论。道统论可视为体现儒家圣人之道传授系统的理论。道统思想影响广泛，一脉相传，至现代而不绝，成为儒学理论的重要组成部分，对维系民族精神、保持文化传统发挥了重要作用，但也存在着流弊。

以往对扬雄在儒家道统中的地位注意不多，其实扬雄本人提出了类似道统的思想，值得关注和探讨。他说："学之为王者事，其已久矣。尧、舜、禹、汤、文、武汲汲，仲尼皇皇，其已久矣。"[①] 认为学之为王者之事，相传甚久，从尧、舜、禹、汤、文、武，以及于孔子，而"孔子习周公者也"[②]。所谓"学之为王者事"，是指把儒学思想贯彻于外王事业，即是把儒家的"内圣外王"之道传承下来，也就是指儒家之道经历代圣王一脉相传，流传至今。其中孔子的作用很重要，"天之道不在仲尼乎？仲尼驾说者也，不在兹儒乎？"[③] 是说孔子继承周公，接续了圣人之道，肯定孔子的重要地位。而且扬雄也指出，孔子潜心于文王，而继承了文王之道。"'敢问：潜心于圣？'曰：'昔乎仲尼潜心于文王矣，达之。'"[④] 也就是说孔子效法文王，使道得以通达。

扬雄并肯定伏羲在文明起始中的作用。他说："鸿荒之世，圣人恶之，是以法始乎伏羲，而成乎尧。匪伏匪尧，礼义哨哨，圣人不取也。"[⑤] 他认为圣人之法始创于伏羲，而成于尧，并指出如果违背了圣人之法，就会导致礼义不正，因而为圣人所不取。

关于道的性质，扬雄认为，道即为通，无所不通，但道须与圣人结合才为正道，否则即非正道。"或问道。曰：'道也者，通也，无不通也。'或曰：'可以适它与？'曰：'适尧、舜、文王者为正道，非尧、舜、文王者为它道，君子正而不它。'"[⑥] 通达之谓道，表述了道

① 汪荣宝：《法言义疏》，中华书局，1987年，《学行》，第22页。
② 《法言义疏》，《学行》，第13页。
③ 《法言义疏》，《问神》，第6页。
④ 《法言义疏》，《问神》，第137页。
⑤ 《法言义疏》，《学行》，第118页。
⑥ 《法言义疏》，《问道》，第109页。

的一般性质。但扬雄所谓的正道，是指尧、舜、文王圣人之道，与之不同的则为它道，即为扬雄所批判的诸子之学等。扬雄强调“君子正而不它”，正指正道，其对立面则为它道，表现出扬雄崇圣尊儒、辟异端、维护孔子儒家正统的思想。

与此相关，扬雄提出了道的因革问题以及无为与否的问题。“或问：‘道有因无因乎？’曰：‘可则因，否则革。’或问：‘无为？’曰：‘奚为哉？在昔虞、夏袭尧之爵，行尧之道，法度彰，礼乐著，垂拱而视天下民之阜也，无为矣。绍桀之后，纂纣之余，法度废，礼乐亏，安坐而视天民之死，无为乎？’”[1] 认为有道则因，无道则革。就如当年舜、禹继承尧的事业，推行尧之道，使得法度彰明，礼乐盛行，百姓富有，安居乐业，这就是无为而治。而夏桀、殷纣则倒行逆施，使得法度废弃，礼乐丧失，百姓死于非命，这难道是无为？“可则因”是指继承延续尧、舜、禹圣人之道，“否则革”则指革桀、纣暴君之命。这反映了扬雄提倡道统的针对性在于清除与儒家圣人之道相悖的桀、纣等暴君的失道、乱道作为，亦是对诸子等异端思想的清理，具有一定的排他性，而以是否符合、认同和推行儒家圣人之道作为判断是非和是否与儒家圣人保持一致的标准。

扬雄在断断续续的论述中，先后提出了伏羲、尧、舜、禹、汤、文、武、周公至孔子等儒家人物，他们学之为王者事，传圣人之道。扬雄又抬高孟子的地位，以孟子继承孔子而与孔子无异。扬雄又自比孟子。“窃自比于孟子”，批评不良学风，以尊儒宗孔，回归孔子儒学本身。

扬雄之所以把自己比作孟子，其直接目的是为了继承孟子辟异端、弘扬孔学的事业，将孔孟之学发扬光大。他说：“古者杨、墨塞路，孟子辞而辟之，廓如也。后之塞路者有矣，窃自比于孟子。”[2] 指出古代杨朱、墨翟之学堵塞了孔子圣人之路，孟子出来辞而辟之，批判杨、墨之学，使得孔子之道彰显。但孟子之后，又有塞孔子之道

① 《法言义疏》，《问道》，第 125 页。

② 《法言义疏》，《吾子》，第 81 页。

者。所以扬雄以继承孟子、弘扬孔学为己任，力辟诸子之学，表现出扬雄传承道统的弘道精神。

扬雄高度评价了孟子勇于追求仁义道德的价值观。"'请问孟轲之勇。'曰：'勇于义而果于德，不以贫富、贵贱、死生动其心，于勇也，其庶乎！'"① 赞扬孟子能够做到见义勇为，不以贫富、贵贱、死生来动摇其对儒家仁义道德的追求，而非"见义不为，无勇也"，表现出对孟子的推崇。

扬雄盛赞孟子，将孟子与诸子区别开来，抬高孟子的地位，开后世韩愈、程朱重视孟子之先河。他对荀子也做出评价：

> 或问："孟子知言之要，知德之奥？"曰："非苟知之，亦允蹈之。"或曰："子小诸子，孟子非诸子乎？"曰："诸子者，以其知异于孔子也。孟子异乎？不异。"或曰："孙卿非数家之书，侻也；至于子思、孟轲，诡哉！"曰："吾于孙卿与？见同门而异户也，惟圣人为不异。"②

扬雄认为孟子不仅能够掌握要言和奥德，而且还能信而行之，将知行结合起来。当回答学者关于难道孟子不是诸子的问题时，扬雄以是否异于孔子作为划分诸子的标准，诸子与孔子相异，所以为诸子；而且强调，孟子不异于孔子，所以不是诸子。在当时学术界把孟子视为诸子的情况下，扬雄不人云亦云，而是把孟子视为与孔子无异、脱离诸子的人物，这实乃后世将《孟子》由子入经的先导。对于荀子，扬雄有所肯定，也有所不满，认为荀子的《非十二子》非数家之说尚可，但对子思、孟子的责难则为诡异之说。扬雄评价自己与荀子的关系是"同门而异户"，二人虽有差异，但就同属于圣人之门而言则无异。可见扬雄并未把荀子排除在外，相异的只是户，而非门。只是相

---

① 《法言义疏》，《渊骞》，第419页。

② 《法言义疏》，《君子》，第498—499页。

对而言，扬雄更为认同孟子。这也对后世崇孟抑荀产生了一定的影响。

这样，在扬雄的论述中，初步形成了由伏羲始创圣人之法，经尧、舜、禹、汤、文、武、周公至孔子、孟子，至扬雄这样一个儒家圣人之道传授的统绪。

扬雄初步提出道统思想的针对性在于诸子之学的流传和受诸子之学影响而产生的经学流弊，这也是对西汉后期打着孔子旗号，标榜孔学正统，而实则混入诸子之学，阴阳灾异学说盛行，谶纬迷信泛滥之经学弊端的批判。他认为董仲舒、夏侯胜和京房具有共同的推知灾异的思想倾向："灾异，董相、夏侯胜、京房。"① 这显然是受到了阴阳家的影响，而与儒学正统有别。扬雄并指出，受诸子影响就会出现驳杂的不良学风，它们与圣人之学不同。圣人不杂，而它们相杂，所以为病。"或曰：'淮南、太史公者，其多知与？曷其杂也！'曰：'杂乎杂！人病以多知为杂，惟圣人为不杂。书不经，非书也；言不经，非言也。言、书不经，多多赘矣。'"② 他指出淮南王和太史公以其多知不纯为杂，其书、言不以儒家经典为归依，所以为杂，多余而无用，而圣人则不杂。

总的来讲，虽然扬雄提出的道统思想还不那么系统、完备和深入，但与他的尊儒宗孔、批评诸子学和汉学流弊的思想相联系，具有一定的排他性，强调回归儒学正统，发扬传承儒家圣人之道，对后世的道统论产生了一定的影响，也体现了扬雄尊孔崇儒的诠释路向。

二、坚守圣人之道，批评诸子

扬雄在提出道统思想，并初步叙述儒学道统的承传说的基础上，认为儒家圣人之道一脉相传而众说不足为言。针对汉代经学定于一尊

① 《法言义疏》，《渊骞》，第 450 页。

② 《法言义疏》，《问神》，第 163—164 页。

后出现的流弊，扬雄批评异于孔子的诸子之说以及当时经学的流弊，表达其尊儒宗孔，坚守和发扬正统儒家学说的立场，最终是为了自觉奉行儒家圣人之道。

扬雄坚守儒家正统学说，其针对性便是异于孔子学说的诸子之说。扬雄所处时代，虽经汉武帝采纳董仲舒的建议“罢黜百家，独尊儒术”，但当时的士人并未完全认同于儒术儒经，并由于经学在其流传演变的过程中出现了各种流弊，学者严守师法家法门户之见，经学与利禄之学相结合，失去了五经乃济道的宗旨，以致阴阳灾异、天人感应、谶纬神学盛行于世，使得众说淆乱，莫衷一是。

面对思想界的混乱局面，扬雄以传扬儒家圣人之道为己任，既重视五经，亦尊崇孔子，维护和推行孔子之道，纠正异于孔子学说的诸子之说和经学之流弊。他说：“委大圣而好乎诸子者，恶睹其识道也?”[①] 如果尊崇儒家圣人，却喜好诸子，那怎么能表明你识其道？可见，在扬雄看来，尊崇儒家圣人与喜好诸子是不能并存的。实际上，扬雄是把诸子视为异于孔子学说的异端。他说：“诸子者，以其知异于孔子也。”[②] 这即是扬雄对“诸子”下的定义。由此扬雄展开对诸子的批判，这包括对道家、法家、墨家等各家的批评，目的在于通过贬抑诸子来回归儒学，重新树立儒家圣人的权威。可以说，扬雄坚守圣人之道，批评诸子的目的就在于辟异端，维护孔子儒家正统地位。

（一）对道家的批评

扬雄云：“庄、杨荡而不法。”[③] 认为道家人物庄子和杨朱放荡而非法。对于道家的神怪观念，扬雄提出批评：“神怪茫茫，若存若亡，圣人曼云。”[④] 认为神怪无实，其存亡无法证明，是不能明确验证的事，所以圣人不谈论怪力乱神，这表现出扬雄具有一定的无神论倾向。

---

① 《法言义疏》，《吾子》，第 67 页。

② 《法言义疏》，《吾子》，第 498 页。

③ 《法言义疏》，《五百》，第 280 页。

④ 《法言义疏》，《重黎》，第 327 页。

与此相关，扬雄也批评了道家长生不死的修仙之说："有生者必有死，有始者必有终，自然之道也。"[①] 生死乃自然规律，不可能有所谓长生不死的神仙，即使圣人也是要死的。"或问：'人言仙者，有诸乎？'"他说："伏羲、神农殁，黄帝、尧、舜殂落而死。文王，毕；孔子，鲁城之北。"[②] 伏羲、神农、黄帝、尧、舜、文王、孔子这些圣人也难逃一死，表明世上没有长生不死之人，所谓神仙也是不存在的。并驳斥有仙之说："或曰：'世无仙，则焉得斯语？'曰：'语乎者，非嚣嚣也与？惟嚣嚣为能使无为有。'"[③] 有人对无仙之说提出质疑，认为如果无仙，那为何有神仙的说法？扬雄反驳说，所谓神仙的说法，不过是道家神仙方士的嚣嚣虚语，正是由于嚣嚣虚语的流传，才导致"使无为有"，使得原本没有的神仙被臆造出来。扬雄坚持天地之间本无神仙的观点是针对当时托名于神仙，力图证明预言事后必有应验的谶纬神学的一种批判，而与经学的谶纬化有别。这对后来桓谭、王充反对神仙迷信之说和谶纬神学，批评经学庸俗化和神秘化，产生了一定的影响。

扬雄对道家抛弃仁义的思想也提出批评。他说："老子之言道德，吾有取焉耳……及捶提仁义，绝灭礼学，吾无取焉耳。"[④] 他对老子讲道德的言论较为欣赏而有所取，但对老子抛弃仁义、绝灭礼学的思想则提出批评，体现了扬雄虽融合儒道，但以儒家思想为本位的学术特征。

需要指出的是，扬雄以儒为宗，又取法于道，将《易》《老》相结合，对《周易》加以重构，既从形式上加以模仿，又从内容上进行改造，构筑起以玄为核心，玄乃"幽摛万类"的宇宙本原的哲学体系，继承发展了儒家哲学，而具有自身独到的特点。而他尊儒宗孔，又继承其师严遵，作《太玄》，借鉴吸收了老庄之学，儒、道相兼，

① 《法言义疏》，《君子》，第 521 页。
② 《法言义疏》，《君子》，第 517 页。
③ 《法言义疏》，《君子》，第 518 页。
④ 《法言义疏》，《问道》，第 114 页。

具有较强的融通性。但他对道家的神仙之说和抛弃仁义、灭绝礼学的思想也提出了批评，表明他对儒家圣人仁义之道的坚守。

（二）对法家的批评

扬雄指出：“申、韩险而无化。”① 认为申不害、韩非等法家人物专任刑法，犯险而无教化，并对申、韩之法提出批评：“或曰：‘申、韩之法非法与?’曰：‘法者，谓唐、虞、成周之法也。如申、韩！如申、韩！’”② 申、韩之法虽也是法，但何足为法；而扬雄所提倡的法是指唐、虞、成周以仁义礼乐为指导的法。

扬雄进一步批评缺乏仁义的申、韩法家之术。他说：“申、韩之术，不仁之至矣。若何牛羊之用人也?若牛羊用人，则狐狸、蝼螾不膢腊也与?”“或曰：‘刀不利，笔不铦，而独加诸砥，不亦可乎?’曰：‘人砥，则秦尚矣。’”③ 正因为申不害、韩非之术不行教化，专任刑法，被指为不仁之至。扬雄反对法家行严刑峻法，把人民当牛羊一样，制民如牛羊临之以刀俎，任其宰割。故人亦像狐狸、蚯蚓一样，活不过多久就会死掉。对于刀钝砺之以砥，笔秃铦之以刀，申、韩行法以救乱，就像用砥磨刀一样，也是有利之事的说法，扬雄回答说，像这种以严刑来制民，以刀割肉，把人当磨刀石的严刑峻法，只有秦朝才崇尚，何其不仁！表现出扬雄反对法家把百姓当作牛羊一样驱使的暴政。

而扬雄所提倡的则是先教而后刑的儒家之德政。“或曰：‘人君不可不学律令。’曰：‘君子为国，张其纲纪，谨其教化。导之以仁，则下不相贼；莅之以廉，则下不相盗；临之以正，则下不相诈；修之以礼义，则下多德让。此君子所当学也。如有犯法，则司狱在。’”④ 扬雄主张，君子以纲纪教化治国，行仁政，修礼义，只有在犯法时，再动用司狱刑法，而不是像法家那样以严刑来制民，所以他说：“不合

① 《法言义疏》，《五百》，第280页。

② 《法言义疏》，《问道》，第134页。

③ 《法言义疏》，《问道》，第130页。

④ 《法言义疏》，《先知》，第295—296页。

乎先王之法者，君子不法也。”[①] 一切法度须符合先王之法，即要符合前面所言之唐尧、虞舜、周公的仁义之法，除此之外的所谓法，如儒家以外的诸子之法则不可效法。

从以上分析也可看出，扬雄在批判法家、推行德政的同时，亦不完全抹杀法的价值，他主张在“导之以仁”“修之以礼义”的前提下，如有犯法，也要以司狱加之，以制止犯法的行为。这实际上反映了扬雄礼法兼用、刑德并举的主张。

（三）对墨家、纵横家、阴阳家、名家的批评

扬雄云：“墨、晏俭而废礼。”[②] 认为墨子和晏婴俭而不中礼，即指墨家尚俭而难以遵礼。不仅如此，扬雄还赞赏孟子对墨家的批评。他说：“古者杨、墨塞路，孟子辞而辟之，廓如也。后之塞路者有矣，窃自比于孟子。”[③] 扬雄自比于孟子，他辟墨子等诸子的目的在于明道。扬雄在辟墨子的同时，也注意吸取墨家的“兼爱”思想，用以丰富儒家的仁爱思想。他说：“理生昆群兼爱之谓仁也，列敌度宜之谓义也，秉道德仁义而施之之谓业也。”[④] 把墨家的兼爱视之为仁，即仁包含了兼爱的内容，并主张将道德仁义加以实施推广付诸事业。在这里，扬雄将儒家以血缘亲疏为纽带，从爱敬自己的亲人入手，然后推己及人，由亲及疏，由近及远，老吾老以及人之老、幼吾幼以及人之幼的仁爱思想与墨家爱无差等，主张不分远近亲疏的兼爱思想结合起来。这虽在一定程度上丰富了儒家的仁爱思想，但却未能解决人们所诟病的将父母子女视为路人的问题。人们能够做到把对父母子女的亲情之爱随便放到任何一个与己不相干的路人身上吗？如果我们能够像爱自己的父母子女兄弟姐妹那样去爱一个路人，就可以高谈阔论地提倡墨家“兼爱”了。相信这是大多数人都难以做到的，所以墨家“兼爱”说在一定程度上是一种空想，是不切实际的。当然，人们可以去

① 《法言义疏》，《吾子》，第 63 页。

② 《法言义疏》，《五百》，第 280 页。

③ 《法言义疏》，《吾子》，第 81 页。

④ 司马光著、刘韶军点校：《太玄集注》，《玄摛》，中华书局，1998 年，第 186 页。

宣传它，爱总比恨好。而扬雄站在儒家的立场上，把兼爱纳入儒家仁爱的范畴，这与墨家单纯的兼爱是不同的。

扬雄对纵横家提出批评，将张仪、苏秦视为谋求富贵的诈人。“或问：‘仪、秦学乎鬼谷术，而习乎纵横言，安中国者各十余年，是夫？’曰：‘诈人也，圣人恶诸。’”① 扬雄不认同张仪、苏秦行纵横之术而能安中国的说法，他认为张仪、苏秦不过是尚权变、从事诈辩的诈人而已，圣人对此是不取的，即孔子之言与张仪、苏秦等纵横家之行是不同的。《法言》云：

> 曰：“孔子读，而仪、秦行，何如也？”曰：“甚矣！凤鸣而鸷翰也。”曰：“然则子贡不为与？”曰：“乱而不解，子贡耻诸；说而不富贵，仪、秦耻诸。”……或曰：“仪、秦其才矣乎？迹不蹈已。”曰：“昔在任人，帝曰难之，亦才矣。才乎才，非吾徒之才也。”②

在回答读孔子之书而做张仪、苏秦那样的纵横家之事会如何的问题时，扬雄说，这太过分了，就像凤凰鸣叫却长着鹰隼的羽翼，表明这是完全不同的两件事，而不可混同。又问，那么，子贡不是这样做的吗？子贡不也是到各国去游说吗？扬雄回答说：子贡是为了解除纠纷而游说各国，以国家之间的冲突战乱得不到解决而羞愧，而张仪和苏秦游说各国则是为了谋求富贵，其游说诸国而得不到富贵是二人感到羞耻之处。可见在游说各国的目的上，子贡与张仪、苏秦这样的纵横家是不同的。又问：张仪、苏秦不重蹈前人走过的足迹，也算是有才能之人吧？扬雄回答说：上古帝王选用人才是很难的事，难就难在要任用有才之人。尽管有各种各样的人才，但却不是儒家认可的人才。即在对人才的认定上，各家有各家的观点和价值取向，纵横家认

① 《法言义疏》，《渊骞》，第 442 页。

② 《法言义疏》，《渊骞》，第 442—443 页。

定的人才不一定就是儒家所认同的人才，即纵横家的人才并不是君子所看好的。从对人才的评价中，可见扬雄站在儒家的立场而对纵横家进行批评。

扬雄对阴阳家提出批评。他说："邹衍迂而不信。"[①] 认为阴阳家的代表人物邹衍的阴阳之术迂回而不可承信，并批评谶纬，视阴阳家之学为"巫鼓"之说，其害尤甚。"或曰：'甚矣，传书之不果也。'曰：'不果则不果矣，又以巫鼓。'"[②] 批评不仅传书不果，而且又将巫鼓杂入其中。其巫鼓渗透影响了阴阳学说。

扬雄《解嘲》记云："是故邹衍以颉颃而取世资，孟轲虽连蹇，犹为万乘师。"[③] 邹衍讲了一些游移不定的奇怪之辞而取得世资，即一定的社会地位；而孟子虽然遭遇艰难和坎坷，却能为万乘师，即孟子不遇而为万乘师，国君尊敬孟子，若弟子之问师。这表现出扬雄对孟子的尊崇，而对邹衍不以为然。

《法言》记云："或曰：'庄周有取乎？'曰：'少欲。''邹衍有取乎？'曰：'自持。'至周罔君臣之义，衍无知于天地之间，虽邻不觌也。'"[④] 除对庄子的"少欲"表示赞同外，扬雄对邹衍的"自持"也有所取，但认为庄子昧于君臣大义，而邹衍作怪迂之变，无知于天地之间，所以虽然相邻也不愿意相见。

扬雄对名家提出批评。"或问：'公孙龙诡辞数万以为法，法与？'曰：'断木为棊，梡革为鞠，亦皆有法焉。不合乎先王之法者，君子不法也。'"[⑤] 认为公孙龙所谓诈伪之辞、诡辩之法不过是断木为棊、刮摩皮革以为鞠这种技法而已，它不符合尧舜禹汤文武先王之法，所以君子不以为法，以此把儒家之法与名家之法区别开来。

以上扬雄对道家、法家、墨家、纵横家、阴阳家、名家等诸子各

---

① 《法言义疏》，《五百》，第 280 页。

② 《法言义疏》，《君子》，第 508 页。

③ 郑文：《扬雄文集笺注》，巴蜀书社，2000 年，第 194 页。

④ 《法言义疏》，《问道》，第 134—135 页。

⑤ 《法言义疏》，《吾子》，第 63 页。

家的批评，其宗旨是识道，识孔子儒家之道，识先王圣人之道。他认为如果要效法圣人，而喜好诸子，那是不可能识得圣人之道的，反映了扬雄提出道统思想的初衷就是为了辟异于孔子学说的异端，以维护儒学正统。《汉书·扬雄传》云："雄见诸子各以其知舛驰，大氐诋訾圣人，即为怪迂，析辩诡辞，以挠世事，虽小辩，终破大道而或众，使溺于所闻而不自知其非也。及太史公记六国，历楚汉，讫麟止，不与圣人同，是非颇谬于经。故人时有问雄者，常用法应之，撰以为十三卷，象《论语》，号曰《法言》。"① 扬雄指出，诸子的通病是各家都以其知识系统而与儒学相悖，基本都是诋毁周公、孔子等圣人，而发为怪迂之言，行诡辩之术，以扰乱世事，虽不成大器，但与大道背道而驰以惑众。甚至司马迁所记也有与圣人不同者，而与经典相谬。针对诸子各家与儒学相背离而诋毁儒家圣人的学说，扬雄模仿《论语》而撰《法言》，展开了对诸子各家的批判，其目的是维护儒学正统，坚守和传扬儒家圣人之道。

三、扬雄在道统思想史上的地位

扬雄的道统思想及其坚守圣人之道，批评异于孔子的诸子之说，对后世产生了一定的影响，在道统思想发展史上占有重要地位。

后人给予扬雄以较高的评价。东汉著名学者桓谭在其《新论》里赞曰："（扬子云）才智开通，能入圣道，卓绝于众，汉兴以来未有此人也。"② 认为扬雄能入于圣人之道，汉以来未有如扬雄这样超凡入圣之人。桓谭并把扬雄视为孔子："张子侯曰：'扬子云西道孔子也，乃贤如此。'吾应曰：'子云亦东道孔子也。昔仲尼岂独是鲁孔子？亦齐楚圣人也。'"③ 桓谭不同意仅把扬雄看作是西道孔子，他认为，扬雄

---

① 班固：《汉书》，中华书局，1962年，第3580页。

② 桓谭：《新论》，中华书局，2009年，第41页。

③ 《新论》，第62页。

亦是东道孔子，就像孔子不仅是鲁国的孔子而且还是齐楚的圣人一样。在这里，桓谭将扬雄推举为整个东、西道的圣人，而不仅限于是西部地区的孔子。

王充亦把扬雄比作文、武、周公。他说："近世刘子政父子、扬子云、桓君山，其犹文武周公并出一时也。"① 认为刘向父子、扬雄、桓谭就像文、武、周公一样，并世同出，将扬雄与儒家道统崇尚的圣人相提并论，予以高度评价，并以"行与孔子比穷，文与扬雄为双"②为荣，表现出对孔子和扬雄的尊崇。

唐代韩愈提出道统论，认为儒家圣人之道的传授由来已久，这区别于佛教、道教所谓的道。但尧、舜、禹、汤、文、武、周公、孔子相传授受之道到孟子死后不得其传，而荀子和扬雄"大醇而小疵"，未能完全担当传道的重任，但也属于圣人之徒。他说："晚得扬雄书，益尊信孟氏。因雄书而孟氏益尊，则雄者亦圣人之徒欤?"③ 韩愈把扬雄视为儒家圣人之道的传承者，而自己提出的道统就是对孔、孟、扬雄之道的传承。他说："己之道乃夫子、孟轲、扬雄之所传之道也。"④明确把扬雄作为孔孟之道的传人，并且韩愈自称接过了这个道统，使其道由韩愈得到传承。

"宋初三先生"之一的孙复把扬雄视为道统中的传人。他说："吾之所为道者，尧、舜、禹、汤、文、武、周公、孔子之道也，孟轲、荀卿、扬雄、王通、韩愈之道也。"⑤ 孙复表彰扬雄，肯定他在传圣人之道中的功绩，而将其列入道的传授系列之中；指出自西汉至李唐间，虽然学者儒生摩肩而起，以文章传世之人甚多，但大都受到杨墨佛老之说的影响，沉湎于虚无报应之事，而少有言及教化。尽管汉唐

---

① 黄晖：《论衡校释》,《超奇》，中华书局，1990 年，第 606 页。

② 《论衡校释》,《自纪》，第 1205 页。

③ 刘真伦、岳珍：《韩愈文集汇校笺注》，《读荀子》，中华书局，2010 年，第 111 页。

④ 《韩愈文集汇校笺注》,《重答张籍书》，第 562 页。

⑤ 孙复：《孙明复小集》,《信道堂记》,《四库全书》本，台湾商务印书馆，1986 年版，第 175 页。

以文名世者多受到异端之说的干扰和影响，但孙复认为也有“始终仁义，不叛不杂者，惟董仲舒、扬雄、王通、韩愈而已”①，肯定扬雄等人“始终仁义，不叛不杂”，能够坚守儒道，不受佛老异端的影响。这也是对扬雄在道统中的地位的肯定。

另一位“宋初三先生”之一的石介提出系统的道统传授谱系，也把扬雄列入其中。他说：“道始于伏羲而成终孔子。……伏羲氏、神农氏、黄帝氏、少昊氏、颛顼氏、高辛氏、唐尧氏、虞舜氏、禹、汤、文、武、周公、孔子者，十有四圣人，孔子为圣人之至。孟轲氏、荀况氏、扬雄氏、王通氏、韩愈氏五贤人。”② 石介明确把道统的起源上溯到伏羲氏，并自伏羲起，至韩愈止，系统地提出了多达十九人的圣人之道传授的谱系，正式肯定扬雄在道统中的地位。石介不仅提出了道统相传的形式，而且对道统传授的内容也作了阐述。他说：“周公、孔子、孟轲、扬雄、文中子、吏部之道，信义忠孝，乃其天性，中庸正直，厥从气禀。精诚特达，操履坚纯，不以利动心，不以穷失节。”③ 这些儒学的价值与扬雄思想有关，也是圣贤相传之道的内涵。欧阳修在评价石介时，也称石介“所谓尧、舜、禹、汤、文、武、周公、孔子、孟轲、扬雄、韩愈氏者，未尝一日不诵于口”④，指出石介终日执着于包括扬雄在内的圣人之道的授受，这客观反映了扬雄在宋初的重要影响和在道统中占有重要的一席之地。

北宋政治家、史学家司马光在其《读玄》里云：“扬子云真大儒者邪！孔子既殁，知圣人之道者非子云而谁？孟与荀殆不足拟，况其余乎！”⑤ 他认为孔子之后，能够掌握圣人之道的人非扬雄莫属，即使是孟子和荀子也不能与扬雄相比。这表明，在司马光看来，在传圣人之道的系统中，扬雄的地位在孟、荀之上，也表明扬雄对宋代学术产

① 《孙明复小集》，《答张洞书》，第 174 页。

② 石介：《徂徕石先生文集》，《尊韩》，中华书局，1984 年，第 79 页。

③ 石介：《徂徕石先生文集》，《上范思远书》，中华书局，1984 年，第 152 页。

④ 《徂徕石先生文集》，《徂徕石先生墓志铭》，第 261 页。

⑤ 司马光：《太玄集注》，《读玄》，中华书局，1981 年，第 1 页。

生的影响。

程颐站在理学家的立场，在不看好汉唐诸儒的情况下，却对扬雄评价较高。他说："自汉以来，惟有三人近儒者气象，大毛公、董仲舒、扬雄。"[①] 把扬雄与董仲舒等并列，认为他们保持了儒者气象，予以适当的肯定。

北宋学者范祖禹在认同道学、肯定程颢道统思想的同时，也充分肯定了扬雄在道统中的地位和作用。他说："扬雄曰：'适尧舜文王者为正道。'后世学尧舜而及之者惟文王，故孔子祖述尧舜，宪章文武，而习周公，其他皆非道也。"[②] 范祖禹引用扬雄《法言·问道》"适尧舜文王者为正道"之语，以坚持圣人之道统，以尧、舜、文王、武王、周公、孔子一脉相承为正道，与此相悖的则为非道，实际上是对扬雄尊儒崇圣思想的认同。进而，范祖禹对扬雄的道统论有所吸取和借鉴。他说：

> 臣祖禹拜手稽首曰：三皇之时，至质略矣。伏羲始开人文，神农以下皆有师，圣人之德莫大于学。……扬雄曰："学之为王者事，其已久矣，尧、舜、禹、汤、文、武汲汲，仲尼皇皇，其已久矣。"学始于伏羲，至于成王。《易》《诗》《书》所称，圣人所述，为万世法。由汉以下，其道不纯，故可称者鲜。自古以来，治日常少，乱日常多，推原其本，由人君不学也。……今臣所录八篇，上起伏羲，下讫神宗。伏惟陛下宪道于三皇，稽德于五帝，轨仪于三代，法象于祖宗，集群圣之所行，体乾健之不息，则四海格于泰和，万年其有永观矣。[③]

在这里，范祖禹引用扬雄之言并加以发挥，以伏羲、神农、尧、

---

① 《二程集》，中华书局，1981 年，第 232 页。

② 范祖禹著、陈晔校释：《帝学校释》，华东师范大学出版社，2015 年，第 31—32 页。

③ 范祖禹著、陈晔校释：《帝学校释》，华东师范大学出版社，2015 年，第 161—162 页。

舜、禹、汤、文、武、成王等构成了圣人之道的传授系统，而圣人之道载之于《易》《诗》《书》等儒学经典，其经典中的圣人所述，足以为万世所效法。然而，自汉以下，其圣人之道不纯，即汉以后的人君不学圣人之道，故乱世多，治世少。这与二程所讲道统在孟子之后失传的说法类似。范祖禹要求宋代君主效法于古代圣王，“宪道于三皇，稽德于五帝”，即求道于三皇五帝，把圣人之道接续下来。这可视为对二程道统论的认同，并受到扬雄道统思想的影响。

南宋理学家张栻对扬雄之学也有所肯定，认为其《法言》有可取之处，对于掌握圣门之学也是有所帮助的。他说：“某己卯之岁，尝裒集颜子言行为《希颜录》上下篇。……又采《家语》所载颜子之言有近是者，与夫扬子云《法言》之可取者，并史之所纪者，存之于后，盖亦曰学者之所当知而已。……则圣门之学，其大略亦可见矣。”① 张栻撰《希颜录》，收集有扬雄《法言》之可取者，表明对扬雄一定程度的认同，并将扬雄《法言》的可取之言与圣门之学联系起来。

尽管程颐、朱熹对扬雄提出批评，而程朱理学成为学术界主流后，扬雄声名进一步下降，但亦有学者对于扬雄加以肯定。如学以程朱理学为主的金学者赵秉文对扬雄大加肯定。他说：“刘向、扬雄皆经国之大儒。”② 另有明学者宋濂云：“自秦焚书之后，孔子之学，不绝如线，雄独起而任之，故韩愈以其与孟、荀并称，而司马光尤好雄学。”③ 宋濂肯定扬雄继承孔子之学的作为，所以韩愈也把扬雄与孟荀并列，这实际上是对道统论中孔子之后其学不绝，而扬雄加以继承和体察的一种赞扬。

综上可见，扬雄的道统思想对后世产生了一定的影响，在道统思

---

① 《张栻集》，《跋希颜录》，中华书局，2015 年，第 1276—1277 页。

② 赵秉文：《闲闲老人滏水文集》，《丛书集成初编》：第 2414 册，中华书局，1985 年，第 193 页。

③ 宋濂：《宋学士全集》，《丛书集成初编》：第 2124 册，中华书局，1985 年，第 1055—1006 页。

想发展史上占有一定的重要地位。虽然其早期的道统思想还不够完善，还有待于丰富和发展，但毕竟对后世产生了相应的影响，也表现出道统思想在历代传承不绝。

原载《四川师范大学学报》2017 年第 4 期

论扬雄对先秦儒学的继承与发展

◎ 边家珍

摘要：扬雄对先秦儒学的继承与发展在汉代无人可比，但学界对此一直缺少足够的认识。面对西汉末年神学、经学的危机，扬雄自比于以“正人心，息邪说”为使命的孟子，从学理上树立以孔、孟为代表的先秦儒学为学术正宗的观念，张扬人本主义理念，目的在于扫除董仲舒以来的神学泛滥及道、法等学派思想的抬头。扬雄借鉴道、墨等诸子的思想，丰富和发展了先秦儒学的内涵。他在儒学指向上突出“内圣”，拓展了孔、孟重视个体人格的道德自律及自我完善的一面，有利于矫正汉代神学、经学在促使士人人格自觉上的苍白乏力。

关键词：扬雄　先秦　儒学　继承　发展

汉代是中国儒学发展的第二个重要时期，其主要标志是董仲舒创立和开启的基于“天人感应”观念的神学经学。它曾有助于大一统专制政体的形成，但是，随着西汉末年的政治危机，其作为统治思想的危机开始凸现出来。哀、平之世，谶纬蜂起，怪说布彰，巫道乱法，鬼神干政，实是神学经学恶性发展的必然结果。在这种情况下，扬雄自比于以“正人心，息邪说”[①] 为使命的孟子，从学理上树立以孔孟为代表的先秦儒学为学术正宗的观念，张扬人本主义理念，目的在于

① 《十三经注疏》，中华书局，1980 年，第 2715 页。

扫除自董仲舒以来的神学泛滥及道、法等学派思想的抬头。扬雄借鉴道、墨等诸子的思想，丰富和发展了先秦儒学的内涵；他在儒学指向上突出“内圣”，拓展了孔孟重视个体人格的道德自律及自我完善的一面，有利于矫正汉代神学经学在促使士人人格自觉上的苍白乏力。扬雄对先秦儒学的继承与发展在汉代无人可比，但学界一直缺少足够的认识。希望本文的研究有助于进一步认识扬雄的思想及其在儒学发展史上应有的重要地位。

一、对先秦儒学的自觉继承与维护

扬雄是以孔子的传人自期的。《法言·学行》说：“天之道不在仲尼乎？仲尼驾说者也，不在兹儒乎？如将复驾其所说，则莫若使诸儒金口而木舌。”① 传播天道的仲尼既殁，那么做木铎的使命就落在了诸儒肩上。扬雄自觉地担当起这个使命，以孔子为楷模，所谓“治己以仲尼”（《法言·修身》）。他在《法言》中多处推崇孔子，把孔子思想视为治学的门径、判定是非正误的标准及最高的真理：

> 山径之蹊，不可胜由矣。向墙之户，不可胜入矣；曰：恶由入？曰：孔氏。孔氏者，户也。曰：子户乎？曰：户哉！户哉！吾独有不户者矣？（《法言·吾子》）
>
> 或曰：人各是其所是，而非其所非，将谁使正之？曰：万物纷错则悬诸天，众言淆乱则折诸圣。或曰：恶睹乎圣而折诸？曰：在则人，亡则书，其统一也。（《法言·吾子》）
>
> 视日月而知众星之蔑也，仰圣人而知众说之小也。（《法言·学行》）

其颂赞之情，溢于言表。在理论建树上，他拟《论语》作《法

① 汪荣宝：《法言义疏》，中华书局，1987 年，第 6 页。

言》，阐发孔子思想精义的意图极为明显，从各个角度论述了儒道。汉代学者以为《周易大传》是孔子所作，《易》为孔子所推崇，扬雄也以为“经莫大于《易》”①，拟《易》以为《太玄》，表现出极力踵武孔子之道的热情。对于孟子，扬雄认为他在思想倾向上同孔子是一致的：“或曰：子小诸子，孟子非诸子乎？曰：诸子者，以其知异于孔子也。孟子异乎？不异。”（《法言·君子》）他还赞扬孟子“勇于义而果于德，不以贫富、贵贱、死生动其心，于勇也，其庶乎！”（《法言·渊骞》）另一方面，扬雄又认为自己比孟子更能理解孔子思想的实质，且自己有发孟子所未发的独到之处，他谓孟子“摭我华而不食我实”，又说“孟子疾过我门而不入我室”（《法言·问明》），认为自己略同于孟子而又比他更近于孔子。

在扬雄看来，神学经学的混乱、驳杂及入流于方术迷信，远离了真正的儒学。他要正本清源，便不能不对今文经学“开刀”了。《法言·吾子》说：“古者杨、墨塞路，孟子辞而辟之，廓如也。后之塞路者有矣，窃自比于孟子。”他以孟子般的勇气对神学经学进行了前所未有的批判。

对神学经学以阴阳灾异说附会五经，扬雄表示极大的不满，力图把阴阳灾异之说与正统的儒学区别开来。《法言·渊骞》说：“守儒：辕固，申公。灾异：董相，夏侯胜，京房。”这在今文经学占统治地位的西汉末年，是极为大胆的言论。董相即董仲舒，他援阴阳家之言解说《春秋》，为今文学者所宗；《汉书·眭两夏侯京翼李传》说，夏侯胜“从（夏侯）始昌受《尚书》及《洪范五行传》，说灾异”；京房“治《易》……其说长于灾变”。此三人是为今文经学者所尊的“大儒”，扬雄竟把他们排除于“守儒”之列，而只列为“灾异”！在扬雄看来，董仲舒的《春秋》学、夏侯尚的《尚书》学、京房的《易》学等，只是在天象人事所表现出的现象之间建立一种联系，这种联系常常是外在的、臆测的，其效用只是找出灾异的责任者，然后施以惩

① 《二十五史》（一），中州古籍出版社，1996年，第313页。

罚；这样的天人之学，不能教人以仁义之道。他自己仿《易》作《太玄》，决不对某个历史或现实事件作简单的比附，只注重基于“玄”的天、地、人之道的一般原则。“玄”是指现象背后的某种本质联系，掌握了这种本质联系，就能周知一切，把握天地人之道，故《太玄》的指归在于“仁义”：“或曰：玄何为？曰：为仁义。曰：孰不为仁？孰不为义？曰：勿杂也而已矣。”（《法言·问神》）董仲舒等人的经学是“杂”的，非纯粹的儒道。

神学经学家们诱于利禄，把经义搞得十分烦琐，扬雄尖锐指出他们掩盖了儒学的真义。扬雄说，“大人之学也为道，小人之学也为利”（《法言·学行》），蔑视经生一味地追求利禄。他对经说的日益烦琐及争相标新立异十分不满，语含讽刺地说今文学者解经，如“一閧之市，不胜异意焉”，以至于“一卷之书，不胜异说焉”（《法言·学行》）。他对比古今之学，尖锐地指出：“古者之学耕且养，三年通一。今之学也，非独为之华藻也，又从而绣其鞶帨。”（《法言·寡见》）“绣其鞶帨”，喻毫无必要的驳杂花哨。这种经学风气，无疑导致正宗儒学思想被掩蔽：“或曰：谚谚者天下皆说也，奚其存？曰：曼为是也。天下之亡圣也久矣。呱呱之子，各亲其亲，谚谚之学，各习其师。”（《法言·寡见》）扬雄不是绝对地反对从经师习经，但他认为经师首先要把握儒学的根本和精要：“师之贵也，知大知也；小知之师，亦贱矣。”（《法言·问明》）小知之师“言书不经，多多赘矣”（《法言·问神》），结果只能是“淫辞之淈法度”（《法言·吾子》）。扬雄对今文经学的缺点看得十分准确，故言之剀切，颇能击中要害。在《法言》中，他还用“寓言”式的语言，对今文经学予以冷嘲：“或曰：有人焉，自云姓孔，而字仲尼。入其门，升其堂，伏其几，袭其裳，则可谓仲尼乎？曰：其文是也，其质非也。敢问质，曰：羊质而虎皮，见草而说，见豺而战，忘其皮之虎矣。”（《法言·吾子》）扬雄形象准确地描述了神学经学违背元典精神、外标榜五经而实则另搞一套做法。基于神学经学无力解决种种社会危机，道、法诸家思想抬头的现实，从维护孔孟之道出发，扬雄对异于儒家的其他先秦诸子进行了严厉的批评。对于墨家，他说“墨、晏俭而废礼”（《法言·五百》），《盐铁论·论诽》云：“晏子有言，儒者华于言而寡于实，繁于乐而舒于民，久丧以害生，厚葬以伤业，礼烦而难行，道迂而难遵，称往古而言訾当世，贱所见而贵所闻。”[①] 可见晏子的非乐、非命、短丧、薄葬，全与墨子同。扬雄说墨、晏俭而废礼，正是针锋相对的回应。对于道家，扬雄谓老子“捶提仁义，绝灭礼学，吾无取焉耳”（《法言·问道》），又批评庄子“荡而不法”（《法言·五百》）、“罔君臣之义”（《法言·问道》）。对于法家，扬雄批评“申、韩险而无化”（《法言·五百》），又说：“申、韩之术，不仁之至矣。若何牛羊之用人也？若牛羊用人，则狐狸、蝼螾不膢腊也与？或曰：刀不利，笔不铦，而独加诸砥，不亦可乎？曰：人砥，则秦尚矣。”（《法言·问道》）严刑裁民，若临牛羊以刀俎，那么百姓还能存活多久？其趋死犹如狐狸与蝼螾，过不了腊之节候了。若是认为申、韩行法，欲以救乱，如加诸刀砥，那么酷秦岂不是应受称赞吗？这里扬雄对法家的批评，颇露锋芒。扬雄思想中的法，指的是儒家的礼法，对于申、韩所谓的法他是极为不满的：“或曰：申、韩之法非法与？曰：法者，谓唐、虞、成周之法也。如申、韩！如申、韩！”（《法言·问道》）对于阴阳家，扬雄指斥“邹衍迂而不信”（《法言·五百》），“衍无知于天地之间，虽邻不觌也”（《法言·问道》）。《史记·孟荀列传》云：（邹衍）“乃深观阴阳消息，而作怪迂之变，《终始》《大圣》之篇，十余万言。其语闳大不经，必先验小物，推而大之，至于无垠。”扬雄嘲讽邹衍妄言通天道地道而不知人道，虽其邻人亦不欲见之。对邹衍阴阳学说的批判，客观上也是对建立在阴阳五行基础上的董仲舒思想的否定。

二、借鉴、吸收其他诸子，丰富发展儒学的内涵

以儒学为宗，扬雄又善于借鉴、吸收其他诸子，来丰富儒家思

---

① 桓宽：《盐铁论》，上海书店，1986 年，第 27 页。

想。正因为如此，后来韩愈从其道统观出发，说他“大醇而小疵”[①]。兹举数端如下。

1. 改造老子的“道德”概念，赋予儒学的含义。据《汉书·王贡两龚鲍传》载，扬雄“少时从（严遵）游学，以而仕京师显名，数为朝廷在位贤者称君平德”。严氏曾著《老子指归》11卷。扬雄早年颇受道家思想的濡染，他说：“老子之言道德，吾有取焉耳。”（《法言·问道》）《史记·老庄申韩列传》云：“老子乃著书上下篇，言道德之意五千余言。”道是用来指永恒的、循环运动着的宇宙本体，所谓“有物混成，先天地生，寂兮寥兮，独立而不改，周行而不殆，可以为天地母”；“天法道，道法自然”（二十五章）[②]。道是德之体，德是道之用，老子曰：“道生之，德畜之，物形之，器成之。是以万物莫不尊道而贵德。”（五十一章）《老子》中所称的“常德”“上德”“玄德”等，皆指与道同体之“德”，其内涵不离“法自然”三字。扬雄把老子的“道”“德”改铸为完全属于儒家的概念，《法言·问道》篇说：“或问道。曰：道也者，通也，无不通也。或曰：可以适它与？曰：适尧、舜、文王者为正道，非尧、舜、文王者为它道，君子正而不它。”“或曰：孰若无礼而德？曰：礼，体也。人而无礼，焉以为德？”可见扬雄是把“道”“德”的运用和儒家伦理思想紧密地联系在一起的。《法言·问道》还说：“道、德、仁、义、礼，譬诸身乎！夫道以导之，德以得之，仁以人之，义以宜之，礼以体之，天也。合则混，离则散。一人而兼统四体者，其身全乎！”《法言·渊骞》篇也说：“鼓之以道德，征之以仁义，舆尸、血刃，皆所不为也。”这里扬雄均将“道”“德”与“仁”“义”等概念并用，直接影响了后世儒家用“仁义道德”来代指仁、义、礼、智、信等伦理内涵，使“道德”成为一个儒学色彩极浓的概念。

2. 辩证地汲取老子“无为”的政治观。“无为”是老子思想的一

① 马其昶：《韩昌黎文集校注》，上海古籍出版社，1986年，第37页。
② 高亨：《老子注译》，河南人民出版社，1980年，第63页。

个重要概念，《老子》说："道常无为而无不为。侯王若能守之，万物将自化。"（三十七章）又说："圣人处无为之事，行不言之教。"（二章）老子在政治上高唱还纯返璞，复归自然，以无为之理想，来抨击一切残民政治，所谓"我无为而民自化，我好静而民自正"（五十七章）。扬雄则借"无为"来表达其儒家政治理想，《法言·问道》篇："或问无为。曰：奚为哉！在昔虞、夏袭尧之爵，行尧之道，法度彰，礼乐著，垂拱而视天下民之阜也，无为矣。绍桀之后，纂纣之余，法度废，礼乐亏，安坐而视天下民之死，无为乎？"在这里"无为"被赋予了新的含义，"无为"是在"法度彰""礼乐著"、民殷富前提下的"无为"，具有浓厚的儒家理想色彩。扬雄把儒家的有为和道家的尚自然结合起来，既强调人为的因素，所谓"兼才尚权，右计左数，动谨于时，人也"（《法言·重黎》）；又注重因顺自然之道，不赞同过多的干预，以见"无为之为"（《法言·问道》），颇与《淮南子·原道训》中"修道理之数，因天地之自然"[①] 的糅合儒道的思想相似。

3. 汲取墨家的"兼爱"思想，改铸先秦儒家"仁"的内涵。扬雄在《太玄·太玄摛》中提出："理生、昆群、兼爱之谓仁也；列敌、度宜之谓义也。"[②] 理生，即料理人民生计。昆群，即和同百姓。扬雄以"理生""昆群""兼爱"释"仁"，是直接汲取了墨子的思想的。"仁"是儒学的核心概念之一，孔子释之为"爱人"（《论语·颜渊》）[③]，但他又说："君子务本，本立而道生。孝弟也者，其为仁之本与！"（《论语·学而》）也就是说，孔子的"仁"是同君君、臣臣、父父、子子的等级观念结合在一起的，是要按照尊卑、贵贱、亲疏的等级关系去爱人，爱是有先后，有厚薄的。墨子指出儒家的仁爱是"亲亲有术，尊贤有等"（《墨子·非儒下》）[④]，"兼爱"是无差等的爱，注重相互间的责任和义务，而不只是唯上是从；"兼爱"不是空洞的，

---

① 刘安：《淮南子》，上海书店，1986 年，第 5 页。

② 叶子奇：《太玄本旨》，见王云五主持《四库珍本》三集，第 194 册，第 7 页。

③ 杨伯峻：《论语译注》，中华书局，1980 年，第 131 页。

④ （清）孙诒让：《墨子间诂》，中华书局，1986 年，第 260 页。

而是与物质利益相联系，目的是使“万民和，国家富，财用足，百姓皆得暖衣饱食，便宁无忧”（《墨子·天志中》）。扬雄谓“理生、昆群、兼爱之谓仁”，显然是以墨解儒，丰富发展了儒家的仁爱观，为宋儒张载爱必兼爱、民胞物与说之滥觞。

三、在儒学的指向上突出“内圣”

尽管董仲舒尽智于天人之际的比附，强化了伦理的尊卑秩序之纲，为王者提供了专制政体的舆论工具，但并不能使人们自觉地依从道德命令。同时，汉武帝五经博士的设置，以及博士子弟的群体，使儒者阶层人数迅猛增加，但仅限于保证了士人们的出仕之道而已，真儒、大儒仍甚乏有，儒学的道德人格境界，为禄利趋进或声名所掩蔽。因此，虽然董仲舒对德化万民的儒家理想也竭力推重，但对于促使人们在人格上的自觉自为却显得苍白乏力。基于此，扬雄抛弃那些神秘性的神威恐吓与崇信，致力于自我进德修身这一儒家基本命题的张扬，因而崇孟抑荀，在儒学的指向上突出“内圣”。

就西汉思想的大势说，荀子影响实大于孟子。赵岐《孟子题辞》谓孝文时“欲广游学之路，《论语》《孝经》《孟子》《尔雅》，皆置博士”，恐未可尽信。拔孟子于诸子之上，以为不异于孔子的，实始于扬雄。韩愈说“因扬书而孟氏益尊”（《读荀子》），所见甚是。

在儒家的创始人孔子那里，后人所谓的“内圣”与“外王”，是紧密联系在一起的，但从总体来看是从“内圣”出发而达于“外王”。在礼坏乐崩的时代背景下，孔子用“仁”来解说“礼”，即把“礼”“仪”等外在规范解说为人们的内在的心理要求，实际上是把复兴“周礼”的任务诉诸个体的自觉。强调在个体的“仁”的自觉的基础上，行周礼，安百姓，治天下：“子路问君子。子曰：修己以敬。曰：如斯而已乎？曰：修己以安人。曰：如斯而已乎？曰：修己以安百姓。”（《论语·宪问》）这里人格修养和政治事功密切相联系。孔子之后，“内圣”“外王”之学发生了明显的分化，孟子对孔学的发扬主要在“内圣”，荀子则主要是“外王”。孟子着力强调了孔子经世学说的内在方面，使整个问题的核心落在“内圣”方面；他认为意欲经世，必须先修身养性，居仁由义，然后才谈得上治国平天下。他的善性论、养气论、仁政论等，都是要说明只有内在的道德品质才是儒学的出发点、立足点和关键所在，只有具有“不忍人之心”才能“行不忍人之政”，才可能有王道的实现。到了荀子那里，他不再着眼于个体的仁义孝悌，而是更着眼于外在的礼法纲纪，并认为前者应服从于后者：“入孝出弟，人之小行也；上顺下笃，人之中行也；从道不从君，从义不从父，人之大行也。若夫志以礼安，言以类使，则儒道毕矣。”（《荀子·子道》）从而很自然地要法后王、一制度了。荀子突出地发挥了治国平天下的外在方面，使仁从属于“礼”，到了法家韩非则把它片面地发挥到极致。扬雄把“内圣”原则作为判断是不是“纯”儒的标准，因而，他认为孟子同孔子是一致的，是孔门仁学的正统。《法言·君子》：“或问孟子知言之要，知德之奥。曰：非苟知之，亦允蹈之。”在扬雄看来，孟子不仅由博返约，把握了孔学精义，而且能切身实践，这个评价无疑极大地提高了孟子的地位。对于荀子，扬雄毫不避讳地直言：“吾与孙卿，与见同门而异户也，惟圣人为不异。”（《法言·君子》）扬雄强调儒学必须有用心于内的纯粹性、非功利性，而荀子在这一点上是有“异”于圣人的，这是扬雄不称许荀子的关键所在。

突出儒学“内圣”的一面，扬雄便特别倡导士人的自我学习与修养。

首先，为唤起个体的自修的自觉，扬雄先从人性论的认识上入手，提出其“善恶混”说。《法言·修身》：“人之性也，善恶混。修其善则为善人，修其恶则为恶人。气也者，所以适善恶之马也与?”混者，杂也。在扬雄看来，不论是圣人抑或一般人，就其个体而言，既有善性又有恶性。这一提法的意义在于，它不仅突出了人们的自我修养的必要性，而且基于所有人都具有善恶两面性的内在依据，显示出其普遍的可行性，有利于对人性的改造。孟子虽言人有“四端”，可以为善，但又说“人之所以异于禽兽者几希，庶民去之，君子存之”（《孟子·离娄下》），似乎是说只有少数君子才能保有并发展善性；荀子以为人性恶，善是人为的结果，也就是说，善是无内在根据可寻的，善既与人的本性无涉，为善只是由外力促动而使人觉其难为。而扬雄的“善恶混”说，强调善恶均有其内在根据，习善即善，习恶即恶，为一般人的为善打开了方便之门，使善成为普通人可以企及的目标，利于人们的接受以及对于善的践履的信心。

其次，扬雄认为个体自修的目的，在于道德上的完满。《法言·寡见》说：“好尽心于圣人之道者，君子也。”什么是扬雄所说的“圣人之道”呢？在《法言》中，扬雄有意无意地忽略了前此“圣人”内涵中政治事功的一面，而更多地着眼于伦理道德：“或问圣人表里。曰：威仪文辞，表也；德行忠信，里也。”（《法言·重黎》）“圣人重其道而轻其禄，众人重其禄而轻其道。”（《法言·五百》）既然“圣人”所昭示的是伦理道德上的高境界，那么士人的学习也应主要从心性上下功夫：“学者，所以修性也。视、听、言、貌、思，性所有也。学则正，否则邪。”（《法言·学行》）“或问：何如斯谓之人？曰：取四重，去四轻，则可谓之人。曰：何谓四重？曰：重言，重行，重貌，重好。言重则有法，行重则有德，貌重则有威，好重则有观。敢问四轻？曰：言轻则招忧，行轻则招辜，貌轻则招辱，好轻则招淫。”（《法言·修身》）通过修性，从而使言、行、貌、好诸方面都合乎礼义，达到“全其德”（《法言·君子》）的目的。在扬雄看来，如果人人都能成为“其为中也弘深，其为外也肃括”（《法言·修身》）的君子，那么“身立，则政立矣”（《法言·先知》）。个体修性上普遍的君子化，自然能够产生理想的政治局面，儒家的政治理想就会得以实现。

再次，特标颜子之乐，为个体的进德修业树立榜样。在《法言》中，扬雄十多次提到颜渊，还特设《渊骞》一篇，意在突出颜渊的乐处，以为人们效法的典型。孔子曾多次赞美颜回的人格，说：“一箪食，一瓢饮，在陋巷，人不堪其忧，回也不改其乐。贤哉，回也！”

（《论语·雍也》）扬雄由此进一步发挥，突出强调其不为个人穷通贫富际遇所困扰、恪守道义的人格精神：“或曰：使我纡朱怀金，其乐不可量已。曰：纡朱怀金者之乐，不如颜氏子之乐。颜氏子之乐也，内；纡朱怀金者之乐也，外。或曰：请问屡空之内。曰：颜不孔，虽得天下不足以为乐。然亦有苦乎？曰：颜苦孔之卓之至也。”（《法言·学行》）颜子内在的道德的快乐，远胜于富贵等外在的快乐，如果说他还有什么烦恼的话，那就是夫子之道仰之弥高，使他总也学不到家。扬雄看到了颜子之乐对于矫正汉世道德虚伪、学风败坏的重大意义，乃至于将颜氏之乐称为“颜氏德”（《法言·修身》）。

扬雄对先秦儒学的继承与发展，在中国古代思想史上产生了广泛的影响。桓谭称“扬子之书文义至深，而论不诡于圣人”（《汉书·扬雄传》）。王充赞扬雄“卓尔蹈孔子之迹，鸿茂参二圣之才者也”（《论衡·超奇》）。唐韩愈慨叹：“因雄书而孟氏益尊，则雄者亦圣人之徒欤!”（《读荀子》）

扬雄之所以能够继承与发展先秦儒学，应从以下几个方面来认识：

1. 它体现了与时俱变的儒学发展规律。武帝当政，以董仲舒为代表的春秋公羊派建立了以“天”为主体的新儒学，倡导“道之大原出于天，天不变，道亦不变”（《汉书·董仲舒传》），是为了配合大一统专制集权的王霸思想，其儒术实具有浓厚的阴阳家色彩。西汉末年集权政治的逐渐瓦解、神学迷信的泛滥、文化氛围的窒息感，促使扬雄寻求理论上的突破，提出“革而化之，与时宜之”（《太玄·玄莹》）的学术发展观。扬雄认为，包括五经在内的儒家学说都是“应时而造”的：“或曰：经可损益与？曰：《易》始八卦，而文王六十四，其益可知也。故夫道非天然，应时而造者，损益可知也。”（《法言·问神》）扬雄继承与发展先秦儒学，既是基于文化穷变的心理，也是历史发展提出的必然要求。

2. 与西汉今古文经学的斗争有密切联系。今文经学在哀、平以后，日趋于烦琐、僵化、附会，引起有创造精神的经学学者的强烈不满。哀帝时，终于引发了刘歆等为争立《左传》等古文经学于学官而进行的一场斗争。刘歆对今文经学家“假经设谊，依托象类，或不免乎臆则屡中”（《汉书·眭两夏侯京翼李传》），随意解经、妄断臆测的治学方法进行了抨击，强调“夫子不以空言说经”，要“据行事，仍人道，因兴以立功，就败以成罚”（《汉书·艺文志》）。扬雄少“不为章句”，没有今文学者的习气，他和刘歆同朝为官，且学术志向较为接近。他不附翼于今文经学神学化的思想框架，在天人之学、儒学指向诸方面直承先秦儒学，具有古文经学者朴实严谨的学风；其大胆而剀切的立论，与刘歆等人在经学领域的斗争是相呼应的。

3. 扬雄之所以能够继承发展先秦儒学，还与他的个人修养有关。《汉书·扬雄传》说扬雄“少而好学”，“博览无所不见”，“默而好深湛之思”。扬雄学术思想虽以儒家为宗，但他实具有丰厚的学养，对其他各派有深入的了解。《法言·学行》篇中扬雄主张遍览用以“发策决科”的五经之外的书籍，而且他能够对其他学派持较为客观的乃至辩证的认识。如《法言·问道》：“或曰：庄周有取乎？曰：少欲。邹衍有取乎？曰：自持。”这种实事求是的学术态度是难能可贵的。扬雄对儒家思想的发展与其对道、墨等学派的汲取是分不开的。扬雄在儒学的指向上突出“内圣”，拓展了孔、孟重视个体人格的道德自律及自我完善的一面，这既是基于对改变西汉末年统治阶级争权夺利、互相倾轧、暴民残民等政治状况的希望，同时也寄寓了扬雄本人善良淳厚、淡泊自守的生活理想，和他“为人简易”“少嗜欲，不汲汲于富贵，不戚戚于贫贱”（《汉书·扬雄传》）的个性不无联系。

原载《河南大学学报》2002年第3期

《太玄》对“易”“老”的会通与重构

◎ 周立升

摘要：《太玄》是拟《易》之作，同时又吸收了道家的天道观和辩证法，因此是会通“易”“老”的杰作。但就运思理路而言，《太玄》明显地近于《老子》，而与《周易》有所不同。《周易》以二分法把阴阳视为两体，故而两体的“中和”“中介”不易透显。《太玄》则不同，它以三分法代替了《周易》的二分法，凸显了贯通阴阳而兼体的“和”的作用。扬雄一方面希冀以《太玄》取代汉代经学而又未能予以取代，另一方面他想超越烦琐的象数之学向思辨哲学迈进而又未能达到魏晋玄学的高度，从而成为两汉哲学向魏晋玄学转化过程中极为重要的中间环节。

关键词：易　道　阴阳　五行　太玄

扬雄是西汉末年著名的哲学家、思想家，也是一位出色的文学家和文字音训家。扬雄所处的时代，历元、成、哀、平之世。西汉王朝经历了一百多年的发展，至此迅速走向衰落，尖锐的社会矛盾和统治集团内部的权力倾轧交织在一起，引起了一些社会有识之士的关注。他们从维护和挽救汉家皇权的基本观念出发，对矛盾重重和日益深重的社会危机进行认真的反思，甚至提出要从统治者和被统治者之间以及统治者内部的关系着眼予以合理调整，企盼以此拯救濒于绝境的西汉王朝。扬雄出身庶族寒门，目睹了朝政昏暗、国事日非的层层幕幕，亦极力祈求政治革新，希望汉家王朝能够再度中兴。但扬雄“清静亡为，少耆欲，不汲汲于富贵，不戚戚于贫贱，不修廉隅以徼名当世”（《汉书·扬雄传》）的人生宗旨，使他养成不谙政事和“默而好深湛之思”的性格，只好用《太玄》和《法言》托圣以言改制，借古以论时政，借天道以明人事了。

一

扬雄以为《经》莫大于《易》，故作《太玄》以拟《易》。《太玄》虽属模拟之书，然而它却是扬雄会通“易”“老”而重构的自成体系的佳作。为了索求万物之间的普遍联系，探求天地的玄机，追寻宇宙的本体，扬雄标举并运用了“玄”这一中心概念。但“玄”并非扬雄的创造，而是来自《老子》，是对老子思想的继承。《道德经》说：

> 无名天地之始，有名万物之母。故常无欲以观其妙，常有欲以观其徼。此两者同出而异名，同谓之玄。玄之又玄，众妙之门。（一章）

所谓“同谓之玄”的“同”是指“无”与“有”，“无”与“有”乃指道。道是无又是有，是无与有的统一。“玄”是对超越现象、超越经验的“无”与“有”的规定。因此，在本体意义上也可说“玄”是道的异称。正是基于此，在扬雄那儿，“玄”是直接脱胎于“道”的。桓谭曾说：“扬雄作《玄》书，以为玄者，天也，道也。”又说：“宓羲谓之易，老子谓之道，孔子谓之元，而扬雄谓之玄。”（《后汉书·张衡传》注引）玄与道是二而一的，故扬雄视“玄”为宇宙的本体、万物的本根。他说：

> 玄者，幽摛万类而不见其形者也。资陶虚无而生乎规，搁神明而定摹，通同古今以开类，摛措阴阳而发气。一判一合，天地

备矣。天日回行，刚柔接矣。还复其所，终始定矣。一生一死，性命莹矣。（《玄摛》）①

这是说，“玄”在暗中宰制万类而不露形迹，它凭借虚无而陶养出自然天道，联通阴阳并确定其规模度数，贯通古今区别了万物的种类，错综张弛而布设生杀之气。阴阳的一判一合，于是形成了天地；天体和太阳的回环运行，使昼夜交替出现；当这运动又复归到原点之时，一岁的终始便可确定了；万物一生一死，天人性命之道也就彰显了。这表明“玄”是天地万物的本原，是宇宙本体，它幽深玄远，神妙莫测，在“太易之始，太初之先，冯冯沉沉，奋搏无端”（《核灵赋》）。扬雄又说：“深者入黄泉，高者出苍天，大者含元气，纤者入无伦。”（《解嘲》）这里，扬雄将“玄”与“元气”贯通起来。

玄无方所，它不显露自身的方位，也无边际，即见不到它的范围，它深藏自己的博厚之性，掩蔽自己的生生之质；它推辞自己的功绩，隐昧自己的所以然。它卓绝地显示着自身的高远广大和幽深渺茫。寂静而能囊括一切，这就是玄。仰视之它在上面，俯察之它在下面，有所企盼和愿望它便呈现于前，想要抛弃和忘却它又尾随于后，违忤它根本不可能，在寂静中就会感到它的存在，这就是“玄”。

“玄”的功能是极大的，它无为而无不为，所谓“智、仁、勇”，“公、通、圣”，所谓“道、德、仁、义”乃至“阴阳”，都被“玄”所统辖着。“故玄者，用之至也。”“阳知阳而不知阴，阴知阴而不知阳，知阴知阳，知止知行，知晦知明者，其唯玄乎。”（《玄摛》）玄是无所不能、无所不为的。

扬雄还从“上下纤广”四个角度说明玄在空间上的无限性。“其上也悬天，下也沦渊，纤也入薉，广也包轸。”（《玄摛》）这是袭用《管子·宙合》的话，彼云：“天地，万物之橐也，宙合有橐天地。”“宙合之意，上通于天之上，下泊（及）于地之下，外出于四海之外，

① 司马光：《太玄集注》，中华书局，1998年，下同。

合络天地，以为一裹。散之至于无间，不可名而字之，大之无外，小之无内。”（据郭沫若校本）叶之奇说：“此极言玄之道上下大小无不包括，其大无外，其小无内也。”（《太玄本旨》）玄体以谦静为道，其用莫不顺物自然而利导之。物当存时则存之，物当亡时则亡之，它需要柔弱则微之，它需要刚强则彰之。玄对万物犹如权衡一般，“高者下之，卑者举之，饶者取之，罄者与之，明者定之，疑者提之”。老子在谈到天道的功能时曾说：“天之道其犹张弓与！高者抑之，下者举之，有余者损之，不足者补之。”（《道德经》七十七章）扬雄正是在吸纳和继承老子思想的基础上，完善自己的《太玄》体系的。

《玄摛》又说：

> 夫天宙然示人神矣，夫地他然示人明矣。天地奠位，神明通气。有一、有二、有三。位各殊輩，回行九区，终始连属，上下无隅。

宙然，开朗貌。他然，安泰貌。天的开朗，向人们显示着其功用神妙；地的安稳，向人们显示着其作用彰明。天地定位，神明通气，便产生了一（天）、二（地）、三（人）及万物。物各异类，但都在九位（九区）中周行循环，终而复始连绵不绝，上下四方浑沦圆转。何谓“神明”？此尚需从《老子指归》中寻。扬雄之师严遵说：“有物俱生。无有形声，既无色味，又不臭香。出入无户，往来无门，上无所蒂，下无所根。清静不改，以存其常，和淖纤微，变化无方。与物柔和，而生乎三，为天地始，阴阳祖宗。在物物存，去物物亡，无以明之，号曰神明。”可见，“神明”是“道生万物”过程中的一种“外用”、一种“变化”，是对外物特性的表述。

在扬雄看来，宇宙是依据玄道推演出来的，玄图即是宇宙的图式，天地万物不过是这一图式所呈现的具体样态。他在《玄首都序》中说：

驯乎玄，浑行无穷正象天。阴阳坒参，以一阳乘一统，万物资形。

太玄即是宇宙的缩影，它顺应天道，像天一样，浑沦周行，永无止境。阴阳结合而为三，万物滋生，阳息阴消，一枯一荣，旺相休囚，视阳而定，故称“以一阳乘一统”。在《玄图》中，扬雄对这一图式作了详细的描绘和说明。扬氏云：

一玄都覆三方，方同九州，枝载庶部，分正群家，事事其中。

一玄覆盖三方，聚同九州，枝别二十七部，分正八十一家，宇宙万事万象，无不包络其中，此犹《易系》所谓“范围天地之化而不过，曲成万物而不遗”。譬如，北斗的指向，日月的运行，阴阳的升降，四时的更替，五行的生旺，空间的布设，七宿的转换，历法的推定，干支的纳配以及律吕的长短，历数的计算，等等，莫不包纳而昭示之。

照扬雄看来，一分为三是事物发展的规则，故云“玄有二道：一以三起，一以三生”（《玄图》）。三三而九，九则是一个过程的极点，故云“极为九营”，即以九为极限。由是《太玄》将每首分为九赞之位，九首为一阶段，八十一首共分九个阶段，每一阶段谓之“一天”，共有“九天”。

从“一天”到“九天”，就是阴阳二气消息盈虚的“过程”，随着节气的变化，万物表现出潜伏、萌生、发育、成长、壮大、结实、衰落、死亡，又重新开始的过程。二气在一年的循环中，阳气生于子，始中首，值十一月冬至，位于正北方，盛极于巳，值四月，位于东南，至亥阳气不发生作用遂让位于阴，值十月，位于西北，此即“西北则子（即阳）美尽矣”。阳极阴生，阴生于午，始应首之次五，值五月夏至，位于正南方，盛极于亥，值十月，位于西北，至巳阴气不发生作用而让位于阳，值四月，位于东南，此即“东南则午（即阴）美尽矣”（《玄图》）。因《太玄》以两赞配一日，一“天”为九首，九九则八十一，合四十日半，取其整数，故称“罗重九行，行四十日”（《玄图》）。一“天”行四十日又半日，九天则为三百六十四日又半日，尚不足一年之数，所以在八十一首之后，再加踦、赢两赞，以补满一年三百六十五日又半日之数。

从阴阳二气消息盈虚的过程看，“九天”是大的循环圈，体现了一年的周期；而每首的“九赞”则是小的循环圈，体现了小范围的波动。扬雄认为，九段循环无论在三极之道还是其他方面，都具有普遍的意义。《玄告》云：

> 玄生神象二，神象二生规，规生三摹，三摹生九据。玄一摹而得乎天，故谓之有（九）天；再摹而得乎地，故谓之有（九）地；三摹而得乎人，故谓之有（九）人。天三据而乃成，故谓之始中终；地三据而乃形，故谓之下中上；人三据而乃著，故谓之思福祸。上欲下欲，出入九虚，小索大索，周行九度。

这是说，玄道生天地，天圆转于外，地静居于内，天地气通而生天玄、地玄、人玄，三三而九，故三摹生九据，九据者九赞之位可依据也。天玄有始、中、终，地玄有下、中、上，人玄有思、福、祸。初一、次二、次三为始、下、思，次四、次五、次六为中、中、福，次七、次八、上九为终、上、祸。玄道在空间上按九种方位在运动，在时间上则按九度（段）在周行，如九天、九地、九人、九体、九属、九窍、九序、九事、九年等（见《玄数》）。

在人事祸福的变化上，玄道也体现出九段循环的规律。据《玄数》，一至三思也，四至六福也，七至九祸也。思、福、祸又各有下中上：初一为思之始，次二为思之中，次三为思之外；次四为福之小，次五为福之中，次六为福之隆；次七为祸之始，次八为祸之中，上九为祸之极。以此推之，九赞又可划分为三个小发展阶段，一、

四、七为三者之始，二、五、八为三者之中，三、六、九为三者之终。故《太玄图》说，一是思之微，四是福之资，七是祸之灾；三是思之崇，六是福之隆，九为祸之穷。二、五、八为三者之中，福转化为祸，福退而祸承。这就是扬雄所揭示的福祸转化的规律性。

扬雄为表征以一年为周期的“九天”的循环运动，又用“罔直蒙酋冥”与方位、四时相配合，以说明事物发展的全过程。《玄文》云：

> 罔直蒙酋冥：罔，北方也，冬也，未有形也。直，东方也，春也，质而未有文也。蒙，南方也，夏也，物之修长者也。皆可得而戴也。酋，西方也，秋也，物皆成象而就也。有形则复于无形，故曰冥。故万物罔乎北，直乎东，蒙乎南，酋乎西，冥乎北。

《玄文》是疏解玄体与时空结合方面的宇宙图式，拟《易》之《文言传》。范望云：罔直蒙酋冥“此五者，太玄之德，犹《易》‘元亨利贞’也”（《太玄解赞》）。但二者有所不同。“元亨利贞”是乾卦的卦辞，其本貌为乾卦的占断辞，《文言》的作者将其引申为乾之四德，赋予社会伦理的意蕴。而“罔直蒙酋冥”并非“中首”的首辞，尽管它选择“中首”并三陈其“九赞”之义，但“罔直蒙酋冥”并非体现“中首”之德，而是体现玄道之德，亦即九天之德。“元亨利贞”是并列的四德，元为众善之长，亨为嘉美之会，利则为义之和，贞为治事之本。而“罔直蒙酋冥”则是与方位、四时相配的一个循环的发展过程。任何事物都是从无形到有形，又由有形复归于无形的。因此，罔为北方，为冬天，阳气潜伏，万物归藏，未有形兆故言罔，罔者，无也。直为东方，为春天，阳气萌发，万物始出，强伸枝干故曰直，直者，伸也。蒙为南方，为夏天，万物盛长，枝叶繁茂而覆蒙大地，故曰蒙，蒙者，覆蔽也。酋为西方，为秋天，阴气萧瑟，万物成熟而始衰，故曰酋，酋者，成熟也。秋天过去，冬天又至，万物又潜藏于地中，有形又复归于无形，故曰冥，冥者，幽暗也。

一年四季，万物从无形到有形，从萌生到消失，循环往复，然而其往复不一，故新故相除，即新事物不断代替旧事物，所以说“出冥入冥，新故更代”。阴阳二气，适时运行，交相递代，更相为用，故称“阴阳迭循，清浊相废”。但是在扬雄看来，无形是一切事物的原始，也是它们的归宿，有形只是暂时的存在，它最终是要回归于罔和冥。故而《太玄文》说：“言出乎罔，行出乎罔，祸福出乎罔，罔之时玄矣哉！”又说：“可酋则反乎冥矣，是故罔之时则可制也。八十一家由罔者也。天炫炫出于无畛，熿熿出于无垠，故罔之时玄矣哉！”无形制驭着有形，罔制约着事物后来的发展变化，故云“罔之时玄矣哉！”而冥则意味着新过程的开始，无冥则无罔。因此，罔与冥表现了玄的性质和作用，体现了玄的特色，是理解八十一首的枢纽所在。所谓“天以不见为玄，地以不形为玄，人以心腹为玄”。“玄者，神之魁也。”（《玄告》）

二

原始的五行思想最基本的特点，就是从当时所认为的五种基本元素之间的关系入手，解释事物的产生及其相关的联系。在它经历了“相杂”“相生”及“生胜”的发展历程后，人们便逐步摆脱直观的视野，迈入理性思维的轨道并与方位、时令、物类相配，说明世界万物的演化。扬雄亦把他的宇宙图式与当时流行的五行学说联系起来，建构了《太玄》的外在形式体系。他说：“鸿本五行，九位施重。上下相因，丑在其中。”（《玄莹》）又说：“五行迭王，四时不俱壮。日以昱乎昼，月以昱乎夜。昴则登乎冬，火则发乎夏。南北定位，东西通气，万物错离乎其中。”（《玄告》）即是说“九天”不仅表示阴阳的消息盈虚，也表示五行的生克制化。所谓“九位施重”，指把水、火、木、金、土按五行之数分配于“九天”“九赞”之中。一六为水，配于“九天”，则每天的一首、六首为水，配于“九赞”，则每首的初一次六为水；二七为火，则每天的二首、七首为火，每首的次二、次七为火。三八为木，四九为金例此。五五为土，为中央，故五土配每天的“五首”和每首的“次五”。由是上下相因，万物皆在其中。方位的转移，呈现为五行迭胜；时间的变化，表现为四时更替。将两者结合起来，即构成一个包含时间和空间的宇宙框架，万事万物均蕴涵生息于其中。

扬雄将五行与玄道相配，目的不是重复《吕氏春秋·十二纪》《礼记·月令》和《淮南子·时则训》的有关内容，也不是为了补充或增益上述著作所缺载的事类，而是要突出“五行相参生和”亦即玄道与五行的阴阳之纪，一种物象与数、理的关系。

（一）两两相合，五行之数立

所谓“两两相合”，指一与六合，二与七合，三与八合，四与九合，五与五合。《玄图》云：

> 一与六共宗，二与七为朋，三与八成友，四与九同道，五与五相守。

此即《玄数》所谓：三八为木，为东方，为春；四九为金，为西方，为秋；二七为火，为南方，为夏；一六为水，为北方，为冬；五五为土，为中央，为四维。

五行随时间的推移，其在空间的表现是不同的。《玄数》云：

> 五行用事者王，王所生相，故王废，胜王囚，王所胜死。

这是说，在一年四时之中，五行轮流“用事”，所谓用事即起主导作用。凡某季起主导作用的一行称为旺，行所生者为相，产生旺者为废（又曰休），克制旺者为囚，旺所克者为死。此即《淮南子·地形训》说的“木壮，水老，火生，金囚，土死；火壮，木老，土生，水囚，金死。……”旺、相、废、囚、死是五行在四时运行中所呈现之态势。五行之性不同，四时之气不一，某行若与其所处时令通情达性则旺，悖情违性则死。水旺于冬而火死，火旺于夏而金死，金旺于秋而木死，木旺于春而土死，土旺于四维而水死。“五行更王用事，一正胜焉，相参而生和，此《易》所谓利贞之性情者哉!”[①]

（二）播五行于四时，和而后而日生

扬雄还借音律的损益，以说明五行中阴阳气数的变化。《玄数》云：

> 其在声也，宫为君，徵为事，商为相，角为民，羽为物。其以为律吕也，黄钟生林钟，林钟生太簇，太簇生南吕，南吕生姑洗，姑洗生应钟，应钟生蕤宾，蕤宾生大吕，大吕生夷则，夷则生夹钟，夹钟生无射，无射生仲吕。

按照玄数，五声和五行相配，宫为土，商为金，角为木，徵为火，羽为水。宫居中央，畅四方，为四声纲，故配君；商之为言章也，彰显而法度之，故配相；角，触也，触地而出，为相所制驭，故配民；徵，祉也，物盛大而民喜乐其事，故配事；羽，宇也，物聚藏于宇，故配物。

依《汉书·律历志》：五声之本，生于黄钟之律。律十有二，阳六为律，阴六为吕。律以统气类物，吕以旅阳宣气。十二律吕与一年四时十二月相配则为：黄钟为十一月之律，三分损一，下生林钟。林钟为六月之吕，三分益一，上生太簇。太簇为正月之律，三分损一，下生南吕。南吕为八月之吕，三分益一，上生姑洗。姑洗为三月之律，三分损一，下生应钟。应钟为十月之吕，三分益一，上生蕤宾。蕤宾为五月之律，三分损一，下生大吕。大吕为十二月之吕，三分益一，上生夷则。夷则为七月之律，三分损一，下生夹钟。夹钟为二月之吕，三分益一，上生无射。无射为九月之律，三分损一，下生仲吕。仲吕为四月之吕。

① 司马光：《太玄集注》。

阴阳之施化，万物之终始，既类旅于律吕，又经历于日辰。行于十二辰，始动于子，故黄钟始于子，言阳气施种于黄泉，滋萌万物。大吕位于丑，言旅助黄钟宣气而芽物也。太簇位于寅，言阳气大，奏地而达物也。夹钟位于卯，言阴夹助太簇宣四方之气而出种物。姑洗位于辰，言阳气洗物必洁之也。中吕位于巳，言微阴始起未成，著于其中旅助姑洗宣气齐物。蕤宾位于午，言阳气始导阴气使继养物也。林钟位于未，言阴气受任，助阳种物使之长大茂盛。夷则位于申，言阳气正法度而使阴气伤其应伤之物。南吕位于酉，言阴气旅助阳孕成万物。无射位于戌，言阳气终物而使阴气毕剥落之。应钟位于亥，言阴杂阳气，藏塞为万物作种也。

（三）律吕配玄道，玄之体用著

扬雄认为，声生于日，律生于辰，推十二辰以生十二律。声以正人之情性，律以调声之清浊。声律相和，八音生，故《太玄》之道亦配声律干支之数。《太玄数》云：

> 子午之数九，丑未八，寅申七，卯酉六，辰戌五，巳亥四。故律四十二，吕三十六，并律吕之数，或还或否，凡七十有八，黄钟之数立焉。

律为阳，吕为阴。子、寅、辰、午、申、戌配阳律。丑、卯、巳、未、酉、亥配阴吕。子午之数九，寅申七，辰戌五，三者之和为律之数，故律四十二。丑未八，卯酉六，巳亥四，三者之和为吕之数，故吕三十六。并律吕之数，其和为七十八。黄钟之数八十一，此为配子为天正，终天之数。而玄道“一以三起”，转而相乘，三三而九，九九而八十一，所谓“陈其九九，以为数生”（《玄首都序》）。律吕之和数为七十八，虚三则为八十一，故称“黄钟之数立焉”。

叶子奇云：“子一阳生，午一阴生，气生一分则数虚一分，故子午之数虚一而止九。丑二阳生，未二阴生，而丑未之数虚二而止八。驯而至于六阳六阴之月，而巳亥之数虚六而止四。皆自十而逆除也。”

（《太玄本旨》）这是说，子月一阳生，午月一阴生，十减一得九，故子午之数为九。准此，丑未之数则为八，寅申之数为七，卯酉之数为六，辰戌之数为五，巳亥之数为四。天干为地支之主，子数九，甲为子干，故甲之数亦为九，而甲己相配，己为甲妃，故己随甲其数亦当为九。丑数八，乙为丑干，故乙之数亦为八，而乙庚相配，乙为庚妃，故知庚数亦当为八。顺此，则丙辛之数为七，丁壬之数为六，戊癸之数为五。叶子奇又说："九阳盛，为数之统，此玄之所以为用也；子午虚一而无位，此玄之所以为体也。"（《太玄本旨》）玄道"一以三起"，"一以三生"。以三起者，方、州、部、家是也；以三生者，三分阳气而为天玄、地玄、人玄；每首分为九赞之位，八十一首分为九天，《太玄》以九赞和九天为用，以九为极限，过九必反。故玄以"九"为用，而以"一"为体。

三

在汉代，关于宇宙天体的学说主要有三派，一为盖天说，二为浑天说，三为宣夜说。扬雄早期持盖天说，后来转而笃信浑天说。浑天说比盖天说和宣夜说更能说明天体运动的规律。它认为："浑天如鸡子，天体圆如弹丸，地如鸡中黄，孤居于内。天大而地小。天表里有水，天之包地，犹壳之裹黄。天地各乘气而立，载水而浮。周天三百六十五度四分度之一。……天转，如车毂之运也。周旋无端，其形浑浑，故曰浑天也。"① 但古人误认为运行者乃天体，日月星辰皆附丽于天而随之旋转，不晓得运行者乃地球及行星，故有此论。扬雄到了晚年，提出"难盖天八事"②，对盖天说予以诘难，并对浑天说进行研究，《太玄》的宇宙图式即是吸取浑天说而建构起来的。正如班固所说：扬雄"大潭思浑天，参摹而四分之，极于八十一，旁则三摹九

① 张衡：《浑天仪注》。

② 参见《隋书·天文志》。

据，极之七百二十九赞，亦自然之道也。……其用自天元推一昼一夜阴阳数度律历之纪，九九大运，与天终始。……与泰初历相应，亦有颛顼之历焉”。①

《太玄》每两赞主一日，七百二十九赞则主三百六十四日半，外加踦、嬴两赞而满一岁之日数。故《玄图》云：“凡三百六十四日有半，踦满焉，以合岁之日而律历行。”据《汉书·律历志》，汉初，袭用秦之颛顼历，但逐渐发现它与实际天象不合。因颛顼历定一岁之日数为三百六十五又四分日之一，而此日数是有误差的，所以到汉武帝元封七年，公孙卿、壶遂、司马迁等主张改正朔、制新历，于是改元封七年为太初元年。同时遴选长于治历的邓平、唐都、落下闳等二十余人创制汉历，因此年为太初元年，故又称太初历。中国古代历法的制定特重历元，所谓历元，就是以冬至恰好是甲子日甲子时之朔旦，作为推算历法的开始。太初历的制定，就是“以前历上元泰初四千六百一十七岁，至于元封七年，复得阏逢摄提格之岁，中冬十一月甲子朔旦冬至，日月在建星，太岁在子，已得太初本星度新正”。而具体的运算转历是由邓平、落下闳完成的。邓平创制了八十一分律历，定一月的日数为二十九又八十一分之四十三日，一岁的月数为十二又十九分之七月，一岁的日数为三百六十五日又一千五百三十九分日之三百八十五。《玄告》云：“玄日书斗书而月不书，常满以御虚也。”这是说，日行有常而无亏，斗柄所指有定向，故可书；而月有嬴虚，所行不常，故不可书。《玄告》又云：“岁宁悉而年病，十九年七闰，天之偿也。”叶子奇注谓：“岁道常舒而有余，故无忧。年道常缩而不足，故有病。是以十九年而置七闰，以偿还其不足之数也。”（《太玄本旨》）叶注语焉不详。对此，俞樾诠解甚精。他说：“日躔黄道一周，历春夏秋冬四时，共三百六十五日有奇，是为一岁。月离白道一周，历朔望晦，后追及日而合朔。十二合朔，共三百五十四日有奇，是为一年。岁与年较，多十一日弱，所谓气盈也。年与岁较，少十一

① 《汉书·扬雄传》。

日弱，所谓朔虚也。……自立春至大寒，而岁实始尽。然正月朔日立春，至十二月晦日。尚未至大寒，是‘年病’也。病者，病其不足也。于是三年必置闰焉。故下文曰：‘十九年七闰，天之偿也’。”（《诸子平议》）

太初历后经刘歆加以推究和整理，是为三统历。刘歆以《易》推历以说《春秋》，企图为太初历建构理论根据。所谓三统即天统、地统、人统，天统始施于子半，地统受之于丑毕于辰，人统生自寅成于申。“故历数三统，天以甲子，地以甲辰，人以甲申。”①《太玄》以太初历（三统历）为基础，创制了一个特别的历法，蕴涵了天地阴阳变化之理，故云“玄之道也”。邵雍曾说：“落下闳但知历法，扬雄知历法又知历理。”② 此评至为精当。

扬雄的太玄图式亦吸收并改造了孟、焦、京等人的卦气说。《易》之卦气起中孚，坎、震、离、兑四正卦二十四爻主二十四节气，即坎卦自初爻至上爻主冬至、小寒、大寒、立春、雨水、惊蛰六个节气，震卦主春分、清明、谷雨、立夏、小满、芒种六个节气，离卦主夏至、小暑、大暑、立秋、处暑、白露六个节气，兑卦主秋分、寒露、霜降、立冬、小雪、大雪六个节气。其余六十卦，每卦六日七分，凡得三百六十五日又四分日之一。六十卦配七十二候，尚缺十二卦，则以候卦补之。就一年的节气变化说，十一月中冬至，初候为公卦中孚，此为一年节气变化的开始，至次年十一月节大雪，末候卿卦颐为一年节气变化的终结，周而复始。《太玄》八十一首，每首九赞，一赞为昼，一赞为夜，合二赞为一日。八十一首，凡七百二十九赞，合三百六十四日半，外加踦、赢二赞，成三百六十五日又四分日之一。中首初一，冬至之初也，踦、赢二赞，大雪之末也，亦周而复始。《太玄》首名皆以《易》之卦气为次序而变其名称，如：《玄》之“中”，《易》“中孚”也；《玄》之“周”，《易》“复”也；《玄》之

① 《汉书·律历志上》。

② 《皇极经世·观物外篇》。

“少”，《易》“谦”也；《玄》之“戾”，《易》“睽”也，等等。故《玄首都序》曰：“八十一首，岁事咸贞。”《玄测都序》曰：“巡乘六甲，与斗相逢，历以纪岁，而百谷时雍。”按，日右行而左还，北斗左行而右旋，在牵牛一度半建子位，日斗相逢，各一周天。故称日行乘六甲，周而复始，以成岁事。另外，《太玄》还将八十一首七百二十九赞配以二十四气和日躔宿度，以及风雨物候，用以说明四时季节和月令的变换。故《玄图》云：“阴质北斗，日月畛营，阴阳沈交，四时潜处，五行伏行。六合既混，七宿轸转，驯幽推历，六甲内驯。九九实有，律吕孔幽，历数匿纪，图象玄形，赞载成功。”即是说，《太玄》包含有以北斗指向定时，日月循其轨道周行，阴阳二气消息盈虚，四时节气交相更替，五行旺伏更相用事等；还包括天体混沌、星宿运转、推求历法、时日纳配干支等。故叶子奇云：“此备言《玄》配合乎斗、日、阴阳、四时、五行、六合、七宿、六甲，莫不俱于八十一首之中，以至律吕、历数亦莫不藏其纪度，所以玄图莫不传著而昭列焉。”（《太玄本旨》）但是，《太玄》毕竟不是天文学著作和历法，而是一部哲学著作，它只对天文、历法等予以理论的说明，使之从具体的自然科学升华为世界图式，而不能代替具体的历法和天文学。

四

《太玄》是拟《易》之作，同时又吸收了老子的天道观和辩证法，因此是会通《易》《老》的杰作。但就运思理路而言，《太玄》明显地近于《老子》，而与《周易》有所不同。《周易》以一分为二、二分为四、四分为八，直至六十四的二分法，将八卦与六十四卦联为两两相对的整体，它把阴阳视为两体，故而两体的“中和”“中介”不易透显。《太玄》则不同，它以三分法代替了《周易》的二分法，强化了阴、阳的结合体即阴（一）、阳（二）、和（三），凸显了阴阳参和、阴阳消长的调节功能。此思想可溯源于老子。老子云：“道生一，一生二，二生三，三生万物。万物负阴而抱阳，冲气以为和。”① 只有“一生二，二生三”的三分架构，才能昭示“阴阳一体”以及阴阳在一体中的“参和状态”。在扬雄看来，这种参和状态表明“玄”是与阴阳共存而兼制阴阳的共体。他说：

> 莹天功、明万物之谓阳也，幽无形、深不测之谓阴也。阳知阳而不知阴，阴知阴而不知阳。知阴知阳，知止知行，知晦知明者，其唯玄乎！（《玄摛》）

这是说，玄是非阴非阳、即阴即阳、既主阴又主阳的阴阳混为一体，亦可谓阴阳共体并兼制阴阳的关联者。叶子奇云：“阳主息，变物而有形。阴主消，化物而无迹。然阴阳，气也，故局于一偏而不通。玄者，理也，故通于两端而兼体。”（《太玄本旨》）譬如，天、地、人作为三才之道，《周易》中只能以六爻“兼三才而两之”来体现。而《太玄》则不然，“夫玄者，天道也，地道也，人道也，兼三道而天名之”（《玄图》）。所谓“一以三起，一以三生”，方州部家皆以三起而成四位也。

《太玄》完成了《周易》符号模式的重新改组，显示了它多层面含义的优势。《太玄》三分法的优势主要凸显于两个方面：其一，它把事物共同体的全貌概括了出来。作为共同体不仅有“阴”与“阳”的对峙，而且有维系这种对峙的“叁”，即通于“阴”“阳”而兼体的“和”。质言之，既没有纯粹的独阴，亦没有纯粹的独阳，阴阳局于一偏皆不通。其二，在事物共同体中，“玄”（和）起着维系全局的作用。阴阳相错相行，阳息阴消，阴息阳消，无论是阳的动吐，还是阴的静翕，都表示旧事物的减损与消失，新事物的增长与发展。尽管阴阳有更迭、事物有演化，而“玄”（和）的维系作用并不因此而消亡。正如《太玄文》所云：“罔蒙相极，直酋相敕。出冥入冥，新故更代。

---

① 《老子》四十二章。

阴阳迭循，清浊相废。”而“罔之时，玄矣哉”。由此可见，《太玄》的三错符号“—”“--”“---”弥补了《周易》二错符号“—”“--”的不足，更能体现尚中的“中和”之道。

然而，《太玄》并没有取代《周易》，它的地位和作用更不可与《周易》同日而语，这是为什么？概而言之，不外乎《太玄》的文字艰涩深奥，一般士人难以理会其意旨，就连宋代的大学者司马光尚需“读之数十过”，方能“稍得窥其梗概”（《太玄集注·读玄》），对于一般读者来说，其阅读难度当然是可想而知了，此其一。《周易》的“经”和“传”是不同时代的作品，两者之间差异很大，“传”本于“经”，然而更是空前地升华了“经”，因此无论就其学说建构、思想内涵抑或学术层次，都存在着明显的、根本性的差异。从《易经》到《易传》是人类思维冲破占卜樊篱而升华为哲学理论的进步过程。可是扬雄的《太玄》却将自己的理论硬性地纳入早已落伍的占卜形式之中，禁锢了理论的生机，因此《太玄》企图借用占卜形式以建构其体系是失败的，此其二。

不过，就创立新的哲学体系而言，《太玄》是扬雄的潜心精思之作，没有《太玄》，扬雄就称不上是一位有个性的哲学家。正是这种哲学个性，使之对魏晋玄学产生了重大的影响。《太玄》的建构形式虽说不成功，但它对神学经学的背离和挑战，以及它对事物现象背后深层本质的探索，深深地启迪了魏晋玄学，为后一时期辨析才性与玄理的又一次思想解放高潮的到来，起了铺垫作用。又因《太玄》是《老子》和《周易》相结合的产物，故汉末的解《老》注《易》诸家，如宋衷、虞翻、陆绩，都熟谙《太玄》并为之作注，为嗣后《易》《老》《庄》三玄的正式形成，创造了条件。

总之，《太玄》一方面希冀取代汉代经学而又未能予以取代，另一方面它想超越烦琐的象数之学向思辨哲学发展而又未能达到魏晋玄学的高度，从而成为两汉哲学向魏晋玄学转化过程中极为重要的中间环节。

原载《孔子研究》2001 年第 2 期

论《太玄》对《周易》的模仿与改造

◎ 刘保贞

摘要：《太玄》是模仿《周易》而作，无论是在形式上还是内容上，《太玄》的模仿痕迹都很明显。从性质上看，《太玄》像孟、京易学一样，是一种天人之学。《太玄》的独创性在于：体例上采用"三、九"系统；赞辞以生动形象的比喻直接说明事理；《太玄数》所说的筮法仅是扬雄的一个小把戏，没什么实际用途，而他又把五刑、律吕、月令等方面的内容引入《太玄》，以使其也具有"以卜筮者尚其占"的功用。

关键词：太玄　周易　模仿　改造

《汉书·扬雄传》说："（扬雄）实好古而乐道，其意欲求文章成名于后世，以为经莫大于《易》，故作《太玄》；传莫大于《论语》，作《法言》；史篇莫善于《仓颉》，作《训纂》；箴莫善于《虞箴》，作《州箴》；赋莫深于《离骚》，反而广之；辞莫丽于相如，作四赋：皆斟酌其本，相与放依而驰骋云。"① 从上可以看出，扬雄是个模仿高手，他的著作无一不是从模仿而来。就《太玄》来说，无论从内容还是从形式上，我们都可以从中品尝出《周易》（特别是当时盛行的孟、京易学）的味道来。

① 班固：《汉书》，中华书局，1962 年。

一、《太玄》对《周易》形式上的模仿与改造

从形式上来说，《周易》有经有传，经分六十四卦，每卦由卦画和卦爻辞组成；传包括《彖》《象》《文言》《系辞》《说卦》《序卦》《杂卦》等几部分，分别解释和说明《周易》卦爻辞以及《周易》的原理、用法。《太玄》也有经和传两部分。经分八十一首，每首也由卦画和赞辞组成；传包括《首》《测》《文》《摛》《莹》《掜》《图》《告》《数》《冲》《错》，“皆以解剥《玄》体，离散其文”（《汉书·扬雄传》）。具体来说，《首》相当于《彖》；《测》相当于《象》，解释九赞之辞；《文》相当于《文言》，反复说明《中首》九赞之辞，同样也像《文言》把元、亨、利、贞作为《易》之四德那样，提出罔、直、蒙、酋、冥作为《玄》之五德；《摛》《莹》《掜》《图》《告》则相当于《系辞》，说明《太玄》的原理、用法；《数》相当于《说卦》，说明九赞所当之事。

就是在遣词造句上，扬雄也是刻意模仿《周易》。《太玄》八十一首之首名就是比照着孟喜用以“直日”的六十卦的卦名来起的，二者在意义上相近或相通。比如《易》有“中孚”，《玄》有“中”；《易》有“颐”（《说卦》：“颐者，养也。”），《玄》有“养”；《易》有“益”而《玄》有“增”；《易》有“损”而《玄》有“减”等。《易经》卦爻辞多为三字句或四字句，前面列出某种“象”，后面系之以吉凶断语，如《睽》六三：“见舆曳，其牛掣，其人天且劓，无初有终。”[①]《太玄》之赞辞也常采用这种格式，如《闲》初一：“蛇伏于泥，无雄有雌，终莫受施。”[②]《易传》中解释爻辞的《小象》大多用“也”字句，而且多数是重新摘抄、组合爻辞，如《坤》：“初六：履霜，坚冰

① 刘大钧、林忠军：《周易古经白话解》，山东友谊出版社，1989年。
② 郑万耕：《太玄校释》，北京师范大学出版社，1989年。

至。《象》曰：'履霜坚冰'，阴始凝也；驯致其道，至坚冰也。"[①]《太玄》解赞之《测》辞也是这样，如《交》："初一，冥交于神齐，不以其贞。测曰：冥交不贞，怀非含慚也。次二，冥交有孚，明如。测曰：冥交之孚，信接神明也。"[②]《太玄》其他几篇传对《易传》的模仿也非常明显，如《乾·文言》在论述完君子之四德"元亨利贞"后，又把《乾》之爻辞论述一遍："初九曰'潜龙勿用'，何谓也？子曰：'龙德而隐者也。不易乎世，不成乎名，遁世而无闷，乐则行之，忧则违之，确乎其不可拔，潜龙也。'……九五曰'飞龙在天，利见大人'，何谓也？子曰：'同声相应，同气相求，水流湿，火就燥，云从龙，风从虎，圣人作而万物睹。本乎天者亲上，本乎地者亲下，则各从其类也。'……"《太玄文》也模仿之，在论述完"罔直蒙酋冥"后，也对《中》首之赞辞作了一一论述："或曰：'昆仑旁薄，幽'，何为也？曰：'贤人天地思而包群类也。昆诸中未形乎外，独居而乐，独思而忧，乐不可堪，忧不可胜，故曰幽。''神战于玄'，何为也？曰：'小人之心杂，将形乎外，陈阴阳以战其吉凶者也。阳以战乎吉，阴以战乎凶。风而识虎，云而知龙。贤人作而万类同。'……"再如，《系辞》有"是故阖户谓之坤，辟户谓之乾"；《太玄摛》有"是故阖天谓之宇，辟天谓之宙"。《系辞》："夫乾，确然示人易矣；夫坤，隤然示人简矣。"《太玄摛》："故玄卓然示人远矣，旷然廓人大矣，渊然引人深矣，渺然绝人眇矣。"诸如此类与《易传》相似的句子，在《太玄》中随处可见。

《太玄》与《周易》在形式上最明显的不同表现在：《周易》由六十四卦组成，每卦包括卦画、卦辞、爻辞三部分，卦划分六位，由阴--阳—两种基本符号组成。如离☲，爻画自下而上依次称为初、二、三、四、五、上，阴爻称九，阳爻称六，卦画下面系卦辞，每爻下面系爻辞，卦辞和爻辞在形式和内容上都没多大区别。而《太玄》则由

① 刘大钧、林忠军：《周易古经白话解》，山东友谊出版社，1989年。

② 郑万耕：《太玄校释》，北京师范大学出版社，1989年。

八十一首组成，每首也包括首画、首辞、赞辞三部分，但首画分四重，由一、--、---三种基本符号组成，如格☷，但这四重首画下却系着九条赞辞，自上而下依次称为初一、次二、次三、次四、次五、次六、次七、次八、上九，而且不分阴阳。现版本中虽然首画后面系有首辞，但在扬雄的原本中并不是这样，它是和《玄首都序》合在一起，独立成篇的，而且首辞在内容上与赞辞决然不同。赞辞和爻辞一样，是描述某种“象”所预示的吉凶的，如《中》次三：“龙出于中，首尾信，可以为庸。”而首辞却是描述本首所当时日内阴阳二气的消长状态和事物的发展状况的，如《戾》：“阳气孚微，物各乖离而触其类。”《太玄》与《周易》的这种差别，是由其内在体系的不同决定的。

二、《太玄》对《周易》内在体系的模仿与改造

《太玄》所仿照的孟、京易学，其实质是一种天人之学，它的中心内容是讲在卦爻所当时日内，阴阳二气如何变化，人们应效法这种变化而如何行事。京房说：“故《易》所以断天下之理，定之以人伦，而明王道。八卦建五气，立五常，法象乾坤，顺于阴阳，以正君臣父子之义，……六爻上下，天地阴阳运转有无之象，配乎人事。八卦仰观俯察在乎人，隐显灾祥在乎天，考天时，察人事在乎卦。”[①]《太玄》的性质也是如此，它“吸取了当时天文、历法的成果，是别具一格的月令”[②]。据桓谭《新论》记载：“通人扬子云因众儒之说天，以天为常左旋（按：据《晋书·天文志上》，‘左’当为‘右’），日月星辰随而东西，乃图画形体行度，参以四时历数，昏明昼夜，欲为世人立纪律，以垂法后嗣。”[③] 可以说，扬雄欲立的这个“纪律”，就是《太玄》

① 京房：《京氏易传》，《丛书集成初编》，中华书局，1991 年。

② 那薇：《试论扬雄的宇宙结构论》，《中国哲学史研究》，1985 年第 3 期。

③ 孙冯翼辑：《桓子新论》，《丛书集成初编》，中华书局，1991 年。

的最早雏形，后来的《太玄》只不过是把过时的盖天说改成了桓谭教他的比较先进的浑天说而已。《太玄摛》说："夫天地设，故贵贱序。四时行，故父子继。律历陈，故君臣理。"这几句话也清楚地点明了《太玄》的性质。下面我们就对比着孟、京卦气说来看一看扬雄"图画形体行度，参以四时历数"的谈天系统。

这里所说的"天"，是自然意义上的天（至于这个天上面是否有个上帝或天神在尽职尽责地掌管着天体有规律地运行，扬雄并没有明确地说明），它包括两方面的内容：一是天体的形状（如盖天说的天如锅盖，右转；浑天说的天地如鸡卵，天包地外，地悬浮其中，天左旋等）；二是天体的运行规律，如日月的运行周期、五星行度、斗柄所指，以及地上万物的相应变化等，这实际上就是历法方面的内容。汉武帝太初元年以来，汉王朝一直采用的都是《太初历》，这种历法规定一年的周期是三百六十五又一千五百三十九分之三百八十五日。孟、京的卦气说和扬雄的《太玄》都采用了这一周期，并取其约数三百六十五又四分之一日，与《颛顼历》的周期相同，因此班固说《太玄》"与《太初历》相应，亦有颛顼之历焉"。（《扬雄传》）[①]《太玄》与孟、京卦气说的最大区别在于：孟、京卦气说采用的是四时、八节、二十四气系统，六十四卦与三百六十五又四分之一日之间有一一对应关系（尽管孟、京二人之间在具体"直日"方法上有区别），卦爻符号阴--阳—就表示阴阳二气，六十四卦描述的就是一年之内阴阳二气的消长情况。而《太玄》采用的是扬雄独创的"三九"系统，即将一年首先分为三部分"天玄、地玄、人玄"；每玄又分三部分，称为"天"。三玄共"九天"："中羡从、更睟廓、减沈成"，用以描述一年内阴阳二气相互消长的九个阶段，如"诚有内者存乎中，宣而出者存乎羡，云行雨施存乎从，变节易度存乎更"（《太玄图》）等。每"天"代表四十日多一点，省称四十日；每"天"又分九"首"，共八

① 在扬雄创制《太玄》时的成帝末年，刘歆的《三统历》尚没踪影，因此有人说扬雄吸收了《三统历》的说法是不正确的。

十一“首”，每“首”当四日半；每“首”又分九“赞”，八十一首共七百二十九赞；每两赞当一日，一赞为阳，相当于昼，一赞为阴，相当于夜。七百二十九赞相当于三百六十四日半，尚不足一年的日数，于是又加踦、赢两赞，以凑足一年的日数。这就是《太玄图》所说的“三分阳气以为三重，极为九营……始于十一月，终于十月，罗重九行，行四十日”。由于在我国古人的心目中，时间和方位是有机的统一体，一定的时间总是和一定的方位相对应的，提到春人们马上就会联想到东，提到东人们也马上会联想到春。在这种思想的指导下，扬雄自然而然地把年周期模式扩展为宇宙时空模式，即玄（宇宙的最高本体）分天玄、地玄、人玄三部分，每一“玄”又分三方，三玄共九方，称为九州，每州又分三部，共二十七部，每部又分三家，共八十一家。用扬雄自己的话说就是：“一玄都覆三方，方同九州，枝载庶部，分正群家。”（《太玄图》）这就是扬雄所描述的天道系统。天人是合一的，人事法天，这是天人之学的基本观念。扬雄参照他的天道模式，又构造了一个人间万事万物的发展变化模式，并把它融入他的天道模式中，他认为：任何事物的发展变化都会经历兴起、极盛、衰亡（始、中、终）的过程，人们做每一件事，也都会经历谋划、实施、完成三个阶段，相应地人的运气也会出现思、福、祸三种结果，而且人和事物的发展变化也像天道的变化那样，“三微而成一著”，三个小阶段组成一个大一点的阶段，三个大一点的阶段组成一个更大的阶段，三个更大的阶段组成人或事物发展变化的全过程。《太玄告》说：“玄一摹而得乎天，故谓之有天；再摹而得乎地，故谓之有地；三摹而得乎人，故谓之有人。天三据乃成，故谓之始中终。地三据乃形，故谓之下中上。人三据乃著，故谓之思福祸。”扬雄这种“三九”系统的来源，据扬雄的忘年交桓谭说，是《尚书·禹贡》：“扬雄作《玄》书，以为玄者，天也，道也。言圣贤制法作事，皆引天道以为本统，而因附续万类、王政、人事、法度，故伏羲氏谓之易，老子谓之道，孔子谓之元，而扬雄谓之玄。《玄经》三篇，以记天地人之道，立三体有上中下，如《禹贡》之陈三品。三三而九，因以九九八十一，故为八十一卦。以四为数，数从一至四，重累变易，竟八十一而遍，不可损易。”[①]（《张衡传》注）另外，董仲舒“天人之学”思想也可能给扬雄以一定的影响。《春秋繁露·官制象天》说：“王者制官，三公、九卿、二十七大夫、八十一元士，凡百二十人，而列臣备矣。吾闻圣王所取仪，金（当为法）天之大经，三起而成，四转而终，官制亦然者，此其仪与？三人而为一选，仪于三月而为一时也。四选而止，仪于四时而终也。……何谓天之大经？三起而成日，三日而成规，三旬而成月，三月而成时，三时而成功。寒暑与和，三而成物；日月与星，三而成光；天地与人，三而成德。由此观之，三而一成，天之大经也，以此为天制。”[②] 为了更概括、抽象地表达这种宇宙体系，扬雄模仿《周易》卦爻符号，也创制了一套符号系统，即—、--、---，—表示事物的起始阶段，即第一阶段，--表示事物的兴盛阶段，即第二阶段，---表示事物的衰亡阶段，即第三阶段。这三种符号重为四重，即可表示事物发展的某一细微阶段，如童𝌑，用《太玄》的术语来表示就是天“玄”（第一“方”）第二“州”第一“部”的第三“家”。从这里我们也可以看出，《太玄》符号纯粹是一种数字符号。因此班固说：“故观易者，见其卦而名之；观玄者，数其画而定之。玄首四重者，非卦也，数也。”（《扬雄传》）至此，《太玄》的骨架已经搭好了。下面我们再看一下附着在这骨架上面的赞辞。

三、赞辞对《周易》卦爻辞的模仿与改造

《太玄》赞辞虽模仿《周易》卦爻辞而作，但却比卦爻辞更有条理、更有规律可循。《周易》虽然有部分卦的卦爻辞有一个中心内容，即能围绕某一“象”展开说明，卦名和卦爻辞之间有某种内在的联系，如《咸》：“初六：咸其拇。六二：咸其腓，凶；居吉。九三：咸

① 范晔：《后汉书》，中华书局，1965 年。

② 苏舆：《春秋繁露义证》，《新编诸子集成》，中华书局，1992 年。

其股，执其随，往吝。九四：贞吉，悔亡。憧憧往来，朋从尔思。九五：咸其脢，无悔。上六：咸其辅颊舌。”但大部分卦的卦爻辞则显得杂乱无章，东一榔头西一棒槌，一卦之中的爻辞与爻辞之间、爻辞与卦名之间，看不出有什么意义上的联系（这也是目前卦爻辞不好解的一个主要原因），如《坤》：“初六：履霜，坚冰至。六二：直方大，不习无不利。六三：含章，可贞；或从王事，无成有终。六四：括囊，无咎无誉。六五：黄裳，元吉。上六：龙战于野，其血玄黄。”《太玄》则“例以阳家一、三、五、七、九为昼，措辞吉；二、四、六、八为夜，措辞凶；阴家二、四、六、八为昼，措辞吉；一、三、五、七、九为夜，措辞凶；自始至终，一定不移”（叶子奇《太玄本旨》序）。阳家指八十一首中的奇数首，阴家则指偶数首。也可以把八十一首七百二十九赞合起来看，奇数赞为昼，措辞吉，偶数赞为夜，措辞凶。《太玄摛》说：“旧月往来，一寒一暑。律则成物，历则编时。律历交道，圣人以谋。昼以好之，夜以丑之。一昼一夜，阴阳分索。”如《少》首为第五首，阳家，其赞词为：“初一，冥自少，眇于谦。次二，自少不至，怀其恤。次三，动裁其得，人主之式。次四，贫贫，或妄之振。次五，地自冲，下于川。次六，少持满，今盛后倾。次七，贫自究，利用见富。次八，贫不贫，人莫之振。次九，密雨溟沐，润于枯渎，三日射谷。”意思是说，初一，谦虚再谦虚，以至于让人看不出谦虚来（当然会有好结果）。次二，没谦虚到底，有忧虑之事。次三，清净少动，任用贤辅，无为而治，乃为君之法则。次四，贫而自张其贫，妄求贩济。次五，大地谦卑自处于百川之下（所以能为百川王，人能法此，则可成为人之圣）……扬雄这样安排赞辞，很显然是他天人思想的反映。春夏阳气盛长，长养万物；秋冬阴气盛长，肃杀万物。生吉杀凶，阳吉阴凶，所以昼吉夜凶。从表面上看，赞辞有吉有凶，和占卜之辞的格式差不多，似乎可以用于占卜吉凶，当时（如王莽）及以后的人也真有用它占卜的；而实际上，扬雄作赞辞的主要目的是要模仿《周易》“以言者尚其辞”，即以赞辞阐释人们修身、治国的道理，至于《周易》“以卜筮者尚其占”的功用，扬雄则另有他法效法（详后）。在阐释道理的具体方法上，《太玄》和孟、京易学以卦爻辞比附灾异的方法不同，它是直接承继《易传》，但比《易传》又前进一步：《易传》说理，多是就卦爻辞的某句、某字，作牵强附会的发挥，如《系辞》对爻辞“不出户庭，无咎”的解释是：“子曰：‘乱之所生也，则言语以为阶。君不密，则失臣；臣不密，则失身；几事不密，则害成。是以君子慎密而不出也。’”此即仅就“不出”二字，引申发挥出慎言语的道理，然而这道理和爻辞的本义相比，差距就太远了。《太玄》的赞辞不是这样，它是用生动形象的比喻来直接说明事理，如在《坚》次六中，扬雄以蜂房之蒂喻天子之德，以蜂房喻全国的民众，非常生动形象。通观全书，我们可以发现，《太玄》赞辞中汇聚着扬雄所领会的诸子百家的精华，反映的是扬雄对当时社会人生的独特看法。我们还以上述《少》首为例：《少》是模仿《谦》卦而做，《太玄错》云“《少》也约”，即微约而不自满，与“谦”意相通；此首所当的日期为“阳气澹然施于渊，物谦然能自纤”。阳气默然施布于深渊，万物微弱而自守其纤微。全首赞辞即围绕“微弱不足”而立意，此即扬雄法天思想的体现。初一昼阳，当万物之始，尚处于萌芽状态，当谦卑自守，以求壮大。人法此，即应谦之又谦，以至于让人看不出是谦虚来。此即化用《老子》“上德不德，是以有德”①（三十八章）之意。次二夜阴，象征着人不明于自谦之道，所以虽表面上表现出谦虚来，但并没谦虚到家，难免矜己凌人，结果必有忧患加身。此也本之于《老子》“下德不失德，是以无德”（三十八章）。次三又为昼阳，处下之极，是思虑成熟，将要开始行动但还没行动的时候，君主法此，当任用贤辅，清净无为，这是为君之准则。此本黄老“主逸臣劳”之说，《管子·明法解》：“明主操术任臣下，使群臣效其智能，进其长技，……身无烦劳而分职。”②《淮南子·主术训》：“人主之术，处无为之世，而行

① 朱谦之：《老子校释》，《新编诸子集成》，中华书局，1954年。

② 房玄龄注：《管子》，上海古籍出版社，1989年。

不言之教，清净而不动，一度而不摇，因循而任下，责成而不劳。”① ……次五昼阳，当位居中，就好比日之正午，人之威权正盛。人处于这种地位，更应当效法大地以谦卑而为百川王之精神，虚心待人，以自己的美好品德，赢得别人的爱戴与尊重，最终成为人之圣。此也来源于《老子》“江海所以能为百谷王者，以其善下之，故能为百谷王”（六十六章）。从总的方面来看，七百二十九赞基本上围绕阴阳二气的消长、五行生克、同类相应、人事之委曲始终等方面来立论，《太玄挩》说：“玄之赞辞也，或以气，或以类，或以事之委卒。”然后再根据各赞所处的具体情况，“谨问其性，而审其家；观其所遭遇，劚之于事，详之于数，逢神而天之，触地而田之，则玄之情也得矣。”②

四、《太玄》对《周易》筮法上的模仿与改造

扬雄还模仿《周易》筮法，做有《太玄》筮法，二者路数基本上一致。《太玄》是取 36 根蓍草（或筹策），虚其三不用，实用 33 策。先任取一根夹于左手小指间（别一），之后把剩下的蓍草任意分成两部分（中分其余），之后再分别把这两部分三个三个地数（以三搜之），两边分别或余一或余二或余三，把这两部分所余之蓍草放于指间（并余于扐），然后把剩下的蓍草再三个三个地数，当剩到十以下的数时，余七记为一，余八记为二，余九记为三。这样经过“别一”“中分”“三搜”“并余”“再数”“定画”六个步骤，就可确定首之一位（六算而筮道穷）。经过四次这样的“六算”，就可确定《太玄》之一首。这其实是扬雄故弄玄虚的小把戏。《太玄》筮法的关键，也即它的最终目的，就是要得出个或七或八或九来（更进一步来说就是要得出个一二三来）。用数学的观点来看，任何一个比三大的正整数，

① 刘安：《淮南子》，上海古籍出版社，1989 年。
② 郑万耕：《太玄校释》，北京师范大学出版社，1989 年。

都是三的倍数再加一或二或三（加三即是三的整倍数），所以，只要任取一个比九大的蓍草数（或者更干脆一点就取比三大的），以三搜之，就可得出或一或二或三来。这也就是说，“别一”“中分”“并余”等都是为迷惑人而挑的幌子。从这一点来说，《太玄》的筮法和《周易》筮法相比，要浅易得多。而且《太玄》的这种筮法，仅能定出某首来，无法确定具体要用哪一赞来占断，因此《太玄数》下文所说的“逢有下中上，下思也，中福也，上祸也，思福祸各有下中上，以昼夜别其休咎焉”等占断法，就成了空中楼阁，没有了根基。后人对《太玄》的筮法还有不同的理解，也有人认为《太玄数》这一段在流传过程中可能有遗失或断错简，因为“以昼夜别其休咎焉”后的几句话，“极一为二，极二为三，极三为推，推三为嬴赞；赞嬴入表，表嬴入家，家嬴入部，部嬴入州，州嬴入方，方嬴入玄”，在语意上与前后都不相连属，意思上也很难理解，极可能就是由错简造成的。综观《太玄》全书，我们以为扬雄这一段仅是为模仿而模仿，没什么实际功用。因为《周易》有这么一段，扬雄就造了这一段来凑数，以使其《太玄》从体例上看起来更完整。从上文的分析中我们可以看出，赞辞是扬雄用来讲“修身、治国”的大道理的，其宗旨不外乎“扶正祛邪、弃恶从善”这一套，它虽然也讲吉凶，但这吉凶是据一定的道理来定的，即行正则吉、为恶则凶，因而它和当时术士们所用的《日书》这一类卜筮书的断辞截然不同，《日书》断辞不管你是谁，也不管你是行善还是作恶，你碰着这条就是吉，碰着那条就是凶，没一点道理好讲。这也就是说，《太玄》赞辞不是为卜筮而设，所以扬雄就没有必要在筮法中说明求某一赞的办法。那么，扬雄对《周易》“以卜筮者尚其占”的说法又是通过什么方法来体现的呢？这不难，为了能使《太玄》用于占卜，扬雄又把五行、星占、律吕、月令等方面的内容引入《太玄》中来，他先把九赞的序数和五行之数对应起来，然后再把五行家的法术搬进去，如《太玄数》说：“三八为木，为东方，为春，日甲乙，辰寅卯，声角，色青，味酸，臭膻，形诎信，生火，胜土，时生，藏脾，侪志，性仁，情喜，事貌，用恭，扐肃，徵旱，帝太昊，神勾芒，星从其位，类为鳞，为雷，为鼓，为恢声，为新，为躁，为户，为牖，为嗣，为承，为叶，为绪，为赦，为解，为多子，为出，为予，为竹，为草，为果，为实，为鱼，为疏器，为田，为规，为木工，为矛，为青怪，为鼽，为狂。”因为九赞数和五行数有一一对应关系，每赞又固定地对应于每年的某个日期和节气，因而知道了某事发生的日期，就可确定《太玄》的某赞，进而推算出对应的五行及其所代表的万事万物，根据五行生克及律吕、月令等内容，术士们就可推演出某事的吉凶。

原载《周易研究》2001年第1期

取道宗儒：《太玄》的义理诠释

◎ 解丽霞

摘要：扬雄的《太玄》与汉代官方易学偏重象数不同，它既重象数构建，又重义理诠释。本文以判别战国末年至秦汉时的“儒道互补”类型为基础，认为《太玄》与《易传》一样，属于“象数解释吸取道家思想，由经衍生的义理诠释归宗儒家思想”的“儒道互补”类型，具体分析《太玄》兼具“玄万类”的道家思想和“玄为仁义”的儒家伦理，可发现《太玄》“以《易》《老》形式言儒”的著作体例体现了“取道宗儒”的思想特质。

关键词：战国秦汉儒道思想　扬雄　《太玄》　取道宗儒

战国末年至汉代这一时期出现了“儒道互补”思想且呈现出不同类型，扬雄《太玄》就具有“儒道互补”的特点，既有“与‘道’相应的‘玄’的意义设定”“以‘玄’为本的宇宙生成论”“‘物极必反’的朴素辩证法”“‘退守无为’的自然价值观”等道家思想，又有与象数、五常等有密切关联的儒家思想，对儒家“重中和”“倡明君贤臣”“重时”“守信”等思想均有具体阐述，且依据首名、赞数来分述儒家五常。目前，学术界对《太玄》的研究多关注其象数构建的特点以及与《周易》《老子》的关系，而对汉代“儒道互补”这一共性中的“差异性”却关注较少。本文力图解决“何为《太玄》的道家思想与儒家思想”的问题，旨在进一步深化《太玄》及扬雄研究。

一、“儒道互补”的类型判别

“儒道互补”是战国末年思想逐渐合流的一个主要表现，它也是汉代思想的主要特点。汉代思想家也就没有纯儒家、纯道家之分，强烈的共性色彩往往掩盖了其个性特色，但以此为理由否认思想家的差异，显然是不恰当的做法。应该说，思想家之所以能称为“家”，就在于他的一家之言，这也是其具有个性特色的标志。所以，“儒道互补”在不同思想家那里，也有不同的类型。就战国末年至秦汉时的“儒道互补”思潮来讲，大致有如下三种类型。

一是“以道家思想为主”的类型，以《吕氏春秋》和《淮南子》为代表。《吕氏春秋》和《淮南子》是杂家还是道家，一直以来都有争议。司马谈首先把诸子百家分为儒、墨、法、名、阴阳、道六家，认为“道家为术也，因阴阳之大顺，采儒墨之善，撮名法之要，与时迁移，应物变化，立俗施事，无所不宜，指约而易操，事少而功多”①。如果对号入座，分析《吕氏春秋》和《淮南子》的思想特点，二书应属道家。诸子有“杂家”一说，始于刘歆的《七略》，分诸子为十家，依据“杂家：兼儒、墨，合名、法，知国体之有此，见王治之无不贯，此其所长。及荡者为之，则漫羡而无所归心”② 的界定，《吕氏春秋》和《淮南子》列入了“杂家”类。司马氏和刘氏的判别，表面上看，差别较大，从二人依据的道家、杂家思想特点来看，则是一致的。熊铁基提出二书“不是杂家，而是新道家”③ 的看法，他所列新道家的特点，其实是综合了司马氏和刘氏的说法，以道家的“清虚自守，无为而治”为本，兼取各家之长，为“君人南面之术”。三人对二书的判定，都强调了它们“以道家思想为主”的特点。

---

① 司马迁：《史记》，中华书局，1982 年，第 3289 页。

② 班固：《汉书》，中华书局，1962 年，第 1742 页。

③ 熊铁基：《秦汉新道家》，上海人民出版社，2001 年，第 104 页。

二是“以儒家思想为主”的类型，以陆贾、贾谊为代表。陆贾、贾谊为汉初思想家，二人是儒家还是道家，学术界也有不同看法。《汉书·艺文志》“儒家类”列“陆贾二十三篇”“贾谊五十八篇”。熊铁基则认为陆贾是新道家，并对《新语》各篇作了分析，提出其每篇都有明显的道家色彩。此说确实言之凿凿，问题在于判别的标准。刘歆定义“儒家”为“助人君顺阴阳明教化者也。游文于六经之中，留意于仁义之际，祖述尧舜，宪章文武，宗师仲尼，以重其言，于道最为高”。以此标准审视《新语》，陆贾对汉高帝“时时前说称《诗》《书》”，陈述“向使秦已并天下，行仁义，法先圣，陛下安得而有之”的道理，与刘歆所讲的“儒家”很契合。金春峰就把二人作为汉初儒家思想复起的代表，同时指出黄老思想对他们有不少的影响，“陆贾、贾谊，从根本上转变了指导思想，要求以儒家的仁义道德代替片面尚法的思想和实践”，“贾谊的黄老思想，集中表现在《道德说》《道术》《六术》三篇著作中，表现了贾谊早期哲学思想的特点，也表现出贾谊思想中儒、道结合，由道家思想向儒家思想转化的特点”[①]。陆贾、贾谊的主要目的是行儒家之仁义，应将其划归为“以儒家思想为主”的“儒道互补”型思想家。

三是“道家思想是对《易经》象数的解释，儒家思想是由经衍生的义理”的类型，以《易传》为代表。关于《易传》的笔墨官司可谓旷日持久，其作者和年代是自古学术界争执的焦点，目前学术界比较令人信服的观点就是《易传》并非一人一时所作，但问题也随之而来，《易传》各篇思想的延续性如何，能充分表达《易传》哲学思想的《彖传》和《系辞》是儒家还是道家，就成为《易传》讨论的新话题。一般认为，《易传》是儒家作品，为儒家人物所作。陈鼓应于20世纪90年代提出：“《易传》各传间的内在联系，表现在两个方面：一是易卦的组合与占筮的解释可以自成一个独立的解易系统；二是从义理角度来看，由《彖传》到《系辞》，道家学说成为它们的主体思

① 金春峰：《汉代思想史》，中国社会科学出版社，1997年，第57—58页。

想——无论在宇宙论、自然观或辩证法思想方面。”① 此说并未得到学术界的一致认同，也确有偏颇之处，他只看到了《易传》中的“宇宙论、自然观、辩证法”思想，却没有关注《彖传》《系辞》《文言》中儒家的“仁义礼智”之学。《易传》应该是“儒道互补”的。其道家思想是对《易经》象数的解释，如陈先生指出《彖传》天道观以道家思想为主体，因为《彖传》是解释卦义和卦辞的，《易经》本为象数之学，其经的部分主要是观测天象而来，《彖传》是对它所象事物的陈述，其中一部分自然可以认为是道家思想，其他各篇亦如此。其儒家思想则是由经衍生的义理，《说卦》曰：“是以立天之道曰阴与阳，立地之道曰柔与刚，立人之道曰仁与义。”② 从天道生出儒家的“君臣夫妇父子”人道之理。

《太玄》“观大《易》之损益，览老氏之倚伏”③，是融会《易》《老》之作。就扬雄本人来讲，其学派归属曾有“醇儒”“变儒”“非儒”④ 三种说法，在“儒道互补”的时代背景下，扬雄只能是“变儒”，他从《太玄》的“儒道互补”转向《法言》的回归儒家。对应以上三种类型，不难发现《太玄》的“儒道互补”较接近《易传》，因为《玄传》如《易传》一样是解释《玄》经的。两者的义理阐释都基于象数，有一定规律：已散在经文中的《传》（《易传》的《彖传》和《象传》，《玄传》的《首》《测》）对经的解释为独立系统。如尚秉和所言：“《易》辞与他经不同，他经上下文多相属，《易》则不然，因《易》辞皆由象生。观某爻而得甲象，又观某爻而得乙象，故《易》辞各有所指，上下句义不必相关。”⑤ 所以，散入《经》中之《传》的义理没有连贯性，只能从独立的条例解释归纳其思想；独立成篇的《传》对《经》的解释较为条理，其中的道家思想、儒家思想

---

① 陈鼓应：《易传与道家思想》，三联书店，1996 年，第 4 页。

② 唐明邦：《周易评注》，中华书局，1995 年，第 248 页。

③ 林贞爱：《扬雄集校注》，四川大学出版社，2001 年，第 147 页。

④ 许结：《论扬雄融合儒道对其文论的影响》，《学术月刊》，1986 年第 4 期。

⑤ 尚秉和：《周易尚氏学》，中华书局，1980 年，第 5 页。

较易区分。

具体而言，《太玄》“儒道互补”的义理阐释体现为这样几个特点：一是“以《易》《老》的形式言儒”，儒家思想不能独立于“玄”的体系之外。二是义理阐释按照“思心乎一，反复乎二，成意乎三，条畅乎四，著明乎五，极大乎六，败损乎七，剥落乎八，殄绝乎九。生神莫先乎一，中和莫盛乎五，倨剧莫困乎九”的原则，呈现出一定的规律。“初一”至“次三”的赞辞、测辞多为道家的“退守无为”思想，“次五”赞辞、测辞多为儒家“积极有为”思想，“次七”至“上九”又为道家的“物极必反”思想。三是从赞数上看似乎道家思想居多，从实际内容看阐明君臣之道、儒家五常的较多。《太玄告》末句曰：“故有宗有祖者则称乎孝，序君臣者则称乎忠，实告大训。”[①]《太玄》的目的显而易见。孙明复“扬子云《太玄》非准《易》，乃明天人始终之理，君臣上下之分，盖疾莽而作”的评价不无道理。

二、“玄摛万类”的道家思想

《太玄》象数设计吸取了《老子》“道生一，一生二，二生三，三生万物”[②] 的宇宙生成论，创制了“玄”的演化系统，与道家思想有天然的关联。在义理诠释中，《太玄》依据这一象数原理，对道家思想的发挥，主要包括这样几个方面：与“道”相应的“玄”的意义设定；以“玄”为本的宇宙生成论；“物极必反”的朴素辩证法；“退守无为”的自然价值观。“玄”为《太玄》的核心概念，对其含义的探讨是研究《太玄》的基本起点。冯友兰认为：“扬雄所讲的‘玄’是精神性实体，还是物质性实体，他没有明确说明。但是，就他的整个体系看起来，他所说的‘玄’，相当于当时流行的思想所说的元气。”[③]

---

① 郑万耕：《太玄校释》，北京师范大学出版社，1989 年，第 377 页。

② 《诸子集成》第 3 册，上海书店，1986 年，第 26 页。

③ 冯友兰：《中国哲学史新编》，人民出版社，1998 年，第 253 页。

郑万耕认为“玄”的含义包括五种：“其一是指《太玄》书；其二是指《太玄》的哲学体系；其三是指事物变化的规律和法则；其四是指事物神妙莫测的变化；其五是指世界的最高本源。”他还指出：“‘玄’这个概念源于《老子》第一章‘此两者同出而异名，同谓之玄。玄之又玄，众妙之门’。”① 黄开国也认为：“扬雄关于‘玄’的主要含义，是包容天、地和人的绝对。”② 综合起来，“玄”是元气，是规律，是本源，是绝对，这与《老子》“道”的含义一致。其实，《尚书》里已有“玄”的记载：“玄德升闻，乃命以位”③；“禹锡玄圭，告厥成功”②。《说文》云：“玄，幽远也。黑而有赤色者为‘玄’，象幽而入覆之也。”③ “玄”在《尚书》中尚为本义。《太玄》之“玄”的特性主要来自其本义，所以，“玄”还有另外三种含义：一是指“玄”的特征，即幽深难测，“故玄卓然示人远矣，旷然廓人大矣，渊然引人深矣，渺然绝人眇矣”；二是指“玄”对人世的无限功用，它的指向不是道家而是儒家伦理，“故玄者，用之至也”；三是指中心，即人的心腹，“天以不见为玄，地以不形为玄，人以心腹为玄”。含义中的后两种，与道家思想有一定距离。《太玄》在“玄”的意义设定上就是“儒道互补”的，而不是单纯地借用道家的概念。“玄”与《老子》的“道”一样，是宇宙论意义上的最高本源，“道”生万物具体为：

> 道生一，一生二，二生三，三生万物。
>
> 有物混成，先天地生。寂兮寥兮，独立不改，周行而不殆，可以为天下母。吾不知其名，强字之曰道。
>
> 天下万物生于有，有生于无。

---

① 郑万耕：《扬雄〈太玄〉中的宇宙形成论》，《社会科学研究》，1983年第4期。

② 黄开国：《一位玄静的儒学伦理大师——扬雄思想初探》，巴蜀书社，1989年，第99页。

③②孔安国传、孔颖达疏：《尚书正义》，北京大学出版社，1999年，第51页、171页。

③ 许慎：《说文解字》，江苏古籍出版社，2001年，第84页。

“道”是在“一”之前的本源，先天地生而为万物母，也可以说是“无”。“玄”作为本源，生万物的程式如下：

> 玄者，幽摛万类而不见形者也。资陶虚无而生乎规，关神明而定摹，通同古今以开类，摛措阴阳而发气。一判一合，天地备矣。
>
> 玄生神象二，神象二生规，规生三摹，三摹生九据。玄一摹而得乎天，故谓之有天；再摹而得乎地，故谓之有地；三摹而得乎人，故谓之有人。

可以看出，“玄”与“道”同为本源，两者有较大差别：玄“摛错阴阳而发气”，“生神象二”，说明“玄”就是“一”，含有阴阳二气，虽“不见其形”，却是实在的；“道”在“一”之前，是“无”，它生万物却不在其中，是“既本体即本源”的。“玄”只是本源，它自在于万物的生成系统中，所以，《太玄》以“玄”为本的宇宙生成论，也是宇宙结构论，“一玄都覆三方，方同九州，枝载庶部，分正群家”即是“玄、方、州、部、家”世界结构图式。

“物极必反”是道家的核心思想，《太玄》吸取了这一点，用它来解释阴阳二气的循环运动和“玄数”的生成规律。“玄”为阴阳二气，“玄”生万物即阴阳二气的相互作用：

> 阳不极则阴不萌，阴不极则阳不牙。极寒生热，极热生寒。

阳气升到极至阴气萌芽，阴气升至极至阳气萌芽，一年四时按照“阳极必阴、阴极必阳”的规律循环往复。“玄数”的排列也按照“物极必反”的原则，“一至九”以“五”为界线，“五”以下是思虑逐渐积累的过程，至“五”是中和的状态，“六”为极致，“七至九”是逐渐败损直到衰落，七百二十九赞循环往复：

数多者见贵而实索，数少者见贱而实饶。息与消纠，贵与贱交，福至而祸逝，祸至而福逃。

“数多而祸至”，在《玄》首“上九”赞、测辞中，常言“物极必反”的道理。仅举几例如下：

上九，干于浮云，从坠于天。测曰，干于浮云，乃从天坠也。

上九，过其枯城，或蘖青青。测曰，过其枯城，改过更生也。

上九，陵峥岸峭，陁。测曰，陵峥岸峭，锐极必崩也。

之所以在“上九”赞、测辞中强调此时要懂得进退，不得强行从事，也是依据玄数的排列，因为“九”是数之极，极而复归于“一”。

与“道法自然”相应，道家坚持“无为退守”的价值观，宣扬“知雄守雌”，“功遂身退，天之道”，“道常无为，而无不为”的思想。《太玄》对道家的这一思想有所改造，首先把“体自然”当作一个客观的认识过程，同时强调“人事”的重要：

夫作者，贵其有循而体自然也。其所循也大，则其体也壮；其所循也小，则其体也瘠。其所循也直，则其体也浑；其所循也曲，则其体也散。……故质干在乎自然，华藻在乎人事也。

要遵循自然规律，按照客观事物的具体情况来行事。《太玄·进》“次二”赞辞曰：

次二，进以中刑，大人独见。测曰，进以中刑，刑不可外也。

其次，《太玄》每首“初一”赞辞强调“思之始”时，要懂得退守：

> 初一，冥自少，眇于谦。测曰，冥自少，不见谦也。
>
> 初一，赤卉方锐，利进以退。测曰，赤卉方锐，退以动也。
>
> 初一，争不争，隐冥。测曰，争不争，道之素也。

“初一”在每首中处于首位，按“玄数思心乎一”的设定，此赞赞辞“或以气，或以类，或以事之骫卒”，都讲求“沉潜”“无德”“不争”，在事物的酝酿阶段不能积极善动。

《太玄》的道家思想源于老子，还吸收了汉初的黄老学，也许这正是《太玄》没有被列入《汉书·艺文志》“《易》类”的主要原因，也是儒学卫道者朱熹批评扬雄的地方：“《太玄》中高处只是黄老，故其言曰：‘老子之言道德，吾有取焉。’《太玄》之说只是老庄，康节深取之者，以其书亦挨傍阴阳消长来说道理。”① 桓谭却认为扬雄胜过老子，因为《太玄》改造了老子思想，融入了儒家的仁义之学。以“纯儒”来判别《太玄》，自然有不足之处；以“综合派”来审视《太玄》，当然有称羡之处。

三、“玄为仁义”的儒家伦理

《太玄》融会《易》《老》，又师承严君平，往往会让人忽略它的儒学思想，有三条可信的材料表明《太玄》不只言老氏，其目的在于宣扬儒家纲常伦理：

> 筮之以三策，关之以休咎，絣之以象类，播之以人事，文之以五行，拟之以道德仁义礼知。

① 黎德靖：《朱子语类》，岳麓书社，1997年，第1502页。

《玄》何为？曰：为仁义。曰：孰不为仁？孰不为义？曰：勿杂也而已矣。[1]

皆本于太极、两仪、三才、四时、五行，而归于道德仁义礼也。[2]

前两条材料都是内证，《扬雄传》的“人事”“道德仁义礼知”都是讲《太玄》义理的，《法言》为扬雄应对时人的回答，明确提出《太玄》要讲的是“仁义”。司马光的“外证”，用“本”和“归”两词区分了《太玄》的象数和义理，象数是本，义理却归于儒家。儒家思想在《太玄》中，与象数密切关联，它可分为两部分：一部分是纲领性的，在现行本《太玄》独立成篇的各《传》中，主要指《摛》《文》《莹》《图》《告》，从基本的象数推论儒家伦理，与宋明理学程朱一派寻求儒学的形上依据路径相反，扬雄“从天道推出人理”的思路更为合理；一部分是具体阐述儒家“重中和”“倡明君贤臣”“重时”“守信”等思想，散在每首的赞辞中，依据首名（如“亲”“礼”“乐”）、赞数（如“次五”）来分述儒家五常。《太玄》各《传》中纲领性的儒家伦理就是“三纲五常”，由“玄道”推衍而来。关于“三纲”，各《传》阐述如下：

仰以观乎象，俯以视乎情。察性知命，原始见终。……一昼一夜，阴阳分索。夜道极阴，昼道极阳。牝牡群贞，以摛吉凶。则君臣、父子、夫妇之道辩矣。

拟，拟之四九。尊尊为君，卑卑为臣，君臣之制，上下以际。

第一条材料以“观象视情”为立足点，提出“阴阳、昼夜、吉凶

① 韩敬：《法言注》，中华书局，1992年，第116页。

② 司马光：《太玄集注》，中华书局，1998年，第5页。

之理明，则君臣、父子、夫妇之道辩”的基本论证思路。第二条强调《太玄》主旨就是明晰尊卑有序的君臣之制。关于“五常”，《太玄摛》曰：

> 故玄者，用之至也。见而知之者智也，视而爱之者仁也，断而决之者勇也，兼制而博用者公也，能以偶物者通也，无所系輆者圣也。时与不时者命也。虚形万物所道之谓道也，因循无革天下之理得之谓德也，理生昆群兼爱之谓仁也，列敌度宜之谓义也。秉道德仁义而施之之谓业也。

以“玄”的用处来解释儒家的核心概念“智、仁、勇、公、通、圣、道、德、义”，是沿着从“玄”到“儒”的理路，说明“玄”的含义不仅源自道家，同样指向儒家。徐复观的说法道出了个中缘由：“以数的合理性，可以顺性命之理，这不是刘歆一人的思想，而实代表当时若干学者的共同观念。扬雄的《太玄》，在他认为是天地人通过数，而将不能把握的玄，成为能把握的玄，这是以数顺玄之理，顺天地人之理，也即是顺性命之理。”①

在《太玄》每首赞辞中，多次阐明“中”的重要性。“中”是儒家的重要概念。孔子曰：“中庸之为德也，其至矣乎！民鲜久矣。”②孟子曰：“君子引而不发，跃如也。中道而立，能者从之。”③ 荀子曰：“公平者，听之衡也；中和者，听之绳也。”④ 孔、孟释“中”为道、为德，认为君子需保持“中”的美德；荀子把“中和”当做准绳。《太玄》“中”的含义包括五层。一是它的基本义——中心。《中》“次三”曰：“龙出于中，首尾信，可以为庸。”《周》“次二”曰：“植中枢，周无隅。”二指心腹，“人以心腹为玄”。《戾》“次二”曰：“正其

① 徐复观：《两汉思想史》，华东师范大学出版社，2001 年，第 303 页。
② 杨伯峻：《论语译注》，中华书局，1980 年，第 64 页。
③ 杨伯峻：《孟子译注》，中华书局，1960 年，第 320 页。
④ 王先谦：《荀子集解》，中华书局，1988 年，第 125 页。

腹，引其背，酋贞。测曰：正其腹，中心定也。”三指“中和”的法则。《戾》“次八”曰：“杀生相午，中和其道。测曰：杀生相午，中为界也。”四指“中”道。《差》“次五”曰：“过门折入，得此中行。”五指符合、遵守。《进》“次二”曰：“进以中刑，大人独见。”五种含义中，最重要的是“心腹”“中和”“中道”。与此相应，《太玄》强调“虚心”“守信”“俟时而动”。

荀子曾言：“凡万物异而莫不相为蔽，此心术之公患也。”提出：“人何以知道？曰：心。心何以知？曰：虚一而静。”《太玄》释“中”为“心”，人玄为“心”，与荀子所讲“心”一致，它是认识的工具和去蔽的方法：

初一，虚既邪，心有倾。测曰，虚邪心倾，怀不正也。

内心清虚安定，对天地万物的变化才能有清楚的认识，外在事物是惑心的主要原因。《达》再次强调：

初一，中冥独达，迥迥不屈。测曰，中冥独达，内晓无方也。

次八，迷目达腹。测曰，迷目达腹，外惑其内也。

与“中”“心”关联的另一个重要概念就是“信”，“信”指“信义”“诚信”，《中》即言“信无不在乎中”，内心守诚才能通于天道：

次六，信周其诚，上亨于天。测曰，信周其诚，上通也。

叶子奇注曰：“确然以实之谓信，自然真实之谓诚。信，人道也；

诚，天道也。人能确然以实，驯而周复其自然之诚，故可以上通于天也。”[1] 有信才能行事：

> 次四，拔我輗軏，小得利小征。测曰，拔我輗軏，贵以信也。

《太玄》此赞源于《论语·为政》：“人而无信，不知其可也。大车无輗，小车无軏，其何以行之哉!”人要有信，不待言饰：

> 初一，言不言，不以言。测曰，言不言，默而信也。

“信”是心必备的内在特性，这就是“人玄”得以通“天玄”“地玄”的基本要求。

《太玄》重视“中和”“中道”，“俟时而动”即是必要前提。选择恰当的时机行事，方能取得成效：

> 次四，干言入骨，时贞。测曰，干骨之时，直其道也。
> 次四，锐于时，无不利。测曰，锐于时，得其适也。
> 次二，时七时九，轸转其道。测曰，时七时九，不失当也。

如果时机不成熟而贸然行事，就会失中遭祸：

> 初一，冥贼，傒天凶。测曰，冥贼之傒，时无吉也。
> 次八，时成不成，天降亡贞。测曰，时成不成，独失中也。

君子择时而动，是为了实现“道”；没有恰当机遇，应“诎身信道”，“守道俟时”：

---

① 叶子奇：《太玄本旨》，文渊阁四库全书，第 803 册，商务印书馆，1983 年，第 119 页。

次四，诎其角，直其足，维以傒毂。测曰，屈角直足，不伎刺也。

知时即智，《论语·阳货》曰：“好从事而亟失时，可谓知乎？曰：不可！”所以，孔子强调：“道千乘之国，敬事而信，节用而爱人，使民以时。”知时则民安，民安则天下安。

总之，《太玄》融合儒、道，有两个亟须澄清的问题：一是《太玄》的评价问题；一是其思想究竟以儒家为主还是以道家为主。关于前一个问题，徐复观认为：“扬雄另创一套符号数式，把它看成是玄的展现，而将儒、道、律、易、历组成一个大系统，这只表现当时的学术风气，及他的知识型的性格，向未知世界的热心探求。”徐先生立足汉代学术的特征，结合扬雄自身的学术性格，不失为客观的评价。王葆玹认为：“这两部书（《太玄》和《论衡》）都是融合儒、道，背反潮流，极其异端，并且都以古文经传为其知识背景。”[①] 王先生是从经学史的角度，认为不纯以儒学解经在当时就是“异端”，是对今文经学的反动。无论以扬雄自身学术特点，还是从经学史的角度来判别《太玄》，它都是一部完全不同于汉代官方易学的针砭时弊的佳作。关于后一问题，熊铁基认为：“道德仁义乃至阴阳都是玄之用，一切都是玄决定的，玄是根本。道德仁义在‘玄论’中的地位就是如此，据此而认为《太玄》属于道家，是符合实际的。……也可不必说儒、道兼综。”确实，以《太玄》思想来判断扬雄是儒家还是道家，难以定论。从其重要性看，《太玄》目的在于宣扬儒家仁义之学，当以儒家为重；从其内容上看，服从于《太玄》形式需要的道家思想居多，似又当属道家。比较恰当的判别方法是依据《太玄》“以《易》《老》的形式言儒”的著作体例，具体分析其“取道宗儒”的思想特质。

原载《四川师范大学学报》2009年第5期

① 王葆玹：《今古文经学新论》，中国社会科学出版社，2000年，第158页。

述“事”作“文”：扬雄《太玄》旨意探微

◎ 魏鹏举

摘要：《太玄》艰深，对此书旨意的论说也算不少，但多比附模拟之论。本文以西汉的学术活动为背景，对扬雄写作的“模拟”问题进行了必要的辨析，认为《太玄》所表达的并非道家思想，也非通常所说的淡泊之志，而是扬雄的发愤之情。述周、孔以来儒学道义传统之“事”，作一己发愤言志之“文”。《太玄》是扬雄拒绝并对抗体制经学的一种书写实践，是一种试图恢复并光大原始儒学精神，对拘泥烦琐的博士经学作风的拨乱反正和自觉的话语实践。

关键词：《太玄》　“文”　“事”　扬雄　“模拟”　儒学精神　话语实践　学术活动

汉代的文学和文论与整体的学术是共生的，士人文学学术活动与意识形态建构之间具有密切的实践性关联，所以要探究汉代的文学与文论就不能离开特定的历史文化背景以及对于学术主体及其写作实践的关注。从对这一复杂的学术问题的研究来看，扬雄多有争议的人生实践及其深沉博杂的写作活动，是相当有价值的个案与切入点。

一、扬雄及其所在的时代

扬雄是众多汉代士人中颇有特点和代表性的一个复杂人物。他出生于汉宣帝甘露元年（前53），卒于新王莽天凤五年（18），七十一个春秋的人生历贯西汉中后期宣、元、成、哀、平、莽六朝。他的政治身份因为与王莽的关系而聚讼纷纭，他身非圣人而作经，被斥为有诛绝之罪，但也不乏对其赞不绝口者。扬雄是一个处于复杂矛盾文化时代的具有矛盾文化人格的士人。他的人格与他的写作形成了有趣的映照，同样矛盾复杂，同样令人费解、发人深思。

徐复观先生在《两汉思想史》中指出，扬雄的写作实践可以说代表了西汉文学学术风气演变的三个阶段。扬雄是整个汉代大赋成就最为杰出的作者之一，而赋被后世学者称为是汉朝的一代文学。西汉大赋的主流期是在文帝、景帝到汉武帝中期，这可以说是西汉文学学术风气的第一个大阶段。其后汉武帝时期董仲舒发其端，直到汉宣帝、元帝时期而达到鼎盛的独尊儒术、附会经义的经学风气成为主流。扬雄仿《周易》而作《太玄》，仿《论语》而作《法言》，恰好大致与这一学术风潮相对应。西汉末期，以灾异论为特征的神化经学向谶纬演化，古文经学开始出现并对今文经学形成挑战，为东汉的古文经学风气肇始。古文家讲究文字训诂，要求经学研究回到五经的本来面目，这也正是扬雄晚年学术兴趣之所在。他穷尽三十年之力收集写作了《輶轩使者绝代语释别国方言》（简称《方言》），该书被奉为汉代小学的奠基之作，给清代学术以极大的影响。因此，徐复观认为："假定讲汉代思想史而不及扬雄，我觉得便没有掌握到两汉思想演变的大关键。"①

徐复观先生注意到了扬雄的学术活动在总体上与汉代学术风气的"对应"关系，但他却没有注意到，扬雄不是按部就班地"回应"，而是一种错位的"回应"。在经学取士渐成风尚的汉成帝时期，扬雄却是以渐趋落伍的大赋见称；在儒生们普遍热衷于通经致用的汉哀帝时

---

① 参见徐复观《两汉思想史》（华东师范大学出版社，2001年）中《扬雄论究》一文。陆侃如先生的《中古文学系年》是以扬雄作为起点的，这体现了扬雄在中国文学史上承前启后的重要地位。

期，他却默然独守《太玄》；在诸生以谶纬献王莽而飞黄腾达之际，扬雄却以尺素支笔苦苦修撰《方言》并誓死不愿交与官方[①]。正是由于扬雄的这种始终落伍的错位"回应"，使得他"三世不徙官"，一生清苦，他的写作也往往被后世讥评为模拟复古。扬雄写作的这种错位"对应"，其实是一个非常独特而有趣的现象，值得深入玩味。论者可以说他的这种写作是模拟复古，但我们必须注意这种错位"回应"的书写背后，是不言而喻的对体制的不顺从。扬雄当然不是一位反抗者，但他却是一位以书写的方式持守独立人格并疏离体制化的知识人。

二、扬雄写作的模拟问题

扬雄一生最重要的写作，似乎皆以"模拟"为务，其后期经学写作的"模拟"倾向似乎较之前期赋体文学的写作更是有过之而无不及。班固说扬雄"实好古乐道，其意欲求文章成名于后世，以为经莫大于《易》，故作《太玄》；传莫大于《论语》，作《法言》"。由此，论者遂以为汉代乃至整个中国传统的模拟复古风气以扬雄为始作俑者，这种论调在现在的各种教材以及相关论著中已然成为最普遍的说法。其实只要是对扬雄的作品与思想有较为深入了解和理解的话，这种通常说法的可靠性就不能不令人生疑。在这类教材与相关论著中，

① 《方言》是我国汉语方言学的第一部著作，在语言学上具有意义非凡的历史价值。由于论题所限，本文将不对此书作具体研究，不过《方言》的写作这一实践本身就对于我们认识和理解扬雄的整体思想与书写姿态有重要的参考价值。扬雄在《答刘歆书》中谈到了他收集《方言》的情况："故天下上记孝廉及内郡卫卒会者，雄常把三寸弱翰，赍油素四尺，以问其异语，归即以铅摘次之于椠，二十七岁于今矣。而语言或交错相反，方覆论，思详悉集之燕其疑。"《西京杂记》中也记载扬雄收集方言的情形："扬子云好事，常怀铅提椠，从诸计吏，访绝域四方之语，以为裨补輶轩所载。"在扬雄七十岁那年（17），当时王莽的"国师"刘歆写信向他借看该书，扬雄在回信中表示："不敢有贰，不敢有爱，少而不以行立于乡里，长而不以功显于县官，著驯于帝籍，但言词博览翰墨为事。诚愈崇而就之，不可以遗，不可以怠。即君必欲胁之以威，陵之以武，……则缢死以从命也。"翌年，扬雄去世。参见濮之珍著《中国语言学史》（上海古籍出版社，1987 年，第 86—89 页）的相关论述。

王充被认为是汉代为数不多能“反对复古，提倡独创”的思想家[①]，而正是他对扬雄及其创作推崇有加，倒是在那些真正泥古不化的读书人眼里，扬雄“模拟”经书的写作行为，被视为离经叛道的表现，“诸儒或讥以为雄非圣人而作经，犹春秋吴楚之君僭号称王，盖诛绝之罪也”[②]。汉代人不以扬雄为模拟复古，甚至以为其有些过激，倒是今天的人说扬雄保守复古，颇有意思。

扬雄虽然主张尊圣，但极力推崇的却只是孔子及其弟子颜渊，而非当时经学家所尊奉的尧、舜乃至周公、孔子一系；扬雄推重孔子、颜渊，却又说“有教立道，无止仲尼；有学术业，无止颜渊”；扬雄虽然征经，但他又对当时主流的经学进行了深入的批评。那么，扬雄这些不合时宜的思想，到底是基于什么样的问题意识与苦衷而产生的呢？扬雄观念中看似悖谬的观念，到底隐含着什么样的意图与动机呢？

通过解读扬雄后期最重要的作品《太玄》，或许可以给我们认识扬雄一生的文化实践一些启示。

三、《太玄》的思想主旨

关于《太玄》的写作情况，《汉书·扬雄传》引扬雄《自序》曰：

> 哀帝时，丁、傅、董贤用事，诸附离之者或起家至二千石。时雄方草《太玄》，有以自守，泊如也。
>
> 往时武帝好神仙，相如上《大人赋》，欲以风，帝反缥缥有陵云之志。繇是言之，赋劝而不止，明矣。又颇似俳优淳于髡、优孟之徒，非法度所存、贤人君子诗赋之正也，于是辍不复为。而大潭思浑天，参摹而四分之，极于八十一。旁则三摹九据，极

① 参见张少康、刘三富：《中国文学理论批评发展史》（上），北京大学出版社，1995年，第150页。

② 《汉书·扬雄传》。

之七百二十九赞，亦自然之道也。故观《易》者，见其卦而名之；观《玄》者，数其画而定之。

另，在《法言·问神》中，扬雄自己也谈到《太玄》的写作问题：

或曰："述而不作，《玄》何以作？"曰："其事则述，其书则作。"育而不苗者，吾家之童乌乎！（李轨注：童乌，子云之子也。仲尼悼颜渊苗而不秀，子云伤童乌育而不苗。）九龄而与我玄文。（李轨注：颜渊弱冠而与仲尼言易，童乌九龄而与杨子论玄。）或曰："《玄》何为？"曰："为仁义。"曰："孰不为仁？孰不为义？"曰："勿杂也而已矣。"

在以上几段文字中，扬雄自己说明了写作《太玄》的外部政治环境、写作起因、主要内容以及写作的根本目的，如果把这几个表面上似乎没有太大关联的方面联系起来考虑，会对《太玄》这部作品的整体意义有一个不同寻常的认识。

首先，《太玄》与其说是淡泊之制，毋宁说是发愤之作。

从扬雄所谈到的写作《太玄》的外部政治环境来看，在哀帝时期，扬雄的同僚因为趋附权贵而纷纷飞黄腾达，而他自己却一直没有迁升。这时候，扬雄默默地创作着《太玄》，对于自己的这种窘困的现实处境，扬雄似乎并不在意，表现得很平静（"泊如也"）。不过，从扬雄对于写作《太玄》的起因的描述来看，扬雄说他之所以"大潭思浑天"，原因是他对于赋作的政治讽谏作用大失所望，武帝好神仙，司马相如作赋的效果是不讽反劝，赋作者的政治地位类似于倡优，所以他决定不再作赋而潜心于《太玄》的写作。从这部分的表述来看，扬雄之作《太玄》时心情并不平静，他是基于一种极度失望而且郁闷的情绪写作《太玄》的，很难说是"泊如也"。况且这时候自己早慧的爱子，在与他一起创作《太玄》的过程中夭折了，扬雄哀呼"育而不苗者，吾家之童乌乎”。其字里行间流露出的悲愤情状较之孔子对于颜渊之早逝的呼天之悲有过之而无不及，这难道就是他自己所谓的“泊如也”吗？

其实扬雄是以自己独有的方式表达激愤与忧患意识的。《自序》中说：“哀帝时，丁、傅、董贤用事，诸附离之者或起家至二千石。时雄方草《太玄》，有以自守，泊如也。”在表面上简洁得几乎没有任何表达情绪思想的言辞中，读者明显能够感觉到压抑着一股强烈的不平之气。扬雄以一种近乎冷酷的语气，在叙述上构成了近乎生硬的强烈反差对比，“时丁、傅、董贤用事”与“时雄方草《太玄》”之间，“诸附离之者或起家至二千石”与“有以自守，泊如也”之间，白描似的对照却传达给读者一种浓烈的愤懑之情。扬雄在谈到他如何因为对赋失望而转向《太玄》的写作时，同样是用一种表面上平淡安详的语气表达着他的愤懑与忧患。帝王的专断和随心所欲与赋家无奈自伤之间的反差，让读者感到一种强烈的郁闷。不过，在这里，扬雄所传达出的更多的是一种深深的忧患意识，即“非法度所存、贤人君子诗赋之正”的反省精神。

如果说扬雄在《自序》中是用一种史家笔调，较为含蓄地表达着他的郁闷与忧患的话，那么，他在《解嘲》中的情绪与思想表达，就要更为直接酣畅了：

> 且吾闻之，炎炎者灭，隆隆者绝；观雷观火，为盈为实，天收其声，地藏其热。高明之家，鬼瞰其室。攫挐者亡，默默者存；位极者宗危，自守者身全。是故知玄知默，守道之极；爰清爰静，游神之廷；惟寂惟寞，守德之宅。世异事变，人道不殊，彼我易时，未知何如。今子乃以鸱枭笑凤皇，执蝘蜓而嘲龟龙，不亦病乎！子徒笑我玄之尚白，吾亦笑子之病甚，不遭臾跗、扁鹊，悲夫！……故为可为于可为之时则从，为不可为于不可为之时则凶。夫蔺先生收功于章台，四皓采荣于南山，公孙创业于金马，票骑发迹于祁连，司马长卿窃訾于卓氏，东方朔割炙于细

君。仆诚不能与此数公者并，故默然独守吾《太玄》。

《解嘲》是以自嘲的名义嘲世。“世异事变，人道不殊”，这句话不仅仅是指由成帝到哀帝的朝代更迭，人事陵替，在扬雄的语境中，所谓“世异”也指由先秦的自由社会向如今大汉的大一统专制社会的转变，是“士颇得信其舌而奋其笔，窒隙蹈瑕而无所诎也”的自由洒脱处境向“当今县令不请士，郡守不迎师，群卿不揖客，将相不俯眉；言奇者见疑，行殊者得辟，是以欲谈者宛舌而固声，欲行者拟足而投迹”的艰危处境的转变。

可见，扬雄的幽愤是深广的①，他的幽愤既是个体性的，同时也是西汉士人普遍的政治感愤与怀才不遇的整体性文化的延续与投射。从董仲舒的《士不遇赋》到东方朔的《答客难》，再到司马迁的《悲士不遇赋》，幽愤之情溢于言表。扬雄之《解嘲》不仅在形式结构上是模仿东方朔的《答客难》，对其生逢大一统专制时代的幽愤也如出一辙。东方朔云：“圣帝流德，天下震慑，诸侯宾服，连四海之外以为带，安于覆盂，动犹运之掌，贤不肖何以异哉？遵天之道，顺地之理，物无不得其所。故绥之则安，动之则苦；尊之则为将，卑之则为虏；抗之则在青云之上，抑之则在深泉之下；用之则为虎，不用则为鼠。虽欲尽节效情，安知前后？”不过，在扬雄看来，仅止于幽愤或玩世不恭是没有意义的，更重要的是要以此为动力，反思士人及其书写的体制化现状，以道义理想的学术实践精神对抗体制化，拨乱反正，为士人重新确立安身立命的精神领地。《太玄》是扬雄幽愤的反思之作，是他理性精神的表

① 王充在《论衡·书解篇》指出：“司马长卿不预公卿之事，故能作《子虚》之赋，扬子云存中郎之官，故能成《太玄经》，就《法言》。使孔子得王，《春秋》不作，长卿、子云为相，赋、玄不工籍。”王充注意到了司马相如、扬雄由于没有投身官场，所以才会有所著述，但王充没有揭示出使他们有所著述的真正原因其实是他们身上的那种忧患意识和批判精神。许结认为：“观扬雄平生‘忧患’，可分为三：一为政治忧患，即面临‘一跌将赤吾族’的社会环境，他陷于仕、隐矛盾；二为哲学忧患，使他远去圣人，反西汉儒学传统，以隐词晦语寄‘忧’于‘玄’，锐意独造，自创体系；三为艺术忧患，使他对汉大赋艺术假象尽辞、敷陈其志产生怀疑，并悔其‘劝百风一’，对自持的文艺观产生逆想而转入艺术的深奥探索。”（《汉代文学思想史》，南京大学出版社，1990 年，第 215 页）

征。所以扬雄对东方朔颇多微词，认为他只能算是一位“依隐玩世”的“滑稽之雄”。至于东方朔自己所谓的“朝隐”，扬雄说：“圣言圣行，不逢其时，圣人隐也；贤言贤行，不逢其时，贤者隐也；谈言谈行，而不逢其时，谈者隐也。”在扬雄看来，东方朔只算是最后一类，即“谈者隐”，言外之意，自己虽然也像东方朔那样“不逢其时”，但却要作“圣人隐”或“贤者隐”。这可能就是扬雄之所以要“作经”的雄心所在。

其次，《太玄》所表达的并非道家思想。

大多数论者认为《太玄》是扬雄道家思想的体现，所谓“玄”就源自老子《道德经》中“常无，欲以观其妙；常有，欲以观其徼。此两者同出而异名，同谓之玄”（一章）之“玄”，况且扬雄在《解嘲》与《太玄赋》中也表现出了非常浓郁的道家祸福相依、清净无为的思想观念。这种说法显然与扬雄自己对于写作《太玄》的根本目的的说明是冲突的。扬雄在《汉书》本传所载的《自序》以及《法言》中都明确强调了《太玄》的目的是“拟之以道德仁义礼知”，是“为仁义”①。

扬雄“少而好学，不为章句，训诂通而已，博览无所不见。为人简易佚荡，口吃不能剧谈，默而好深湛之思”②，胸有大志，思想通脱。一般认为扬雄的道家思想与曾经跟随以治《老子》著称的严君平游学有关。《汉书·王贡两龚鲍传》云：“蜀有严君平，扬雄少时从游学，已而仕京师显名，数为朝廷在位贤者称君平德。”在《法言·问明》中，扬雄也提到他，说：“蜀庄（严君平）沈冥，蜀庄之才之珍也。不作苟见，不治苟得，久幽而不改其操，虽随、和何以加诸?”就这两段文字而言，扬雄所推崇的是严君平高洁的品德，似乎与道家思想没有任何关系，以此来说明扬雄有道家思想似乎有些牵强。

扬雄不是一个所谓的“醇儒”，一开始不是，最后也不是。他算是一位儒者、一位通儒，他的所谓道家思想也是以通达的儒家思想方

---

① 黄开国认为：“扬雄以玄为最高范畴，建立其一个网罗天地人在内的世界图式。这个世界图式以天地人合一为基本观念，以阴阳五行为骨架，而以儒家的伦理原则为其归宿。”见《一位玄静的儒学伦理大师——扬雄思想初探》，巴蜀书社，1989年，第103页。

② 扬雄：《自序》，《汉书·扬雄传》。

式表现出来的。他所谓“攫挐者亡，默默者存；位极者宗危，自守者身全。是故知玄知默，守道之极；爰清爰静，游神之廷；惟寂惟寞，守德之宅”，“默然独守吾《太玄》”（《解嘲》），以及“亲故更代，阴阳迭循，清浊相废，将来者进，成功者退；已用则贱，当时则贵”（《太玄·玄文》）这类具有明显道家思想色彩的言论的真正含义，是应该深究细问的。

《太玄·玄文》云：“君子修德以俟时，不先时而起，不后时而缩。”“俟时”既体现了儒家思想的一种现实理性态度，也是知识分子保护自身独立性和对现实的适当距离感的一种理智的生存手段。君子俟时而动，当外部的政治条件成熟时，就积极地介入政治，将一己的才华抱负为世所用；如果时机不成熟，也不勉强，保持与完善自己的人格理想。不屈其意，不降其身，但绝不等于玩世不恭、碌碌无为，苟活于世。君子之“保身”亦即是保仁义礼智；君子的价值，既可以体现在规范君王、教化黎庶的政教方面，也可以体现在道德仁智的人格完善与修养之上。孟子所谓“达则兼济天下，穷则独善其身”，只要有独立自足的道义理想精神，“达”是有为，穷且益坚，人格精神的独立完善同样也是有为。所以扬雄说“如庸行翳路，冲冲而活，君子不贵也”，认为“上交不谄，下交不骄，则可以有为矣”，士君子当“不遁于世，不离于群”。《解嘲》所谓“惟寂惟寞，守德之宅”，“默然独守吾《太玄》”，说明《太玄》所谓的“自守”，其实正好反映了扬雄尽管处穷却依然保持自己人格独立、进德修业的有为精神，这正是《易传》“君子以自强不息”的真谛。

道家认为礼智仁义都是一种使生活表现出恶的祸端，因此主张绝圣弃智。对于个人来说，要想保全生命，就应该弃绝任何的货利欲念，做到逍遥无为，浑然无识如赤子。这就是大乐的境界，也就是“活身”的境界。扬雄亦论“活身”，但显然不同于道家所论之“活身”，甚至可以说是针锋相对的。扬雄明确表示：“老子之言道德，吾有取焉耳。及捶提仁义，绝灭礼学，吾无取焉耳。”[1] 这“取”是因为老子道德之言“可以止奔竞，训饕冒之人”（李轨注），对那些贪恋功名利禄的人有所训诫，但对于老子的非价值化倾向，他却表示否定。

扬雄不但肯定人，尤其是知识分子应该有自己的价值追求，而且认为人的生命长度与生命质量也应该以价值追求的精神性来衡量与体现：

或曰：“人羡久生，将以学也，可谓好学已乎？”曰：“未之好也，学不羡。”（《法言·学行》）

或问：“寿可益乎？”曰：“德。”曰：“回、牛之行德矣，曷寿之不益也？”曰：“德故尔。如回之残，牛之贼也，焉得尔？”曰：“残、贼或寿？”曰：“彼妄也，君子不妄。”（《法言·君子》）

颜回、伯牛虽早亡但名不朽，是因为他们不贼害仁义，倾心向善之故；残贼仁义的人，虽苟活长命，也只能算是行尸走肉的妄生之人，非君子所羡。在短暂的有生之年，君子所应该做的是不断地学习完善，不断提升自己的道德人品，而不该陷于琐碎固陋的利禄之术，违背大道真学，屈意从人，降心委志。所以扬雄说：“君子德名为几。梁、齐、赵、楚之君非不富且贵也，恶乎成名？谷口郑子真，不屈其志，而耕乎岩石之下，名振于京师。”[2] 扬雄这种强调君子进德有为的思想，显然是与道家思想格格不入的。他的这种观念与《易传》有着密切的关系，《太玄》的写作及其所表达的思想更是与《易传》密不可分。

《易传》曰：“天行健，君子以自强不息。”扬雄所推崇的进德修业思想与这一儒学传统是一致的。《太玄》的一个核心的思想就是“贵进”“贵新”。《太玄·玄文》曰：“亲故更代，阴阳迭循，清浊相

① 《法言·问道》。
② 《法言·问明》。

废，将来者进，成功者退；已用则贱，当时则贵。”《太玄·玄摛》曰：“其动也，日造其所无，而好其所新；其静也，日减其所有，而损其所成。”在《太玄》的第一首《中》的第六赞云：“月阙其抟，不如开明于西。测曰：月阙其抟，贱始退也。”司马光《太玄集注》引唐人王涯注曰：“六为盛极，物极则亏，故象月之过望而阙其抟。开明于西，象月之初一也。《玄》道贵进，故一象月初而吉，六象月阙而凶。”《玄》道“贵进”是对《易传》“日新之谓盛德”“生生之谓易”思想的继承与发展。这种继承同样也体现在《玄》道“贵阳”这一观念上，《太玄·玄首都序》：“阴阳毗参，以一阳乘一统，万物资形。”无论是贵进还是贵阳，都显示了《太玄》与道家思想的距离，体现了其与儒学的《易传》系统思想的亲缘关系。

其三，《太玄》以一种近乎纯粹的方式试图对功利经学拨乱反正。

《太玄》与《易经》有着非常密切的关系，但不能不令人诧异的是：扬雄自己从来没有说过他的《太玄》是模拟《易经》的[①]。说“以为经莫大于《易》，故作《太玄》”的是班固，后世的论者也不约而同地以《易》论《玄》，无论是称赏的，还是贬损的。扬雄对于当时的博士经学是持否定和批判的态度的，他自己更是不屑于致力于这种“绣其鞶帨”的烦琐固陋之学。以经准《玄》论《玄》，是一种典型的经学思路，就如同以经学的标准裁衡屈骚一样，这种方式本身就背离了扬雄作《太玄》的良苦用心，何谈去真正理解《太玄》?

要真正理解《太玄》，首先要了解扬雄作《太玄》的动机，前文所引《法言·问神》一段话尤为关键。这段话中，有两句话需要格外注意，即“其事则述，其书则作”与“勿杂也而已矣”。所谓“其事则述”的“事”，当指的是“仁义”之事，即周、孔以来的儒学道义传统，这应该说是《太玄》的内核。“其书则作”体现了《太玄》是

① 扬雄虽然也有时将《周易》与《太玄》相比较，但其目的是要说明《太玄》与儒学经典的因革关系，显示《太玄》虽与《周易》有关，但却不同于《周易》。如他在《自序》中说：“故观《易》者，见其卦而名之；观《玄》者，数其画而定之。《玄》首四重者，非卦也，数也。”

扬雄拒绝并对抗体制经学的一种书写实践，是一种试图恢复并光大原始儒学精神，对拘泥烦琐的博士经学作风进行拨乱反正的自觉话语实践。曰“勿杂也而已矣”，同样是针对体制经学的烦杂碎乱、不得要领而发的。这表明他作《太玄》是在以一种纯粹的儒学经典话语方式恢宏儒学的道义理想精神，是对正在泛滥并毁坏儒学大义、侵蚀士人学术品格的体制经学的拨乱反正。

扬雄对于急功近利、烦乱琐碎的体制经学的批判，在班固的《汉书·艺文志》得到了响应：“古之学者耕且养，三年而通一艺，存其大体，玩经文而已。是故用日少而畜德多，三十而五经立也。后世经传既已乖离，博学者又不思多闻阙疑之义，而务碎义逃难，便辞巧说，破坏形体。说五字之文，至于二三万言。后进弥以驰逐，故幼童而守一艺，白首而后能言。安其所习，毁所不见，终以自蔽。此学者之大患也。”对于经学之士的“务碎义逃难，便辞巧说，破坏形体”之讥，作为汉代官学五经之首的《易经》[①] 自然也不能例外。《汉书·儒林传》谈到《易》学的情况时说：“京房受《易》梁人焦延寿。延寿云尝从孟喜问《易》。会喜死，房以为延寿《易》即孟氏学，翟牧、白生不肯，皆曰非也。至成帝时，刘向校书，考《易》说，以为诸《易》家说皆祖田何、杨叔［元］、丁将军，大谊略同，唯京氏为异，党焦延寿独得隐士之说，托之孟氏，不相与同。房以明灾异得幸，为石显所谮诛，自有传。房授东海殷嘉、河东姚平、河南乘弘，皆为郎、博士。由是《易》有京氏之学。”为了成为官学的利禄之徒，经学家们党同伐异，汉代经学门派之争由此也可见一斑。《易》学发展到扬雄生活的时代，不仅解说分门别派，纷纭芜杂，而且与灾异也联系在了一起，出现了《灾异孟氏京房》这样的灾异《易》学。扬雄在《法言·渊骞》云：“灾异：董相、夏侯胜、京房。”

正是在这样的经学语境中，扬雄的《太玄》才会显得如此突兀，如此大逆不道。《太玄》无论从内涵上还是形式上都是自觉地对先秦

① 《汉书·艺文志》“六艺略”首列《易经》。

儒学经典的传承，并在传承的基础上进行了革新创作，即扬雄所谓的“其事则述，其文则作”。对于扬雄本人来说，“作”是理所当然的事。在他看来，他的写作是对于经典的因革损益，《法言·问神》曰：“或曰：经可损益与？曰：《易》始八卦，而文王六十四，其益可知也。《诗》《书》《礼》《春秋》，或因或作，而成于仲尼，其益可知也。”扬雄作《太玄》正是他所提倡的“贵知大知”的尚智追求与“学行”精神的一种实践①，是面对儒学体制化的现实危机，“应时而造”，勇于担荷道义理想的精神与智识的表征。

《太玄》形式上的艰深，在某种程度上也是扬雄嘎嘎独造、以圣贤自任的精神的一种象征性表现。扬雄在回应别人对于《太玄》艰深的责难时说：

> 若夫闳言崇议，幽微之涂，盖难与览者同也。昔人有观象于天，视度于地，察法于人者，天丽且弥，地普而深，昔人之辞，乃玉乃金。彼岂好为艰难哉？势不得已也……盖胥靡为宰，寂寞为尸；大味必淡，大音必希；大语叫叫，大道低回。是以声之眇者不可同于众人之耳，……辞之衍者不可齐于庸人之听。（《解难》）

他在《法言·问神》中亦云：“或问：圣人之经不可使易知与？曰：不可。天俄而可度，则其覆物也浅矣；地俄而可测，则其载物也薄矣。大哉！天地之为万物郭，五经之为众说郛。”可见，扬雄是把《太玄》与“圣人之经”等量齐观的，难怪他在《太玄·玄莹》中说：“不约则其旨不详，不要则其应不博，不浑则其事不散，不沉则其意不见。是故文以见乎质，辞以睹乎情，观其施辞，则其心之所欲者见矣。”扬雄所谓的“约”“要”“浑”“沉”就是要他的作品像“圣人之

① 《法言·问明》：“师之贵也，知大知也。小知之师，亦贱矣。”《法言·学行》：“学行之，上也，言之，次也，教人，又其次也；咸无焉，为众人。”

经”那样博大精深。不过，扬雄在这里也指出，为文之道与观文之道是相通的，皆需潜心用情。“或问神。曰：心。请问之。曰：潜天而天，潜地而地。天地，神明而不测者也。心之潜也，犹将测之，况于人乎？况于事伦乎？”“言不能达其心，书不能达其言，难矣哉！惟圣人得言之解，得书之体，白日以照之，江、河以涤之，灏灏乎其莫之御也。”[①] 言之所以不能达其心，关键在于一般人为学用心不专，潜心不诚，只有真正没有功利之念的圣人才能够以言达其心，以心感所言。扬雄这里所阐发的其实就是《中庸》所谓“诚而明，明而诚”的道理。苏轼指责扬雄是“以艰深之词，文浅易之说”（《答谢民师书》），足见其并未真正潜心于扬雄，遂发此才子轻率之论。

据《汉书》载，刘歆曾经不无嘲讽地对扬雄说：“空自苦！今学者有禄利，然尚不能明《易》，又如《玄》何？吾恐后人用覆酱瓿也。”雄笑而不应。扬雄之笑，有两层含义：一则是笑那些“学者”急功近利，为学以利而无所用心，自然不可能得到真学，体悟大道，因而愈惑体要；同时也反讽刘歆，其实他也是此等背离大义的功利之徒，自己不悟，反欲以其昏昏使人昭昭。扬雄之笑的第二层含义，是一种自信的笑，是一个纯粹的学者超越功利的一种自足而从容的表现：

> 或问：“孔子知其道之不用也，则载而恶乎之？”曰：“之后世君子。”曰：“贾如是，不亦钝乎？”（李轨注：言畜货以遗后，畜道俟将来，是迟钝。）曰：“众人愈利而后钝，圣人愈钝而后利。关百圣而不惭，蔽天地而不耻，能言之类，莫能加也。贵无敌，富无伦，利孰大焉？”（《法言·五百》）

扬雄虽有这份自信的期待，可惜后世知音稀少，“自雄之没至今

① 《法言·问神》。

四十余年，其《法言》大行，而《玄》终不显，然篇籍具存”。①

扬雄之后千年，司马光在《太玄集注·读玄》中表达了他在三十余年的研读与思索之后对于扬雄的理解、敬意与赞叹：

> 初则溟涬漫漶，略不可入，乃研精易虑，屏人事而读之数十过，参以首尾，稍得窥其梗概。然后喟然置书叹曰：“呜呼！扬子云真大儒邪！孔子既没，知圣人之道者非子云而谁？孟与荀殆不足拟，况其余乎？”

司马光将《玄》比为《易》之阶梯，此比虽与扬雄因革损益的本意已经不甚契合，但司马光对于扬雄在儒学历史中的重要地位与价值的肯定，体现了他对于西汉后期儒家学统危机的深刻认识。在“大厦将倾”“大道将晦”之际，扬雄及其著述对于儒学道统的挽救与恢宏，其功至伟，所以司马光称其为孔子之后的第一人，孟子与荀子都比不上他。

原载《文学评论》2009 年第 3 期

① 《汉书·扬雄传》。

"西道孔子"扬雄的大一统观与儒风在巴蜀的流布

◎ 谭继和

摘要：民族的文化认同是统一的多民族国家形成的思想基础和精神动力。本文通过对扬雄的大一统观及其哲学基础以及儒风在巴蜀的流布的研究，阐述巴蜀文化在秦汉时期融入中华大一统文化的同一性进程和差异性进程，说明不同地域文化以"和而不同"的方式在统一体中的交流融汇是中华民族多元一体文化共同体的主要特征。作者认为扬雄是孔子思想在汉代传承的集大成者。扬雄以中和精神为内核的关于"三"的创见，是大一统思想的哲学基础，是汉文化统一进程在思维方式变革上的集中反映。它对巴蜀儒风的流布产生了深远的影响，使巴蜀成为"其学比于齐鲁"的一个全国性文化重心。

关键词：民族文化认同　扬雄　大一统观　"三"的模式　巴蜀文化　儒风流布

我国自古是统一的多民族国家，各族人民在创造和发展自己的历史和文化的过程中，共同缔造了统一的祖国，创造了祖国的历史。它的形成，既是历史长期发展的结果，也是源远流长的统一和团结的精神纽带不断地把各族人民连接在一起并坚韧牢固地发展的结果。其中，儒家的大同思想和大一统理想，起着特殊的重要作用。我国大一统的历史局面的长期性、悠久性和坚韧性以及牢不可破性，在世界上是罕有其匹的。我国面积几乎与欧洲相等，欧洲民族和语言的差异比中国小，但欧洲在经历历史上的若干分合以后却形成了 30 多个国家，而我国民族众多，语言差异大，却在共同奋斗中逐步形成为一个统一的多民族国家。李四光称这一现象为“破碎的欧洲，凝聚的亚洲”。中国之所以是一个历史悠久的、中央集权的统一的多民族国家，其中起重要作用的是儒家大同和大一统思想的凝聚力和向心力这一文化因素。几千年来，正是这一文化因素的作用，使不同地域、不同民族凝聚和统一在一起，最后形成清代的大一统版图，奠定了今天中华民族大家庭的基础。在祖国大家庭不断统一的进程中，巴蜀地域文化自古即做出了自己应有的贡献。研究儒学大一统思想在巴蜀地域的发展及其流布，是认识和了解巴蜀文化在统一的多民族国家形成过程中的作用的一个锁钥。本文以扬雄为例，研究巴蜀文化对儒学大一统思想的承袭、改造和发展及这种思想在巴蜀的传播，这应该会为我们加深对儒家大一统思想的凝聚力和向心力巨大作用的认识带来助益。

一

巴蜀文化有悠久而独立的始源，如果从成都平原以“宝墩文化”命名的古城文明算起，至少已有 4500 年以上的历史，其渊源甚至“肇于人皇，也殊未可知”①。在战国晚期秦灭蜀以前，巴蜀文化虽与楚文化和秦文化乃至中原文化有密切的交流关系，但主要是独立发展的，震惊世界的三星堆青铜文明就是巴蜀文化独特个性的证明。从公元前 316 年秦灭巴蜀开始，巴蜀区域才急遽加入中原统一的进程。对巴蜀而言，这一进程大体可分为秦国到秦朝和西汉初到武帝时期两个阶段。它的主要特征不但在于以巴蜀作为统一全国的基地，以政治和军事手段完成全国的统一，而更为主要的是在于巴蜀文化对中原文化统一的逐步认同和融汇这一更为深层次的文化因素。

① 李学勤：《蜀文化神秘面纱的揭开》，《寻根》，1997 年第 5 期。

战国时代，在中原、北方、齐鲁、楚、吴越、巴蜀滇、秦等七大文化圈中[①]，巴蜀滇文化圈是最先被融并到秦文化圈中的地域文化。当时人对蜀为“西僻之国而戎翟之长”[②] 的评价，表明秦灭蜀前蜀文化作为整个西南地域文化战略高地和西南夷文化潮流先锋的独特性质。秦灭蜀后，秦文化对巴蜀文化进行了两番改造：一是用关中文化模式改造成都（“与咸阳同制”[③]），将秦田律推行于巴蜀；二是赶走巴蜀土著统治民族，蜀人被迫南迁，而用秦人迁蜀，“秦人万家实之”[④]的办法，使秦文化伴随着秦国统治的政权力量直接在巴蜀地域落地生根。这两种方式都是秦文化按照自己的面貌对巴蜀文化主动性的改造。本来，我们从秦惠文王与古蜀王相遇金牛道的神话性故事已经可以体味到当时秦国对巴蜀土地和财富的强烈占有欲，当时古蜀王思维的闭塞和他反而嘲笑秦人“东方牧犊儿”所体现出来的无知。从中，我们可以看出秦文化作为以商鞅为代表的法家耕战文化的进取性、主动性和积极性，巴蜀文化作为土著地域文化的保守性、被动性和消极性。在秦灭巴蜀的进程中，正是秦蜀两种地域文化相互影响和逐步交汇并合，其中秦文化的进取性和注重向外发展的特性占据主动地位，巴蜀文化则居于被动地位，被动地逐步接受了秦文化的面貌、风格乃至内涵的改造。我们从这一时期的史料看，这种改造对蜀人是被动的、沉重的，是把辉煌的有关古蜀祖先的文化记忆尘封于地底式的改造，还看不到主动式的接受和容纳[⑤]。

到西汉时期，特别是汉武帝时期，这种文化融并情况有了根本性质的不同。西汉时期是汉文化正式形成和发展的重要时期。汉王刘邦以蜀（汉中、巴蜀）为根据地统一了全国。从文化上看，刘邦是以楚文化和巴蜀文化为基础统一全国的。汉文化是以荆楚文化和巴蜀文化

① 李学勤：《东周与秦代文明》，文物出版社，1984 年，第 11—12 页。
② 《战国策·秦策》。
③ 《华阳国志·蜀志》。
④ 《华阳国志·蜀志》。
⑤ 谭继和：《巴蜀文化研究趋向平议》，《社会科学研究》，1996 年第 2 期。

作为孕育的基础养料，以齐鲁地域的儒家文化作为统治思想的主导养料，综合其他地域的多元性文化养料而形成的。巴蜀文化对正统汉文化的孕育、形成和发展起了特殊的养育和涵孕的作用，尽管它未能起到主导的作用。从西汉初期文景之治到武帝时期，蜀人对中原文化表现出了异常倾慕的热情，以文翁兴学为契机，蜀文化表现出热诚接受中原汉文化和其他较先进的地域文化成分影响的开放性、兼容性风格，其中今文经学阐述的孔子大一统思想和汉代大一统盛世的政治局面对蜀人意识的影响和潜移默化，占据着主要地位。

文翁兴学是巴蜀文化改变面貌的关键，也是蜀人以自己独特的文化思维方式接受和融并中原先进文化，热诚主动融入中原主流文化的证明。在先秦时期，“蜀左言，无文字”，“蜀无姓”，仅有口耳相传的从蚕丛、鱼凫到杜宇开明的祖先传说和巫术式的巴蜀图语。物质形态方面虽然有三星堆那样高度的青铜文明，但其精神形态方面并没有发展到理性化程度。直到汉代前期文翁兴学，首创地方官学，并派遣弟子到京师学六经，为巴蜀地域引进中原文化，促进土著巴蜀文化与中原文化相融汇，才使蜀地精神文化发生了质的飞跃，呈现了崭新的面貌。唐卢照邻把文翁石室喻为“岷山稷下亭”，它确实起到了巴蜀“稷下学”的作用，使巴蜀学术和文化都发生了深刻的变化①。

变化之一是出现了巴蜀学习和接受中原大一统文化的先进人物、“以文辞显于世”“文章冠天下”② 的四大家——司马相如、王褒、严君平、扬雄。他们热诚讴歌统一盛世，相如以凌云之气创汉大赋和封禅书，颂汉武帝中华大一统的伟业，王褒以跋涉远道拜金马碧鸡的热诚显示大一统帝国的气概，扬雄以模拟孔子的气概做了大同道统的最早继承人。从他们身上，我们看到了多元一体的中华文化对于巴蜀地域文化的影响，看到了巴蜀地域文化加入中华民族多元一体大文化共

① 谭继和：《成都城市文化的性质及其特征》，载《成都城市研究》，成都：四川大学出版社，1989 年，第 341—342 页。

② 《汉书・地理志》。

同体的同一进程[1]。

变化之二是多元一体的中华民族文化共同体中，开启了蜀学两千年来重文学、重今文经学的传统，显示了蜀文化学古而不法古，既遵循六经，又不师故辙的独特的学习方式和思维方式，显示了巴蜀多元化的地方特性的风格和加入中华大文化共同体的地域差异性进程。《汉书·地理志》说："景武间，文翁为蜀守，教民读书法令，未能笃信道德，反以好文刺讥，贵慕权势，及司马相如游宦京师诸侯，以文辞显于世，乡党慕循其迹，后有王褒、严遵、扬雄之徒，文章冠天下，由文翁倡其教，相如为之师。"蜀中本无学士，因文翁倡教，相如为师，乡党慕循其迹，才在巴蜀地域掀起了学习儒家六经的高潮。这是巴蜀文化人士第一次对儒家经典为代表的中华大一统文化，从文化心理上掀起了主动性、进取性的学习热诚和仿效的高潮。但蜀中学士学习和吸收中原文化，不是走笃信道德、模仿王道的传统经学的老路，而是按蜀人固有的文化传统和特有的发散型思维方式对传统经学加以改造，走了一条"好文刺讥，贵慕权势"的新路。"好文"指文学的铺张扬厉，用字新奇，不师故辙。"刺讥"指劝百讽一。虽多虚词滥说，然其要归之于讽谏。这体现了重文学重大赋的特点。"贵慕权势"指识时务，重利禄，务时济世。这体现了讲经世致用、不崇章句的今文经学的特点。它开启了后代蜀人从谯周到廖平讲求实际、经世致用、不守章句、富于激情幻想的今文经学思潮[2]。

儒学文化是汉文化的核心。儒学上升为统治阶级的统治思想并定于一尊，经历了汉魏时期的长过程。儒学之所以能定于一尊，除了政治的阶级的因素外，其内涵的兼容性和外延的中和性这样的文化因素起了极大的甚至是主要的作用。巴蜀文化以扬雄和苏轼为代表，对儒学作为统治思想的确立，在文化传承和思维方式上以其特异之处做出了特殊的贡献。其中最主要的就是巴蜀重文学、重今文经学的传统，

---

① 谭继和：《巴蜀文化研究趋向平议》，《社会科学研究》1996 年第 2 期。

② 参见谭继和：《郭沫若与巴蜀文化》（上），《郭沫若学刊》，1996 年第 4 期。

特别是扬雄的重视三分与中和的大一统思想，苏轼以《后正统论》为代表的正统思想，起着特殊的作用。

从上述两方面的变化，我们可以看出：作为中华地域文化圈之一，巴蜀文化圈是通过怎样的交流、融汇的进程而并入中华大一统文化之中去的。值得注意的是，这一融并过程有三个主要特色：一是这一融并是蜀人占了主动，蜀人显示了自觉学习、接受和容纳大一统文化和加入大一统文化共同体的热忱。二是这一融并是在儒家大一统思想作为主流文化，巴蜀文化作为一种非主流的地域文化向先进的主流文化靠拢和融并的自觉性的前提下完成的。三是巴蜀文化容纳和接受儒家主流文化的过程是进取性的，很快就因为蜀人的思想特质的优势站到了儒家主流文化的前列，出现了儒家主流文化文章冠天下的几个主要代表人物。巴蜀文化与其他地域文化一样，作为多元文化，从此以后就与儒家主流文化处于多元一体、和谐共振的进程中。它说明不同地域文化以“和而不同”的方式在统一体中的交流融汇，是中华民族多元一体文化共同体的主要特征。中华民族大一统的事业是以文化认同为基础的宏伟事业。民族的文化认同是统一的多民族国家形成过程中带有深层次和根本性质的基础。从某种意义上说，“文化中国”的提法，可以显示出中华民族大一统思想的最根本的精神动力之所在。在中国，民族的区别从来不是以地域或种族血缘为标准，而是以文化的差异为标准。差异文化可能是地域的，也可能是民族的，它们对主流文化的认同，是统一的多民族国家形成的精神基础。在汉代的巴蜀，对这种文化认同和统一进程贡献最大的，当数我们前面提到的巴蜀四大家中的扬雄。

二

扬雄是汉代模仿孔子言行并以孔子道统传承自居的主要人物。他是孟子、荀子之后孔子思想传承的集大成者。这一点尚不太为我们现今的研究工作者所重视。但在汉代当时，时人是很推崇扬雄作为孔子道统继承人的地位的。桓谭《新论》云：“张子侯曰：扬子云，西道孔子也，乃贫如此。吾应曰：子云亦东道孔子也。昔仲尼岂独是鲁，孔子亦齐楚圣人也。”① 扬雄是汉代的孔子，至少是汉代中国西部的孔子，这在当时人是取得共识的定评。桓谭更进了一步，不仅认为他是西部的孔子，也是东部的孔子，是不应该分地域的整个中国的孔子。扬雄能成为孔子之后的汉代孔子，这是巴蜀文化融并入儒家主流文化的长过程结出的硕果，显示了孔子思想对于广阔地域的多民族国家大一统进程的巨大作用。

扬雄自幼好学，博览群书，不拘泥于章句，力求通晓其意，这显示了巴蜀今文经学传统对他思想的熏陶和孕育作用。他“好古而乐道”，刻意模仿六经，“以为经莫大于易，故作太玄；传莫大于论语，作法言；史篇莫善于仓颉，作训纂；箴莫大于虞箴，作州箴”。其模仿办法是“斟酌其本，相与放依而驰骋”②。换句话说，也就是遵循“六经”的根本原则而驰骋开放，加以创新。这里不对这些著作做全面的评价，需要重点指出的是，扬雄对于儒家大一统思想的阐扬在这些著作中有鲜明的体现。

扬雄仿虞箴作十二州箴，体现了中国大一统的思想。这种思想是以西汉大一统盛世的政治制度和地域行政划分作为历史背景的。十二州箴的宏观构思体现出以大一统思想作为文化语境和思维方式的导引的倾向。

以大一统思想作为文化语境和思维的文本这一特点，在《太玄》一书里有鲜明的体现。《太玄》虽仿《周易》，但二者思维方式不同。周易的世界图式是采用阴阳二分法展开的，“易有太极，是生两仪；两仪生四象，四象生八卦”。所谓“太极”，作为宇宙本体，是由阴阳两仪构成的，故《易系辞传》曰：“一阴一阳之谓道”，“阴阳不测之谓神”。阴阳即是道，即是神。清人陈梦雷认为：“天下万有不齐之变，不外由太极而生阴阳。”③ 阴阳构成两仪，太阴太阳少阴少阳则构

---

① 桓谭：《新论·启寤第七》。

② 《汉书·扬雄传》。

③ 陈梦雷：《周易浅述》，第11页。

成四象，四象两分产生八卦，八卦复生两仪四象而构成六十四卦。这一世界图式体现了两两相对的二元论。金景芳先生认为“易以一阴一阳自生自成自变自化谓之道，以阴阳不测之或正或反莫测端倪谓之神”，这是易的哲学基础①。而扬雄的《太玄》与《易》的阴阳二分法不同，是采用天、地、人三才三分法来展开的。一玄分为三方，一方为三州，三方为九州，一州为三部，九州为二十七部。一部为三家，二十七部为八十一家，这叫“三起”。很显然，这种方州部家的逻辑布局方式是按天下九州大一统的思维模式来设计的。它既反映了西汉大一统方域划分为州郡的现实，又是儒家关于社会以家庭为细胞，家的扩大是国，齐家治国平天下的大一统政治理想的体现。这里，我们看到了禹贡的九州说和汉代的方、州、部、家的大一统组合模式对于扬雄思维文本的影响。

“三起”是针对地上的九州方域的。除此之外，还有针对自然万物的“三生”，就是三分阳气，以为三重，即天、地、人三玄。三玄又各分为三，共为“九天”，象征事物的消长和一年节气变化的过程。这里，我们仍然可以看到“九天”大一统世界模式的影子。

扬雄的《太玄》也不同于老子讲的“道”。老子讲的是“道生一，一生二，二生三，三生万物”②。据清人王念孙的看法，“道生一”就是《淮南子·天文训》的“道日规始于一”（“日规”二字为误衍文）③，老子是重视“一”的，并以“道生一”作为万物的始基。正如庄子所说：“道通为一”，“道”是把阴阳二者通为一的。尽管老子也讲“三生万物”，但这个“三”是从属于“一”的，“一”才是万物的始源。扬雄的《太玄》则不同，主张“天地奠位，神明通气，有一有二有三”④。他认为“太玄”的“三”才是万物的始基。他既不满足于老子的“道生一”的“道”，又不满意于《周易》的“太极生两仪”

① 金景芳：《易学四种》，第112页。

② 老子：《道德经》第42章。

③ 朱谦之：《老子校释》第42章转引。

④ 扬雄：《太玄·太玄摛》。

的“太极”，而创出了以天、地、人“三才”为内核的“太玄”。这里，我们可以看出扬雄的“太玄”作为宇宙本体，对于老子的“道”和易的“太极”的扬弃。

需要指出的是，《太玄》不同于《周易》的阴阳两画，而是有三画：曰一曰二曰三，并创造了三种符号—、--、---。如果说“一”就是浑沦之气，“二”则是浑沦之气分化出的天和地，“三”则是天绕地划出的圆形规道，称为“规”。“规”可以生为“三摹”，“三摹”可以生为“九据”①。显然，这里的“三”已大大超出老子的“三”。在老子《道德经》里，“三”是万物的同义词，代表多数的意思，是静止的、平面的状态。而在扬雄那里，“三”则是超出天地阴阳两端的第三种中间状态，是动态的、具有圆形规道的球体，也可称为多元一体。这种对世界本源的看法，显然比“道”和“太极”更为进步。它不仅看到了事物的对立，更看到了对立面的统一；不仅看到了事物的二元化，更看到了事物的多元复杂性。显然，这里扬雄既吸收了老子“道生一”的“一”，又吸收了《易》的“二”，而创出了以中和精神为内核的“三”。从文化学层次看，“一”是主张始源一元化的思维模式，“二”是主张始源为两极对抗的思维模式，“三”是主张始源为多元一体的思维模式。这一思想模式由“一”向“二”向“三”的衍生进程，反映了中华文化由多元化始源出发的多元化走向以主流文化为主体的文化共同体，并与之靠拢、凝聚和统一的进程。扬雄是这一文化统一进程反映在思维方式变革上的集大成者，也是孔子“春王正月，大一统也”的思想的逻辑发展。

《法言》直接承袭了孔子的仁礼忠信孝悌的思想。其中最重要的核心内涵，是扬雄集中阐扬了孔子的“中和”思想，这是大一统思想的哲学显现。《法言序》云：“立政鼓众，动化天下，莫尚于中和，中和之发在于哲民情。”他认为“中和”是周公吐哺、天下归于一统的文化根基。他把孔子的“中和”之道比喻为江河淮济“四渎”的源

---

① 扬雄：《太玄告》。

头，可以“经营中国，终入大海”①，是大一统“文化中国”的精神动力和思想内核。而其他人的学说主张不过是“西北之流”，可以起局部“纲纪夷貉”的作用，结果无非是“入于沱，或沦于汉”，不是大流。大流者，“必也儒乎！”② 由此可见，扬雄对孔子大一统思想的哲学基础“中和”阐扬得最为鲜明和彻底。他明确地宣称“甄陶天下”在于和，“不过不及”在于中，这是大一统的“正”道。他认为只有“非正不视，非正不听，非正不言，非正不行”，“正”才是多元能统一的基本原则③。这显然是对孔子“非礼无视”思想的进一步推衍和发展。扬雄以“正”作为中和的核心，并用它来看中国：“或问孰为中国？曰五政之所力，七赋之所养，中于天地者为中国。”④ 这里，五政、七赋、晷度天下之中等标准，皆是文化性的，透露出扬雄对于“文化中国”的一种古代思考方式。

由上述观之，扬雄对于孔子与儒家六经的刻意模仿并加以出新，恰恰体现了他对孔子大一统思想的继承和阐扬的自觉性。他是汉代大一统的“圣之时者也”的孔子的化身，也是汉朝大一统强盛时代作为历史背景的大一统文化思潮的产物。

三

如果说文翁兴学开启了蜀地儒学的传统，那么，扬雄草《玄》著《法言》，则是儒家大一统思想承袭和弘扬的集大成者。他在汉代思想文化上的贡献，是为汉代大一统事业提供了最宝贵的精神养料和思想武器。

扬雄的著述“其意欲求文章成名于后世”⑤，是有着完整的主观体系的。这个体系是按大一统的观念和统体论的思想而精心构筑的。

---

① 扬雄：《法言·君子篇》。
② 扬雄：《法言·君子篇》。
③ 扬雄：《法言·渊骞篇》。
④ 扬雄：《法言·问道篇》。
⑤ 班固：《汉书·扬雄传》。

《玄》为儒家理念的哲学基础；《法言》为政治主张的基础；《训纂》《方言》则是语言多元统一“悬日月不刊”的基础，它是在战国秦国时代“是时，蜀人始通中国，言语颇为华同”[①]，各地域语言与中原华夏正声初期交汇的基础上，逐步构成统一华语的时代的反映；《十二州箴》则是大一统地理学的产物；四赋与《反离骚》则是大一统局面下经济文化发展，太平颂歌四起，眼光开阔的时代精神的产物。由此，从政治主张、理论基础到地理环境、语言环境和文化环境都渗透着统一精神的完整体系就这样构筑而成。扬雄的全部著作可以构筑为完整的理论体系，实可称为后世佳论之林薮，文义之渊海。

大一统的思想体系对巴蜀儒风的流布产生了深远的影响，着上了有巴蜀风味特色的印色布：一是儒风的流布，使巴蜀地区由一个原来精神文化比中原滞后的文化孤岛，一跃而为“其学比于齐鲁”的全国性文化重心之一。两汉时代，全国有齐鲁豫兖、关中三辅、东南吴会、西南蜀地四大文化发达区域，是出书籍、出人才最多的地区。“汉征八土，蜀有四焉”，“虽鲁之咏洙泗，齐之礼稷下，未足尚矣”[②]。可见西蜀已成为全国的文化中心之一。二是儒家经学的传播在巴蜀区域达到鼎盛，其辐射力达到三蜀、三巴和滇黔，使蜀地固有的重阴阳数术、重黄老、重文学的学术传统迅速地融入儒学中，成为儒学一统中的有机组成部分。《华阳国志》称蜀地具有“文化弥纯，道德弥臻”的特色，出现了“以儒学教，号称洙泗，有多士”[③] 的盛况，就是这种儒风流布的反映。三是儒风的盛行，影响到巴蜀人士的学术结构的急剧变化。在巴蜀人士著书方面，儒家类书籍占到所出书籍总数的44.4%[④]，比例较其他非儒类为最高。在巴蜀人士的学风方面，则“益部多贵今文而不崇章句”的传统，占到了学术思想的主导地位。从司马相如、扬雄、谯周、秦宓到苏轼、杨升庵、廖平、郭沫若再到

---

① 刘逵注：《蜀都赋》引《地理志》，《昭明文选》卷四。

② 常璩：《华阳国志·蜀志》。

③ 常璩：《华阳国志·蜀志》。

④ 卢云：《东汉时期的文化区域与文化重心》，《中国文化研究集刊》第四辑。

蒙文通，几近两千年时隐时显地传承着，并明显地占有优势[①]。今文经学最重要的特征是“张三世”、定一统，这在巴蜀代有传人。

总之，作为中华文化大一统基础的孔子大一统文化理念，我们可以通过上述巴蜀地域个案的剖析，充分理解它是如何流布的，是通过什么途径和方式流布的，是在什么样的理念下，达到多元文化共一体的；“文化中国”又是在各地域文化的交流融汇中，怎样形成的。透过这些问题，不难理解，孔子博大精深的大一统思想对于多元一体的中华民族文化凝聚的根本性作用。这对于今天的现实，也是有充分借鉴作用的，其文化价值和现实价值不可低估。

原载《中华文化论坛》2001年第1期

① 参见谭继和：《郭沫若与巴蜀文化》（上），《郭沫若学刊》，1996年第4期。

《太玄》·黄老·蜀学

◎ 魏启鹏

《太玄》拟《易》，自草成之日起，就开始其坎坷的命运。刘歆阅后，谓扬雄曰：“空自苦！今学者有禄利，然尚不能明《易》，又如《玄》何？吾恐后人用覆酱瓿也。”这颇有几分现代人所谓“幽默感”的话，却不幸而言中。此书曾饱经尘世的冷落，知之者少，能读之者更少，仍不免人间毁誉，如晁公武云：“而诸儒或以为犹吴楚僭王当诛绝之罪，或以为度越老子之书，大抵誉之者过其实，毁之者失其真，皆未可信。然譬夫听讼，曾未究其意，乌能决其曲直哉？今欲论《玄》之得失，必先窥其奥，然后可得而议也。”[①] 但《太玄》又是中国最难读的典籍之一，古文奇字，道旨玄深，聪慧如司马光者，亦叹读《玄》之难，初不可入，“乃研精易虑，屏人事，而细读之数十过，参以首尾，稍得窥其梗概”[②]。笔者知天命之年，始试读《太玄》及诸家注本，深感古人所言不吾欺也。苦读之中，亦札记之，所得犹小小竹头木屑而已。忝为子云乡人，《方言》诸书常在案首，感佩先贤，仅就《太玄》与蜀学之渊源关系，略陈管见。

---

① 《郡斋读书志》卷10。

② 《太玄经集注·读玄》。

一、《太玄》的黄老学术渊源

《汉书·扬雄传》述《太玄》云："其用自天元推一昼一夜阴阳数度律历之纪，九九大运，与天终始。故《玄》三方、九州、二十七部、八十一家、二百四十三表、七百二十九赞，分为三卷，曰一二三，与《泰初历》相应，亦有颛顼之历焉。揲之以三策，关之以休咎，絣之以象类，播之以人事，文之以五行，拟之以道德仁义礼知。"这是一个跨越空间、时间的宏大图式，将阴阳、五行、天地人、世界上与人文社会相关的一切事物都连缀罗结起来，勾勒和描述了一幅世界纷纭复杂联系和运动变化的总体结构图。

现代研究者指出，《太玄》包罗万象的世界图式，吸取了当时自然科学，尤其是天文历法的重要成果；也吸取和改造了孟喜等人及《易纬》的卦气说，《太玄》图式的八十一首分配于一年四时之中，表述了阴阳二气消长及万物盛衰的周环运行过程。

《太玄图》云："阴质北斗，日月畛营，阴阳沈交，四时潜处，五行伏行。六合既混，七宿轸转，驯幽推历，六甲内驯。九九实有，律吕孔幽，历数匿纪，图象玄形，赞载成功。"扬子云的夫子自道，这不啻坦然宣告《太玄》图式是对秦汉以来天文学、律历之学的概括和总结。冯友兰先生高度评价这个立足于汉代自然科学知识基础上的世界图式，是与官方的宗教神秘主义的目的论体系相对立的，表明世界不是按着"天"的意志而发展，而是取决于阴阳、五行等物质力量的对比变化①。

郑万耕先生在所撰《太玄校释》前言中指出，《太玄》图式是一个日月星辰运行、四时变化、万物盛衰的有机结合体，构成了一个特殊的历法。此说颇有见地。

如果从整个汉代学术史考察，《太玄》世界图式的渊源仍来自黄

① 冯友兰：《中国哲学史新编》第3册，人民出版社，1985年，第224页。

老之学。王利器先生曾“通前后两汉统计共得三十事”，“考见黄、老之学在两汉之影响于政治生活和人民愿望各方面”[①]。汉武帝“独尊儒术”并未使黄老之学式微，而在自然观、本体论方面，黄老道家有了更为深入的发展，为儒家经学所莫及。子云接受黄老之学的巨大影响，体现于《太玄》，头绪清楚，本源了然，乃题中应有之义，也不因他“窃自比于孟子”而淡化消失。试析证如后。

黄老之学的哲学思想和治国理论，从来重视将天地万物作为一个有系统的整体，“王天下道，有天焉，有人焉，有地焉。三者参用之，故王而有天下矣”（《经法·六分》）。其思想要求敬循天道，历象日月星辰，法阴阳，顺四时，掌握“人与天地相参”的规律和法式。“四时有度，天地之理也。日月星辰有数，天地之纪也。三时成功，一时刑杀，天地之道也。四时时而定，不爽不忒，常有法式，……一立一废，一生一杀，四时代正，终而复始。”（《经法·论约》）黄老帛书提出的重要观念，凡三光、四时、刑德、阴阳、五行等重要法式，都在《太玄》图式中得到更为完整、系统、详密的表述和运用，为把握“天地之理”“天地之纪”“天地之道”指出了机枢、途程和度数。

秦汉道家曾对黄帝之治作过这样的概括：“昔黄帝之治天下，调日月之行，治阴阳之气，节四时之度，正律历之数，别男女，明上下。”（见《文子·精诚》。末一句《淮南子·览冥训》作“别男女，异雌雄，明上下，等贵贱”。）这大概就是司马迁《素王妙论》所说的“黄帝设五法布之天下，用之无穷”，总之，是黄老之学治理天下的大经或纲纪。而扬雄所撰解说《太玄》经义的传文，作了反复的阐发申说：“阖天谓之宇，辟宇谓之宙。日月往来，一寒一暑。律则成物，历则编时，律历交道，圣人以谋。昼以好之，夜以丑之。一昼一夜，阴阳分索。夜道极阴，昼道极阳。牝牡群贞，以摛吉凶。则君臣、父子、夫妇之道辨矣。是故日动而东，天动而西，天日错行，阴阳更巡。死生相摎，万物乃缠，故《玄》聘取天下之合而连之者也。”“圜

① 王利器：《新语校注·前言》，中华书局，1986年。

方之相研，刚柔之相干，盛则入衰，穷则更生，有实有虚，流止无常。夫天地设，故贵贱序；四时行，故父子继；律历陈，故君臣理。常变错，故百事析。……故推之以刻，参之以晷；反复其序，轸转其道也。以见不见之形，抽不抽之绪，与万类相连也。”（《玄摛》）

按：《淮南子·泰族训》曾述五帝三王的“参五”之术，谓“澄列金火木水土之性，以立父子之亲而成家；别清浊五音六律相生之数，以立君臣之义而成国；察四时季孟之序，以立长幼之礼而成官；此之谓参。制君臣之义、父子之亲、夫妇之辨、长幼之序、朋友之际，此之谓五”。此术亦“仰取象于天，俯取度于地，中取法于人”，“以调阴阳之气”，“以和四时之节”，其实亦黄帝五法之孳乳。而《太玄》后出转精，子云以黄老之学“仰天则常，穷神掘变，极物穷情”[①]，正律历，治阴阳，“皆引天道以为本统，而因附续万类，王政、人事、法度”[②]，其理论之深邃，图式之周密，实已过越汉初淮南诸师，可谓黄老之学在西汉末年的绝唱。

这里要特别指出，在古代东方农业文明中，天文历法占有重要的位置。汉代黄老学术，天文律历之学是其不可或缺的组成部分，又是黄老哲学自然观的基础。司马迁曰：“在旋玑玉衡以齐七政，即天地二十八宿。十母，十二子，钟律调自上古，建律运历造日度，可据而度也。合符节，通道德，即从斯之谓也。”[③]《史记·历书》又云：“盖黄帝考定星历，建立五行，起消息，正闰余，于是有天地神祇物类之官，是谓五官，各司其序，不相乱也。民是以能有信，神是以能有明德。”汉武帝曾因“有司言历未定，广延宣问，以考星度，未能雠也”，没有精通黄帝律历之术，而深感为难和遗憾[④]。律历之学又对汉易象数之学的形成有巨大的作用，以黄老为代表的道家治《易》皆精于天文、律历、物候之学，如文帝时有名的司马季主深明先王龟策日

① 《太玄文》。

② 桓谭：《新论》，孙冯翼辑本，问经堂丛书。

③ 《史记·律书》。

④ 《汉书·律历志上》。

月、正时日、治天下的道术，“分别天地之终始，日月星辰之纪，差次仁义之际，列吉凶之符，莫不顺理”[①]。

桓谭《新论》载“扬子云好天文，问之于黄门作浑天老工，曰：我少能作其事，但随尺寸法度，殊不达其意，后稍有益喻”。扬雄不仅深究天文学原理，而且注重实测天文律历仪器的使用。只要读《太玄莹》中的“玄术”十三节，不能不佩服子云在自然科学技术方面学养的博大精深。《新论》称子云潭思玄天，“乃图画形体行度，参以四时历数、昏明昼夜，欲为世人立纪律，以垂法后嗣”，为了追求真知，毅然弃置了儒家的盖天说。所以《太玄》被视为黄老易学的奇葩，绝不是偶然的。

朱熹称“《太玄》中高处只是黄老”，“其书亦挨旁阴阳消长来说道理”[②]，这是正确的。但朱子又说“扬雄也是学焦延寿推卦气”，就不对了。焦赣及其弟子京房，滥用卦气值日说，使象数之学流变为占候阴阳灾异之术，乃扬雄之所不取，对其持贬抑态度，以至不承认他们是“守儒”，只列入“灾异”，有《法言·渊骞》可证。朱夫子未能深知扬雄的黄老学术师承。

扬子云少师严遵，《华阳国志》称君平“专精《大易》，耽于《老》《庄》”，《三国志·蜀志·秦宓传》又有“严君平见黄、老作《指归》”的记载。严遵作为黄老道家易学大师，卜筮亦善用“治历明时”之法。《抱朴子内篇·登涉》载，抱朴子曰：“天地之情状，阴阳之吉凶，茫茫乎其亦难详也，吾亦不必谓之有，又亦不敢保其无也。然黄帝、太公皆所信仗，近代达者严君平、司马迁皆所据用，而经传有‘治历明时’刚柔之日。古言曰，‘吉日惟戊’。有自来矣。”

太公精通律历之术，见《六韬·五音》《史记·律书》，辅佐武王伐纣，大胜于牧野。“治历明时”，语出《象传·革卦》。《老子指归》卷四《以正治国》篇云：“挟黄帝、太公之虑。”严遵、司马迁治

① 《史记·日者列传》。

② 《朱子语类》卷六十七。

《易》所用黄帝、太公律历择吉避凶之术，葛洪也指出肇源于太史之官。扬雄的天文律历学识，最早当师承于严遵。子云 40 余岁“自蜀来至游京师”，即以博学文雅闻名。永始三年（前 14），汉成帝“召雄待诏承明之庭”，其后又“除为郎，给事黄门，与王莽、刘歆并”，其辞赋更有盛誉。然淡于仕途，约 50 岁即着手构思起草《太玄》，其理论体系已大体成熟。这期间有可能得览焦、京的著述，但要说是学焦、京而构《太玄》，是拉扯不上的[①]。《太玄》的黄老学术渊源，主要师资严遵，根在巴蜀。

已故四川大学教授蒙文通先生曾指出，“辞赋、黄老和卜筮、历数才是巴蜀古文化的特点”，“在两汉时巴蜀颇以此见称”。“落下闳是汉代巴蜀研究星历最早最精的一个重要人物。”落下闳是浑天派，浑天思想本源于道家。“巴蜀很早就有天文历数之学，并且属于南方系统，同是浑天一派。此派传授在巴蜀始终很盛。”“辞赋、黄老、天文，可以说司马相如、严君平、落下闳是这些文化的杰出代表。他们和秦的迁人、汉五经博士的学术是无甚关系的。”在思想系统和环境关系上，巴蜀文化“更接近于楚”。[②]

子云先人由晋迁楚，由楚入蜀定居[③]。扬雄本人正是在巴蜀土地上哺育成长的“妙极道术”之士，一位学究天人、识通今古的求索者。

就在今文经学神学化，谶纬思潮泛滥，符命锣鼓开场的西汉末世，扬雄的《太玄》高扬黄老之学，以“道有因有革”的慧解，关注着社稷的命运：“夫物不因不生，不革不成”，“革之匪时，物失其基；因之匪理，物丧其纪。因革乎因革，国家之矩范也！矩范之动，成败之效也”[④]，可谓“西风残照，汉家陵阙”时闪现出一束理性的辉光。

① 此时距京房因妄说灾异，归恶帝王而被处死（前 37），已有 20 多年。

② 说详《巴蜀史的问题》，初刊于《四川大学学报》1959 年第 5 期，其后作者又两次订补，今收入《蒙文通文集》第 2 卷《古族甄微》集中。

③ 说详徐中舒先生：《论巴蜀文化》，巴蜀书社，1982 年，第 103、228 页。

④ 《太玄莹》。

《太玄》以拟《易》的形式，进行了艰苦而严肃的哲学思考，勇于冲击今文经学神学化的体系，批判谶纬迷信，所以王充称赞“子云无世俗之论”[1]，是汉兴以来出类拔萃的思想家。

二、“为玄为默，与道同极”

朱熹曰：“《太玄》亦自老、庄来，惟寂惟寞可见。”按《庄子·天道》尝云：“夫虚静恬淡寂寞无为者，天地之平，而道德之至。”可是这里，朱子所指当为子云《解嘲》中对客人讥笑他草《玄》的回答：“知玄知默，守道之极；爰清爰静，游神之廷；惟寂惟寞，守德之宅。”

扬雄年少时即“默而好深湛之思，清静亡为，少耆欲，不汲汲于富贵，不戚戚于贫贱，不修廉隅以徼名当世”[2]，甘于寂寞，独守大道，是其坦诚的自白。

而“知玄知默”更是子云思想的一个重要观念。扬雄曾作《长杨赋》讽谏汉成帝，谓“人君以玄默为神，澹泊为德，今乐远出以露威灵，数摇动以罢车甲，本非人主之急务也，蒙窃或焉”。李周翰注：“玄默，无事也。”（见《六臣注文选》）《汉书·刑法志》：“及孝文即位，躬修玄默，劝趣农桑，减省租赋。”《旧唐书·刘蕡传》：“朕闻古先哲王之理也，玄默无为，揣拱思道。”可见，沉静不语仅是“玄默”的表层意义，更深刻的内涵是清静无为的道家哲理[3]。

扬雄重“玄默”，乃直接师承于严君平。今存《老子指归》中，论“为玄为默”不下十七处，为中国哲学古籍中论述最详尽者。

就修身处世而言，《指归》云：“君子之立身也，如喑如聋，若朴若质，藏言于心，常处玄默。”（卷五《万物之奥篇》）得道之士“玄

---

① 《论衡·案书》。

② 《汉书·扬雄传》。

③ 《淮南子·主术训》：“天道玄默，无容无则。”

默托后，不为物先；合和顺理，以应自然；动静与众反，出入异门户；……故不怒而天下恐，……不施而天下往，……不言而天下长……”（卷五《天下谓我篇》）“玄默无私，正直以公。”（卷六《勇敢篇》）圣人“虚静柔弱，玄默素真，隐知藏善，导以自然；……无为为之，与物俱然；畜之不盈，散之未既，包裹万方，博者深思不见其绪，辩者远虑不闻其端；施而不屈，变化不穷，终而覆始，大明若昏”（卷七《信言不美篇》）。

“玄默”可以达到包裹世界万物，变化无穷，其神奥幽远，以致博者智士试图将“玄默”作为思考深究的对象，却不知头绪，无比困难。

严遵把老子“处无为之事，行不言之教”作了极大的发挥，《指归》的“玄默”观念被推向本体论的高度，“道德无为而天地成，天地不言而四时行。凡此二者，神明之符，自然之验也”（卷二《至柔篇》）。故云：“我无言而天地无为，天地无为而道德无为。三者并兴，总进相乘，和气洋溢……”（卷二《至柔篇》）“玄玄默默，使化自得，上与神明同意，下与万物同心。”（卷二《不出户篇》）“为玄为默，与道同极；……浮德载和，无所不克。”（卷三《天下有始篇》）“语言默默，意气玄玄，外似禽兽，中独异焉；寂而不为，若无君臣，不为而治，……万物相袭，与道德邻。夫何故哉？主无教令而民无闻也。”（卷三《为学日益篇》）

上德之君可以达到玄默无为之治的最高境界：“身与道变，上下无穷，进退推移，常与化俱。故恬淡无为而德盈于玄域，玄默寂寥而化流于无极。恩不可量，厚不可测；兼包大营，泽及万国。……天下味味喁喁，皆蒙其化而被其和。”（卷一《上德不德篇》）

严君平更以玄默无为之说融通《易经》，开道家黄老易学之生面，诸如：“天之性得一之清，而天之所为非清也。无心无意，无为无事，以顺其性；玄玄默默，无容无式，以保其命。是以阴阳自起，变化自正。故能刚健运动以致其高，清明大通，皓白和正，纯粹真茂，不与物糅。确然《大易》，乾乾光耀，万物资始，云蒸雨施，品物流形，

元首性命，玄玄苍苍，无不尽覆。”（卷一《得一篇》）

扬雄拟《易》而重构《太玄》，在其宏大世界图式中，以“知玄知默，守道之极”为南针，继承和发展了严君平黄老易学的思想路线。“玄”作为《太玄》的最高范畴，是世界万物的初始和本源，又在无形幽窅之中支配着万物的性能及运动方式。“玄”将万物联系为一个统一整体，在其意义和性质上当然有别于“玄默”之玄，可是在扬雄构思和描述“玄”高深莫测的某些方面时，鲜明地留下了“玄默”观念的影响和烙印：“夫玄，晦其位而冥其畛，深其阜而眇其根，攘其功而幽其所以然者也。故玄卓然示人远矣，旷然廓人大矣，渊然引人深矣，渺然绝人眇矣。嘿而该之者，玄也。”（《太玄摛》）“嘿”古同“默”，此骈连数句，极言玄默之妙。幽晦深眇的“玄”在默默然中支配着、包容着世界的万事万物。“玄”自然无为，却给愿意认知世界本体的人们展示着一个高远、壮阔、渊深而又微茫难求的境界。“仰而视之在乎上，俯而窥之在乎下，企而望之在乎前，弃而望之在乎后，欲违则不能，嘿则得其所者，玄也。”（《太玄摛》）

据说“君子日强其所不足而拂其所有余，则玄道几矣”，可以接近玄之道。但“玄”总使人们不可企及也不能避开，它在沉默中自得其所，发挥作用，掌握并揭示万物奥秘。扬雄《长杨赋》中“以玄默为神”的观点，在《太玄》中得到淋漓尽致的发挥和阐述。

严君平根据老子“反者道之动”的原理，提出要“审于反覆，归于玄默，明于有无，反于太初”（卷一《得一篇》）。玄默作为一种高层次的哲学思维，返璞归真，回归太初虚无①，首先要实现对感性表象的超越，思辨才能“游无极之野”②。所以严遵又有“无为而然，玄默而信；窅然荡荡，昭旷独存；髣髴轙逮，其事素真；其用不弊，莫之见闻，……未有形声，变化其元”的论述（卷二《大成若缺篇》）。扬子云熔铸师说，在《太玄》中塑造了一个更为沉默寂寞的“玄”，

① 君平语本《庄子·天地》“泰初有无”段。

② 《庄子·在宥》。

于无声中囊括一切，实现了具象、感觉、存在的超越，莫之见闻而又无所不在，因而更具有普遍性和包容一切的统一性。

“知玄知默，守道之极”，体现着严遵、扬雄师徒“皓然沉冥”[①]“不作苟见，不治苟得，久幽而不改其操”[②] 的思辨风格和学术品位，给魏晋玄学、道家易学产生了深远的影响。

三、“玄”与“太和”

扬雄哲学体系的核心是“玄”，桓谭《新论》最早指出：“扬雄作《玄》书，以为玄者，天也，道也。言圣贤制法作事，皆引天道以为本统，而因附续万类、王政、人事、法度，故宓牺氏谓之易，老子谓之道，孔子谓之元，而扬雄谓之玄。”其说对后世治《玄》者颇有影响。不少现代学者都认为“玄”的范畴来自《老子》第一章，强调“玄”是天地万物的根本，在《太玄》中有至高无上的地位，相当于道家所说的“道”。或认为《太玄》中之“玄”与“太极”“道”都无大区别，“玄”即“道”与“太极”之合成。

扬雄《太玄赋》自谓“观《大易》之损益兮，览老氏之倚伏”，《太玄挩》亦有“五经括矩”天地、日月、五行、五岳、四渎之说，扬雄身上充满着矛盾，其理论也充满着矛盾。例如《太玄》传中认为人道本于天道，在另外一些场合又倒过来说天道本于人道，不免在天人关系上出现混乱[③]，故桓谭以宓、老、孔、扬骈比相通，不为无据。但此说的缺陷有二：其一是未能注意到“玄”的两重性或“两套语言”。在其论天元阴阳历数的一套语言中，《太玄》八十一首所反映的自然规律，子云认为也是一种可以按图索骥，加以推衍，在人文社会运用的万能图式运动，这就使“玄”平添了几分滞重，而不免制约了

① 《华阳国志·蜀郡士女》。

② 《汉书·王贡两龚鲍传》。

③ 说详任继愈主编：《中国哲学发展史（秦汉）》，人民出版社，1985 年，第 402、409 页。

“玄”更自在地发挥形而上的空灵。所以，兼天、地、人三道的“玄”难以与老子道论达到的思辨高度相比肩。其二是在关于本体论的一套语言中，则未免忽略了汉代道家十分重视对宇宙演化论连续不断的探索，从《淮南子》到严遵的理论创获，对扬雄有直接的传授和巨大的启迪。

桓谭的误区在客观上不利于研究者解决一些重要问题，例如：“玄”与气的关系如何？子云屡用“元气”一词，《解嘲》明言《太玄》所论“深者入黄泉，高者出苍天，大者含元气，纤者入无伦”，《核灵赋》亦称“自今推古，至于元气始化”，可是为什么《太玄》中并无“元气”一词，《太玄》和《法言》中都没谈到“玄”与元气的关系呢[①]？

不妨先研读一番严君平。

老子关于“一生二，二生三，三生万物”的命题，在严遵《老子指归》中，即是由虚无经过“虚而实，无而有”，逐步向“气化分离”，形裔声色显现过渡和演进的过程。这个过程的根据，即“天地所由，物类所以：道为之元，德为之始，神明为宗，太和为祖”（卷一《上德不德篇》）。换言之，“物有所宗，类有所祖；天地，物之大者，人次之矣。夫天人之生也：形因于气，气因于和，和因于神明，神明因于道德，道德因于自然”（卷二《道生一篇》）。天地万物生成而分娩的一站是“太和”，《指归》或称之为“和”“和气”“太和妙气”。这妙气使四方上下、宇宙内外、大小巨细，连为一体，这个妙气剖判为天地、五行，分化为万物、人类[②]。故严遵又云：“天地生于太和，太和生于虚冥。”（卷一《得一篇》）我们认为，《太玄》之“玄”，即脱胎于、也相当于《指归》之“太和”。联系比较严遵的宇宙生成论和本体论，有助于更贴切地理解扬雄的“太玄”范畴，以下仅从五个方面试加考索：

① 参看张岱年：《玄儒评林》，湖南人民出版社，1985年，第102页。

② 说详王德有：《老子指归》点校自序，中华书局，1994年，第10页。

（一）“玄者，幽摛万类而不见形者也，资陶虚无而生乎！规挟神明而定摹，通同古今以开类，摛措阴阳而发气。一判一合，天地备矣。天日回行，刚柔接矣。还复其所，终始定矣。一生一死，性命莹矣。”这是《太玄摛》中概括“玄”生成天地万物过程的一段重要文字，探其要旨，实与严君平宇宙演化论相合。

“资陶虚无而生乎”：“玄”在幽冥中舒张展开了万物，而不露形迹，这是创世的初始，“实生于虚，有生于无”，故云“资陶虚无”。前人已有从“生乎”下断句之说，今从之。《指归》卷二《道生一篇》曰：“万物之生也，皆元于虚而始于无”，“虚无无形微寡柔弱者，天地之所由兴，而万物之所因生也”。严遵因而称太和“字曰至柔，名曰无形”。扬雄在《太玄摛》中论“玄之用”，亦云“虚形万物所道之谓道也”，其师承严遵，祖述黄老①，赫然可见。

“规挟神明而定摹”：“规挟”及下二句的“通同”“摛措”皆为联合型合成词动词，三句为排比行文。规挟，谓与神明相规导关联。在严遵学说中，“生之为物，不阴不阳，不可揆度，……无有形声，无状无象”，及至“夫生之于形也，神为之蒂”（卷三《出生入死篇》）。而神明虽“因物变化，滑淖无形”，“包裹天地，莫睹其元”，但是万类离不开它，神明“在物物存，去物物亡”（卷二《道生一篇》），故“太和之所以生而不死，始而不终，开导神明，为天地之根元”②。“规挟神明”与“开导神明”辞异而义同。“定摹”，犹言定数（见范望注），《太玄告》云：“玄一摹而得乎天，故谓之有天；再摹之而得乎地，故谓之有地；三摹而得乎人，故谓之有人。”此句言“玄”之资陶虚无而“生”，复又与“神明”交联，始定天地人之数。

“通同古今以开类”：通同，贯通、浑同。范望注曰：“玄乃绵络天地，通古今之器，开阴阳之气，同万物之类也。”范注未详。此句

① 参看帛书《经法·道法》：“虚无形，其督冥冥，万物之所从生。”《管子·心术上》：“虚无形谓之道。”

② 《指归·谷神不死篇》佚文，见王德有辑本。

乃言玄之动与神明交联后，就形成了贯通古今之道纪[①]，开启并区分了万类的尊卑贵贱。如《指归》所云："神明交，清浊分，太和行乎荡荡之野、纤妙之中，而万物生焉。天圆地方，人纵兽横，草木种根，鱼沉鸟翔，物以类别，类而群分，尊卑定矣，而吉凶生焉。"（卷二《不出户篇》）

"摛措阴阳而发气"：摛措，张开、设置。范望注云："谓张设阴阳之道，以发休咎之气也。"扬雄所论"玄"的这一功能，殆亦本于《指归》的"太和"说，即太和之气初行，"清浊以分，高卑以陈，阴阳始别"（卷二《道生一篇》），而阴阳发气，化通万类，"天地人物，若末若根，数者相随，气化连通，逆顺昌衰，同于吉凶"（卷五《善为道者篇》）。阴阳二气交互作用，"一判一合，天地备矣"。

（二）扬雄再三描述"玄"作为本体的幽深冥窅，神秘难测："夫玄，晦其位而冥其畛，深其阜而眇其根，攘其功而幽其所以然者也。"（《太玄摛》）而《指归》描述"一清一浊，与和俱行，天人所始"的太和出现时，亦是"浑浑茫茫，视之不见其形，听之不闻其声，搏之不得其绪，望之不睹其门；不可揆度，不可测量，冥冥窅窅，潢洋堂堂"。二者之玄奥难测形象，颇为相似。

（三）扬雄描述"玄"是"其上也县天，下也沦渊，纤也入秽，广也包畛"（《太玄摛》）。如明人叶子奇注云："此极言玄之道上下大小无不包括，其大无外，其小无内也。"而在严遵看来，"万物之所因生"者，都有"实生于虚，有生于无，小无不入，大无不包"的特长（卷二《不出户篇》）。"太和"就具有"或在宇外，或处天内，……毳（如毛之微细者也）不足以为号，弱不足以为名"的极巨大或极细弱的不同状态（卷二《至柔篇》）。

（四）扬雄强调，"玄"总括了天下万事万物的联系，《太玄摛》云："故玄聘取天下之合而连之者也，缀之以其类，占之以其觚，晓

① 参看《老子》十四章："执古之道以御今之有，以知古始，是谓道纪。"帛书《道原》："乃通天地之精，通同而无间，周袭而不盈。"

天下之瞶瞶，莹天下之晦晦者，其唯玄乎!”而《指归》称“太和”“包裹天地，含囊阴阳，经纪万物，无不维纲”（卷二《至柔篇》），具有联系天地万物而纲纪之、管领之的特征。扬雄认为“玄”揭示了万物的奥秘，所以能够“晓天下之瞶瞶，莹天下之晦晦”。而《指归》则称“太和”乃“道德之用，神明之辅，天地之制，群生所处，万方之要，自然之府，百祥之门，万福之户”（卷七《天之道篇》），可见天下万物对“太和”亦无奥秘可言，两者何其相似乃尔。

（五）扬雄描述“玄”有度量衡似的作用，可以概括天下之道、阴阳之数，模拟和阐释神明、阴阳的奥妙：“玄有一规、一矩、一绳、一准，以从横天地之道，驯阴阳之数，拟诸其神明，阐诸其幽昏，则八方平正之道可得而察也。”（《太玄图》）而严遵学说中的“太和”之用，亦有测天度地、规矩阴阳的功能，与物上下舒卷，刚柔、行止、取与、动静，无不适度：“夫和之于物也，刚而不折，柔而不卷，在天为绳，在地为准，在阳为规，在阴为矩；不行不止，不与不取，物以柔弱，气以坚强，动无不制，静无不与。”（卷七《天之道篇》）

扬雄又指出“玄”是平衡的准则：“玄者以衡量者也，高者下之，卑者举之；饶者取之，罄者与之；明者定之，疑者提之……”（《太玄摛》）而《指归》已反复申说，“夫按举下，损大益小，天地之道也”，要像制弓一样，“上下相权，平正为主，调和为常”，顺此平衡之理，才能“与和常翔，与道终始”（卷七《天之道篇》）。“太和”要求人间保持平衡，达到“天人交顺”。总之，《指归》除了没有《太玄》的玄数（如所谓“三八为规，四九为矩，二七为绳，一六为准”），其他都为扬雄论“玄”导夫先路，故两书相关内容如出一辙。

与其坚持以“玄”与《老子》之“道”比附，不如仔细研究《老子指归》对《太玄》的影响。至于桓谭又将扬雄之“玄”与“孔子谓之元”类比同义，更为不妥。《论语》及其他先秦典籍未见孔子论述“元”，古人以“孔子作《春秋》”，当为汉代春秋公羊学派托孔子之旨为说[1]。始见于董仲舒《春秋繁露·玉英》："惟圣人能属万物于一，而系之元也。终不及本所从来而承之，不能遂其功。是以《春秋》变一谓之元。元，犹原也，其义以随天地终始也。……故元者为万物之本。"《公羊传·成公八年》何休注引孔子曰"皇象元，逍遥术无文字，德明谥"云云，竟同纬书之言，更不足信。

十分推崇扬雄及其《太玄》的大科学家张衡，在所撰《玄图》中认为"玄者无形之类，自然之根，作于太始，莫之与先"[2]。汉晋人以"太始者，形之始也"，而在《指归》即"太和妙气"出现时，万物资始。"玄"的范畴脱胎于严遵的"太和"说，并没有贬低《太玄》的价值和分量，而是进一步肯定此书在古代思想史上出现的合理性，绝不是作者闭门苦作惊人异想的产物。

从严遵到扬雄，汉代道家哲学对宇宙的来源和本体的认识更深化、更系统了。严遵强调"道体虚无"，"道以虚之虚，故能生一"，扬雄承继严遵，赋予"玄"更丰富的本体论内涵，在幽深渺冥中支配万有，"少则治众，无则治有"（《太玄莹》），实际上为以"有无"作辩论的中心课题，以探究世界本体为其哲学基本内容的魏晋玄学，作了较充分的思想准备。《太玄》是汉武以后黄老之学以非官方显学的地位结出的思辨硕果，其承前启后的作用，是不可磨灭的。

原载《四川大学学报》1996 年第 2 期

---

① 疑桓谭此语当为"《春秋》谓之元"，参看阮籍《通老子论》曰："《易》谓之太极，《春秋》谓之元，《老子》谓之道也。"

② 转引自《太平御览》卷一。

扬雄的社会历史观

◎ 黄开国

社会历史观是古代思想家十分关注的一个问题。在这个问题上，西汉末年的著名思想家扬雄提出了许多有价值的见解，如历史是发展的，历史的发展有因有果，历史的发展是天、地、人作用的结果，就是其中最有价值的几个观点。

一、历史是发展的

社会历史问题，是儒家所关注的问题之一。孔子盛赞西周，孟子尊王贬霸，到汉代，儒学提出三皇五帝三王五霸四阶段说，认为这四个阶段一段不如一段，历史愈往上溯就愈是先进，愈往后数就愈落后。这是一种退化的历史观，当时儒学思想家多持这种观念。

扬雄对上古到汉的历史作了论述，虽然这些论述是零星的，但却表达了历史是发展的观点。他认为人类社会最初是“圣人恶之”的“洪荒之世”，自伏羲出，开始有了圣人之法，“法始乎伏羲，而成乎尧”（《法言·问道》）。人类社会是从无法发展到有法的。从今天的观点看，这里讲的洪荒之世，指的是原始共产主义社会，在这样的时代无政治、法律等，所以是无法的社会；有法的社会则指阶级社会而言，因为有了阶级、国家，才有所谓的法。虽然我国历史的阶级社会不一定始于传说中的伏羲时代，法的产生也绝不是几个圣人的事，但在皇帝王霸说盛行的汉代，扬雄作为儒家的思想家，能够承认历史是从无法到有法的进步，这是十分难能可贵的。

同时，扬雄在论述社会历史时，客观地表述了历史发展有着盛衰的交替，他称赞尧舜成周为泰和盛世："或问：'泰和?'曰：'其在唐、虞、成周乎？观《书》及《诗》温温乎，其和可知也。'"（《法言·孝至》）又称颂夏、商、周三代："虞、夏之《书》浑浑尔，《商书》灏灏尔，《周书》噩噩尔。"（《法言·问神》）噩，即咢。李轨注浑浑为深大，灏灏为夷旷，噩噩为不阿借。可见，扬雄承继孔孟，认为从尧到成周，都是历史上的盛世。在周代盛世后，继起的是秦王朝的衰世，所谓"下周者，其《书》谯乎!"（《法言·问神》）下周者指秦而言，谯有烦苛意，引申为酷烈。而在秦之后，又出现了汉的盛世。他在《法言·孝至》中说："汉德其可谓允怀矣。黄支之南，大夏之西，东鞮、北女，来贡其珍。汉德其可谓允怀矣，世鲜焉。"又说，北夷"昔在高、文、武，实为兵主，今稽首来臣，称为北蕃，是为宗庙之神，社稷之灵也"（《法言·问神》），认为论及疆域的广大，包容的民族众多，没有可以与汉世相比美的。而汉世本身也有一个发展，如北方少数民族在汉初与汉相峙，到后来则变为汉王朝所统辖。扬雄称颂汉世，与对尧舜的称颂不同，他称颂尧舜基本上是抽象的，而对汉世的称颂却有具体的事实，因而显得论据有力，令人信服。

从扬雄的论述中可以看出，他认为历史的发展是从洪荒之世到有法之世的进步，进入有法的社会后，又是在盛世、衰世的交替中发展的。扬雄的论述，实已包含着历史是前进性与曲折性相统一的思想。自然，他是不自觉地通过具体论述来表明这一点的，还没能自觉地从理论上来说明。虽然如此，扬雄的看法所具有的价值，却是不可否认的。

扬雄从历史是发展的观念出发，反对孟子的历史循环论。《法言·五百》说：

> 或问："五百岁而圣人出，有诸?"曰："尧、舜、禹，君臣也而并；文、武、周公，父子也而处。汤、孔子数百岁而生。因

往以推来，虽千一不可知也。”

五百岁圣人出，出自《孟子·公孙丑下》：“五百年必有王者兴，其间必有名世者。”这是孟子循环论的历史观。扬雄则用尧、舜、禹君臣同时，文、武、周公父子并处，汤距孔子数百年的历史事实，认为圣人之出没有固定的循环周期，而是不定期的。扬雄是推崇孟子的，能够批评自己所推崇的人，反映了扬雄优良的学术品质。

但是，在对孟子进行正确批评的同时，扬雄又错误地把孔子的理论看成社会发展的必然法则。《论语·为政》说：“子张问：‘十世可知也？’子曰：‘殷因于夏礼，所损益可知也；周因于殷礼，所损益可知也；其或继周者，虽百世可知也。’”孔子认为从三代制度的因袭、损益中，可以知道未来百世的情况。但未来继周者的情况如何？孔子没有说明。汉代董仲舒在《春秋繁露》中有一个解释，认为历史发展有三统三正的循环规律，三统为黑、白、赤，而以历史上的夏为黑统、殷为白统、周为赤统，三正指夏朝建寅（以农历一月为正月）、殷代建丑（以农历十二月为正月）、周代建子（以农历十一月为正月）。根据此说，继周者当行黑统，用夏礼。因此，有人据之以问扬雄，秦继周而兴，却“不待夏礼而治者，其（指孔子‘其有继周者，虽百世可知也’之论）不验乎？”对孔子的说法提出了怀疑。扬雄则说：“圣人之言，天也，天妄乎？继周者未欲太平也，如欲太平也，捨之而用他道，亦无由至矣。”（《法言·五百》）他认为继周者要治平天下，舍孔子之论再无他道。孔子的百世可知说，有其合理成分，但硬说历史的发展只有遵循孔子的理论，这就荒谬了，这是扬雄绝对迷信孔子所导致的理论错误。由于迷信，他对孔子之论为什么是继周者所必须遵循的法则，根本讲不出道理，因而就只好用“天妄乎”来予以搪塞敷衍。这说明，迷信是不能得出真知灼见的。

扬雄讲历史是从无法到有法的发展，所谓法不过是圣人之道，而圣人之道的核心是仁义等儒家伦理的基本原则，因此，扬雄讲从无法到有法的发展，主要是指从无伦理到有伦理的过程。这个过程之所以是发展，其根据就是有了伦理。扬雄又以尧舜成周和秦分别为盛世与衰世的代表，而成周之所以是盛世，秦之所以是衰世，又在于它们有遵循与违反德治的区别。因此，扬雄关于“社会历史是进步的”的观点，是以儒家的伦理为其根本的。

二、道有因革

道有因革，是扬雄探寻社会历史发展规律问题的理论，其基本含义是承认历史发展过程中继承性与变革性的统一。

历史发展的链条上，每一个社会总是在上一个社会的基础上发展而来；而新起的社会不同于上一个社会，又为后一个社会奠立了基础，由此而形成了社会历史。其中每一个社会各有其特点。有人正是看到了社会发展中这一方面，提出了历史发展有无继承性的问题：“道有因无因乎?”扬雄回答说：“可则因，否则革。”（《法言·问道》）他认为历史发展有继承，也有变革，这要看具体情况，在可以继承的时候，就予以继承，在不能继承因袭时，就应变革。具体地说：

> 在昔虞、夏袭尧之爵，行尧之道，法度彰，礼乐著，垂拱而视天下民之阜也，无为矣。绍桀之后，纂纣之余，法度废，礼乐亏，安坐而视天下民之死，无为乎?（《法言·问道》）

这段话是对“可则因，否则革”的具体说明。在扬雄看来，尧、舜、禹相继，礼乐著明，就应该继承，而无为；在桀、纣之后，礼乐废坏，就应该变革，而不能无为了。是因还是革，这是由社会是礼乐著明还是礼乐废坏来决定的，这个说法带有明显的伦理决定论色彩。

社会历史发展中的继承和变革，是社会历史的基本问题。每一个社会都是继承性与变革性的统一，没有继承，一个社会就无从产生，没有变革，一个社会就不成其为社会。扬雄这里讲“可则因，否则革”，存在着把继承性与变革性相分裂的嫌疑。尽管承继盛世，因多于革，承继衰世，革多于因，但从没有单纯的因或革的情况，而总是有因有革的统一。如果说《法言·问道》的因革论存在这种不足，那么，《太玄·玄莹》的因革论就不存在这个缺陷了：

> 夫道有因有循，有革有化。因而循之，与道神之；革而化之，与时宜之。故因而能革，天道乃得；革而能因，天道乃驯。夫物不因不生，不革不成。故知因而不知革，物失其则；知革而不知因，物失其均。革之匪时，物失其基，因之匪理，物丧其纪。因革乎因革，国家之矩范也，矩范之动，成败之效也。

这段话有三层含义。第一，是讲因与革的对立统一。因、革是不同的，因要合于理，革要合于时。但因、革又是统一的。第二，因、革的对立统一是天道的原则，只因不革，或革而不因，皆不合天道，因此说“因而能革，天道乃得；革而能因，天道乃驯”。第三，因、革的对立统一又是万物和国家成败的原理，万物的生成，社会的发展，国家的治理，都不是单纯的因或革的作用，而是因、革交互作用的结果。

可以说，扬雄这段话对因、革的关系作了较全面的辩证说明。其落脚点虽是在国家的成败，但却是把因、革的对立统一，作为整个世界的一般发展法则。因而，较之从具体社会历史发展论因革，这段话是站在哲学的高层次来讲的。站得高，也就看得深，扬雄因而避免了《法言·问道》分离因与革的倾向。这说明，对社会历史的看法，只就历史本身而论，是不够的，只有站在更高层次上来认识社会历史的发展问题，才能得出精到的结论。不仅对社会历史的认识是这样，对其他事物的认识都是这样。

三、“天地人具”的历史发展动因论

社会历史发展的动因，是社会历史观中一个极其重要的问题。从孔子以来，儒家大师大都把历史发展的动因归结为天命，前于扬雄的董仲舒此说尤甚。扬雄反对天命是历史发展动因的观点：

> 或问："楚败垓下，方死，曰：'天也'，谅乎？"曰："汉屈群策，群策屈群力。楚憝群策而自屈其力。屈人者克，自屈者负，天曷故焉？"（《法言·重黎》）

这是说项羽的失败、刘邦的成功都不是什么天的作用，而完全是尽群策群力与恶群策群力这两种不同的人为活动的结果。扬雄否认天命的作用，从人自身来说明历史发展的原因，这个方向是正确的。

在扬雄之前，司马迁就在《史记·项羽本纪》中指出了项羽的失败完全是人为的原因："自矜功伐，奋其私智而不师古，谓霸王之业，欲以力征经营天下，五年卒亡其国。"并指责项羽将失败归结为天命，"岂不谬哉！"扬雄批评项羽，认为楚汉相争的胜负是人为的结果，这是直接承继司马迁的思想。

扬雄否认天命，但并不否认天的作用，而认为历史发展有天、人两方面的原因：

> 或问："嬴政二十六载，天下擅秦。秦十五载而楚，楚五载而汉。五十载之际，而天下三擅，天邪？人邪？"曰："具。周建子弟，列名城，班五爵，流之十二。当时虽欲汉，得乎？六国蚩蚩，为嬴弱姬，卒之屏营，嬴擅其政，故天下擅秦。秦失其猷，罢侯置守，守失其微，天下孤睽。项氏暴强，改宰侯王，故天下擅楚。擅楚之月，有汉创业山南，发迹三秦，追项山东，故天下擅汉。天也。""人？"曰："兼才尚权，右计左数，动谨于时，人也。天不人不因，人不天不成。"（《法言·重黎》）

在这一大段话中，扬雄通过从秦代周到汉兴这五十年，天下三次大的历史变化，说明了社会历史的发展有天、人两个方面的作用。扬雄在这里讲的天，既非天命论中有意志的天，亦非物质的自然之天，而是指历史发展中由人的活动所造成的现实局面和必然趋势。因此，扬雄讲天，完全是谈的人事活动。他的天，类似后代思想家讲的“势”。扬雄讲的人，则是指兼才尚权一类人的主观活动。可见，扬雄关于社会历史发展的看法，不仅看到了人的主观作用，而且看到了社会历史的发展有一种客观的必然趋势。这是十分深刻的思想。

在天、人之外，扬雄还谈到地理条件对历史的发展所起的作用，认为社会历史的发展有天、地、人三方面的原因。《法言·重黎》说：

> 或问：“六国并，其已久矣。一病一瘳，迄始皇三载而咸。时激，地保，人事乎?”曰：“具。”请问：“事?”曰：“孝公以下，强兵力农，以蚕食六国，事也。”“保?”曰：“东沟大河，南阻高山，西采雍、梁，北卤泾垠，便则申，否则蟠，保也。”“激?”曰：“始皇方斧，将相方刀；六国方木，将相方肉，激也。”

这里时激指天而言，从时激的内容看，仍是指人的活动所造成的现实局面和必然趋势。地保则指地理环境。扬雄用“天地人具”来解释社会历史发展的原因，在当时的历史条件下，是很有价值的思想。

但是，扬雄没有彻底贯彻这一思想。《法言·重黎》说：

> 或问：“秦、楚既为天典命矣，秦缢灞上，楚分江西，兴废何速乎?”曰：“天胙光德，而陨明忒。昔在有熊、高阳、高辛、唐、虞、三代，咸有显懿，故天胙之，为神明主，且著在天庭，是生民之愿也，厥享国久长。若秦、楚强阋震扑，胎藉三正，播其虐于黎苗，子弟且欲丧之，况于民乎?况于鬼神乎?废未速也。”

这里讲天能福佑有德、祸废无德，说明扬雄又未彻底地与有意志的天划清界限。同时，他以有德、无德作为能否受天保佑的原因，这又把历史兴废的最终原因归结为道德的作用了，从而使他的社会历史观带上了道德决定论的色彩。

原载《重庆师范学院学报》1990 年第 2 期

扬雄文学业绩研究

论扬雄融合儒道对其文论的影响

◎ 许　结

近人黄节先生云：古往今来有两大冤枉人，一为扬子云，一为阮嗣宗[①]。诚为明鉴。然扬子之冤，岂止仕莽问题，后世论其学术思想、文论思想臧否轩轾，冤屈殊多，究其原因，大概在于没有深入了解扬雄之身世、思想之矛盾。而我认为，扬雄学术思想中重要之矛盾就在于表现出融合儒道之倾向，这个倾向对其文论有极大的影响。

一

儒道融合作为一股学术思潮萌发于战国，发展于两汉，完成于魏晋，而扬雄为这一哲学流程中极为重要的人物；在儒道两种思潮融合过程中，传统的文化思想发生了变化，扬雄又为这种变化的前期代表。因此，研究扬雄的文论，首先应了解其学术思想，这也就有必要对历代有关扬雄学术思想之评论作些考索。

关于历代对扬雄学术思想之评论，概括起来有三类："醇儒说""变儒说"与"非儒说"。

持"醇儒说"者主要有王充、葛洪、韩愈、司马光等。如王充云：

---

① 引自萧涤非手记黄节《读诗三札记·读阮嗣宗诗札记》。据萧先生云：《札记》原载《学衡》第七十期（1930 年）。

扬子云作《太玄经》，造于助思（孙诒让曰：案助当为眇。），极窅冥之深，非庶几之才，不能成也。孔子作《春秋》，二子作两经，所谓卓尔蹈孔子之迹，鸿茂参贰圣之才者也。[①]

葛洪云：

仲尼不见重于当时，《太玄》见蚩薄于比肩也。[②]

韩愈云：

孟氏，醇乎醇者也。荀与扬，大醇而小疵。[③]

司马光《读玄》云：

孔子既没，知圣人之道者，非子云而谁？孟与荀殆不足拟，况其余乎？

司马光之言虽受前人陆绩《述玄》“玄经与圣人同趣，虽周公繇大易，孔子修春秋，不能是过”说之影响，但他将扬置于孟、荀之上的提法，显然针对前期大儒韩愈而发。王安石曾在《扬孟》一文中并重孟、扬，认为“是孟子则非扬子，是扬子则非孟子，盖知读其文而不知求其旨耳”。所以他说“孟子没，能言大人而不放于老、庄者，扬子而已”[④]。尽管他们之间对扬雄之评价有歧异，然肯定其为“醇儒”则是相同的。

---

① 《论衡·超奇》。
② 《抱朴子·尚博》。
③ 《昌黎先生集》卷十一《读荀子》。
④ 《临川先生文集》卷七十二《答王深甫书》。

持“变儒说”者有桓谭、王涯、柳宗元等。桓谭通悦博学，著《新论》极赞扬雄，但将其与老子相比，却见于班固《汉书·扬雄传》的一段记载：

> 时大司空王邑、纳言严尤闻雄死，谓桓谭曰：“子尝称扬雄书，岂能传于后世乎?”谭曰：“必传。……昔老聃著虚无之言两篇，薄仁义，非礼学，然后世好之者尚以为过于《五经》，……今扬子之书，文义至深，而论不诡于圣人，若使遭遇时君，更阅贤知，为所称善，则必度越诸子矣。”诸儒或讥以为雄非圣人而作经，犹春秋吴楚之君僭号称王，盖诛绝之罪也。

此即桓谭以扬雄比老子之说，同时也证明了当时对“雄非圣人”之“罪”已多非议。唐代王涯、柳宗元皆主“变儒说”。王涯《说玄》言扬子之道是“因时制谊，至道无体，至神无方，亦不可以一理推之”。柳宗元以扬雄为例驳韩愈崇儒辟佛论，“退之好儒未能过扬子。扬子之书，于庄、墨、申、韩皆有取焉”①，便是在肯定扬雄学术成就时主“变儒说”的。

持“非儒说”者有颜之推、王世贞等。颜氏反对桓谭、葛洪以扬雄“胜老子”“方仲尼”之论，认为扬雄乖圣人之意云：

> 此人直以晓算术，解阴阳，故著《太玄经》，数子为所惑耳；其遗言余行，孙卿、屈原之不及，安敢望大圣之清尘?②

王世贞亦云：

> 扬雄氏避其达而故晦之，作《法言》，……非圣人意也。③

---

① 《柳河东集》卷二十五《送僧浩初序》。

② 《颜氏家训·文章篇》。

③ 《艺苑卮言》卷一。

他如谢榛云“子云《法言》以准《论语》，学屈原且不及，况孔子哉”[①]；刘熙载云“扬子云之言，其病正坐近似圣人”[②] 等，与颜之推否定扬雄学术成就一脉相承。至于“朱子作《通鉴纲目》，始书莽大夫扬雄死，雄之人品著作，遂皆为儒者所轻”[③]，这种因扬雄仕莽故遭谤毁之历史状况，是封建正统观使然，客观上阻碍了对扬雄学术思想的认识与研究。[④]

分析上述评价可以看出：“醇儒说”是将扬雄纳入正统之儒家思想范畴加以认识，在注重其对儒学继承时忽略了道家思想的渗透；“非儒说”则将扬雄思想中变儒成分加以扩大，予以诋毁，显然是片面而不足取的；“变儒说”能够敏锐地把握扬雄思想中儒道融合之现象，见解较为精辟，然惜乎语焉不详。而研究扬雄学术思想之最大障碍，当为被绝大多数认可之根深蒂固的“醇儒说”。

扬雄学术思想评价之歧异直接影响了对其文论的研究，而在扬雄文论之研究中最大偏见也就是带有正统思想标记的“醇儒”观念。可以说，在“醇儒”主导思想支配下，似乎扬雄文论只能代表儒家正统文论，或发展了传统之文学观，如稍有不同处，肯定论者则必然曲为解说，否定论者则必然因之攻难，扬雄文论所存在之矛盾却仍悬而未决。而接受扬雄学术思想研究中“变儒说”的有益启示，对扬雄文论作新角度的研究，即通过从扬雄哲学思想中儒、道之矛盾，融合到他政治思想，入世与出世之矛盾、统一来整体观察一下其文学主张之矛盾，或可接近于问题的本质。当然，说明这一点，还有待打破正统观念，确立扬雄学术思想融合儒道这一重要前提。

---

① 《四溟诗话》卷二。

② 《艺概·文概》。

③ 《四库全书总目》卷九一·子部·儒家类一。

④ 详见拙文《〈剧秦美新〉非“谀文”辨》，《学术月刊》，1985 年第 6 期。

二

扬雄学术思想的形成首先决定于秦汉思想的形成。关于秦汉思想的形成，李泽厚认为：儒、道、法、阴阳是秦汉时期建构新型意识形态的四大思潮。这些思潮在抵制、颉颃、论辩中出现相互吸收、融合之趋势，而从荀子、《吕氏春秋》到《淮南鸿烈》和《春秋繁露》，正是这种发展过程的主要线索，董仲舒“天人合一”的系统宇宙论则代表了秦汉思想，是介乎先秦、魏晋之间的哲学高峰。[①] 我认为：如果说与西汉强盛的大一统专制帝国的需求相关，董仲舒把阴阳五行同王道政治的类比联系建构起系统宇宙图式，是积极参与建立官僚政教体系，那么，与西汉王朝末年腐败衰落的社会状况相关，扬雄虽也接收了天人合一的思想，但却在积极努力参与恢复封建王朝昌盛与极力躲避腐朽残暴的官僚政权统治的矛盾中形成特异的心理状态，从而创造了以“玄”为中心、阴阳五行为形式的宇宙图式。如果说从荀子到董仲舒对四大思潮有综合趋向，尤其是《吕氏春秋》《淮南鸿烈》表现出明显的儒道融合，而这种融合只限于学术思想方面，并在汉武帝时由董仲舒提出“独尊儒术”的口号而使这种融合趋于稳定、静止、僵化，那么，扬雄则于继承前人成就的基础上打破僵化局面，重新自觉地融合儒道学说，并以太玄为主干，将儒道融合思想渗透于其他领域，所引起的文化心理的变化，对后期儒道融合的成熟产生了巨大的影响。就儒学而言，他是先秦儒家发展到汉代董仲舒集大成后发生深刻变化之关键；就道学而言，他是先秦道家发展到魏晋玄学之间的枢纽；就儒道融合对古代文化心理结构产生之影响而言，他的作用更不应轻估。

《汉书·扬雄传》称扬雄“以为经莫大于《易》，故作《太玄》；传莫大于《论语》，作《法言》”，可见《太玄经》与《法言》是反映

① 李泽厚：《秦汉思想简议》，《中国社会科学》，1984 年第 2 期。

扬雄哲学、政治思想之重要著作。而认清他的学术思想之内涵，对分析其文论中出现的一些模糊现象是不无裨益的。

扬雄创建太玄学说本身，就表现了儒道融合倾向。《太玄经》是假刘歆《三统历》结构，采用老子、周易以及阴阳五行学说而成。他一方面接受先秦道家气一元论之思想，以玄为构成万物的物质基础和支配万物的自然法则；一方面又将自然现象、法则与儒家政教思想、伦理道德相匹配，形成天地与人伦、自然与社会混同的观念。

所谓“玄”，扬雄解说虽与《易》之经、传有不可分割的血缘关系，然究其本质，却无疑是先秦道家气一元论思想与《道德经》“玄之又玄，众妙之门”命题的具体推阐。他释玄云：“阴怀于阳，阳怀于阴，志在玄宫。”（《太玄·至晦》）“知阴知阳，知止知行，知晦知明者其唯玄乎。”（《太玄摛》）皆阴阳生于玄之说。又云：“夫玄也者，天道也，地道也，人道也。”（《太玄图》）“玄生神、象二。”“玄者，神之魁也。天以不见为玄，地以不形为玄，人以心腹为玄。”（《太玄告》）皆以玄为无形之气生成宇宙，并组成宇宙至人事的结构系统。至于玄之经天纬地妙合阴阳，拟于人事合诸仁义之功用，扬雄于《太玄摛》篇中张舒其大义云：

> 玄者幽摛万类而不见形者也。资陶虚无而生乎规，关神明而定摹，通同古今以开类，摛措阴阳而发气。一判一合，天地备矣。天日回行，刚柔接矣。还复其所，终始定矣。……故玄卓然视人远矣，旷然廓人大矣，渊然引人深矣，渺然绝人眇矣。

很明显，其“玄”同于先秦道家所谓的“道”，是具有哲学本体意义的宇宙生成说。虽然扬雄将天、地、人并列为三玄，又为儒家政教思想张目，但其所论之“道”作为天道之自然法则、规律被认识时，则合于道家思想。如他发展老子运动变化的观念强调“道”之因革变化之规律云：“夫道有因有循，有革有化，因而循之，与道神之，革而化之，与时宜之。故因而能革，天道乃得；革而能因，天道乃驯。”（《太玄莹》）又如他继承以老子为代表的先秦道家学说中矛盾转化、柔弱胜刚强的思想，提出“柔婴儿于号，三日不嗄”（《太玄·至事》）；“强其衰，勉其弱”；“太山拔，梁柱折，其人颠且蹶”；“极盛不救，祸降自天”（《太玄·至应》）等一系列阴柔胜阳刚、刚强济柔弱的对立统一之认识，是颇有见地的。

同时，我们不可忽略扬雄哲学思想是有深刻的历史学、社会学内容的。他以“非圣哲之书不好”[①] 的精神追求孔子儒家修身齐家治国平天下的理想，将儒家的政教、伦理、道德观纳入哲学思想，又使他对“道”的认识与董仲舒“道者，王道也”[②] 的思想无二致。这样，在扬雄哲学思想体系中对其“道”的解释便具双重性：一为宇宙生成之“道”，一为政教伦理之“道”。前者固然决定后者的存在，但后者却反作用于前者，才构成玄学体系。从儒家王道思想看，扬雄的答案是“适尧舜文王者为正道，非尧舜文王者为它道，君子正而不它”（《法言·问道》）。对正道他是奉若神明，如其谓道之“非正不视，非正不听，非正不言，非正不行”（《法言·渊骞》）。所以不管是社会政教伦常，还是个人道德修养，他都以孔子规定的“仁义礼智信”为准则，并形象地说：“仁，宅也；义，路也；礼，服也；智，烛也；信，符也。”（《法言·修身》）其信守之状可见。尤其是他在《法言》之《先知》《重黎》两篇中，纵论中和治国之道，褒扬贤儒名相之功，葛洪以方仲尼，也是有道理的。

然而，扬雄哲学思想毕竟具有二元性，因此即如他津津乐道的儒家治平之道，也竟然同老庄无为应化思想糅合起来。他说：“或问无为？曰：‘奚为哉！在昔虞夏袭尧之爵，行尧之道，法度彰，礼乐著，垂拱而视天下民之阜也，无为矣。’”（《法言·问道》）他将尧舜禹奉作无为而治的典范。此外，他对社会、人事之变迁有自然观念，所谓“吉人凶其吉，凶人吉其凶”（《法言·问明》），“安不忘危，盛不讳

---

① 《汉书·扬雄传》。

② 《春秋繁露·王道》。

衰”（《雍州牧箴》），则表现了类似老子祸福论的超然态度。雄立太玄学说后，东汉张衡“常好玄经”[1]，向长“好通《老》《易》”[2]。魏晋时代，何晏、王弼、嵇康、阮籍、裴頠、郭象更迭而起，玄已成极流行之观念。迨至南朝学者，仍以“玄不可弃，儒不可缺”[3] 为教，以“咨玄儒诸义”[4] 为学，以“学遍玄儒”[5] 为识，这种儒道融合经过漫长道路而趋于成熟之哲学史实，是无须怀疑的。

欲解扬雄之文论，还须识其政治思想和人生行事之旨趣。对此，综观扬雄之一生，可概而言之为入世（仕）与出世（隐）的矛盾。这种矛盾并非单纯的变化，即由入世到出世或反之，而是两种思想始终交织于他的意识，使他陷入对封建王朝信赖、怀疑从而不断追求、不断自赎之矛盾。也正因此复杂之矛盾，才引起后世两种偏见：一从主观个性出发，赞其清静，如谓“子云不为财劝”[6]，“清静亡为，少耆欲，不汲汲于富贵，不戚戚于贫贱”[7]；一从客观现象出发，斥其劣行，如谓“王莽潜移龟鼎，子云……露才以耽宠，诡情以怀禄”[8]，“受其爵禄，则是甘为之臣仆矣，独得辞‘莽大夫’之名乎”[9]。二说异旨，因启张溥之疑：“予尝疑子云耆老清净，王莽之世，身向日景，何爱一官，自夺玄守。”[10] 而张氏未解之疑，正是扬雄人生行事关键之所在，其间有深邃的社会意义和复杂的历史内涵。

其实，扬雄之人生行事矛盾，亦切合其融合儒道之思想。如前所述，扬雄在建立以玄为中心之宇宙图式时又以道为中心建立了包括政治、伦理、道德的社会图式。而因后者偏向儒学，故扬雄强调圣人之

---

① 《后汉书·张衡传》。
② 《后汉书·向长传》。
③ 《南齐书·陆澄传》。
④ 《南齐书·顾欢传》。
⑤ 《南齐书·杜京产传》。
⑥ 王充：《论衡·佚文》。
⑦ 班固：《汉书·扬雄传》。
⑧ 《文选》卷四十八《剧秦美新》李善注。
⑨ 罗大经：《鹤林玉露》卷六，丙编“莽大夫”条。
⑩ 《汉魏六朝百三家集（扬侍郎集）题辞》。

治，认为“姬公用于周，而四海皇皇，奠枕于京。孔子用于鲁，齐人章章，归其侵疆”，结论是“如用真儒，无敌于天下”（《法言·寡见》）。强调伦常道德，声称“老子之言道德，吾有取焉耳。及搥提仁义，绝灭礼学，吾无取焉耳”（《法言·问道》）。又提出三门：“由于情欲入自禽门，由于礼义入自人门，由于独智入自圣门。”（《法言·修身》）而由人门窥圣门，则“圣人重其道而轻其禄”；居人门修圣行，则“君子仕则欲行其义，居则欲彰其道”（《法言·五百》）。有此儒家政教思想之限制，使扬雄探讨的自然规律之“玄”，也具有了生育万物的“仁”的含义。可是，在貌似醇儒的背后，扬雄之人生行事态度却又有一种虚无超迈的道家思想充斥于内，并为太玄学说提供了具有道家思想性质的政治含义。这一点可见其《太玄赋》之解说。赋云：“观太易之损益兮，览老氏之倚伏。省忧喜之共门兮，察吉凶之同域……若飘风不终朝兮，骤雨不终日……自夫物有盛衰兮，况人事之所极……岂若师由聃兮，执玄静于中谷。”赋后“乱曰”中并列“屈子慕清”“伯姬曜名”“孤竹二子”之处世之结果，以为“辟斯数子，智若渊兮；我异于此，执太玄兮；荡然肆志，不拘挛兮”，表现出扬雄隐鳞戢羽、不求闻达的思想。而这种荡然肆志无所拘挛的言行又与先秦道家“独与天地精神往来，而不敖倪于万物”① 的思想，魏晋玄学家口诵儒经却遁世远俗放浪形骸之行为极其相似。

应当看到，扬雄哲学、政治思想中儒道并存与他所处的历史条件、社会氛围有密切联系。他所处之时代已非董仲舒所处之鼎盛集权之帝国，而是由衰至溃的西汉后期，故自他写铭文而被蜀人杨庄荐之于汉成帝后，就随着西汉末年颓废的社会思潮和由此引起的矛盾心理而浮沉。史载：汉成帝时面临之形势已是“灾异数见，岁比不登，仓廪空虚，百姓饥馑，流离道路，疫疾死者以万数，人至相食，盗贼并兴”②。至哀

① 《庄子·天下》。
② 《汉书·薛宣传》。

帝，则皇室“田宅无限，与民争利”①；酷吏“役使数千家”②；兵、徭役频仍，使民“父母忧愁，妻子咏叹，愤然之恨，发动于心，慕思之情，痛入骨髓”③。对此情状，儒家治平思想已成追慕往昔和劝喻君主的无力工具。当其政治益形腐败，暴虐危诸己身时，“老聃遗言”“玄静中谷”又不失为理想的避所。司马迁说庄子“宁游戏污渎之中自快，无为有国者所羁，终身不仕”④，亦可用于认识扬雄在特定环境中的行事与心态。扬雄于晚岁见王莽居摄后颇有政绩，则参与新政，作《剧秦美新》《元后诔》以颂其德，因而升迁大夫；但他同时又接受刘汉“初安如山，后崩如崖”（《冀州牧箴》），“当涂者入青云，失路者委沟渠”（《解嘲》）之严酷教训，体悟到天象运行（物极必反）与人事发展（盛极必衰）异质同构之规律，故与新莽又有离异，校书天禄阁泊如自守。时用符命称功德获封爵者甚众，而独无扬雄，是颇有意味的。

可以说，扬雄受儒家积极入世思想的支配，则“恐一旦先犬马填沟壑”（《剧秦美新》）而生干禄求进之企望；受道家消极出世思想之影响，则“扬子遁世，离俗独处”（《逐贫赋》）于清静无为之境。因此，扬雄一生的思想行为正是在儒道之间，“仕”与“隐”两种意识中徘徊的。

三

由于学术思想中儒道融合之影响，扬雄的文艺观始终贯穿了两种精神：一是儒家文为经世、学以致用之精神，一是道家轻禄傲贵、淡泊自守之精神。而扬雄文论中之矛盾，与这两种精神同时起作用不无关系。归纳起来，其文论中之矛盾又主要表现在文与道、文与质、对

---

① 《汉书·哀帝纪》。

② 《汉书·宁成传》。

③ 《盐铁论·徭役》。

④ 《史记·老子韩非列传》。

汉赋的评价与对屈原的评价四方面。为便于说明，兹作如下分述。

（一）文道关系是研究古文论的重大课题，在扬雄文论中这一课题又成为其儒道思想融合之基本表现形态。

如果说儒家言文以载道，其道无本体意义，而在道家老庄哲学中道即本体（宇宙生成意义），那么，扬雄则兼而得之，一面强调文以载道，一面认为至道无体，至神无方。这种宇宙论之本体与非本体之矛盾导致了扬雄对文学之社会功用看法的二元性。

从文以载道的儒家观点看，扬雄所论极“醇”。他论文以儒经为本，所谓“书不经，非书也，言不经，非言也”（《法言·问神》）。“唯五经为辩。说天者莫辩乎易，说事者莫辩乎书，说体者莫辩乎礼，说志者莫辩乎诗，说理者莫辩乎春秋。”（《法言·寡见》）而经为孔子删定，故其又谓“好书而不要诸仲尼，书肆也；好说而不要诸仲尼，说铃也”（《法言·吾子》）。非六经之文皆小，非仲尼之道皆废，可说是扬雄所倡导的符合正统儒家观点之宗经、宗圣思想。刘勰阐述“文能宗经，体有六义”，便举“扬子比雕玉以作器，谓五经之含文”[①] 以明之，是对扬雄思想的直接继承。而此思想的单线发展，即为“醇儒说”移入文论之结果。如宋人孙复说“文者道之用”，则推“董仲舒、扬雄、王通、韩愈而已”[②]，智圆谓“孟轲、扬雄之书”，“先儒文之纯也”[③]，皆主此识。然刘勰虽继扬雄之宗经、宗圣思想，但却朦胧地觉察到“子云沉寂，故志隐而味深”[④]。而其所揭示之“志隐味深”的奥秘，无疑有助于对扬雄文论两种意识的矛盾和如同交响乐中两个“主题旋律”的反复出现的理解。我认为，扬雄之文论除儒家入世意识与文以载道的主题旋律外，还并存着道家出世意识与文道玄览的主题旋律。倘撇开前者与其交响，仅就扬雄之文论在文、道这一根本问题上体现出的道家思想，约有两端：

---

① 《文心雕龙·宗经》。

② 《孙明复小集》卷二《答张洞书》。

③ 《闲居编》卷第二十九《送庶几序》。

④ 《文心雕龙·体性》。

其一，他肯定万物生成前所存在的一种先验的“道”（玄），使其宇宙生成论在本体意义上与道家相同，故其艺术论之本质也偏于本体之道，而强调文、道的自然应化。因为重自然应化之力量，故又膜拜玄冥中之“数”，他说“数为品式，文为藻饰”（《太玄掜》），数的规定性与文的藻饰意义使他的艺术思维多有类似《庄子·天道》所表现的“不疾不徐，得之于手而应之于心，口不能言，而数存焉于其间”之心境，从而淡漠了文（艺术）与道（政教）的关系。又因为重自然应化之力量，他“拟文于川”，认为“圣人之辞浑浑若川，顺则便，逆则否”（《法言·问神》），将文章形容作如川之水，显示出自身无常的变化和永恒的规律。依此变或不变之规律，他又拟文艺于政治，认为“钟鼓喈喈，管弦哜哜，或承之衰”（《太玄·至事》）；“亡于时，文则乱”（《太玄·至昆》）。这种自然应化之规律并非文所能载之道，而是文艺创作者或鉴赏者在“爰清爰静，游神之廷”（《解嘲》）的心境中才能体悟的艺术真谛。这种神奇之心境，用扬雄的话来说，就是“人心其神矣乎”，“圣人存神索至”（《法言·问神》）。如何“存神索至”，扬雄付之阙如的空白，也只容“游心于无穷”①，使心神超乎物外而逍遥的道家审美趣味来填补。

其二，他论文重法度，所谓“准绳规矩”（《太玄·至增》），又强调无法，所谓“鸿文无范”（《太玄·至昆》），前者规定了文载道（政教）的艺术范围，后者体现了文与道（自然）的艺术同化境界；因其后者，方使扬雄文论超乎前人，在一定程度上肯定了文艺的独立性。扬雄认为：文即玄之辞，而“玄之辞也，沉以穷乎下，浮以际乎上，曲而端，散而聚，美也不尽于味，大也不尽其汇，上连下连非一方也”（《太玄告》）。这就是浑茫无迹难以捕捉的艺术境界，并非依附于儒家政教思想而自存。因此，扬雄之审美趣味又常随“大味必淡，大音必希，大语叫叫，大道低回，是以声之眇者不可同于众人之耳，形之美者不可混于世俗之目，辞之衍者不可齐于庸人之听”（《解难》）

---

① 《庄子·则阳》。

之超群观念得以表现，其与先秦道家审美观是相通的。

无须否认，扬雄于文道关系之认识上颇存牴牾之见，也确有“好奇而卒不能奇”[①] 的局限，但他兼取儒、道，既重视文以载道的现实作用，又重视文艺的自然审美，是可取的。

（二）文质关系是扬雄文论中继文道关系对文学艺术由内容到形式、由社会功用到美学特征的进一步探讨之范畴，他提出的文质副称说，同样受到儒、道思想之制约和影响。

文质副称美学命题之提出，固然源于《周易》天地阴阳对立统一与孔子“文质彬彬”[②] 之观点，但从扬雄本人文质统一思想的形成及内涵来看，其历史现象是他对汉赋态度的转变而引起的对早期文学观的悔悟，其艺术内构是他的学说本身建立在文、质两块相互矛盾冲突的载体上，从某种意义考虑，这种文、质矛盾又与他思想中儒、道矛盾，仕、隐矛盾有一定的逻辑联系。

文、质概念由孔子最初明确提出，重视质对文之决定作用的观念也就成了以儒家思想为主流的我国古文论之特点。也正因如此，人们往往忽略道家也主张“见素抱朴”[③]，“被褐怀玉”[④]，“文灭质，博溺心”[⑤] 等，与孔子异趣同旨。法家韩非嘲笑“卖椟还珠”，批评“以文害用”[⑥]，亦同此理。可见文质副称论文，并不只代表儒家思想，自孔丘后，孟轲、荀况、董仲舒、刘向、扬雄、班固、王充、张衡、陆机、钟嵘、刘勰、萧统等，同以文质统一之命题，却表现出相互不同之思想。扬雄对文质的理论探讨，主要在《太玄》《法言》中。从强调的侧重点看，其重质而不废文云：“君子事之为尚。事胜辞则伉，辞胜事则赋，事辞称则经。”（《法言·吾子》）且释例云：“或曰：‘有

① 陈师道：《后山诗话》。

② 《论语·雍也》。

③ 《道德经》十九章。

④ 《道德经》七十章。

⑤ 《庄子·缮性》。

⑥ 《韩非子·外储说左上》。

人焉曰云姓孔而字仲尼，入其门，升其堂，伏其几，袭其裳，则可谓仲尼乎？’曰：‘其文是也，其质非也。’”（《法言·吾子》）其重文而质因文见云：“文以见乎质，辞以睹乎情。”（《太玄莹》）“或曰：‘良玉不雕，美言不文，何谓也？’曰：‘玉不雕，玙璠不作器；言不文，典谟不作经。”（《法言·寡见》）其文质并重云：“阴敛其质，阳散其文，文质班班，万物粲然。”（《太玄·至昆》）“睟文之道，或淳或班。”（《太玄错》）从具体的诠解看：其解“文”，或云“有法则成，无法则不成”（《太玄掜》），讲求文章之义法；或云“鸿文无范，恣于川”（《太玄·至昆》）[①]，强调文章之妙境。其解“质”，或云“羊质而虎皮，见草而悦”（《法言·吾子》），以通儒家政教之内容；或云“质干在乎自然，华藻在乎人事”（《太玄莹》），又近于道家自然应化之本质。概言之，不管扬雄重文，重质，或文质并重，究其文与质之本身，无不折射出他思想中儒、道的两面性。因为他所谓质，既有人生行事的政教内容，又有玄远虚静的自然形态；所谓文，在入世思想指导下，是为统治阶级服务之工具，受制于内容法度，在出世思想支配下，又超脱政治，隐然恣肆。对此矛盾现象，只要我们明确扬雄将天象、地象、心象，自然、人事、文辞统摄于“玄”，则不难理解其与学术思想中儒道融合之关系。

当然，我们在力求整体把握扬雄文论之时不可忽略其阶段性，亦即扬雄平生美学思想确曾经历了由少年“心好沉博绝丽之文”（《答刘歆》）到“女恶华丹之乱窈窕也，书恶淫辞之淈法度也”（《法言·吾子》）的转变。但这一转变过程中出现的一些矛盾和奇异现象，同样受儒、道思想之影响，这一点将在讨论扬雄对汉赋之评价中得到证明。

（三）扬雄对汉赋的认识与评价，是其文质观变化之结穴，对此论者已多，这里仅就融合儒道之主旨，略陈管见。

扬雄早岁作《甘泉》《羽猎》《长杨》《河东》四赋，意主讽谏，

---

① 晋·范望解云：“文章奂然，故无法也。”

结果事与愿违，欲讽反谀，至如刘歆《七略》所谓“竞为侈丽闳衍之词，没其讽喻之义”[①]。王充亦说扬雄之赋颂“言奢有害”[②]。对此，他在《法言·吾子》自赎云：“或问：‘吾子少而好赋?’曰：‘童子雕虫篆刻。’俄而曰：‘壮夫不为也。’或问：‘赋可以讽乎?’曰：‘讽则已，不已，吾恐不免于劝也。’”因此，批评家将扬雄对赋之态度归纳为“雕虫说”“讽谏说”，以说明他由自赎前愆发展到对整个汉赋之否定。对扬雄赋论之变化，一般归于两种原因：一为对汉赋现状之不满，一为自身爱好之转移。可以说，两种说法皆能在他赋论和后世评价中找到证据，但亦皆缺乏对其思想作整体把握和全面思考。

关于扬雄不满汉赋之评价，后世褒贬有之。班固疑其“劝百讽一”云：“相如虽多虚辞滥说，然要其归，引之于节俭，此亦《诗》之讽谏何异?扬雄以为靡丽之赋，劝百而讽一，犹骋郑卫之声，曲终而奏雅，不已戏乎?”[③] 曹植肯定其“壮夫不为”云：“辞赋小道，固未足以揄扬大业，彰示来世。”[④] 杨修反之，以为“今之赋颂”与“风雅无别”，雄辞莫可信[⑤]。萧纲则云：“不为壮夫，扬雄实小言破道。”[⑥] 李贽认为扬雄“劝百讽一”是“不知人”“不知文”“不知言”“不知讽”[⑦]。程廷祚又赞扬雄赋“有讽谏之遗意”，是“继诗人之末，而列于作者之林”[⑧]。苏轼否定他“雕虫”之论，以为雄悔赋作《太玄》《法言》“好为艰深之词，以文浅易之说”，是终身雕虫[⑨]。蒋湘南又认为“此自东坡之浅陋”[⑩]。略举以上众家之说，有一共同特点，即偏执一隅。如班固执扬雄非相如靡丽之赋“讽一劝百”一端而忽略扬

---

① 引自《汉书·艺文志》。
② 《论衡·谴告》。
③ 《汉书·司马相如传赞》。
④ 《与杨祖德书》，引自《文选》卷四十。
⑤ 《答临锱侯笺》，引自《文选》卷四十。
⑥ 《答张缵谢示集书》，《全梁文》卷十一。
⑦ 《焚书·子虚》。
⑧ 《青溪集》卷三《骚赋论》下。
⑨ 《苏东坡集后集》卷九《答谢民师书》。
⑩ 《七经楼文钞》卷四《与田叔子论古文第三书》。

雄同样颂扬“孔氏之门用赋也，则贾谊升堂，相如入室”（《法言·吾子》）与“长卿赋不似从人间来，其神化所至”（《答桓谭书》）的一端；曹植、杨修、萧纲之论虽异，却同归儒门载道之意；至于苏轼、蒋湘南之论驳，也仅囿于对《太玄》《法言》的认识、弃取。而我认为，扬雄对汉赋之不满固有针砭其“繁华损枝，膏腴害骨”①形式主义文风之意义，但更为重要的则是他通过对汉赋的评论表达了自身积极入世思想受到“欲讽反谀”之挫折和嘲弄的痛苦反思。也可以说，他在西汉末年大厦将倾的危惧心理支配下，极易接近于道家出世思想，故对汉赋艺术作达观玄览的总结，从而出现他好博丽之文以至“有文无质”②之时，正是儒家积极入世思想占上风；而其重质，强调文质副称之时，却是道家消极遁世意识占上风的奇异现象。这种由社会心理所造成的文化心理，决定了扬雄对汉赋不满的心理是他整个人生矛盾心理在文论上的反映，而儒、道矛盾在他一生中又无时不起着重要作用。

那么，自身爱好的转移能否说明扬雄对汉赋之评价，我想也不尽然。所谓扬雄之爱好转移，一般的解释无疑是由重文（爱美）转为重质（尚用），由作闳衍繁艳之赋转为治精深玄妙之学。如果进一步言，就扬雄之文论整体理解，这种转变本身在理论上是矛盾的。因为，扬雄厌弃汉赋最关键之处在于讽一劝百、欲讽反谀，即“爱美”之辞掩去了“尚用”之质，倘依此寻绎，扬雄转变态度后所作势必应刊浮辞，重尚用，强化对腐朽统治的讽谏力量，显示自身对社会的作用。事实相反，扬雄在反对汉赋爱美失用之同时，却转入了更加脱离“尚用”原则的玄境，与他前期的赋颂相比，他的所作如《太玄经》等讽世之力量则更为隐晦。同时还应注意，这种出世态度也不是扬雄之思想归宿，当王莽居摄后封建社会有瞬息回升，他不是又操颂扬与讽喻之“旧业”吗？由于忽视社会心理对个人心理的作用，王世贞出于对

① 《文心雕龙·诠赋》。

② 《文心雕龙·程器》。

扬雄一面称赞长卿赋“神化”，一面又说“雕虫之技，壮夫不为”之矛盾心理的不解，遽谓“谤言欺人”①，是不可信的。与之相反，罗根泽先生曾针对这一矛盾现象说：“就算他的好赋卑赋由于年岁关系，而好卑的矛盾心理，也不能不说是由于当时的‘爱美’与‘尚用’的冲突使然。”② 此将扬雄论赋与当时文艺思潮结合，并据辩证法则强调“爱美”“尚用”之矛盾交战于扬雄意识中并趋于融合之见解，是切中肯綮的。换言之，“爱美”的艺术性与“尚用”的政治性是一对矛盾的统一体，始终潜藏于扬雄文论意识中。

因此，扬雄对汉赋之评价，不仅是对汉赋形式的不满和自身爱好的转移，尤为重要的是西汉末年倾斜的社会心理在其文艺心理结构中的反映，上述讽与劝、雕虫与神化、爱美与尚用的矛盾、冲突，正表现了这种特有倾向。

（四）扬雄对屈原之评价，也反映了儒道融合思想。

在汉代，评屈者殊多，扬雄前有贾谊、董仲舒、司马迁，后有班氏父子、王逸、蔡邕等。而雄摹《离骚》作《反离骚》，确实引人注目，误解亦由之而生，其甚者如刘熙载谓“班固以屈原为露才扬己”，其“意本扬雄《反离骚》”③。其实扬雄之观点绝无批评屈原“露才扬己”之意，而是深深地陷入对屈之尊崇、同情以至哀怨的心理矛盾。在此心理矛盾中同样有双重主题旋律的合奏。他一面读《离骚》而“悲其文”，“未尝不流涕”④，表示对屈原之行为的深深赞美；一面又谓“屈子慕清，葬鱼腹兮”，“我异于此，执太玄兮”（《太玄赋》），表示对屈原之行为所导致的结果产生怀疑。而他所执之“太玄”，正是《太玄赋》中描绘的那种玄静中谷，揖松华岳，散发昆仑，翱翔碣石；听素女之清音，观宓妃之妙曲；茹芝英以充饥，饮玉醴以解渴，排阊阖，窥天庭，荡然肆志而无拘挛的超然神境。所以他认为“君子得时

① 《艺苑卮言》卷二。

② 《中国文学批评史》，第一册，第 97 页。

③ 《艺概・赋概》。

④ 引自《汉书・扬雄传》。

则大行，不得时则龙蛇。遇不遇命也，何必湛身哉!”[①] 而在“圣哲之不遭兮，固时命之所有”的宿命思想支配下，他才由尊崇屈原之言行到悲其“临汨罗而自陨”，“反湛身于江皋”，进而惋惜其“弃由聃之所珍”，“蹠彭咸之所遗”（《反离骚》）。同时，扬雄对屈之评价从尊崇其言行到同情其际遇，正是扬雄自身与统治者不苟合的心绪的反映；而他哀怨屈原湛身之行为，又是吸收了儒家“穷则独善其身”[②] 之保守态度和道家“死生、存亡、穷达、贫富、贤与不肖、毁誉、饥渴、寒暑，是事之变、命之行也”[③] 之消极思想的结果。正因为扬雄通过评屈从而表现出自身与统治者不苟合的心绪与对儒家“杀身以成仁”[④]“舍身而取义”[⑤] 信条的悖逆，所以，持理解和谅解态度者，或谓之“思积功寡，意深文略”[⑥]，或谓之“哀之至也”[⑦]；持不理解和不可饶恕态度者，或如王逸《楚辞章句》以正统儒家道德、政治标准对扬雄消极观点的批评，或如朱熹《楚辞集注》对他守静反躁之矛盾心理从人格上的挞伐，或如顾炎武云“老子之学，所以异乎孔子者，‘和其光，同其尘’，此所谓似是而非也。……子云而知此义也，《反离骚》其可不作矣”[⑧]，以醇儒观点对扬雄知儒悖儒、儒道糅合的斥责。

质言之，对扬雄论屈之心理矛盾必须放在他整个文论受儒、道两种思想影响这一基点上去认识，才能认清他对屈原之理解和不理解均出于哀怜回护之心曲，与班固“扬才露己”说有很大区别，不可混为一谈。当然，扬雄论屈所表现的消极因素，是应予甄别扬弃的。

如前所述，以融合儒道这一思想命题对扬雄文论作整体窥视，既发现其文论中之矛盾，又可以解决因其矛盾产生的误解，而扬雄文论

---

① 引自《汉书·扬雄传》。

② 《孟子·尽心上》。

③ 《庄子·德充符》。

④ 《论语·卫灵公》。

⑤ 《孟子·告子》。

⑥ 《文心雕龙·哀吊》。

⑦ 方苞语。引自卫仲璠：《〈扬子法言〉论屈原章析义》，《安徽师范大学学报》，1985年第2期。

⑧ 《日知录》卷十三。

本身融合儒道之意义，还在于对后世文学批评之影响。朱东润先生谓“东汉文论，全出于扬雄”①，极有见识。实际上，东汉之后，魏晋玄学家融合儒道之文论又何尝不出于扬雄，即如大诗人陶潜之政治思想、人生行事以及文学主张所表现的儒道融合，与扬雄亦不无渊源关系。就文艺思想而言，扬雄文论亦可谓先秦道家到魏晋玄学间的枢纽、桥梁，他所提出的艺术玄境与论赋之神化思想，无疑是陆机“玄览”、刘勰“神思”之艺术鉴赏论的先声。这已非本文探讨之范围，仅想引起学界注意，宜乎于现有古典文学批评史书上添此一笔。

原载《学术月刊》1986年第4期

① 《中国文学批评史大纲》，第16页。

扬雄的文学追求与文学观念之迁变

◎ 孙少华

摘要：扬雄是西汉有名的文学家与经学家。其文学追求与思想观念经历了一个有趣的演变过程：早期以汉赋创作为主，后期逐渐转向经学与诸子学术研究，《太玄》《法言》《训纂》《方言》代表了他后期多方面的学术才能与研究成就。扬雄由文学向经学的转变，不仅有时代与社会学术风尚的作用，还与本人个性心理有关。扬雄在中国文学史与学术史上具有很高的地位，对后世文学与学术研究，影响深远。

关键词：扬雄　文学追求　文学观念　迁变

个人身体的某些障碍性或非障碍性疾病，对其人生道路与思想发展往往带来重要影响。司马相如与扬雄皆为西汉著名文学家，两人一个有“消渴之疾”，一个“口吃不能剧谈”。但在西汉文学史尤其是西汉赋作观念变化的历程中，两人都具有特别典型的代表意义。最突出的表现就是，两人走了一条截然相反的文学道路：一个由经学入文学，一个由文学入经学。这种思想观念的变化，不仅仅是当时文学风尚与政治思想发生变化的深层反映，某种程度上还体现了两人个体思想与内在心理的转变历程。

扬雄一生，慕屈原、司马相如而为赋，慕司马相如《凡将》作《训纂》《方言》，慕司马迁续《史记》，慕《周易》作《太玄》，慕《论语》作《法言》，体现了曲折、发展的文学思想与学术追求。扬雄著《太玄》，是其思想由文学向经学转变的开始。扬雄文学道路与文学观念的这种转变，有其复杂的社会背景与特定的思想或个性原因。扬雄历汉成、哀、平三朝，复仕新莽，命运多舛。汉成帝时期，扬雄以汉赋创作为主，屡谏成帝；哀平之世，学术途辙一变，而为《太玄》《法言》《训纂》等，专事经学；王莽摄政之初，续《史记》，作两《箴》(《州箴》《官箴》)；王莽新朝，为《剧秦美新》《方言》。概括而言之，扬雄走过的这条由文学入经学的道路，与其个性及当时社会政治思想的影响不无关系。

一、扬雄文学追求的个性心理分析

扬雄，蜀郡成都人，《汉书》本传称其“好辞赋”，多半受到了司马相如的影响。司马相如亦为蜀人，其赋作在汉武帝朝兴盛一时，对蜀郡士人影响不小。扬雄为其赋作“宏丽温雅”的风格所折服，故“心壮之，每作赋，常拟之以为式”[①]。另外，扬雄以屈原文采胜相如而竟至投江，对屈原多有同情，反《离骚》之义作《反离骚》《广骚》《畔牢愁》《天问解》等。在蜀郡时，扬雄有《绵竹颂》《蜀都赋》等作品。汉成帝朝，扬雄多上赋讽劝[②]，《甘泉赋》《河东赋》《羽猎赋》《长杨赋》皆为此时作品。这里的“讽”与“劝”，皆为扬雄对赋旨的认识。《汉书》本传称：“雄以为赋者，将以风之，必推类而言，极丽靡之辞，弘侈巨衍，竞于使人不能加也，既乃归之于正，然览者已过矣。”(卷八七下，第3575页)《法言·吾子》中扬雄之言则更为具体：“或曰：‘赋可以讽乎?’曰：‘讽乎！讽则已，不已，吾恐不免于

① 《汉书》卷八七上《扬雄传》，中华书局，1962年，第3513—3515页。以下凡引此书只在文中夹注卷数及页码。

② 《甘泉赋序》：“奏《甘泉赋》以风。”《河东赋序》：“上《河东赋》以劝。”《羽猎赋序》：“故聊因《校猎赋》以风。”《长杨赋序》：“上《长杨赋》，聊因笔墨之成文章，故藉翰林以为主人，子墨为客卿以风。”

劝也。'"[①]"讽谏劝人"，乃辞赋主旨。扬雄对"讽"与"劝"之别有所提示："赋劝而不止，明矣。"宋吴秘的解释更为详细："风之必推类而言，极靡丽之辞，然后讽之有正，如其不已，乃复成劝，言不正也。"可见"风""劝"皆为"贤人君子诗赋之正"而设。但"讽"一般很难实现作者理想中的"讽谏劝人"目的，扬雄称"往时武帝好神仙，相如上《大人赋》，欲以风，帝反缥缥有陵云之志"，即可证。扬雄这个时期的赋作，文学性特别突出，基本遵循了扬雄所说"诗人之赋丽以则"的美学原则，也就是《扬雄传》所称司马相如赋之"宏丽温雅"原则，故刘熙载称："'则'与'雅'无异旨也。"[②]

《汉书》对扬雄赋作的记载，始于《反离骚》，其后为《甘泉赋》。实际上，在二赋之间，扬雄还有《绵竹颂》《蜀都赋》等作品。根据《汉书》记载，扬雄"每作赋"，常拟司马相如之赋"以为式"，故其赋作风格多近相如。不仅后来的《甘泉》四赋如此，早期在蜀郡的赋作亦多如此。如李善称："雄《答刘歆书》曰：'雄作《成都城四隅铭》，蜀人有杨庄者为郎，诵之于成帝，以为似相如，雄遂以此得见。'"[③] 李周翰则称："扬雄家贫好学，每制作慕相如之文，尝作《绵竹颂》，成帝时直宿郎杨庄诵此文，帝曰：'此似相如之文。'庄曰：'非也，此臣邑人扬子云。'帝即召见，拜为黄门侍郎。"扬雄见汉成帝的情节与司马相如见武帝何其相似之至：皆有近臣荐之于帝，作品皆被帝王疑为古人之作。但是有一点是不容置疑的：扬雄赋作仿相如，且文风与之极为相似。也就是说，扬雄的文学道路，一开始就选择了一条踵武前贤、拟圣贤立言的道路。其赋学屈原、司马相如，经学《周易》，子学《论语》，史学司马迁《史记》。正为此故，其赋作似相如，仿经有《太玄》，仿《论语》作《法言》，慕司马迁续《史记》。当时诸儒或以扬雄非圣人而作经书《太玄》，"犹春秋吴楚之君

① 汪荣宝：《法言义疏》，中华书局，1997年，第45页。

② 刘熙载：《艺概》，上海古籍出版社，1978年，第95页。

③ 萧统：《文选》卷七《甘泉赋》，中华书局，1977年，第111页。

僭号称王，盖诛绝之罪”，不知扬雄正欲于经、史、子、集各有推阐。

扬雄为何选择了一条这样的文学与学术道路？从其早期未出蜀就刻意选择模仿屈原、司马相如来看，这应该与其所处的社会学术环境或政治制度无关，更多则与其个人的性格禀赋或人格追求有关。孔子、屈原、司马相如、司马迁相同或相似的人生遭遇与人格悲情，不可能对扬雄无所触动。据《汉书》本传，扬雄“为人简易佚荡，口吃不能剧谈，默而好深湛之思，清静亡为，少耆欲，不汲汲于富贵，不戚戚于贫贱，不修廉隅以徼名当世”（卷八七上，第3514页）。通过这些记载，我们可以对扬雄个性心理进行一番简单解剖。“简易佚荡”，晋灼注：“佚荡，缓也。”说明扬雄性格柔顺、行动舒缓，同时说明了他性格内向、心理压抑与不爱交际的一面，后文的“默而好深湛之思”，也是这个意思。

这一点，与扬雄的身体缺陷有关。《汉书》称其“口吃不能剧谈”，晋灼注：“或作遽。遽，疾也，口吃不能疾言。”颜师古：“剧，亦疾也，无烦作遽也。”据现代医学与心理学的研究表明，口吃主要是一种语言障碍，与人的心理状态的异常有关，而不是人的发音器官出了毛病，但对人的性格影响不小。对个性开朗的人来说，口吃对其心理影响不是很大，对其人生观与价值观的影响也不明显。但对相对内向的人来说，情况就不同了：敏感、自卑、烦躁、消极，都是口吃给性格内向者的负面影响。这种负面影响，对个人人生观与世界观往往带来比较消极的认识与感悟。扬雄内向性格的偏执性，甚至造成了他自闭的倾向。尤其是晚年，他“用心于内不求于外”到了一种被“时人皆忽之”的地步。作为中散大夫校书天禄阁，他竟然到投阁几死之时方为王莽所知，且竟使王莽有“何故在此”的疑问。无论王莽疑问是真是假，扬雄很少与外界交往应是事实。即使在他复官为大夫后，也出现了“人希至其门”的情况。扬雄投阁，很大程度上反映了他内心的苦闷、自闭、自卑与烦躁，甚至还有恐惧的心理。

对于扬雄来说，他表面上展示了一种豁达与大度，对屈原的投江也一度表达了排斥与反对，但他骨子里的自卑与消极，则是无法掩饰的。《反离骚》与其说是他对屈原悲惨遭遇的同情，不如说是对自己人生宿命潜意识的积极反抗。扬雄的个人期许是很高的："自有大度，非贤哲之书不好也。"但在他的主观意识里面，圣贤君子往往有"得时"与"不得时"之分。对于扬雄这样的心理状态来说，君子"不得时"的概率要大一些。扬雄本人，或者说任何具有抱负的人，都不想将其人生的轨迹定格在"不得时"的轨道上。扬雄在这里的议论，无疑体现着个人较高的自我期许与人生命运无常之间的矛盾心理。《反离骚》有这样的议论："夫圣哲之遭兮，固时命之所有；虽增欷以于邑兮，吾恐灵修之不累改。昔仲尼之去鲁兮，斐斐迟迟而周迈；终回复于旧都兮，何必湘渊与涛濑。"这是对圣贤命运蹇舛的同情与理解吗？倒不如说是他对本人命运无常的深深担忧。

扬雄生活的时代，"贤才不遇"的思想已将文人笼罩在宿命论的阴影之下，如与扬雄大致同时的桓谭就有"贾谊以才逐，而朝错以智死"[①] 之叹。这种思想有着复杂的历史文化背景与思想基础。早在孔子之时，即曾有"死生有命，富贵在天"之叹。西汉时此论调更多，如贾谊《鵩鸟赋》："天不可与期，道不可与谋，迟速有命，焉识其时？"《淮南子·齐俗》："仁鄙在时不在行，利害在命不在智。"刘邦有"命乃在天"之说，韩信有"天授"之论。这种"命定论"思想的深刻影响，催生了汉代文人特殊的人生悲情与宿命感慨。汉人"遇不遇"的命运讨论就由此而生。李炳海先生曾认为："早在汉代文人那里，对于人生的遇与不遇就有深刻的思索和痛切的感慨。"[②] 生活在这样的社会普遍性心理环境之中，加上扬雄个人性格的缺陷，很容易造成其悲观的心理状态与消极的人生态度。班固传赞称其"恬于荣利"，"乐道好古"。王充《论衡·命禄篇》引扬雄之言："遇不遇，命也。"[③] 由此看来，扬雄很早就对利禄、命运有其独到的理解与感悟。所以，

---

① 《后汉书》卷二八上《桓谭传》，中华书局，1965 年，第 4 册，第 957 页。

② 李炳海：《汉代文学的情理世界》，东北师范大学出版社，2000 年，第 19 页。

③ 黄晖：《论衡校释》，中华书局，1996 年，第 24 页。

他可以对屈原投江有自己的理解："君子得时则大行，不得时则龙蛇，遇不遇命也，何必湛身哉!"这是他对人生际遇的无奈感喟，是对战国、秦汉特别流行的"待时"观念的深刻体悟。

这种思想观念有其特定的社会思想基础，是对当时社会思想的深刻反映。《论语》中孔子对颜渊所说的"用之则行，舍之则藏"，与扬雄之论相同。孔子这种积极的"待时"思想，在《周易》中亦有所体现，如《系辞下》："君子藏器于身，待时而动，何不利之有?"① 《孔丛子》记载孔子歌："大道隐兮礼为基，贤人窜兮将待时，天下如一欲何之?" "唐虞世兮麟凤游，今非其时来何求? 麟兮麟兮我心忧。"孟子引齐人之言，曾有"虽有镃基，不如待时"之语；《万章下》称："孔子，圣之时者也。"《尽心上》引古人"独善其身"与"兼善天下"之说。《左传》中更是屡见此语。荀子在《宥坐》中引孔子"厄于陈蔡之间"事，并就孔子"君子博学深谋，不遇时者多矣。由是观之，不遇世者众矣"之论进行了论析，最后总结道："遇不遇者，时也。死生者，命也。今有其人，不遇其时，虽贤，其能行乎? 苟遇其时，何难之有? 故君子博学深谋，身端行以俟其时。"② 入汉以后，董仲舒有《士不遇赋》，司马迁亦作《悲士不遇赋》以效之，东方朔《答客难》中"此一时也，彼一时也"的思想，皆是对孔子"待时"思想的深入诠释。尤其耐人寻味的是，东方朔在这篇赋中，详细阐释了"时异事异"的思想。李炳海先生认为："遇与不遇这个富有哲学意味的人生课题，成为两汉文学的重要主题。"③ 而据其考察，汉代正统史学家往往具有"遇"的观念，而不遇则是性情文人的独特感受。

对于扬雄来说，其内心恐怕一直被笼罩在"不遇"的悲观阴影中不能自拔，这一点我们可以在其文章中找到证据。扬雄《解嘲》对"遇不遇"的认识，似乎与常人不同。他认为，乱世可以为士人之"遇"带来

① 高亨：《周易大传今注》，齐鲁书社，1988 年，第 572 页。

② 王先谦：《荀子集解》，中华书局，2007 年，第 527 页。

③ 李炳海：《汉代文学的情理世界》，东北师范大学出版社，2000 年，第 19 页。

很大的人生机会，而当今盛世则是造成士人“不遇”的最大根源：

> 夫上世之士，或解缚而相，或释褐而傅；或倚夷门而笑，或横江潭而渔；或七十说而不遇，或立谈间而封侯；或枉千乘于陋巷，或拥帚彗而先驱。是以士颇得信其舌而奋其笔，窒隙蹈瑕而无所诎也。当今县令不请士，郡守不迎师，群卿不揖客，将相不俯眉，言奇者见疑，行殊者得辟，是以欲谈者宛舌而固声，欲行者拟足而投迹。乡使上世之士处乎今，策非甲科，行非孝廉，举非方正，独可抗疏，时道是非，高得待诏，下触闻罢，又安得青紫？

这种独特的社会认识与人生体悟，必然造成他对个人前途命运的悲观基调，并进而造成他消极的人生追求。这种心理暗示的无处不在，这种特殊的定向思维，很大程度上影响了他对文学客体的选择。由此看来，扬雄文学与学术道路的选择，与其人格悲情与消极人生有关。扬雄骚赋之作，首仿屈原，而屈原有蒙冤投江之死；仿《周易》，文王有拘于羑里之难；仿《论语》，孔子有困于陈蔡之厄；拟相如，相如有“无为”之志[①]；续《史记》，司马迁有宫刑之祸。而他对司马相如的刻意模仿，或者包含着对其“遇”的向往以及对前贤“不遇”的深切同情。扬雄或者并无将自己拟于圣贤的主观意识，但其对孔子、屈原、司马迁等人命运的同情和理解，则是明显的。他后来的跃身投阁，很难说不是这种悲情心理作用的结果。

另外，扬雄这种个性心理的形成，也有当时普遍文化心理与地方个性深刻影响的痕迹。《韩诗外传》卷七记载：“传曰：伯奇孝而弃于亲，隐公慈而杀于弟，叔武贤而杀于兄，比干忠而诛于君。《诗》曰：‘予慎无辜。’”[②]《汉书》记载诸葛丰上书言：“臣闻伯奇孝而弃于亲，

---

① 《史记·太史公自序》称司马相如之赋“其指讽谏，归于无为”。

② 许维遹：《韩诗外传集释》，中华书局，1980年，第257页。

子胥忠而诛于君，隐公慈而杀于弟，叔武贤而杀于兄。夫以四子之行、屈平之才，然犹不能自显而被刑戮，岂不足以观哉！使臣杀身以安国，蒙诛以显君，臣诚愿之。独恐未有云补，而为众邪所排，令谗夫得遂，正直之路雍塞，忠臣沮心，智士杜口，此愚臣之所惧也。”（卷七七，第3250页）《汉书·冯奉世传》班固赞称：“谗邪交乱，贞良被害，自古而然。故伯奇放流，孟子宫刑，申生雉经，屈原赴湘。《小弁》之诗作，《离骚》之辞兴。”（卷七九，第3308页）汉人在日常生活中屡次提及这些忠贞见谤的人物如伯奇、子胥、隐公、申生、叔武、孟子、屈原等，显然当时社会上已经形成了对忠臣被害、忠而见弃等社会丑恶现象强烈不满的文化心理。《诗经》中的“予慎无辜”等思想，则是这种文化心理产生的学术渊源。扬雄具有与先贤类似的政治与生活经历，他生活在这样的文化环境中，未尝没有同情前贤的思想，这就使其具有了悲观、消极的心理意识。同时，扬雄长于巴蜀，此地虽经战国、秦、汉战乱，然物产丰富，《汉书·地理志》称：“民食稻鱼，亡凶年忧，俗不愁苦，而轻易淫泆，柔弱褊阸。”（卷二八，第1645页）扬雄悲观、柔弱的个性，也是地方性格的反映。例如，《北史》泉企本传记载：“巴俗事道，尤重老子之术。企虽童幼，而好学恬静，百姓安之。”① 地方风俗，历久不变，扬雄时代，也应大致如此。

二、扬雄文学观念转变历程及其社会学术动因

扬雄文学道路的转变历程，虽然主要与其悲情个性有关，但他的文学观念尤其是学术思想的转变，又无不带有社会思想转型的深刻印记。帝王的改朝换代，必然带来社会制度与学术风尚的巨大转向。扬雄本人虽然具有不慕荣利的理想追求，但其身居显位，厕身权贵，帝王喜好的改变、政治形势的变化与学术风尚的更辙，对其学术思想的

① 《北史》，中华书局，1974年，第2331页。

影响不容小觑。

汉成帝时期，扬雄欲效相如讽谏事，创作了大量的赋作；然讽谏不止及“诸子各以其知舛驰”的原因，终致使他投身经学。《法言·吾子》：“或问：‘吾子少而好赋?’曰：‘然。童子雕虫篆刻。’俄而，曰：‘壮夫不为也。’”[①] 司马光注称“少年之事”，“悔作之也”。宋咸注：“汉儒之赋，古诗之流，尚曰雕虫篆刻，壮夫不为。矧乎今之赋也，犹倡言优戏之具尔，作之者作宜愧焉。”吴秘则曰：“其文雕刻，非法度所存，贤人君子，诗赋之正也，于是辍不复为。”其后，扬雄逐渐放弃了“壮夫不为”的汉赋创作，转而投入经学研究，《太玄》《法言》《方言》等相继问世。

扬雄何以产生如此的思想转变呢?扬雄经学研究的方向性变化，最早始于《太玄》的撰述，这也是他文学观念发生转变的开始。据刘跃进《秦汉文学编年史》的考证，扬雄作《太玄》于汉哀帝建平四年(前3)[②]。这个时期，汉代社会制度与学术思想正发生着深刻的变化。汉成帝时期，扬雄创作了大量的赋作，某种程度上与司马相如赋极为相似。在命运观的理解上，他可能还不是十分消极，所以才有讽劝帝王之志。但这个时期，发生了一件学术大事，就是汉成帝命刘向等人校书东观，学风大开。成帝末年，又开始论礼制，行尊孔之事，封孔子之后孔吉为殷绍嘉侯。汉哀帝时期，学风一变，建平元年，刘歆领《五经》，集六艺群书著《七略》。刘歆欲立《左传》《古文尚书》《毛诗》《逸礼》等于学官。这些经学著作，皆属古文经学。客观上说，此前皆为今文经学的天下。即使当时汉哀帝欲令刘歆与《五经》博士讲论古文经义，然“诸博士或不肯置对”。刘歆立古文经学的目的虽然没有达到，但是毫无疑问，古文经学在当时已经得到了汉哀帝的支持。如儒者师丹奏议刘歆“非毁先帝所立”，而哀帝称：“刘歆欲广道术，亦何以为毁哉!”这种学术风气虽然首先起于刘歆等人，但汉哀

① 汪荣宝:《法言义疏》，第45页。

② 参见刘跃进:《秦汉文学编年史》，商务印书馆，2006年，第299页。

帝的推崇，也会促成士人对古文经学的重视。尤其是，古文经学虽未立学官，但民间喜好者不在少数。据《连丛子》记载，孔子立少游京师与刘歆友善，而扬雄对子立之子孔子元十分器重。刘歆有《与扬雄书从取方言》，并曾观其《太玄》等著作，且歆子刘棻曾从扬雄学奇字，二人应该有频繁的学术交往。扬雄经学与刘歆接近而古文为多，如其本传称其“少而好学，不为章句训诂”。“章句训诂”在汉代又称“章句内学”，《连丛子》孔季彦“治古义则不能不非章句内学”，即指季彦好古文而不好今文。由此可见，扬雄撰《太玄》有其特定的学术条件。

早在扬雄自蜀来游京师之初，已经出现了古文经学抬头的迹象。汉成帝好儒术，永始二年擢翟方进为丞相。翟方进习古文，《左传》流传也与之有关。翟方进为相，是西汉后期学术风气发生变化的重要标志[①]。但从当时的政治形势看来，汉哀帝建平四年却又奸佞当道：“丁、傅、董贤用事，诸附离之者或起家至二千石。”扬雄《解嘲》即作于本年。上文说过，《解嘲》体现了扬雄对“不遇”人生的特殊感受。汉赋讽谏与帝王垂青及士人“遇”之命运息息相关，在汉哀帝时期特殊的政治环境下，士人“不遇”的悲观失望思想迅速蔓延。这是扬雄文学与学术观念转变的社会与个人思想根源。

日本学者冈村繁对这个问题也有所考察。他认为，扬雄文学、儒学立场的转变，与汉成帝死去、王氏家族倾颓、刘歆等人失势有关，因为扬雄失去了政治上的保护与关照[②]。这种说法未尝没有道理。但是我们认为，个人学术转向的主要动力，应该来自个人内心的主观诉求，而不是客观形势的外在逼迫。因为按照中国文人的实际情况，困境与逆境会促使他们的创作冲动更趋激情而不是相反。故司马迁有“发愤”之说：

① 参见刘跃进：《秦汉文学编年史》，商务印书馆，2006年，第277页。

② 参见冈村繁：《冈村繁全集》，上海古籍出版社，2002年，第195页。

> 昔西伯拘羑里，演《周易》；孔子厄陈、蔡，作《春秋》；屈原放逐，著《离骚》；左丘失明，厥有《国语》；孙子膑脚，而论兵法；不韦迁蜀，世传《吕览》；韩非囚秦，《说难》《孤愤》；《诗》三百篇，大抵圣贤发愤之所为作也。此人皆意有所郁结，不得通其道也，故述往事，思来者。[①]

所以“政治失势”说值得商榷。

其实，扬雄主要的儒学著作，恰恰作于王莽、刘歆得势之时，说明扬雄学术转向发生于王、刘失势之前，应主要与当时的学术风尚有关。汉平帝元始元年（公元元年），王莽为安汉公，刘歆逐渐得以重用。元始三年，刘歆协助王莽恢复古制，扬雄《法言》即作于本年。据王国维《汉魏博士考》，汉文帝时所置博士有《诗》《书》《春秋》，后又置《论语》《孝经》《孟子》《尔雅》，而《论语》于汉武帝时期被罢。此时扬雄作《法言》，说明《论语》在当时已经开始复兴。另外，刘歆政治上的得势，部分诠解了士人得“遇”的命运主题。像扬雄这样对“遇不遇”具有深刻体察的人来说，当然会对逐渐兴起的古文经学有着特殊的感情。汉平帝元始四年，王莽立明堂、辟雍、《乐经》博士；元始五年，王莽、刘歆等复古旧制，征天下通小学、《五经》《论语》《孝经》《尔雅》者，扬雄《训纂》即作于本年。扬雄小学类书籍的编纂，也与经学有关。有人怀疑，扬雄作《训纂》等小学书，是为了训诂汉赋中繁复、华丽辞藻之故。然扬雄著小学在赋作观念发生转变之后，则毋宁将其小学之书视作向经学转变的开始。这是因为，扬雄作《训纂》，是取司马相如《凡将》“有用者”而作之，并“顺续《仓颉》”。司马相如初通经学，如《三国志》秦宓本传有“文翁遣相如东受七经”的记载。《史记》《汉书》司马相如本传对“相如东受七经”之事皆无记载，故后人一直怀疑此说真伪。关于七经的具体内容，有人以为是就《诗》《书》《礼记》《易经》《春秋》《论语》

---

① 《史记》，中华书局，1959 年，第 3300 页。

和《孝经》而言[①]。但王国维《汉魏博士考》考证，汉武帝时后四经同时并罢[②]。考察《汉书·艺文志》，司马相如于汉武帝时曾作《凡将》一篇，扬雄亦曾作《仓颉训纂》一篇，由此推知，西汉时蜀郡学士曾习《尔雅》一类的小学著作。这样看来，当时的七经即应指汉文帝时所置的《诗》《书》《春秋》《论语》《孝经》《孟子》和《尔雅》无疑。司马相如也应该是通《尔雅》的，而秦宓说他曾被文翁派遣“东受七经”应确有其事。从这里分析，司马相如《凡将》有经学成分，扬雄《训纂》也不应该纯粹为赋作而言。二人的小学来源，应该与当时盛行一时的蜀学，尤其是蜀郡的经学关系密切。至于扬雄所作《方言》，尤为经学附庸，故刘歆称：

> 歆先君数为孝成皇帝言：当使诸儒共集训诂《尔雅》所及，五经所诂，不合《尔雅》者，诂鞫为病；及诸经氏之属，皆无证验，博士至以穷世之博学者，偶有所见，非徒无主而生是也。会成帝未以为意，先君又不能独集。至于歆身，修轨不暇，何偟更创？属闻子云独采集先代绝言，异国殊语，以为十五卷，其所解略多矣，而不知其目。[③]

起码在刘歆看来，《方言》足与《尔雅》并列，这同时也会引起王莽对扬雄才华的注意。而扬雄“乱世得遇”思想的存在，必然不能不使其对王莽的逐渐篡汉之举产生复杂的感受。汉孺子刘婴居摄元年（6），扬雄、刘歆、冯衍皆续《史记》。扬雄续《史记》，《论衡·须颂》称：“司马子长纪黄帝以至孝武，扬子云录宣帝以至哀平。”[④] 此种史学观念，体现着扬雄本人特殊的朝代更迭思想。他对新朝的呼之欲出，代表着当时士人特殊而复杂的心态，体现了当时士人对王莽政

① 参见龚克昌：《汉赋研究》，山东文艺出版社，1990 年，第 108 页。
② 参见王国维：《观堂集林》，中华书局，2004 年，第 177—178 页。
③ 周祖谟：《方言校笺》，中华书局，1993 年，第 91—92 页。
④ 黄晖：《论衡校释》，第 854 页。

治与学术革新的高度期望。扬雄在王莽新朝作《剧秦美新》，是有其思想基础在里面的。

由此看来，扬雄文学向经学的转变，绝不是他一蹴而就或心血来潮的事情，而是有着复杂的社会政治背景与特定的学术发展动因。西汉王朝的衰亡，王莽新朝的创建，古文经学的兴起，都是促成扬雄文学与学术思想转变的外在动力。

三、扬雄在汉代的学术地位及其对后世的文学影响

扬雄在当时以赋闻名，其经学著作并未受到士人重视。刘歆即曾评其《太玄》："空自苦！今学者有禄利，然尚不能明《易》，又如《玄》何？吾恐后人用覆酱瓿也。"司空王邑等人亦怀疑扬雄书不能传世，如其对桓谭称："子常称扬雄书，岂能传于后世乎？"其他诸儒亦认为扬雄非圣人而作经，当有诛绝之罪。可见在当时西汉人眼里，扬雄赋作水平自无争议，其儒学撰述却被儒者视作讥毁圣人之举。

《汉书·艺文志》中入《训纂》在《六艺略》之《小学》；《太玄》《法言》《官箴》等在《诸子略》之《儒家》；"扬雄赋十二篇"在《诗赋略》之"陆贾赋之属"。这是班固的分类标准，说明东汉时期，史学家对扬雄在学术与文学上的贡献有着较为公允的评价。将扬雄《训纂》入《六艺略》，《太玄》《法言》归儒家，赋作与汉初陆贾、司马迁等并列，评价似乎还是比较高的。然而，宋人并不这样看。郑樵以为《汉书·艺文志》将《太玄》《法言》归入儒家，说明班固缺乏明晰的部类观念。他认为，《法言》可入《诸子》，而《太玄》应归《易》类。章学诚对此非常赞同："（班固）总谓扬雄所叙三十八篇，谓其胸无伦类，是樵之论笃矣。至谓《太玄》当归《易类》，《法言》当归《诸子》，其说良是。"[①] 但是章学诚进一步考证，班固这种分类

① 叶瑛：《文史通义校注》，中华书局，2005年，第1003页。

方法显然不是无的放矢，而是学于刘歆《七略》[①]。另《汉书·艺文志》并未收录扬雄《方言》，可见班固对扬雄此书尚有偏见。《隋书·经籍志》亦将《太玄》《法言》入诸子儒家，说明唐人沿袭了班固的分类标准。但是《太玄》已被称为“经”：《扬子太玄经》。后世史学家，恐怕还是将扬雄视为继承孔子衣钵的“西道孔子”看待的。

其实，汉人对扬雄的学术成就褒奖有加者仍不乏其人。当时刘歆未必能全面认识扬雄《太玄》的学术价值，但他对扬雄是非常尊敬的。《汉书》即称，扬雄“于时人皆忽之，唯刘歆及范逡敬焉”。另外，班固之父、祖与扬雄来往密切，班彪曾称扬雄为“父党”[②]。尤其是桓谭、王充等人，对扬雄学术成就推崇备至，甚至有“西道孔子”“东道孔子”“通人”“当世文武周公”之美誉。如唐马总《意林》卷三引《新论》：“张子侯曰：‘扬子云，西道孔子也，乃贫如此。’吾应曰：‘子云，亦东道孔子也。昔仲尼岂独是鲁孔子？亦齐楚圣人也。’”《太平御览》卷二引《新论》：“通人扬子云，因众儒之说。”《论衡·超奇》引桓谭称扬雄：“汉兴以来，未有此人。”《太平御览》卷六〇二引桓谭《新论》则曰：“子云所造《法言》《太玄经》也，人贵所闻，贱所见也，故轻易之，若遇上好事，必以《太玄》次五经也。”王充《论衡》对其事迹记载殊多，如《超奇》：“近世刘子政父子、扬子云、桓君山，其犹文、武、周公，并出一时也。”对于扬雄的著作，王充给予了比较高的评价，其《佚文》称：“玩扬子云之篇，乐于居千石之官。”[③] 至于当时为何出现排斥扬雄学术著作的现象，王充《齐世》篇也有其独到的见解：“扬子云作《太玄》、造《法言》，张伯松不肯壹观。与之并肩，故贱其言。使子云在伯松前，伯松以为《金

① 章学诚《校雠通义》：“刘向所叙六十七篇，部于儒家，则《世说》《新序》《说苑》《列女传颂图》四种书也。此刘歆《七略》所收，全无伦类。班固从而效之，因有扬雄所叙三十八篇，不分《太玄》《法言》《粤》《箴》四种之弊也。郑樵讥班固之混收扬雄一家为无伦类，而谓班氏不能学《七略》之征；不知班氏固效刘歆也。”叶瑛：《文史通义校注》，第1039页。

② 《汉书·叙传》：“父党扬子云以下，莫不造门。”

③ 黄晖：《论衡校释》，第864、811、869页。

匮》矣。”[①] 文人相轻，自古而皆然，但那些与扬雄“不能并肩”者，对其著作反而有很高的评价，如王充《论衡·佚文》记载：“扬子云作《法言》，蜀富人赍钱千万，愿载于书。”[②] 虽然扬雄拒绝了蜀富人之请，但其著作的学术价值在当时还是被认同的，尤其是其巴蜀故乡。对于扬雄著述之功，班固在《楚元王传》中将其与孟、荀、董、马、刘并列：“自孔子后，缀文之士众矣，唯孟轲、孙况、董仲舒、司马迁、刘向、扬雄。此数公者，皆博物洽闻，通达古今，其言有补于世。”（卷三六，第 1972 页）这显然代表了东汉史学家对扬雄的客观认识。自桓谭以下，开始有意识神化扬雄，如《太平御览》卷三九九引桓谭《新论》有扬雄赋《甘泉》而“五藏出在地”的记载，《西京杂记》有“扬雄著《太玄经》，梦吐凤凰，集《玄》之上，倾而灭”的记载，说明扬雄的学术影响在儒者中开始逐渐扩大。这与当时古文经学的逐渐确立不无关系。南北朝时期，更是将其提升到“通儒”的地位。如《太平御览》卷五八五引《金楼子》曰：“王仲任言：夫说一经者，为儒生也；博古今者，为通人也；上书奏事者，为文人也；能精思著文连篇章，为鸿儒也。若刘子政、扬子云之列是也。”自汉代以降《太玄》《法言》等书注疏颇多，如《太玄》有汉宋衷注，三国陆绩注、蔡文邵注、虞翻注，晋王肃注，北魏陆凯注，等等；《法言》有汉宋衷注，晋李轨注，梁侯苞注，等等；《方言》有晋郭璞注。汉代以后，扬雄的历史地位及学术影响，较其生活的时代已经大为改观。

另外，对于扬雄的小学贡献还需要做一说明。汉代律令规定，官吏必须通小学，奏章有舛讹者甚至有杀头之祸。扬雄著《训纂》，显然也有自命为学者师或官吏师的潜意识。这当然与其特殊的学术水平有关。《汉书》著录的西汉小学著作者，仅司马相如、扬雄二人。扬

① 黄晖：《论衡校释》，第 864、811、869 页。

② 黄晖：《论衡校释》，第 864、811、869 页。

雄小学，当在其他儒者之上[①]。扬雄小学成就的取得，显然与其好学多问有关[②]。扬雄的小学成绩绝不是单纯得自书本，而是其刻苦学习与实地考察的结果。对于扬雄的小学贡献，冯班曾有较高评价[③]。所以，明人将其列入“蜀四贤”[④]，无疑是有道理的。

但是扬雄著作的代圣贤立言及其小学方面的突出才能，不能不使其儒学作品充满了繁复、绮华甚至佶屈聱牙的词汇，从而使其著作缺乏自然的灵动与活力。刘熙载即称：“扬子云说道理，可谓能将许大见识寻求。然从来足于道者，文必自然流出；《太玄》《法言》，抑何气尽力竭耶?”“扬子《法言》有些憨意。盖专己创言，人虽怪且厌之，弗为少动也。”“扬子云之言，其病正坐近似圣人。《朱子语类》云：‘若能得圣人之心，则虽言语各别，不害其为同。’此可知学贵实有诸己也。”[⑤]

汉人对扬雄的文学成就评价也很高。《汉书·艺文志》将其赋归入“陆贾赋之属”，与枚皋、严助、司马迁赋并列。当然，与司马相如一样，扬雄的文学创作，离不开侍从帝王的出游与讽谏[⑥]。扬雄赋作刻意模仿司马相如，但班固未将其与司马相如一样归入“屈原赋之属”，史学家或者有将其赋视作近臣之作的意思。桓谭对扬雄的赋作创作方法有所记录[⑦]。后人对扬雄辞赋观的认识，也经历了一个过程。魏晋人吸收了扬雄“辞赋小道”的文学思想，曹植《与杨德祖书》称：“辞赋小道，固未足以揄扬大义，彰示来世也。昔杨子云，先朝

---

① 罗大经《鹤林玉露》卷一一云：“西汉诸儒，扬子云独称识字。”

② 《太平御览》卷六〇六引《西京杂记》记载：“扬子云好事，尝怀铅椠，从诸计吏，访殊方绝俗四方之语。”

③ 《钝吟杂录》卷八：“又初文字驳杂，至扬子云，压之以《五经》，驱天下之文，尽归之于孔孟。后之文人，不敢乱说，扬子之功也。”

④ 何良俊《语林》卷一一云：“自以蜀司马相如、王褒、严君平、扬子云四贤，皆有高才，而无显位，乃托意赞之。”

⑤ 刘熙载：《艺概》，第14—15页。

⑥ 王充《论衡·佚文》称“孝成玩弄众书之多，善扬子云，出入游猎，子云乘从”。

⑦ 《太平御览》卷五八七引桓谭《新论》：“余少好文，见扬子云工赋颂，欲从学。子云曰：‘能读千赋，则善之矣。’”

执戟之臣耳，犹称壮夫不为也。吾虽德薄，位为蕃侯，犹庶几戮力上国，流惠下民，建永世之业，留金石之功，岂徒以翰墨为勋绩、辞赋为君子哉?”① 至南朝，辞赋观念的认识又有变化，颜之推《颜氏家训·文章》称：

> 或问扬雄曰：“吾子少而好赋。”雄曰：“然。童子雕虫篆刻，壮夫不为也。”余窃非之曰：虞舜歌《南风》之诗，周公作《鸱鸮》之咏，吉甫、史克《雅》《颂》之美者，未闻皆在幼年累德也。孔子曰：“不学《诗》，无以言。”“自卫返鲁，乐正，《雅》、《颂》各得其所。”大明孝道，引诗证之，扬雄安敢忽之也?

毫无疑问，扬雄的文学作品，充满了自然流动的文学趣味。洪迈《容斋随笔》卷七称：“东方朔《答客难》，自是文中杰出，扬雄拟之为《解嘲》，尚有驰骋自得之妙。”②

在后人看来，扬雄代表了两汉文学的一个时代。扬雄之前，西汉文学的开创性代表人物是贾谊与司马相如。西汉后期，扬雄是文学发展的另一个标志性人物。尤其是在文学的“阐理”方面，汉代文人无有出其右者③。在刘勰看来，扬雄的文学地位足与贾、马并列。他认为，汉代自王褒《九怀》以下，学《楚辞》者众，然莫能有超越屈、宋之人，唯“枚、贾追风以入丽，马、扬沿波而得奇”④。这种认识比较符合汉赋发展的历程。另外，在汉赋发展史上，扬雄具有推动汉赋进展的特殊贡献。

在汉代文学史上，扬雄还具有继承先秦并开拓汉代文体的特殊作

---

① 萧统编：《文选》卷四二《与杨德祖书》，第 594 页。

② 洪迈：《容斋随笔》，上海古籍出版社，1998 年。

③ 梁任昉《文章缘起》云：“两汉而下，独贾生以命世之才，俯就骚律，非一时诸人所及。它如相如，长于叙事，而或昧于情；扬雄长于说理，而或略于辞；至于班固，辞理俱失。”

④ 刘勰《文心雕龙·诠赋》称：“秦世不文，颇有杂赋。汉初词人，顺流而作。陆贾扣其端，贾谊振其绪，枚、马同其风，王、扬骋其势。”

用。刘勰《文心雕龙·铭箴》称："战代以来，弃德务功，铭辞代兴，箴文委绝。至扬雄稽古，始范《虞箴》，作卿尹、州牧二十五篇。"①扬雄的《元后诔》，也是汉代第一篇继承先秦诔体形式的文章，故《文心雕龙·诔碑》有"暨乎汉世，承流而作，扬雄之诔"的说法。扬雄之前，经学与诸子著作引用《诗》《书》典故较为平常，但文学作品引用者并不频繁，自扬雄《百官箴》才有所改变。《文心雕龙·事类》称："观夫屈宋属篇，号依诗人，虽引古事而莫取旧辞。惟贾谊《鹏赋》，始用《鶡冠》之说，相如《上林》，撮引李斯之书：此万分之一会也。及扬雄《百官箴》，颇酌于《诗》《书》。"② 扬雄的《剧秦美新》虽然是模仿司马相如《封禅文》而来，但这种文体在整个西汉凤毛麟角，其文学史意义亦不容忽视。

扬雄的文学创作与人格特点，对唐人诗歌创作影响不小。王勃《越州秋日宴山亭序》称："是以东山可望，林泉生谢客之文；南国多才，江山助屈平之气。况乎扬子云之故地，岩壑依然；宓子贱之芳猷，弦歌在属。"《上绛州上官司马书》有"扬子云之澹泊心窃慕之"之说。杨炯《从弟去溢墓志铭》赞"扬子云吐凤之才"。李白《东武吟》有"因学扬子云，献赋甘泉宫"之诗，《送王屋山人魏万还王屋》有"吾友扬子云，弦歌播清芬"之赞。扬雄的文采风流、个性悲情与澹然超逸，对后世文人的影响还是比较深刻的。

扬雄学术与文学道路的选择与转向，不仅是其学术思想、个性心理内在作用的结果，也与社会政治的重大变化及学术风尚的急遽转型有关。早在西汉时期，扬雄的学术与文学成就就得到了时人的赞许，但尚未形成风气。魏晋以降，对扬雄及其著作的研究蔚然兴起，扬雄的历史地位与学术贡献逐渐得到了认可。毫无疑问，扬雄是西汉文学与学术发展进程中最有典型性的个案，对其本人及其作品的研究还有许多值得关注的地方，如《剧秦美新》的真伪与学术价值问题、关于

① 范文澜：《文心雕龙注》，人民文学出版社，1958年，第194页。
② 范文澜：《文心雕龙注》，人民文学出版社，1958年，第615页。

《太玄》的创作缘由与意图问题、关于扬雄思想发展与变化的历程问题、关于其所言“讽”“劝”的内在联系与区别及文学功用问题，甚至关于其由文学入经学的其他因素的影响问题，等等，都值得我们进一步思考与研究。

原载《清华大学学报》2012 年第 1 期

扬雄赋论准则及其大赋创作模式

◎ 王德华

摘要：扬雄“诗人之赋丽以则”的赋论准则与批评的失误揭示了汉代赋体理论与创作实践的背离，其四大赋“以颂为讽”的创作模式更揭示了赋体理论在创作实践上的尴尬。扬雄大赋创作的失败及赋论导致的批评失误，是儒学主文而谲谏的诗教观在赋体理论与创作上的反映，也预示着此后大赋创作以颂美为主的历史转向。

关键词：扬雄　丽以则　以颂为讽

赋体创作与理论并不是同步的，大赋创作先于赋体理论。在汉代文学文体意识尚处于萌生的阶段，由于赋体理论受到儒家诗教理论的影响，大赋创作中的文学性往往被赋体理论所扼杀，而大赋文体的政治文化功能，又是大赋创作趋合于赋体理论的一种重要原因。在大赋创作与理论的矛盾整合中，扬雄赋体理论及其大赋创作，集中体现了儒家诗学理论对赋体理论的渗透与规范，以及这种规范所带来的赋体创作目的与效果之间的悖论。因而，对扬雄赋论及大赋创作的检视与批判，对我们认识两汉大赋创作承载的政治文化功能的嬗变具有重要的意义。

一、扬雄赋论准则及批评的失误

汉代较早的赋论，据现有记载，应为司马相如。《西京杂记》卷二记载了相如“赋迹”与“赋心”之说，此则记载的真实性虽然常遭质疑，但也不妨看作是对司马相如大赋创作的理论概括。其中“合綦组以成文，列锦绣而为质。一经一纬，一宫一商，此赋之迹也”，与相如《子虚赋》《上林赋》表现的“巨丽”相吻合，体现了一种对丽辞美文的追求。赋体理论中较早以儒家诗教理论对赋体创作进行评价的应属司马迁。《史记·司马相如列传》言：“《春秋》推见至隐，《易》本隐之以显，《大雅》言王公大人而德逮黎庶，《小雅》讥小己之得失，其流及上。所以言虽外殊，其合德一也。相如虽多虚辞滥说，然其要归引之节俭，此与《诗》之风谏何异?”① 以《春秋》《易》的隐显之道，《大雅》《小雅》之讽谏，观照相如的赋体创作，言其“赋迹”为“虚辞滥说”，称其赋作“要归引之节俭，此与《诗》之风谏何异”，上升到讽谏的诗学高度，突现了相如大赋创作的政治文化功能，体现了司马迁轻文重质的文学观。

扬雄赋论与赋体批评综合了司马相如的创作经验与司马迁的赋论，《汉书·扬雄传》有集中体现：

> 雄以为赋者，将以风之也，必推类而言，极丽靡之辞，闳侈钜衍，竞于使人不能加也，既乃归之于正，然览者已过矣。往时武帝好神仙，相如上《大人赋》，欲以风，帝反缥缥有陵云之志。由是言之，赋劝而不止，明矣。又颇似俳优淳于髡、优孟之徒，非法度所存，贤人君子诗赋之正也，于是辍不复为。②

此段对理解扬雄赋体批评理论极为重要：一是它体现了扬雄对赋体创作目的的看法，即“以为赋者，将以风之也”，赋体应该具有讽谏的政治功能；二是为了实现赋体的讽谏目的，在创作方法上，扬雄以为赋体创作“必推类而言，极丽靡之辞，闳侈钜衍，竞于使人不能

① 《史记》，中华书局，1959 年，第 3073 页。

② 《汉书》，中华书局，1962 年，第 3575 页。

加也”，指出赋体的铺张扬厉与辞藻丽靡的特征；三是从批评的角度，认为这种“丽靡之辞”的描写是很难实现真正的讽谏目的的，即表现得越好，其讽谏的效果越微，所谓“览者已过矣”。

扬雄以上赋论及对赋体创作的批评，在他的《法言·吾子》篇中也有反映。例如：

或曰：“赋可以讽乎?”曰：“讽乎！讽则已，不已，吾恐不免于劝也。”

或曰：“雾縠之组丽。”曰：“女工之蠹矣。”

或问：“景差、唐勒、宋玉、枚乘之赋，益乎?”曰：“必也，淫。”“淫，则奈何?”曰：“诗人之赋丽以则，辞人之赋丽以淫。如孔氏之门用赋也，则贾谊升堂，相如入室矣。如其不用何?”①

可以看出“诗人之赋丽以则”是扬雄的赋论准则，在此观照下，从其“女工之蠹”与“不免于劝”的慨叹，可见扬雄对宋玉等人赋体创作在赋体的丽辞与讽谏功能上进行了双重的批评，并据此给予“辞人之赋丽以淫”的评价。汪荣宝注曰：

诗人之赋，谓六义之一之赋，即诗也。《周礼》：“大师教六诗：曰风，曰赋，曰比，曰兴，曰雅，曰颂。”班孟坚《两都赋序》云：“赋者，古诗之流也。”李注云：“《毛诗序》曰《诗》有六义焉，二曰赋。故赋为古诗之流也。”《尔雅·释诂》云：“则，法也。”“诗人之赋丽以则”者，谓古诗之作，以发情止义为美。即《自序》所谓：“法度所存，贤人君子诗赋之正也。”故其丽也以则。《艺文志》颜注云：“辞人，谓后代之为文辞。”“辞人之赋丽以淫”者，谓今赋之作，以形容过度为美。即《自序》云：“必推类而言，闳侈钜衍，使人不能加也。”故其丽也以淫。《艺

① 汪荣宝：《法言义疏》，中华书局，1987年，第45—50页。

文类聚》五十六引挚虞《文章流别论》云："古之作诗者，发乎情，止乎礼义。情之发，因辞以形之；礼义之指，须事以明之，故有赋焉。所以假象尽辞，敷陈其志。古诗之赋，以情义为主，以事类为佐。今之赋，以事形为本，以义正为助。情义为主，则言省而文有例矣；事形为本，则言富而辞无常矣。文之烦省，辞之险易，盖由于此。夫假象过大，则与类相远；逸辞过壮，则与事相违；辨言过理，则与义相失；丽辞过美，则与情相悖。此四过者，所以背大礼而害政教。是以司马迁割相如之浮说，扬雄疾辞人之赋丽以淫。"按：过即淫也。仲洽此论，推阐杨旨，可为此文之义疏。①

从汪氏之注，很明显地看出"诗人之赋"是儒家诗学文化传统的延续，"诗人之赋丽以则"是扬雄的赋论准则，并且也是两汉魏晋赋论家秉持的一种观点。结合本传中记载的扬雄赋体批评，"丽以则"体现了赋体丽辞为赋体讽谏服务的赋体创作原则，而"辞人之赋丽以淫"则是在此准则观照下对赋体创作的批评。

但是揆诸宋玉、枚乘与司马相如的赋体创作，扬雄"丽以则"赋论准则却呈现出批评的失误，主要表现在对赋体创作文学性表达的不解乃至扼杀。赋体创作的产生并不是本于扬雄所说的"诗人之赋丽以则"的准则。由于赋体的分类存在着差异，对赋体起源的看法也多有歧义。关于这一点，马积高先生在其《赋史》中已有论述。马先生将"辞赋"分为诗体赋、骚体赋与文赋三类，并认为章学诚"谓古赋家者流'出入战国诸子'如就文赋一体言，尤属真知灼见"。马先生在此基础上又有所补充，言"文赋的兴起，同时也受到诗的不歌而诵的影响，就是说，它把诗那种可以朗诵的特点移到文中去了。所以，文赋不但一般为问答体，有铺张的描述，而且有韵。它是诸子问答体和游士说辞的文艺化"②，从韵散结合的角度，将赋体创作与战国诸子散

① 汪荣宝：《法言义疏》，中华书局，1987年，第50—51页。

② 马积高：《赋史》，上海古籍出版社，1997年。

文及纵横家说辞区分开来。笔者看来，马先生认为文赋“是诸子问答体和游士说辞的文艺化”，极具启发性。这种“文艺化”不仅表现在马先生所言的“有韵”方面，同时还应表现为创作主体创作时的处境与心境的转逆之中，即创作主体通过赋体创作将政治言说的欲望由战国诸子的在场参与或理性表达转为一种不在场的文学性隐喻讽谏，从而使赋体成为既具有与战国诸子铺陈隐喻表现手法相近的一面而又超离指涉具体政事的一种文学表达。

宋玉等人的赋体创作，实受战国诸子思维方式的影响，是将政治言说进行文学化表达的一种创造。文中体现的讽谏，虽与儒家诗教相合，但其引之节俭、归之风谏的主旨是通过形象化铺陈，或托物，或描写，即通过具象化的展示来表现的，其铺陈与丽辞都是为了主旨的突现。在宋玉等人的赋体作品中，不具体铺陈就不足以说明讽谏主旨。如宋玉的《高唐》与《神女》二赋，《高唐赋》对高唐周围环境进行铺陈描写，最后指出要见神女的条件是“王将欲往见之，必先斋戒，差时择日，简舆玄服，建云旆，蜺为旌，翠为盖，风起雨止，千里而逝。盖发蒙，往自会，思万方，忧国害，开贤圣，辅不逮”，即洗心革欲，忧国爱贤；因而《神女赋》极写神女之丽色，但又最终“不可犯干”，发乎情止乎礼义，其讽谏用意也宛然其中[①]。

汉初，赋体创作成为士人的一种才能与爱好的表现，得到了极大的发展。枚乘、司马相如都不约而同地聚集在梁王门下，使文士对赋体创作的自觉认同更具一种客观氛围。如果说宋玉以文学侍从身份创作的讽谏赋作显出更多的无奈的话，汉初士人则是把赋体创作当作一种爱好，从而表现出一种主动的选择。枚乘不仅具有政治远见，且具有辞赋才能，以辞赋优游于梁王及其宾客之间。如果说景帝召拜枚乘是因枚乘对汉朝的忠心，那么后来武帝征拜则兼及政治与文名的双重因素。联系枚乘的仕历、性格与对辞赋的爱好，可以看出枚乘更多地继承了宋玉赋体政治言说文学性表达的特征，并在一定程度上体现了

① 《六臣注文选》，中华书局，1979年。

对赋体文学性的自觉认同。在宋玉与司马相如之间，枚乘《七发》的意义主要是在宋玉赋体政治言说的文学性表达的自觉化上做出了自己的努力。《七发》假设吴客与楚太子之间的对话，在主客关系上，比宋玉的赋体人物对答更趋于虚构，这对此后大赋创作的主客对答人物身份的虚构化具有先导作用。因而在楚太子有疾的情境中，吴客的问疾治疾的一系列对答，就带有针对现实的普遍意义。枚乘说七事以启发太子，七事中前六事，分别以音乐、饮食、驾车、游观、田猎、观涛启发太子，在最为欣赏的观涛上，太子还是“病未能也”。作者极力铺陈的六事并未能治愈太子的病，这种铺陈的作用，在表现上无疑起到了突出最后一事即“要言妙道”的治病效果。虽然赋中的“要言妙道”只是片言只语，只是杂诸子之言说，但与前六事相较，有一种外在物质享受与内在精神提升之间的对比。不对六事加以铺陈与细致的刻画，就不足以显示外在的游玩享乐对人的感官具有刺激作用但对病中的楚太子却没有疗效之间的反差，六事一一否定，“要言妙道”的神奇功能虽然显得突兀，但作者的讽谏用意却是非常明显的。

再就扬雄提到的司马相如《大人赋》来看，扬雄将《大人赋》看作是赋体欲讽反劝的显例，此论源于司马迁。司马迁《太史公自序》曰：“《子虚》之事，《大人》赋说，靡丽多夸，然其指风谏，归于无为。”① 又《史记·司马相如列传》载：

> 相如拜为孝文园令。上既美子虚之事，相如见上好仙道，因曰：“上林之事未足美也，尚有靡者。臣尝为《大人赋》，未就，请具而奏之。”相如以为列仙之传，居山泽间，形容甚臞，此非帝王之仙意也，乃遂奏《大人赋》。……相如既奏大人之颂，天子大说，飘飘有陵云之气，似游天地之间意。②

---

① 《史记》，中华书局，1959 年，第 3317 页。

② 《史记》，中华书局，1959 年，第 3062 页。

《大人赋》仿《远游》，但有别，《远游》实为出尘之思，而《大人赋》则表现了“帝王之仙意”。笔者以为，除了用语及“远游”描写上规仿《远游》外，《大人赋》在创作上实受到了宋玉《风赋》的影响。《风赋》描写了“大王之雄风”与“庶人之雌风”的不同，托风以讽，表现统治者与平民百姓生活的巨大差异。武帝好神仙，相如《大人赋》意在写出帝王之仙意与一般列仙之间的不同。大人游历帝宫，见到传说中的西王母“暠然白首戴胜而穴处兮，亦幸有三足乌为之使”，发出“必长生若此而不死兮，虽济万世不足以喜”的慨叹，意在指出帝王应超越长生不死的求仙祈盼，而达到“视眩泯而亡见兮，听敞怳而亡闻。乘虚亡而上遐兮，超无友而独存”的得道境界。这一境界是否如司马迁所说的旨在讽谏“归于无为”还可再讨论，然汉武帝读后，飘然有凌云之思，至少也说明武帝对相如赋描写的帝王之仙意心有同感。因而，从作品本身来看，相如《大人赋》主旨明确，并不存在欲讽反劝的悖论。扬雄以《大人赋》作为欲讽反劝的显例，这应是汉代普遍存在的儒家诗学理论与创作实践脱节的一种反映。

可以说，纵观宋玉等人的作品，虽闳衍恣肆，但其主旨并不隐晦。他们的作品并不回避对感官物质层面的细腻描写，但精细的刻画是为劝谏主旨的表达作铺垫，他们在战国诸子政治言说转向文学性表达上迈出了重要一步，为文学性描写与独立做出了可贵的探索。但是一旦以“诗人之赋丽以则”的准则论之，正如汉儒论诗一样，必然导致批评的失误，势必将宋玉等人的赋作划入“辞人之赋丽以淫”之中，从而在一定程度上阻碍了赋体创作的文学性表达的正常生长。

扬雄“丽以则”的赋论准则还抹杀了汉代娱乐小赋对文学表现的积极贡献。汉初藩王、武宣之世，在娱乐游宴背景下，赋家还创作了大量的小赋。这类小赋注重对外在物体的描绘，因而从文学表现来说，虽未脱离儒家诗学的框缚，却培育出文学的根苗，对南朝咏物诗赋的创作均有影响。但是在汉代文学意识尚未独立的情形之下，赋家创作也是潜意识而为之，而在儒家诗教盛行的汉代，却又不得不曲终奏雅，以合于儒家的诗教。《汉书·王褒传》载：

> 上令褒与张子侨等并待诏，数从褒等放猎，所幸宫馆，辄为歌颂，第其高下，以差赐帛。议者多以为淫靡不急，上曰："不有博弈者乎？为之犹贤乎已！辞赋大者与古诗同义，小者辩丽可喜，辟如女工有绮縠，音乐有郑卫，今世俗犹皆以此虞悦耳目，辞赋比之，尚有仁义风谕，鸟兽草木多闻之观，贤于倡优博弈远矣。"①

此则材料说明，汉宣帝意识到"辞赋大者"与"小者"的区别，并用"女工有绮縠，音乐有郑卫"比喻，说明"小者"的赋体有三个特性：一是"辩丽可喜"的形式特征，这着重于赋体的铺陈描写功能；二是有"虞悦耳目"的娱乐审美功效；三是小赋"尚有仁义风谕，鸟兽草木多闻之观"的政教及诗教等功用价值。其实，第一点与第三点，是与汉大赋同等的，唯一不同的就是出于娱乐目的的创作态度。这看似矛盾的两个方面，实际上是作为帝王的汉宣帝既需要维护小赋创作，而又尽可能地将"淫靡不急"的小赋创作纳入儒家诗教评价的体系中，为小赋创作寻找儒学支持的依据。汉代娱乐性小赋正是在这种背景下因帝王的娱乐需要与一定的维护，得以在一种特殊的空间中维持其文学性的娱乐功能，对文学艺术的滋长具有一定的影响。扬雄儒学诗教观甚至没能让他如汉宣帝一样，从儒学诗教内部寻找解说的依据，而是引枚皋悔同俳优之说，认为小赋"非法度所存，贤人君子诗赋之正"，将此类赋作列入"辞人之赋丽以淫"之列的。但是，枚皋等人的娱乐诸赋，本以娱乐为主，有颂美之意，却无意于讽谏；汉宣帝能以儒家诗教给予维护，而扬雄则以"丽以则"的准则予以批评，见出儒家诗教对小赋乃至大赋文学性、娱乐性表达的排斥。因而"欲讽反劝"与其说是赋体创作的悖论，毋宁说是儒家诗教美刺理论

① 《汉书》，中华书局，1962年，第2829页。

评价赋体创作时显示出的自身尴尬。

二、扬雄四大赋“以颂为讽”赋体创作模式

关于扬雄四大赋的创作时间，一般均认为创作于汉成帝永延元年、二年。熊良智先生近发文考证，认为“扬雄四赋中《甘泉赋》《河东赋》《羽猎赋》作于永始四年；而《长杨赋》作于永始四年之明年，即元延元年”①。永始四年扬雄四十一岁，扬雄享年七十一岁，四赋正作于他一生的壮年时期。因而，扬雄的赋论与其大赋创作是互动的。从扬雄“悔其少作”及“辍不复为”来看，他的赋论成于晚年。而作于壮年的四大赋，可以看到与他的“诗人之赋丽以则”赋体理论一脉相承，为其后期赋体理论提供了创作经验。

四篇大赋一个共同的特征，即是都以讽谏为目的，这与他以讽谏为赋体旨归相一致。但是扬雄四大赋的吊诡之处在于，四大赋的讽谏旨归是必须借助于赋序才能让读者明白的。如果没有赋序的交代，单就四大赋本身，其讽谏意味甚少，而事实上往往与讽谏旨归相背。如《甘泉赋序》② 曰：

> 孝成帝时，客有荐雄文似相如者，上方郊祠甘泉泰畤、汾阴后土，以求继嗣，召雄待诏承明之庭。正月，从上甘泉，还奏《甘泉赋》以风。

汉成帝无子嗣，其郊祠“甘泉泰畤、汾阴后土”，以求子嗣。扬雄对成帝郊祠的奢靡存有讽谏之意，这是扬雄“从上甘泉，还奏《甘泉赋》以风”的原因。但是整篇《甘泉赋》却是对成帝此次郊祀进行了颂扬式的描写，主要表现在三个方面。一是对出行盛况进行描写，

① 熊良智：《扬雄“四赋”时年考》，《四川师范大学学报》，2005 年第 3 期。

② 此序出自《汉书》本传，实出于扬雄自传，故以篇序直称。下同。

如随行众多，言“齐总总撙撙，其相胶葛兮”，“骈罗列布，鳞以杂沓兮”；车骑之盛，言“敦万骑于中营兮，方玉车之千乘”，表现了天子郊祀场面的盛大。二是突出描写了甘泉宫宫观楼阙似神所居的谲诡多变以及非仙所至的高耸入云。三是表现了成帝至甘泉宫后静心斋戒，即“天子穆然珍台闲馆琁题玉英蜵蜎蠖濩之中，惟夫所以澄心清魂，储精垂思，感动天地，逆釐三神”，以及“方览道德之精刚兮，侔神明之为资”对道德的涵养与持重。全篇完全以颂美语气表现，与赋序所言的讽谏之意甚相背离。《汉书》本传载：

> 甘泉本因秦离宫，既奢泰，而武帝复增通天、高光、迎风。宫外近则洪崖、旁皇、储胥、弩陆，远则石关、封峦、枝鹊、露寒、棠梨、师得，游观屈奇瑰玮，非木摩而不雕，墙涂而不画，周宣所考，般庚所迁，夏卑宫室，唐、虞採椽三等之制也。且其为已久矣，非成帝所造，欲谏则非时，欲默则不能已，故遂推而隆之，乃上比于帝室紫宫，若曰此非人力之所为，党鬼神可也。又是时赵昭仪方大幸，每上甘泉，常法从，在属车间豹尾中。故雄聊盛言车骑之众，参丽之驾，非所以感动天地，逆釐三神。又言“屏玉女，却虙妃”，以微戒齐肃之事。

此段说明扬雄《甘泉赋》的讽意有三：一是针对甘泉宫“游观屈奇瑰玮，非木摩而不雕，墙涂而不画”的奢侈，可见篇中对甘泉宫的描写“乃上比于帝室紫宫，若曰此非人力之所为，党鬼神可也”；二是说明“车骑之众，参丽之驾，非所以感动天地，逆釐三神”；三是针对汉成帝宠幸后宫赵昭仪，故而“屏玉女，却虙妃，以微戒齐肃之事”。但是篇中并未直接言说，而是以反话正说的颂美语气加以表现。如果没有本传前后文字的解释与记载，就篇中描写来看，只能让我们感受到天子的虔诚祭祀之心以及对道德的涵养，还有作者的颂美之声。此段也点出了对这一创作思维的表现形式，即“推而隆之”，即顺着天子之意，极力表现，但其真正的用意并非颂扬而是借此讽谏。

因而，《甘泉赋》典型地反映了扬雄大赋“以颂为讽”的赋体创作思维与表达模式。

这一“推而隆之”“以颂为讽”的表现模式在其他三篇大赋中也同样运用。《河东赋序》曰：

> 其三月，将祭后土，上乃帅群臣横大河，凑汾阴。既祭，行游介山，回安邑，顾龙门，览盐池，登历观，陟西岳以望八荒，迹殷、周之虚，眇然以思唐、虞之风。雄以为，临川羡鱼不如归而结网，还，上《河东赋》以劝。

《河东赋》基本上按照赋序之说进行铺陈：首先描写了天子祭祀后土的出行盛况；之后表现天子“乐往昔之遗风”的览古幽思；最后写出天子归京后“轶五帝之遐迹兮，蹑三皇之高踪”之举以及“既发轫于平盈兮，谁谓路远而不能从”的政治期许。从赋序看，天子览古中确然有“思唐、虞之风”之意，但是扬雄以为“临川羡鱼不如归而结网”，见出天子的览古之意在现实政治中的缺失。因而，赋中篇末所表现的政治期许，是通过帝王自身的政治期许表达作者的讽谏之意，在表现方法上仍是以颂为讽的表达模式。

如果说《甘泉赋》与《河东赋》还体现了扬雄本着一定的政治与治国理念对汉成帝进行讽谏的话，那么《羽猎赋》与《长杨赋》则是对汉成帝失政失德之举的批评。《羽猎赋序》曰：

> 其十二月羽猎，雄从。以为昔在二帝、三王，宫馆、台榭、沼池、苑囿、林麓、薮泽，财足以奉郊庙、御宾客、充庖厨而已，不夺百姓膏腴谷土桑柘之地。女有余布，男有余粟，国家殷富，上下交足，故甘露零其庭，醴泉流其唐，凤皇巢其树，黄龙游其沼，麒麟臻其囿，神爵栖其林。昔者禹任益虞而上下和，草木茂；成汤好田而天下用足；文王囿百里，民以为尚小；齐宣王囿四十里，民以为大：裕民之与夺民也。武帝广开上林，南至宜

春、鼎胡、御宿、昆吾，旁南山而西，至长杨、五柞，北绕黄山，濒渭而东，周袤数百里，穿昆明池象滇河，营建章、凤阙、神明、馺娑，渐台、泰液象海水周流方丈、瀛洲、蓬莱。游观侈靡，穷妙极丽。虽颇割其三垂以赡齐民，然至羽猎、田车、戎马、器械、储偫、禁御所营，尚泰奢丽夸诩，非尧、舜、成汤、文王三驱之意也。又恐后世复修前好，不折中以泉台，故聊因《校猎赋》以风。

帝王的游猎，并非一次简单的出行，往往伴随着侵占“百姓膏腴谷土桑柘之地”，同时广建苑囿以供游猎时娱乐之用。扬雄回顾二帝、三王至前代武帝之时的游猎情况，认为帝王的游猎活动并不以苑囿之大小，而是以百姓的利益作为衡量的前提，有着“裕民之与夺民”的区别。扬雄希望帝王能与民同乐，主张以二帝三王为榜样，“宫馆、台榭、沼池、苑囿、林麓、薮泽，财足以奉郊庙、御宾客、充庖厨而已，不夺百姓膏腴谷土桑柘之地”，不要“游观侈靡，穷妙极丽”。扬雄作赋以讽，显然是针对汉成帝的游猎活动并不是“裕民”而是“夺民”之举。但是，同样地，《羽猎赋》也是采用了以颂为讽的表现手法：先是描写了天子游猎出行之盛以及游猎场面的刺激与壮观，并让群公常伯杨朱、墨翟之徒喟然并称曰：“崇哉乎德，虽有唐、虞、大夏、成周之隆，何以侈兹！太古之觐东岳，禅梁基，舍此世也，其谁与哉?”极写此次出猎超越往古的盛大。作者并不是以批评的口气而是以颂扬的口吻，将“何以侈兹”与“崇哉乎德”联系起来，体现了以颂为讽的用意。其次，是让天子极尽“苑囿之丽，游猎之靡”后，忽发道德仁义之思：

上犹谦让而未俞也，方将上猎三灵之流，下决醴泉之滋，发黄龙之穴，窥凤皇之巢，临麒麟之囿，幸神雀之林；奢云梦，侈孟诸，非章华，是灵台，罕徂离宫而辍观游，土事不饰，木功不凋，承民乎农桑，劝之以弗迨，侪男女使莫违，恐贫穷者不遍被洋溢之饶，开禁苑，散公储，创道德之囿，弘仁惠之虞，驰弋乎神明之囿，览观乎群臣之有亡；放雉兔，收置罘，麋鹿刍荛与百姓共之，盖所以臻兹也。于是醇洪鬯之德，丰茂世之规，加劳三皇，勖勤五帝，不亦至乎！乃祗庄雍穆之徒，立君臣之节，崇贤圣之业，未皇苑囿之丽，游猎之靡也，因回轸还衡，背阿房，反未央。

这种“曲终奏雅”与前面游猎之靡形成鲜明的对比，虽是出于作者的讽谏意愿，但它出自天子之口，仍是以颂为讽的一种隐曲表现。

如果说《羽猎赋》对帝王游猎给百姓带来的灾难也还是一种道德与理念上的观照，其“夺民”的危害并不是立刻显现的话，那么《长杨赋》所讽谏的则是汉成帝的长杨游观以致“农民不得收敛”的失德之举。《长杨赋序》曰：

明年，上将大夸胡人以多禽兽，秋，命右扶风发民入南山，西自褒斜，东至弘农，南驱汉中，张罗罔罝罘，捕熊罴、豪猪、虎豹、狖玃、狐莬、麋鹿，载以槛车，输长杨射熊馆。以罔为周阹，纵禽兽其中，令胡人手搏之，自取其获，上亲临观焉。是时，农民不得收敛。雄从至射熊馆，还，上《长杨赋》，聊因笔墨之成文章，故借翰林以为主人，子墨为客卿以风。

汉成帝只是为了“大夸胡人以多禽兽”，不惜夺民以时，发民捕获天下奇兽，“纵禽兽其中，令胡人手搏之”，以此取乐，但却给农民带来了“不得收敛”的后果。这种明显的失政失德之举，无法再如前三篇直接颂美以讽谏，而是更加委婉地以假客问答的形式来表现。开篇即以子墨客卿之口道出了作者所要讽谏的内涵：

子墨客卿问于翰林主人曰：“盖闻圣主之养民也，仁沾而恩治，动不为身。今年猎长杨，先命右扶风，左太华而右褒斜，椓

> 截辥而为弋，纡南山以为罝，罗千乘于林莽，列万骑于山隅，帅军踤阹，锡戎获胡。搤熊罴，拕豪猪，木雍枪累，以为储胥，此天下之穷览极观也。虽然，亦颇扰于农民。三旬有余，其廑至矣，而功不图，恐不识者，外之则以为娱乐之游，内之则不以为乾豆之事，岂为民乎哉！且人君以玄默为神，澹泊为德，今乐远出以露威灵，数摇动以罢车甲，本非人主之急务也，蒙窃或焉。”

子墨客卿指出汉成帝“天下之穷览极观”违背了“圣主之养民也，仁沾而恩洽，动不为身”的为政原则，于国于民均为无益之举；其言语是尖锐的，也是扬雄讽谏的观点；但是篇中却借翰林主人之口批评子墨客卿是“知其一未睹其二，见其外不识其内者”。翰林主人追溯高祖刘邦承秦之弊，初建天下，“以为万姓请命虖皇天”，急民所争，想民所想，才达到“七年之间而天下密如也”的安定局面。文帝“随风乘流，方垂决于至宁”，提倡节俭，与民休息，所以继续保持天下安定的局面。武帝时蛮夷戎狄作乱扰边，武帝奋发安边，使得“遐方疏俗殊邻绝党之域，自上仁所不化，茂德所不绥，莫不蹻足抗手，请献厥珍，使海内澹然，永亡边城之灾，金革之患”。翰林主人认为成帝之世既不同于高祖初定天下之时，也不同于文帝之时的文治天下、武帝时的武定四边之际，而是处安日久，仁义著称，故而将长杨游观视作“有年出兵”，目的是“习马长杨，简力狡兽，校武票禽”的安不忘危之举，并且天子游览有度，尊仁义、惜农时、爱百姓、尊神明，并不是如子墨客卿所言的“淫览浮观”。主人将成帝长杨游观之举与高祖、文帝及武帝相比，说明各代不同，或与民休息，或劳民安边，都是以民为本。而当今既非如高祖、文帝急需安民之时，亦非武帝需要劳民安边之际，在天下太平、丰年民安的时代，适时有度的游观校猎，能达到习兵校武的目的。篇中翰林主人所言完全是对子墨客卿的批评，曲说颂美成帝观射长扬之举，以否定子墨客卿的扰民之说，这种正话反说、反话正说的方式，无疑是扬雄在以一种政治理念颂扬成帝，借此达到讽谏的目的。因而，这种假客问答，与其说是翰林主人在晓喻子墨客卿，毋宁说是晓喻成帝的荒唐之举，希望成帝的举动合于道义民心。

可见，扬雄四大赋所讽谏的内容是一件比一件更切中时弊，虽然表现上各有不同，但总体说来，赋中的汉成帝因成为作者的理想代言人而与现实中的成帝判若两人，扬雄以颂美理想中的汉成帝讽谏现实中汉成帝的失德之举，其歌颂的内容恰恰是现实中所缺失的，扬雄无疑是将一种理想的政治理念强加在汉成帝身上。可以说，四大赋共同体现了扬雄大赋创作以颂为讽的思维模式，“诗人之赋丽以则”不仅是扬雄的赋论准则，同时也是形成扬雄“以颂为讽”创作模式的指南。这种创作思维与理论模式，不仅使他不能接受宋玉、枚乘与司马相如诸人之赋的丽辞表达并将之视为有害讽谏，同时也使得他的赋体创作在主旨与表达上陷入只能借助赋序才能明白其讽谏主旨的尴尬境地，这也应是扬雄悔赋的重要原因之一。

三、扬雄赋论赋作思维模式与儒学诗教观

扬雄大赋创作的热情和他对赋体丽文的爱好与对司马相如的模拟有关。扬雄以文著称。“雄始能草文，先作《县邸铭》《玉佴颂》《阶闼铭》及《成都城四隅铭》。蜀人有杨庄者为郎，诵之于成帝，成帝好之，以为似相如，雄遂以此得外见。此数者皆都水君常见也，故不复奏。雄为郎之岁，自奏少不得学，而心好沈博绝丽之文。”[①]《汉书》本传载其“顾尝好辞赋。先是时，蜀有司马相如，作赋甚弘丽温雅，雄心壮之，每作赋，常拟之以为式”。但是从学术与诗学思想的角度而言，扬雄“诗人之赋丽以则”的赋论准则以及“以颂为讽”的创作思维模式，却是来自于扬雄对儒家“主文而谲谏”创作理论与“美刺”诗学批评理论的积极实践。汉儒论诗，不仅提倡“主文而谲谏”，同时在评诗理论上表现为“美刺”二端。作为颂其所颂、刺其所刺之

① 林贞爱：《扬雄集校注》，四川大学出版社，2001年。

诗，如三颂、大小雅之政治怨刺，所美所刺，诗意都较为明显，不会给后人带来太大的歧义。汉儒说诗纷纭最多的是对风诗的解说。一则风诗往往是发乎情，并无意于政教美刺；二则风诗往往多为男女恋情之歌且多用比兴，与政教美刺关涉不多。汉儒既然将《诗经》作为一部美刺之书，故四家说诗虽各有异，但大多以“美刺”解说，其中形成的“以颂为讽”的阐释模式，是在汉儒美刺之说，“主文而谲谏”诗论纲领下生成的。这一点非常鲜明地体现在鲁齐韩三家对《诗经》之首篇《关雎》的说解之中。王先谦《诗三家义集疏》《关雎》篇引鲁齐韩三家解说，兹引几条如下：

鲁说曰：周道缺，诗人本之衽席，《关雎》作。（司马迁《十二诸侯列表》）又曰：后妃之制，夭寿治乱存亡之端也。是以佩玉晏鸣，《关雎》叹之，知好色之伐性短年，离制度之生无厌，天下将蒙化，陵夷而成俗也。故咏淑女，几以配上，忠孝之笃、仁厚之作也。（《汉书·杜钦传》）①

齐说曰：孔子论《诗》以《关雎》为始，言太上者民之父母，后夫人之行不侔乎天地，则无以奉神灵之统而理万物之宜。故《诗》曰：“窈窕淑女，君子好逑。”言能致其贞淑，不贰其操，情欲之感无介乎容仪，宴私之意不形乎动静，夫然后可以配至尊而为宗庙主。此纲纪之首，王教之端也。（《汉书·匡衡传》）②

韩叙曰：《关雎》，刺时也。（王应麟《诗考》六引《韩诗叙》文）韩说曰：诗人言雎鸠贞洁慎匹，以声相求，隐蔽于无人之处。故人君退朝，入于私宫，后妃御见有度，应门击柝，鼓人上堂，退反宴处，体安志明。今时大人内倾于色，贤人见其萌，故咏《关雎》，说淑女，正容仪，以刺时。（《后汉书·明帝纪》李

① 王先谦：《诗三家义集疏》，中华书局，1987 年，第 4 页。
② 王先谦：《诗三家义集疏》，中华书局，1987 年，第 5 页。

贤注引《韩诗薛君章句》文)[①]

王氏并言："综览三家，义归一致。盖康王时当周极盛，一朝晏起，应门之政不修而鼓柝无声，后夫人璜玉不鸣而去留无度，固人君倾色之咎，亦后夫人淫色专宠致然。毕公，王室藎臣，睹衰乱之将萌，思古道之极盛，由于贤妇女性不妒忌，能为君子和好众妾，其行侔天地，故可配至尊，为宗庙主。今也不然，是无以奉神灵之统而理万物之宜。陈往讽今，主文谲谏，言者无罪，闻者足戒，风人极轨，所以取冠全诗。毛传匿刺扬美，盖以为陈贤圣之化，则不当有讽谏之词，得粗而失精，斯巨失矣。"[②] 不仅指出了三家诗与毛诗主张《关雎》美后妃之德说的不同，而且指出三家诗解诗的共同之点是"陈往讽今，主文谲谏"，这种方式主要是针对"今也不然"的当下政教的缺失，并认为毛诗"匿刺扬美，盖以为陈贤圣之化，则不当有讽谏之词"，失去了讽谏所蕴含的精髓。除上引诸例外，汉明帝诏书中言"应门失守，《关雎》刺世"；《后汉书·冯衍传》中《显志赋》言"美《关雎》之识微兮，愍王道之将崩"；班固《汉书·杜钦传赞》言"庶几乎《关雎》之见微"等，可见三家以颂为讽对《关雎》的解说在两汉颇为流行。值得注意的是，三家诗虽与毛诗在《关雎》一首上有分歧，但并不是说毛诗没有以颂为讽的说诗之例。例如《豳风·伐柯》，毛序曰："美周公也。周大夫刺朝廷之不知也。"郑笺："成王既得雷雨大风之变，欲迎周公，而朝廷群臣犹惑于管蔡之言，不知周公之圣德，疑于王迎之礼，是以刺之。"其首章云："伐柯伐柯，匪斧不克。取妻如何？匪媒不得。"王先谦引苏轼《诗传》曰："伐柯而不用斧，取妻而不用媒，岂可得哉？今成王欲治国，弃周公而不召，亦不可得也。"认为苏说"最合经意"[③]，盖苏轼说出了《伐柯》"美周公"之意。但是毛序所言"美周公也"，是此诗的一层含义；而"周大夫刺

① 王先谦：《诗三家义集疏》，中华书局，1987年，第6页。
② 王先谦：《诗三家义集疏》，中华书局，1987年，第7页。
③ 王先谦：《诗三家义集疏》，中华书局，1987年，第541页。

朝廷之不知也”，则是颂意背后之“讽”与“刺”了，也是毛序发掘的微言大义。因而，此诗之解，不仅从伐柯、取妻之比以喻周公对成王治国之重要，以颂周公，更为重要的是刺“朝廷之不知”，这与三家解《关雎》一样，共同表现出了以颂为讽的解诗模式。

这种以颂为讽的解诗思维对扬雄的影响应该是存在的，直接影响到扬雄对《关雎》的说解。扬雄《法言·孝至》言：

> 周康之时，颂声作乎下，《关雎》作乎上，习治也。齐桓之时缊，而《春秋》美邵陵，习乱也。故习治则伤始乱也，习乱则好始治也。

汪荣宝曰：“子云说《诗》，皆用鲁义，故此以《关雎》为刺康王之诗，而云‘作乎上’亦即大臣刺宴之说。”“此云‘伤始乱’，即豫见之说。”[①] 由此见出以颂为讽的解诗模式对扬雄的影响。其次，扬雄“丽以则”的赋论准则与以颂为讽的创作模式直接受到了这种解诗思维的影响。上引鲁说与齐说出自杜钦与匡衡的谏言，二人与扬雄同时，而且他们所引《关雎》也都是为了讽谏汉成帝。《汉书·杜周传》附载，杜钦“为人深博有谋。自上为太子时，以好色闻，及即位，皇太后诏采良家女。钦因是说大将军凤”，其说也着重于“妇德”：“礼壹娶九女，所以极阳数，广嗣重祖也；必乡举求窈窕，不问华色，所以助德理内也；娣侄虽缺不复补，所以养寿塞争也。故后妃有贞淑之行，则胤嗣有贤圣之君；制度有威仪之节，则人君有寿考之福。废而不由，则女德不厌；女德不厌，则寿命不究于高年。”大将军王凤“白之太后，太后以为故事无有。钦复重言”，上引鲁说就出自此次谏说，并言“唯将军信臣子之愿，念《关雎》之思，逮委政之隆，及始初清明，为汉家建无穷之基，诚难以忽，不可以遴”[②]。《汉书·匡衡

① 《法言义疏》。

② 《汉书》，第2667—2670页。

传》载："元帝崩，成帝即位，衡上疏戒妃匹，劝经学威仪之则。"并云："臣又闻之师曰：'妃匹之际，生民之始，万福之原。'婚姻之礼正，然后品物遂而天命全。孔子论诗以《关雎》为始……自上世已来，三代兴废，未有不由此者也。愿陛下详览得失盛衰之效以定大基，采有德，戒声色，近严敬，远技能。"[①] 所引经典也即上文所引齐说《关雎》之论。成帝好色无嗣已引起大臣的纷纷谏说，且杜钦与匡衡均以《关雎》乐得淑女戒成帝慎选妃匹，此关乎天下垂统大业。汉儒说诗业已用之于现实政治，见出汉儒以颂为讽解诗背后的政治功利性。由此可见，扬雄对《关雎》的理解及其四大赋"以颂为讽"的表达模式，可以说是"以颂为讽""主文谲谏"的诗学理论在赋体创作中的一种实践。"以颂为讽"是汉儒说诗的一种重要思维，这一思维因美刺的后世简单对应化而有所忽视，而这种忽视影响到我们对扬雄"以颂为讽"赋体表达模式的进一步探讨。

朱自清先生在《诗言志辨》中言："原来《毛传》《郑笺》虽为经学家所尊奉，文士作诗，却从不敢如法炮制，照他们的标准去用譬喻。因为那么一来，除非自己加注，恐怕就没人懂。以后的作家，可以说没有一个用过《传》《笺》式的'比兴'作诗的。"[②] 朱自清以此指出汉儒比兴说诗在创作领域是难以实践的。汉儒美刺之说与比兴密切关联，朱先生此说同样也适用于"以颂为讽"的解诗方式可以用于现实政治，为经学家包括扬雄所尊崇，但是运用到创作领域，就会显出这种思维的尴尬。正如朱先生所指出的，这种方式运用于创作，非得加注。朱先生是局限于诗歌创作，若拓展开来，扬雄的四大赋的赋序，正是朱先生所言的一个绝好的注脚。

扬雄是"以颂为讽"解诗模式的积极实践者，不仅表现在与解诗相同的一面，即"陈往讽今"式的主文谲谏，以此表明"今之不然"，如《长杨赋》中对高祖、文帝与武帝动静以时、安民定边的颂扬，无

① 《汉书》，第3341—3342页。

② 朱自清：《诗言志》，广西师范大学出版社，2004年。

疑含有对当今夺民以时、奢侈逸乐的讽谏；而扬雄“以颂为讽”表现更为突出的是，赋中所颂对象亦即其讽谏对象，即当今天子汉成帝。四篇皆然，若无赋序，又有谁能知作者的讽谏之意呢？可以说，扬雄对讽谏对象的极力颂扬以期达到讽谏目的的表现手法，将“以颂为讽”发挥到了极致，同时也使赋体创作的尴尬处于极致。由此可见，扬雄学习相如的丽文，但又积极贯彻儒家诗学主文谲谏、以颂为讽的诗学主张，用扬雄的话来说就是“诗人之赋丽以则”。扬雄作为创作主体，他缺失的正是战国时纵横家或者俳优者诙谐讽谏的品格，但采用的路线却是儒学的“主文而谲谏”，即以颂为讽，未能如宋玉学习谐辞之妙，也未能像宋玉、枚乘、相如诸赋以铺陈最后能顺势曲终奏雅，而达成讽谏的效果。扬雄的推而隆之、以颂为讽的方式本身缺少“反转”的可能，即在作品中已失去最后导向荒谬的关键性转折，从而使得作品的言外之意要在赋序中才能寻得，这种表现方式既是“以颂为讽”的极致，同时也使大赋托物言志的特征更为幽隐，并导向“劝百讽一”“不免于劝”的效果。如果说汉儒以颂为讽的解诗模式使《诗》部分导向经学阐释的荒谬，那么，扬雄四大赋则是赋体理论导向经学阐释后的创作实践的结果。

扬雄“丽以则”的赋论准则与“以颂为讽”的大赋创作模式，对东汉赋体理论与创作产生的影响主要有二：一是创作上继续延续“以颂为讽”的模式，如杜笃《两都赋》、张衡《二京赋》、马融《广城颂》等都是这种模式的显例；二是扬雄“以颂为讽”创作实践的失败，揭示了大赋创作走出以颂为讽的模式而转向以颂美为主，以班固《两都赋》创作为主。汉以后大赋主要延续了班固以颂为主的创作模式，也是赋体政治文化功能一个可以预计的演变结果。

原载《浙江师范大学学报》2011年第4期

试论扬雄赋的模拟与转型

◎ 陈恩维

摘要：扬雄赋的模拟实践，是其创作走向成熟的必经阶段。模拟过程中的理论反思，决定了他后期赋作的转型。因而，我们不能简单地否定扬雄的模拟行为及其理论反思。

关键词：扬雄　模拟　转型

汉代文学大师扬雄向来有两点为人诟病：一是其模拟行为，如《汉书·扬雄传》赞："（雄）实好古而乐道，其意欲求文章成名于后世，以为经莫大于《易》，故作《太玄》；传莫大于《论语》，作《法言》；史篇莫善于《仓颉》，作《训纂》；箴篇莫善于《虞箴》，作《州箴》；赋莫深于《离骚》，反而广之；辞莫丽于相如，作四赋；皆斟酌其本，相与依仿而驰骋云。"二是他后期视作赋为"雕虫小技"，因为人们认为这容易导致轻视文学创作。然而，人们往往忽略了扬雄的模拟实践与其理论反思的深刻联系，以及上述二者对扬雄后期赋作的转型的影响。

一

扬雄成帝以前的赋作以模拟为主，可称为模拟期，这一时期又可分为两个阶段来考察。

第一阶段是蜀中时期，主要作品有《反离骚》及《县邸铭》《王佴颂》《阶闼》及《成都城四隅铭》等作品。据《汉书·扬雄传》载："……（雄）悲其文，读之未尝不流涕也。以为君子得时则大行，不得时则龙蛇。遇不遇，命也，何必湛身哉？乃作书，往往摭《离骚》文而反之，自岷山投诸江流，以吊屈原，名曰《反离骚》。又旁《离骚》作重一篇，名曰《广骚》；又旁《惜诵》以下至《怀沙》一卷，名曰《畔牢愁》。"上述作品现仅存《反离骚》，其中对屈原投江行为提出了批评。这一做法，历来颇有争议，如朱熹斥《反离骚》为"《离骚》之残贼"。而明代胡应麟《诗薮·杂篇》卷一则极力为扬雄辩护："扬子云《反离骚》，盖深悼三闾之沦没，非爱原之极切，不至有斯文。""第子云命名太过，又莽世不能远引，故为后人所持藉。"方苞《书注楚辞后》亦曰："吊屈子之文，无若《反离骚》之工者。""今人罹祸遭殃，其泛交相慰劳，必曰此无妄之灾也。戚属至，则将咎其平时起居之无节，作事之失中，所谓垂泣涕而道之也。雄之斯文，亦若是而已矣。知《七谏》《九怀》《九叹》《九思》之虽正而不悲，则知雄之言，虽反而实痛也。"[①] 胡应麟等人对朱熹的驳难是有力的，因为扬雄对屈原的人格其实是相当赞赏的。《法言·吾子》载："或问：'屈原智乎？'曰：'如玉如莹，爰变丹青，如其智，如其智。'"可见，扬雄对屈原的批评是在赞赏时表现的一种反思。这种表现主体的努力，对于模拟之作是难能可贵的。历代拟骚之作甚多，大抵不出以下两种类型："其上者探灵均孤忠之核，以得其慨感幽深之志，多出于贤人志士之所为。其次者善于体屈子心志，锲入无间，而章拟句模，亦得其韵调之形似，则文士工巧之术。"无论是"探灵均孤忠之核"，还是"体屈子心志"，其要义在于"似"，从而对屈原行为缺乏理性的反思。因此这些拟骚之作，或效《离骚》之意，或拟《离骚》之句，是完全依附于《离骚》的。本来，扬雄的模拟动机和汉代其他拟骚之作并无不同，《反离骚》以十节的篇幅，就《离骚》

---

① 方苞：《望溪先生全集》卷五。

分节而反之，结构与句式都跳不出《离骚》的范围，但扬雄对于屈原的反思，使他部分地离开了《离骚》，而不至于章模句拟。且不论扬雄对屈原的批评合理与否，至少他表现了一种可贵的批判意识，所以同样是依《离骚》以立意，但《反离骚》较其他拟骚之作已高出一筹。

《县邸铭》《王佴颂》《阶闼》及《成都城四隅铭》四篇作品，“蜀人有杨庄者，为郎，诵之于成帝，成帝好之，以为似相如，雄遂以此得外见”。(《答刘歆书》)可惜的是，这四篇为扬雄带来荣誉的作品今已不传，这可能是因为与扬雄的其他作品相比，它们其实算不上成功的模拟作品。但是从标题推测，早期居蜀中时期创作的《蜀都赋》，或许与《成都城四隅铭》有关。《蜀都赋》模拟《子虚》《上林》二赋也是显而易见的。《蜀都赋》主要介绍成都河流山脉和水陆物产，这与《子虚赋》中子虚述云梦泽，《上林赋》中亡是公赞上林苑相差无几。但是，《蜀都赋》兼及都邑风土人情，在题材上开汉大赋中最为发达的都邑赋之先声，这显然是其创新之处。左思《蜀都赋》赞曰：“雄含章而挺生，幽思绚道德，摛藻掞天庭，考四海而为俊，当中叶而擅名。是故游谈者以为誉，造作者以为程也。”左氏所言不虚，班固《两都赋》、张衡《两京赋》《南都赋》以及左思《三都赋》等无一不以扬雄之作为取法对象。

第二阶段是在成帝朝时期，主要作品有《甘泉赋》《河东赋》《羽猎赋》《长杨赋》四赋，这四篇作品，乃模拟司马相如《上林》《子虚》二赋而成。细究起来，它们虽然都模拟司马相如之作，但模拟方法却又不同，显然扬雄对如何模拟进行了多种尝试。从内容上看，《羽猎赋》《长杨赋》写天子之畋猎，内容十分接近《子虚赋》《上林赋》；而《甘泉赋》《河东赋》写祭祀场面，夸张宫室之美，盛言车骑之众，离司马相如二赋的畋猎内容又稍远些。从结构来看，《长杨赋》设为主客问答，以子墨客卿与翰林主人的辩难结撰全文，显然借鉴了司马相如赋的结构方式；而其他三赋直接铺陈，没有采用主客问答的结构方式，显示与相如的不同。从语言形式来看，《河东赋》多用四言，四言典雅的语体风格与祭祀的典正场面颇为一致；《羽猎赋》较多使用三字句，短促的节奏有利于表现打猎的紧张气氛，这与《子虚赋》《上林赋》中写打猎时所用的句式是一致的。《甘泉赋》整体看来是一篇散体大赋，但赋中出现了大量的骚体句，形成了散句—骚句—散句—骚句之结构。散句多用四言式，对仗工整，音韵和谐流畅，平舒柔缓，主要用以平静地叙述、说明；骚句形式相对自由，充满想象，故用于奔放的抒发和叙写，这样就避免了纯用骚体和纯用四言所可能造成的板滞，带来了节奏的起伏和情感的流动。这是《子虚赋》《上林赋》中不曾出现的。骚体句式的成功运用，大概与扬雄此前曾广泛模拟《离骚》的艺术积累有关。总之，骚体句与散句的结合使用，既高于司马相如的纯用散句，也优于屈原作品的纯用骚体。可以说，《甘泉赋》是对屈原与司马相如二人作品的形式优点的扬长避短与具美兼善。最后，从写作目的看，扬雄有意识地加强了讽谏目的，四赋的序言都提到“以风”“以劝”等，赋中也经常不失时机地暗示讽谏，而不像《子虚赋》《上林赋》那样仅仅是曲终奏雅。

扬雄前期模拟的两个阶段，虽然在模拟对象上并没有多大改变，但是两个阶段的模拟效果是不同的。前一阶段较多地注重内容上的自出己意，后一阶段的艺术创新则更全面一些。总之，他在模拟时进行了多种创新的尝试：或表达自己的独立见解，或根据需要，调整结构与句式，从而形成了自己的特色，在赋史上也为巩固汉赋的时代特色做出了自己的贡献。清程廷祚《骚赋论》曰：“子云之《长杨》《羽猎》，家法乎《上林》而有迅发之气……大抵汉人之赋，首长卿而翼子云，至是而赋家之能事毕矣。”可谓一语中的。

二

伴随扬雄前期模拟时的多种尝试，有一个不断反思、不断总结、不断调整的过程。

首先，在广泛的模拟实践中，扬雄认识到了模拟之于创作的意义。《意林》载桓谭之语："扬子云攻于赋，王君大习兵器，余欲从二子学。子云曰：'能读千赋则善赋。'君大曰：'能观千剑则晓剑。'谚曰：'伏习象神，巧者不过习者之门。'""读千赋"是一个阅读过程，而"善为之"是指创作过程，二者并不直接同一，显然需要一座沟通的桥梁，而模拟正好担当了这一角色。因为，要模拟则必须熟悉模拟的对象，而阅读的过程就是熟悉的过程，它决定着对模拟对象的理解与认识的深刻与否；而模拟创作的过程就是将其对对象的理解与认识物化的过程，模拟的成功与否取决于对模拟对象的理解与认识的深刻与否。模拟把阅读与创作整合在一起，其实践意义就在于使学习者成为"巧者"。落实于汉赋的创作，这一转变的关键就在于对于赋的文体特征的深刻体认。

正是在广泛的阅读和勤奋的模拟中，扬雄熟谙了赋的文体特征。这一过程是伴随他对模拟对象的反思进行的。扬雄早期对司马相如和屈原十分崇拜。他曾认为："长卿赋不似从人间来，其神化所致邪?"（《西京杂记》卷三）有人认为扬雄崇拜司马相如是因为学相如而不逮，这种说法有一定的道理，不过应当指出的是，这应该是早期的情况。扬雄早期创作《悬邸铭》等作品，因似相如之作而得到成帝赏识，这大概是他对司马相如最为崇拜的时期，于是嗣后又有了模仿相如的《羽猎赋》等四赋。但是因为此四赋并没有实现其预先所期望的讽喻效果，这就促使他开始对司马相如的赋作进行反思。

扬雄的反思是从赋风开始的。他首先对其曾着力模仿过的屈原和司马相如都提出了批评。据《法言·吾子》载："或问：'屈原、相如之赋，孰愈?'曰：'原也过以浮，如也过以虚。过浮者蹈云天，过虚者华无根。'"这种批评包含两方面的意思：其一是肯定赋之"浮"与"虚"，这实际是承认了赋的夸饰的文风；其二是反对过分的"浮"与"虚"，提倡一种事辞相称、文质彬彬的文风。扬雄对屈原和司马相如都是既有肯定又有保留。这种辩证的反思具有鲜明的理性色彩，已经超越了早期崇拜他们时的情绪化。这种反思的范围进一步扩展，则扬雄的批评视野涉及了当时的主要赋家："或问：'景差、唐勒、宋玉、枚乘之赋也益乎?’曰:‘必也淫。’‘淫则奈何?’曰:‘诗人之赋丽以则,辞人之赋丽以淫。如孔氏之门用赋也,则贾谊升堂,相如入室矣,如其不用何?’”(《法言·吾子》)扬雄对当时赋坛流行的辞人之赋明显不满,而认为诗人之赋是理想的状态。但他仍然客观地肯定了赋“丽”的特征。这种态度表明,扬雄对他所崇拜的对象的反思是有原则、有理性的。

在上述反思中,最为深刻的是对于赋的主观要求和客观效果之间的矛盾的认识。扬雄《自序》对此有明确的记载:“雄以为赋者,将以风也,必推类而言之,极丽靡之辞,闳侈钜衍,竞于使人不能加也,既乃归之于正,然览者已过矣。往时武帝好神仙,相如上《大人赋》欲以风,帝反缥缥有陵云之志。繇是言之,赋劝而不止,明矣;又颇似徘优淳于髡优孟之徒,非法度所存,贤人君子诗赋之正也,于是辍不复为。”除了“将以风也”的要求显得过于偏狭外,“必推类而言之”道出了赋以铺叙为创作方法,“极丽靡之辞”指的是赋的形式要求。扬雄认为汉大赋采用铺叙方法,推类而言之,必然在赋末形成一股“竞于使人不能加”的惯性力量,这时在赋末点出讽谏目的,根本无法扭转这一股惯性力量而使之服从讽喻目的,其效果也就只能是“劝百而讽一”了,深刻地揭示了赋的主观要求和客观效果之所以形成反差取决于赋的创作方法。这一发现是具有颠覆性的。因为,汉赋一直以铺陈为基本表达方法,改变了这一方法,其实也就等于改变了赋的文体特征,而笃信儒家诗教的扬雄又不可能放弃“将以风”的要求。也就是说,铺陈的创作方法与讽谏的写作目的矛盾,在以体物为主的赋中是难以调和的。也许是因为意识到了这一点,酷爱赋的写作的扬雄,竟然辍而不为,视赋的写作为雕虫小技了。当然,这只是理论上的偏执,扬雄实际上终究没有放下赋的创作。如此,则扬雄后期赋的转型也就不得不然了。

扬雄对于模拟的反思,上升到了方法论的高度。《法言·吾子》载其对模拟的看法:“或曰:‘有人焉,自云姓孔而字仲尼。入其门,升其堂,伏其几,袭其裳,则可谓仲尼乎?’曰:‘其文是也,其质非也。……好书而不要诸仲尼，书肆也。好说而不要诸仲尼，说铃也。'"这里虽然谈的不是文学创作的模拟问题，但是落实到文学创作的层面，仍有其现实意义。扬雄模拟屈原和司马相如的作品，也有借此"入其门"的目的，而其对二人的反思性批评，也可视为他追求真正"升堂""入室"的努力。《太玄·玄莹》对模拟有更明确的说明："夫道，有因、有循、有革、有化。因而循之，与道神之；革而化之，与时宜之。故因而能革，天道乃得；革而能因，天道乃驯。夫物不因不生，不革不成。故知因而不知革，物失其则；知革而不知因，物失其均；革之非时，物失其基，因之非理，物丧其纪。因革乎因革，国家之矩范必，矩范之动，成败之效。"这里论述的因与革的辩证关系，也可以看作是扬雄对于其文学创作中模拟行为的一个理论总结，完全可以说明模拟对于扬雄文学创作的意义。具体而言，所谓"道"，就是需要继承的文学传统；所谓因与循，就是创作中的模拟继承；所谓革与化，就是创新变化。文学传统的传承与发展，离不开因与革的对立统一。应该说，扬雄对于模拟的价值的认识是深刻的，只可惜扬雄的实际创作并不如他的认识那样完美。人们曾感叹过："非知之难，能之难也。"然而，没有模拟的创作过程，"知"又何尝易呢？

三

扬雄所进行的上述理论反思，对其后期创作的导向是多元的。一方面，他坚持作赋"将以讽也"的立场，但是由于大赋的创作方法和这一要求的根本矛盾难以调和，导致他不再创作大赋。但创作暂停了，思考并没有停止，经短暂的反思性调整后，扬雄在哀平新莽时期的赋作开始转型，从而开启了他创作的新变期。

尝试之一表现为箴文的创作。扬雄《十二州百官箴》，依周代虞人之箴而作，写作年代当在平帝元年以后、新莽始建国元年以前。箴文"以精神代色相，以议论当铺排，赋之变格也"（刘熙载《艺概·赋概》），其功能在于讽刺。徐师曾《文体明辨》曰："按《说文》云，箴者，诫也。盖医者以箴石刺病故有所讽刺，而救其失者谓之箴。”“诫也”的创作目的，与扬雄对赋“将以讽”的认识也是一致的。《十二州百官箴》篇幅短小，但其结构与写法仍是赋之缩微，如《交州牧箴》云：“交州荒裔，水与天际。越裳是南……周公摄祚，白雉是献；昭王陵迟，周室是乱，越裳绝贡……大汉受命，中国兼该……”先写交州地理位置，再依时间顺序铺陈交州历史，寓劝谕与警诫于其中，与赋之铺陈相差无几，但箴文显然没有“侈丽闳衍之词”，从而使作为赋之变格的箴文，失去了“丽”的形式特征。扬雄借助箴文来实现其讽谏的目的，显然是基于赋的“侈丽闳衍之词”遮蔽了赋作的“讽喻之义”的认识。但是，这种转型对赋体的发展其实是不利的。汉代箴体作者，除扬雄外，尚有崔琦、崔骃、崔瑗、胡广、高彪、潘勖等人，但留存至今的作品极少，这或许与这一文体的开创者扬雄过于强调其讽喻目的而忽略了其文学性有关。

尝试之二是言志赋的创作。扬雄将大赋作为“将以讽”的工具，没有取得明显效果，促使他转向了言志赋的创作，主要作品有《解嘲》和《逐贫赋》。由大赋的创作转向言志赋的创作，首先直接表现为模拟对象的改变。《解嘲》赋谋篇布局模拟东方朔《答客难》，以主客问答的方式结撰全文。洪迈《容斋随笔》卷七云：“东方朔《答客难》，自是文中杰出，扬雄拟之为《解嘲》，尚有驰骋自得之妙。”与《答客难》相比，《解嘲》的创作处于汉赋业已定型的时期，所以较多地吸收了汉赋的创作经验，在形式上比它更“丽”一些。如赋云“当途者入青云，失路者委沟渠，旦握权则为卿相，夕失势则为匹夫。譬若江湖之雀，勃解之鸟，乘雁集不为之多，双凫飞不为之少”一节，短短数句，运用对偶、比喻等修辞，汪洋恣肆，在文采与文势上远胜东方朔的作品。此外，《解嘲》旨在对别人嘲笑他作《太玄》而未得禄位做出回应，抒发其不得志的牢骚，并无什么讽谏目的，因此也就不必担心侈丽闳衍之词遮蔽讽喻之义，所以《解嘲》较之他此前创作的模拟大赋多了一份个人情性，较之此间模拟创作的箴文，又多了一抹文学色彩。可以说，《解嘲》不仅超越了其模拟对象，也超越了其自身创作的前一阶段。最有特色的还是《逐贫赋》，钱锺书《管锥篇》云：“扬雄《逐贫赋》……吾必以斯为巨擘焉；创题造境，意不由人，《解嘲》虽佳，谋篇尚步东方朔后尘，无此诙诡。后世祖构稠叠。强言自慰，借端骂世，韩愈《送穷》、柳宗元《乞巧》、孙樵《逐店鬼》，出乎其类。……段成式《留穷辞》、唐庚《留穷》就是其遗意。”至此，扬雄终于摆脱了模拟的束缚，创立了具有浓烈个人色彩的言志之作。扬雄以大赋代表作家的身份创作言志赋，可以说是开魏晋抒情赋之先声，这样看来，扬雄既是汉赋特色形成的推动者，又是汉赋新变的孕育者。

综上所述，扬雄的模拟行为及在此基础上的反思与调整，对其创作的影响也是有得有失的。一方面，他通过模拟，巩固了汉大赋的时代特色；另一方面，他通过对模拟的反思与调整，形成了自己的特色，这既包括他由于理论偏执而形成的创作迷失，也包括由反思调整所取得的创获。就赋史的进程和他个人创作的发展历程而言，前者是前进路上的必然阶段，而后者则反映了探索路上难以避免的曲折。

原载《中国韵文学刊》2003 年第 2 期

从模拟论扬雄《反骚》的范式意义

◎ 冯小禄

摘要：政治道德化批评和模拟消极论遮蔽了对《反骚》文学史意义的准确认识。面对屈原的文学技巧与典型的人格模式，扬雄静观默察时代精神之变迁，而有意识地以模拟的形式《反骚》，来建立新的文化—心理结构和文学风貌，从而在文学技巧和人格心灵上成为新的范式，为后代文人所仿效。

关键词：政治道德化批评　模拟　范式　文学技巧　文化—心理结构

因为是模拟之作，更因为它是颂王莽革汉建新的《剧秦美新》作者扬雄的作品，《反骚》[①] 之不能得到正确的评价，在视君臣大义为第一要义的中国古代社会就是自然而然的事了。借王充《论衡·案书》所说，就是"扬子云反《离骚》之经，非能尽反，一篇文往往见非，

① 王先谦《汉书补注》引王念孙曰："'离'字涉上下文而衍（下文'独载《反离骚》'同）。曰《反骚》，曰《广骚》，其篇名皆省一'离'字。"据此，本文通称《反骚》。

反而夺之"[①]。

其实，《反骚》作于扬雄青年时代，31到32岁，那时他尚未离蜀进京，仍是一介平民。不过，封建士人常常就是这样以后推前：如有污点恶行则是自小就有污点恶行，一坏就坏到头的。早在东汉明帝时，梁竦的《悼离骚》就以"忠孝""仁义"来标榜屈原，将他抬到儒家圣徒的地位，而责贾谊"违指"、扬雄"欺真"（《后汉书·梁竦传》注引《东观记》），士人的政治节操已成为东汉士人舆论和帝王关注的首要问题。范蔚宗在《后汉书·党锢列传序》云："至王莽专伪，终于篡国。忠义之流，耻见缨绋，遂乃荣华丘壑，甘足枯槁，虽中兴在运，汉德重开，而保身怀方，弥相慕袭。去就之节，重于时也。"[②]而扬雄、崔篆、冯衍等未能效此"忠义之流"。顾炎武《日知录》卷十三"两汉风俗"条云："汉自孝武表章六经以后，师儒虽盛，而大义未明，故新莽居摄，颂德献符者，遍于天下。光武有鉴于此，故尊崇节义，敦厉名实，所举用者，莫非经明行修之人，而风俗为之一变。"[③] 三人于此似皆有亏。因此，扬雄在易代之际出仕王莽朝廷诸吏中散大夫和写《剧秦美新》，其为臣之节操就被后之士人认为有清算的必要，于是《反骚》之"反"也就成了政治操守运动中的牺牲品。只是梁竦还算宽宏，只是责其"欺真"，并未大扣帽子。到了士人要为王朝争正统时，连扬雄早年之作《反骚》也就有罪了。

《反骚》之罪实是受《剧秦美新》株连所致。至于《反骚》，为其辩护者多驳"责原说"，而主"爱原说"，强调扬雄非反原而实"痛念""可惜"原，是"爱原极切"，明代李贽、胡应麟，清代方苞可为

① 黄晖：《论衡校释》，中华书局，1990年。按：对扬雄攻击最力的，如南宋洪兴祖《楚辞补注》注《离骚》"跪敷衽以陈辞兮，耿吾既得此中正"句时，引扬雄《反骚》，并说"余恐重华与沉江而死，不与投阁而生也"，实则以扬雄附王莽这一被认为有亏臣节的丑事嘲笑其罪有应得，并取消其反《离骚》的资格。盖屈原忠臣，扬雄贰臣也。至朱熹直斥"雄固为屈原之罪人，而此文乃《离骚》之谗贼矣"（《楚辞后语·反离骚序》）。再到明末清初顾炎武，径称其"莽大夫"（《日知录》卷十三"乡原"条）。

② 范晔：《后汉书》，中华书局，1965年。

③ 黄汝成：《日知录集释》，上海古籍出版社，1985年。

代表[①]。但是，辩护者与抨击者都出自同一思路，仍是坚持政治道德主义的批评标准，着眼点还是扬雄对屈原的态度，这种泛道德化批评遮蔽了文学史研究更应该关注的内容。因此，我们将它放进拟骚这个系列来探讨其意义，当更合乎学理。遗憾的是，似乎还没人从此一角度论述之，以至《反骚》在文学史上的范式意义和扬雄的终身著述特征都有些模糊。

拟骚是一个文学史概念，特指被东汉王逸《楚辞章句》收录的几篇汉人赋作，因它们内容或是伤悼屈原，或是代屈原立言，形式上皆采用骚体，故习惯称为拟骚体或悼骚体。就赋的内容言，可称悼骚体；从赋的技术言，可称拟骚体。李大明先生认为西汉刘向编辑《楚辞》时的收录原则，是“文体上要拟骚，又指的是学习屈原诸作的以事名篇和骚体句式，而不能以赋名篇。所以，即使像贾谊的‘为赋以吊屈原’，也不辑入《楚辞》，但《九怀》《七谏》，则既是伤屈之作，又是以事名篇和骚体句式，所以增辑入《楚辞》专书之中”[②]。王逸承旧章办理，屏扬雄、班彪、梁竦、应奉等作于《楚辞》之外。

王逸收录的这几篇汉人悼骚赋作，除贾谊、淮南小山外，历来对它们的评价就不高。到南宋晁补之重编《楚辞》时，就将《九思》移入《续楚辞》，再到朱熹编注《楚辞集注》时，只保留了《哀时命》，而删去了《七谏》《九怀》《九叹》和《九思》，因为它们“虽为骚体，然其词气平缓，意不深切，如无所疾痛而强为呻吟者”。以后清人王夫之《楚辞通释》也将此数篇与《哀时命》一同删去，认为均是“无病呻吟之剿说”。而《反骚》，据宋黄伯思所见，入过先唐旧本《楚辞》，晁本编入《续楚辞》，朱本编入《续离骚》，又见于《楚辞后

---

① 胡应麟：《诗薮》杂编卷一：“盖深悼三闾之沦没，非爱原极切，不至有斯文。”又谓“似反原而实爱原，与女媭之骂同”。清人方苞《书朱注楚辞后》：“吊屈子之文，无若《反骚》之工者；其隐病幽愤，微独东方、刘、王不及也，视贾、严尤若过焉。……则知雄之言虽反而实痛也。”（《方苞集》卷五）

② 参见李大明《汉楚辞学史》第三章《西汉后期的楚辞研究》论述刘向编辑《楚辞》的原则，电子科技大学出版社，1994年。

语》。

扬雄的拟骚作品，《广骚》[1]《畔牢愁》均佚，尚存《反骚》。借此一篇，亦可窥扬氏拟骚全貌。

模拟在扬雄是有意为之，并不以为是什么不妥的事。他早年的辞赋创作就模拟司马相如。《汉书·扬雄传》云："先是时，蜀有司马相如，作赋甚弘丽温雅，雄心壮之，每作赋，常拟之以为式。"屈原作为楚辞宗祖，扬雄模拟之自不待言。后来又从文艺的模拟推到典重之经说，从青年到晚年都拟而出之。"皆斟酌其本，相与放依而驰骋云。"可见他端正严肃，直视模拟为成就名山事业的必要阶梯。模拟之于雄，其义大焉。

事实上，扬雄也并非模拟之风的始作俑者，扬雄之前的汉人已早有过类似创作，评价尚可的庄忌《哀时命》，仿袭屈、宋成句甚多，据统计有30余处。即使被称为汉赋名家的贾谊，《吊屈原赋》与《惜誓》就有雷同句式，而《鹏鸟赋》抄袭《鹖冠子》。贾谊之前的人也抄，宋玉《九辩》与屈赋雷同处甚多。甚至屈原也自我抄袭，也难逃模拟、重复之弊。追踪溯源，赋之模拟，始作俑者是屈原。当然，真正的本原也许是儒家的"述而不作"的传统。因此，对模拟我们必须有新的认识：模拟之于扬雄，具有别一般的意义，不仅是文学技巧上必要的学习锻炼的阶梯，而且意味着一种"经典"范式意识，一种成熟的文学史眼光的拥有，备乎此，方能在模拟中沉潜进而输入自己的时代精神，赋予文学创造以新的风貌，这就是"赋莫深于《离骚》，反而广之"之意。唐人刘知幾曾言："盖摸拟之体，厥途有二：一曰貌同而心异，二曰貌异而心同。"又说："貌异而心同者，摸拟之上也；貌同而心异者，摸拟之下也。"（《史通·摸拟》）扬雄《反骚》之模拟，则借助拟骚的形式，表达了与屈原不同的选择，是"貌同而心

[1] 《广骚》至少在唐时犹存。皮日休说："扬雄之文，丘、轲乎？而有《广骚》也；梁竦之词，班、马乎？而有《悼骚》也。又不知王逸奚罪其文，不以二家之述，为《离骚》之两派也？"（《皮子文薮》卷二《九讽系述序》）

异”，似为模拟之下者。但是，文学史就是在“心异”、在“述而后作”的根基上演进的，否则优孟衣冠，不免后世如明代七子派有假古董之讥。由此可见，一味地模拟消极论连同前述的政治道德化批评，也遮蔽了我们对扬雄及其作品的正确评判。

具体到《反骚》，内容是伤悼屈原，句型也学《离骚》，意象也多“拾取”，确实是悼骚之作。但是扬雄已走出了屈原作品的笼罩，而贯注了自己时代的思考，可以看作是30多岁尚蛰居蜀中一隅的扬雄理性思考未来的人生走向，并建立合乎自身和时代的精神需要的文化心理结构，而这时，屈原作为一个典范的人生模式的实践者，又相距不远，就进入了扬雄的视阈。正是在与屈原的人格和技巧进行对话的过程中，扬雄完成了对模拟的超越，其作品成为有汉一代拟骚体的高峰，也给模拟一词诠释了尽可能多的积极意义。

特别是在文本内容的开展上，《反骚》建构了悼者和被悼者对立的二维空间，并始终维持着两个人格的交流对话，这与贾谊的《吊屈原赋》有些类似。贾作在吊屈伤屈中兼自伤自吊，愤郁的指斥里潜藏着隐秘的感伤，自悲身世遭遇里又裹挟着时代士人的紧张和焦虑。“贾生既辞往行，闻长沙卑湿，自以寿不得长。又以适去，意不自得。及渡湘水，为赋以吊屈原。”（《史记·屈原贾生列传》）既是“追伤”屈原，又是“因以自谕”（《汉书·贾谊传》），形成了文本抒情的二维空间。而时间的悬隔与感情的融合与分离，使得赋作极富张力，比诸《七谏》等作的单向度模拟与代言伤悼自有不同的文学效果。但贾作仍主于情感的抒发，尚未递升到对屈原及其时代的理性思考的境域，在屈原和自我之间并未截然划开，二者的时空仍有重合。所以其“讯曰”一段表现的“自珍”“自藏”人生观，固然可以看作是面对屈原的人生选择而做出的汉代新人格茁生的努力，但他的不理解屈原死守故国，希望屈原“瞝九州而相君兮，何必怀此都也”，则更多的是出诸个人的人生考虑，欲求自用于世。对此，皮日休《悼贾序》说：“余释生之意矣。当战国时，屈平不用于荆，则有齐、赵、秦、魏矣，何不舍荆而相他国乎？余谓平虽遭靳尚、子兰之谗，不忍舍同姓之邦，为他国之相，宜矣。然则生之见弃，又甚于平。”此论可谓得贾谊吊屈的本心。但这并不能作为汉人理性思考的代表。

在《反骚》中，悼者和被悼者的二维空间是分离的，或者说是对立的。他尽管赞赏屈原，雅好屈骚甚至过于相如，“悲”其遭遇至于痛哭“流涕”，但因其立意在“反”，故本赋主旨仍是“以为君子得时则大行，不得时则龙蛇，遇不遇命也，何必湛身哉!”“龙蛇”，出自《易经》的“龙蛇之蛰，以存身也”。《论语·述而》也说：“用之则行，舍之则藏。”这种人格模式先曾为东方朔所秉持，其《戒子诗》云：“圣人之道，一龙一蛇，形见神藏，与物变化。”① 扬雄之后又成为班彪《悼离骚》之人生选择：“惟达人进止得时，形以遂伸，否则诎而坼蠖，体龙蛇以幽潜。”② 由此可以看出扬雄之“反”屈原，实是其冷静思考的结果，并非像贾谊一样是出于个人的处境考虑。故全赋的文本因素演绎与其说是情感的抒发，毋宁说是理性的展开，是扬雄在对屈原人格和生死选择进行全方位的审视评价。因为这评价来源于扬雄对所处时代的观察，于是赋中体现的人生理念就可看作汉代新人格成长的情形。只有人格的相对独立，才能走出前人的影响笼罩，而自成文艺之新格局，从而，扬雄的《反骚》在文学史上也就具有了范式意义。

这可分两方面来谈：第一，从文学技巧角度而言，《反骚》已超越了生硬的模仿阶段，在贾谊和司马相如自创的基础上更进一层，已有自己的规模和气象，甚至超越了“拟骚”这一文体模拟范畴，而获得独立自足的文学地位。这个地位可称为“反思”体。它甚至又代替了《离骚》，而成为骚体创作中新的“经典”范式。至少它获得了这样的地位：在文学史长河中，它首创从“反思”《离骚》和屈原的角度来建构自己的文学风格和人生风度。《反骚》后，模拟之作层出，后世如唐皮日休有《反招魂》，金赵秉文有《反小山赋》，明徐祯卿有

① 《全汉文》卷二五。

② 《全后汉文》卷二三。

《反反骚》，清汪琬有《反招隐》，皆步扬氏“反”之思路后尘。皮日休认为《招魂》主旨不是招屈原魂，“皮子以为忠放不如守介而死，奚招魂为？故作《反招魂》一篇以辨之”，将“反”的对象定为《招魂》。赵秉文之赋“反”的对象是无尘道人李天英的《小山赋》，表达不“桎梏于一峰之玄”，要无往不适，视天下万物“皆吾几阁间一物”的道家思想（《反小山赋序》）。徐祯卿将“反”之标靶放在扬雄《反骚》，主旨和行文虽处处维护屈原，思路仍不出扬雄“反”之笼罩。汪琬隐居尧峰二年，因有人劝其出仕，而作赋以见志，在描述山中隐居之乐后，表明了与《招隐士》“王孙兮归来，山中兮不可以久留”相反的意向：“吁嗟乎山中兮，孰云不可以久留？”

更意味深长的是，扬氏之《反骚》又成为后人（如徐祯卿）“反”之标靶，不能不说明：一、文学史模拟之风不独汉代文人使然①，它更是一种惯常性思维和一种人生风范的追随皈依。通过“模拟”，获得的不仅是技巧的提高，更重要的乃是人生坐标的确立、操守的坚持。拟骚是一种文学技巧的对话，更是人格操守的对话。东方朔等人的拟作，其文学成就之所以不高，除了技巧的穷力极追，程步甚艰，显出文学天赋之不足外，还在于他们自身的人格尚未真正得以建立。贾谊、相如之拟作能度越前人，其根蒂亦在于此。二、扬雄之“反”，在另一方面又是建立。它代表到扬雄所处时代的汉人已完成了文学和心灵的双重模拟，技巧不必再穷追，屈原式人格亦不须再坚守；融汇儒道，解决时、命、遇的矛盾冲突和出处大事，更是汉人所关注的问题，也是后世思考的焦点。这是扬雄《反骚》成为新一轮的模拟标靶之最本质原因。

第二，从人格心灵而言，《反骚》已从最初汉人对屈原的由尊崇到怀疑（东方朔等人代表前一种，贾谊、司马迁可代表后一种），到渐趋否定，而建立起了一种新的文化心理结构。这个新结构在贾谊

---

① 周勋初《王充与两汉文风》附有《两汉摹拟作品一览表》，可见两汉摹拟风之盛。载其《文史探微》，上海古籍出版社，1987年，第1—22页。

《吊屈原赋》《惜誓》中已露端倪，已有“反思”之锋芒（譬如他对屈原死守故都的怀疑和他“自珍”“自藏”的人生选择），已有将儒道两宗融贯的迹象，但其青春的用世热情和清新“俊发”（《文心雕龙·体性》）的文风，使他默然守道的努力化为乌有。33岁的猝死注定了新的文化心理结构还有待后人用自身的人生体验，借时代之风的浸染来建构。建构的过程是缓慢的，贾生处于屈原式旧人格的方蜕之际，司马迁处于汉代新人格的方生之时，其“通古今之变，成一家之言”而藏书名山的信念可贯日月，但在他身上体现更多的是一种先秦士子气质，而以著述为业的新观念尚属于史迁个人的努力，远未成为一种普遍风尚。他虽然没有拟骚作品，但他有《悲士不遇赋》，其念兹在兹的是“惧志行之不闻”，“没世不闻，古人惟耻”[①]。稍前的东方朔滑稽突梯，似乎兼综儒道，凸现了新质诞生之可能，然其“大隐”的人生态度不过解决了汉人的出处问题，“时”“命”“遇”的矛盾仍未得以解决。

这种情况到了扬雄才可以说告一个段落，至少他是一个醒目的标志。屈原式的决绝、清洁人格在汉代已被现实证明不具备操作的践履性，不可能得到完全的遵循，屈原人格已被悬空、提升，或者还原给历史，如“何必扬垒之蛾眉”等所表现的感情。统计全文，共有5处“何”（包括“何必”）；用类似“何”但比“何”语气强的词“岂”2处，“奚”2处，“焉”2处，“反”“不如”各1处；比“何”语气弱的只有“恐”2处，“憨”1处。如此看来，扬氏对屈原固然爱之深，故“痛”之切，是以“责备”的方式来表达对屈原“哀”“怨”的心情。但是，以如此不恭的语气来评论带经典的人格，则显然是扬雄静观默察时代风云，置换屈原与自身心理时空的结果。《汉书·扬雄传》说他“默而好深湛之思”，按即扬雄《自序》，则说明直到晚年扬雄仍未改变对屈原的认识。《法言·吾子》曰：“或问：‘屈原智乎?’曰：‘如玉如莹，爰变丹青，如其智，如其智。’”李轨注曰：“夫智者达天

① 《全汉文》卷二六。

命，审行废，如玉如莹，磨而不磷。今屈原放逐，感激爰变，虽有文采，丹青之伦耳。”汉人的时空已不允许臣违君命，纲常伦理乃天经地义，明君贤相的遭遇已退归传说的时代；党人的“嫉妒”成性、决无改变的可能；“时命”不遭理所当然；过分好洁绝不为时代所取。扬雄就是这样把汉代的情事置于屈原生活的时空，又将屈原从历史的空间放到汉朝，如此置换，方有了不尽是“哀”“怨”或“责备”的情绪，而上升到理性的思考，依归的抉择。屈原不过做了扬氏思考的标尺罢了，评论屈子之为人倒在其次，如何安排现实人生才是其努力思考的东西。只有抽空、悬搁或者否定屈原式人格，扬雄才能获得新的价值体认。这种体认后来又由《解嘲》《解难》发展到《太玄赋》而完全成型，“抱玄守静”，以素业为事，就成了扬雄后文人大致的人生途辙。

因此，评价扬雄《反骚》，如朱熹以为扬氏“固为屈原之罪人，而此文乃《离骚》之谗贼矣”，固是为伦常张目之论，不足一辩，然如明末李贽的推称，虽然探得其“文心”，实未得“骊珠”也。《焚书》卷五《读史·反骚》云：“《离骚》，离忧也；《反骚》，反其辞，以甚忧也，正为屈子翻愁结耳。彼以世不足愤，其愤世也益甚；以俗为不足嫉，其疾俗愈深。以神龙之渊潜为懿，则其卑鄙世人，驴骡下上，视屈子为何物，而视世为何等乎？盖深以为可惜，又深以为可怜，痛原转加，而哭世转剧也。”李贽“正为屈子翻愁结耳”一说未能发现扬雄之深心，欲借屈子而建新的心灵结构，笔者以为这才是《反骚》之“骊珠”。

模拟之于创造，之于范式，在扬雄就是如此的统一在一体，《反骚》这样，《解嘲》等也这样，理论著述《法言》还是这样。在模拟中继承，又在模拟中别创新的格局，文化也许就是以这样层累的方式演进的，何况扬雄又是生活在经学笺疏主义浓厚的汉朝呢？又述又作，范式自在其中，也许是扬雄著述的最大特点吧。

原载《北京师范大学学报》2003 年第 3 期

试论扬雄在汉大赋上对司马相如的因革与发展

◎ 王以宪

在两汉辞赋诸作家中，司马相如与扬雄是深受前人所推崇而并称者，如唐朝韩愈便说："汉朝人莫不能为文，独司马相如、太史公、刘向、扬雄为之最。"（《答刘正夫书》）又说："子云相如，同工异曲。"（《进学解》）司马相如是一代文豪，他"不师故辙，自摅妙才，广博宏丽，卓绝汉代"（鲁迅《汉文学史纲要》），是汉大赋的奠基者。扬雄在辞赋方面则是一位承前启后的人物，他继承司马相如最力而有改革与创新，尤其是他对汉大赋形式主义弊病的深刻认识及精辟见解，更是直接影响了后世作家们的创作与批评家们对辞赋的评价。本文并不准备全面地评论扬雄与司马相如其人其事，而是着重从比较他们辞赋的异同入手，以探求扬雄在汉大赋上对司马相如的因革与发展。

关于司马相如赋与扬雄赋的相同之点，前人论述颇多，为避免繁琐，仅择其要，略述如下。

比如，二人皆崇盛丽辞，工于雕琢。刘勰说他们的辞赋是"如宋画吴冶，刻形镂法。丽句与深采并流，偶意共逸韵俱发"（《文心雕龙·丽辞》）。又如，他们的辞赋都写得奇峻诡丽，表现出夸饰的作风。刘勰评论说："相如凭风，诡滥愈甚，故上林之馆，奔星与宛虹入轩，从禽之盛，飞廉与鷦鷯俱获。及扬雄甘泉，酌其余波，语瑰奇则假珍于玉树，言峻极则颠坠于鬼神。”（《文心雕龙·夸饰》）再如，二人皆好堆砌奇文古字，致使文章趣幽旨深，令人难以卒读。曹植说：“扬、马之作，趣幽旨深。读者非师传不能析其辞，非博学不能综其理。岂直才悬，抑亦字隐。”（转引自《文心雕龙·练字》）刘师培说：“西汉文人，若扬、马之流，咸能洞明字学，故选词遣字，亦能古训是式，非浅学所能窥。”（《论文杂记》）同时，相如与扬雄都很注意辞赋的讽谏主旨。司马迁说：“相如虽多虚辞滥说，然要其归，引之于节俭，此亦诗之讽谏何异？”（《汉书·司马相如传》）杨维祯说：“战国讽谏之妙，唯司马相如得之，司马《上林》之旨，惟扬子《校猎》得之。”（凌稚隆《汉书评林》转引）刘熙载则将二人与班固、张衡相比较：“马、扬则讽谏为多。至于班、张，则揄扬之意胜，讽谏之意鲜矣。”（《艺概·赋概》）

究其原因，这大约是由于时代的风尚与个人的秉性爱好所致。

从时代风尚讲，当时文人学士著文，都深受战国纵横家风气的影响，喜好夸饰。无论是政治家贾谊、晁错等的政论文，还是辞赋家如枚乘、司马相如的赋作，无不如此。他们对于一件具体的事物，往往要穷古究今、东西南北地广搜博采各种资料，来进行极其夸张的描述，以表示丰富与精彩；即使为讲明一个抽象的道理，也要上下古今、天地六合地从各个方面各种角度滔滔不绝地纵说横议，致使文章汪洋浩荡，令读者倾倒。另外，当时文人，都喜欢在文中堆砌奇文丽句，炫奇耀博，争斗求胜，这与当时文字学的发达颇有关系。据汉代学制，“能讽书九千字以上，乃得为吏”（《汉书·艺文志》），这就促使一般学人为求进身之阶而在文字上多下功夫。一些著名学者，如司马相如、扬雄等，则对文字学有专门研究。据《汉书》记载，司马相如曾作过字书《凡将篇》，扬雄也作了《训纂篇》。文字学的发达，文字的丰富多彩，更便利了赋的铺陈。例如扬雄《羽猎赋》：“拕苍豨，跋犀牦，蹶浮麋。斮巨狿，搏玄猿……猎蒙茏，辚轻飞；履般首，带修蛇；钩赤豹，摼象犀……”短短一段田猎的描写，随着所猎动物的不同而变换着各种不同的动词，真真令人眼花缭乱，目不暇接。尤其值得注意的是，汉代文人受经学上墨守家法之风的影响，为文多喜模拟，每一新体或名篇出，竞相效尤。如自枚乘《七发》问世后，一时仿作迭出，历久不衰，其较著名者有傅毅《七激》、张衡《七辩》、马融《七广》、曹植《七启》……形成“七林”。

从个人秉性与爱好上讲，扬雄非常钦慕司马相如的文采和才华，他之所以作赋，就是受到司马相如的深刻影响。据《汉书·扬雄传》载：“雄少而好学……顾尝好辞赋。先是时，蜀有司马相如，作赋甚弘丽温雅，每作赋，常拟之以为式。”又“扬雄传赞”云：扬雄“意欲求文章成名于后世……以为……辞莫丽于相如，作四赋（按：即《甘泉》《河东》《羽猎》《长杨》）”。他曾惊奇司马相如的天才而表示叹服：“长卿赋不似从人间来，其神化所至耶!”（《西京杂记》）

有趣的是，他们二人本身也有不少相似之处。二人都是蜀郡成都人，都是学识渊博、通贯五经的卓越学者。相如受蜀守文翁所派遣，“东受七经，还教吏民，于是蜀学比于齐鲁”（《三国志·秦宓传》），是开蜀学风气之先者；扬雄“少而好学，博览无不见”，是蜀学派之佼佼者。他们二人都精通小学并皆有著述。而且，更奇怪的是二人皆口讷不善言而好作深湛之思，每作赋，必殚精竭虑，尽心而为。《西京杂记》曾经记述了相如作赋的经过：“长卿每作赋，意思萧散，不复与外事相关，控引天地，错综古今，忽然如睡，焕然而兴，几百日而后成。”可谓苦心经营。而扬雄作赋亦“暴思精苦”，赋成，“遂困倦小卧，梦其五藏出在地，以手收而内之。及觉，病喘悸，大少气，病一岁”（《太平御览》引桓谭《新论》）。所以刘勰说：“人之禀才，迟速异分……相如含笔而腐毫，扬雄辍翰而惊梦……虽有巨文，亦思之缓也……覃思之人，情饶歧路，鉴在疑后，研虑方定……虑疑故愈久而致绩。”（《文心雕龙·神思》）

由于扬雄与司马相如有这些相似之处，又受着当时风气的影响，加上扬雄本人对相如刻意的模仿，所以他的赋酷肖相如，自然不足为奇。相如因辞赋弘丽，受同乡狗监杨得意的推荐得见武帝，深受赏识，并由于写《上林》而得为郎（《汉书·相如传》）；而扬雄也是因为赋酷肖相如，受到大司马车骑将军王音（实则王商）以及杨庄的推荐得见成帝，由于写了《甘泉》《羽猎》等赋而“除为郎，给事黄门”（《汉书·扬雄传》），就连登仕之途也相近似。

但是，扬雄毕竟是一位杰出的辞赋大家，他的大赋虽然是模拟司马相如的《子虚》《上林》，但他的高明之处，就在于他并非单纯地作简单的模仿，而是有所改革与创新。早在班固就已看到了这一点。他指出，扬雄的模拟“皆斟酌其本，相与仿依而驰骋”。扬雄模仿的只是根本，即相如赋的基本规格与体制。在此基础上，他敢于大胆发挥，自由驰骋，并不拘泥于汉赋的定格。李兆洛说扬雄模仿相如是“能以气合，不以形似”（《骈体文钞》）。我们认为，扬雄赋与相如赋是既能形似，又能神合，兼有创新与变革。

首先，在内容上，相如赋虽有讽谏，但更多的则是颂扬之辞，而扬雄赋的讽谏之意较相如更明白率直。据《汉书·司马相如传》记载，相如写《子虚》《上林》赋的目的有三：一是“欲明天子之义”，二是虚借子虚、乌有先生与亡是公三人之口以“推（崇）天子诸侯之苑囿”，其三才是“卒章归之于节俭，因以风谏”。而扬雄则不同，他认为“赋者将以讽也”，完全把辞赋当成一种向帝王进谏的工具，因此在四大赋中，都明白地表示了他的讽谏之意。《汉书·扬雄传》云：“孝成帝时……召雄待诏承明之庭。正月，从上甘泉。还奏《甘泉赋》以风。”又：“其三月，将祭后土，上乃帅群臣横大河，凑汾阴……雄以为临川羡鱼不如归而结网，还，上《河东赋》以劝。”又：“其十二月羽猎，雄从。……故聊因《校猎赋》以风。”又：“明年，上将大夸胡人以多禽兽……上亲临观焉……雄从……还上《长杨赋》……以风。”可见，他写赋的主要目的便是对成帝进行劝谏。之所以会如此，是因为他们所处的时代和社会环境有所不同。相如处景、武时期，当时经过几十年的休养生息，经济得到很大发展，人民富足，国力上升，“非遇水旱，则民人给家足，都鄙廪庾尽满，而府库余财”（《汉书·食货志》）。同时，专制主义的中央集权制度得到强化。武帝是一位好大喜功的天子，他以强大的国力为后盾，北驱匈奴，南服百越，西平巴蜀，东臣诸夷，颇有武功。所以相如赋中反映了中央集权的大汉帝国这种繁荣昌盛的面貌，表现出一种恢张宏阔的气势，表明了司马相如思想中尊天子，抑诸侯，赞成中央集权，顺应历史潮流，赞成国家大一统的政治观点。但武帝又是一位“性严急，不贷小过，刑杀法令，殊为峻刻”的人（《汉书·武帝纪》），其谥号“武”，正反映出他的思想、行为的特点。他多任酷吏，执法极严，《汉书·酷吏传》所载十八个酷吏中，主要在武帝时代任事的就有十人，其中包括赵禹、张汤、杜周、王温舒等著名酷吏。所以，对于武帝生活上的奢侈无度，司马相如虽上赋进行讽谏，但为免于罹祸，并不敢过于明显，而是小心翼翼，委婉曲折地表达己意。例如《上林赋》中便是让武帝反躬自责“此大奢侈”，“非所以为继嗣创业垂统也”。扬雄则不同。他所在的成、哀、平时代，王朝逐渐衰败，外戚争权夺利，社会贫富悬殊，阶级矛盾比以前更尖锐，农民暴动频繁。据《汉书·成帝纪》记载，阳朔年间有铁官徒申屠圣起义，鸿嘉年间有郑躬起义，永始年间有樊并起义、苏合起义。这些农民起义，已开始敲响西汉刘家王朝的丧钟。

扬雄是一位具有深湛之思的人，面对这种状况，自然会产生一种深刻的社会危机感。因此，他竭尽全力进行讽谏，希望成帝能够醒悟，改变作风，有所建树，支撑起这将倾的大厦来。当然，成帝性格较武帝宽和，扬雄在《甘泉赋》中讥刺了他的宠姬赵昭仪，他见赋也仅表示出惊奇而未加苛责，这也是扬雄敢于明白率直，大胆进言，多方讽谏的一个原因。尤其是扬雄由于家贫，早年可能亲身参加过农业劳动，对农民的疾苦有较深的体验和感受，因而能为农民利益大声疾呼，甚至直斥当今天子纵胡人校猎长杨是“扰于农民”，这些都是司马相如不能做或者不敢做的事情。所以韩愈称扬雄是古时“最善鸣不平者”之一（《送孟东野序》），对之极为赞扬。

其次，从艺术的表现手法上讲，司马相如长于描述而扬雄善于议论。相如本是才华横溢的赋家，当着好大喜功的天子，面对声威赫赫的国势，于是便极力驰骋着铺张扬厉的手法，写出了汪洋浩荡的大赋。一篇《上林赋》，便着意刻写了天子上林苑中汹涌的江河、险峻的山势、侈丽的离宫、富饶的物产、奇异的禽兽等，以及天子游猎之奇观、女姬之殊艳、歌舞之轻曼，似乎无奇不有，无所不包。王世贞《艺苑卮言》云：相如的“子虚上林，材极富，辞极丽，而运笔极古雅；精神极流动，意极高”，充分肯定了相如的文学天才。扬雄则不是这样。他的四大赋虽皆模拟相如赋，但不是面面俱到，而是每篇仅着力于一处或几处。如《甘泉赋》便只着意于描画甘泉宫的壮丽奇瑰，《羽猎赋》则尽力描写天子游猎之盛况。中心既集中，描写便更细密而不似相如那样显得疏荡，但其文才则远不如相如。王世贞云：“子云有其（相如）笔，而不得其精神流动处。”又说：“子云之为赋……其旁搜酷拟沉想曲换，亦自性近之耳，非必材高也。”（《艺苑卮言》）同时，扬雄更喜欢在赋中大发议论。比如《长杨赋》，原本要写的是成帝放纵胡人校猎长杨的事情，但赋中并没有多少具体的田猎场面的描写，而是从历史的角度抨击了秦朝的暴政，指出其失国的原因在于“封豕其士；窫窳其民，凿齿之徒相与摩牙而争之，（李奇注：以喻秦贪婪，残食其民也。）豪俊麋沸云扰，群黎为之不康”，然后他颂扬了本朝先帝的文治武功，希望成帝能够继承祖宗大业。这完全像是一篇有韵的奏疏。所以大约可以这样说，相如辞赋以才取胜，子云辞赋以理争强。正如刘勰所评论的：“相如好书，师范屈宋，洞入夸艳，致命辞宗。然复取精意，理不胜辞，故扬子以为‘文丽用寡者长卿’，诚哉是言也！……子云属意，辞义最深，观其涯度幽远，搜选诡丽，而竭才以钻思，故能理赡而辞坚矣。”（《文心雕龙·才略》）颇为公允。

再则，在艺术风格上二人也各有差别，司马相如清峻豪放而扬雄则庄重深沉。前面已说过，相如作赋，擅长于描写，对眼前所见景物喜欢进行极度的夸张，“驾虚行危”，“既会造出奇怪，又会撇入窅冥，所谓‘似不从人间来者’也！”（刘熙载《艺概·赋概》）其格调清峻飘逸，充满着豪壮之气。扬雄作赋则总是围绕着讽谏这个主旨，且善于在赋中大发议论，虽则文辞奇丽，娓娓动听，但总像是一位龙钟老儒在循循善诱地劝导着顽童一样，显现出一派庄严持重的气势来。这当然也离不开上述的时代与社会的原因，但与二人品质和经历上的差异也有很大关系。尽管他们二人在某些地方有相似之处，但从个性、思想、经历上看，毕竟还有很大的差别。长卿少时好读书，学过击剑，以家财多而得拜为郎，曾做过景帝的武骑常侍，后因病免，弃武从文，从梁孝王游梁。这种文武并能造就了他的狂诞不羁的性格。加之他所处景帝时代，统治者们思想上还崇尚黄老哲学，武帝时也仅刚开始按董仲舒之议罢黜百家，独尊儒术。相如虽东受七经为蜀学师，但其思想上还并不是由儒家学说占有统治地位，其中杂有不少黄老思想。故其所言所行，并不完全遵守儒家那一套。我们看，他与临邛令王吉巧设计谋，琴挑卓文君，携其私奔，以及再返临邛，开设酒肆，"令文君当垆"，自己则"与庸保杂作，涤器于市中"，以此羞辱卓王孙而分其财。这件事充分表现出他的狂傲、机智的品格以及对传统的封建礼教和世俗陋习的蔑视。而扬雄则"为人简易佚荡……默而好深湛之思，清静无为，少耆欲，不汲汲于富贵，不戚戚于贫贱，不修廉隅而徼名当世"。他这种恬淡自守的思想按说也是受到老庄思想的影响。但是，另一方面，他"非圣哲之书不好"，"实好古而乐道"，儒家思想占据主导地位。他曾自比孟子，要廓清别人对儒道的歪曲，故此在行动上处处循规蹈矩，拘守礼法。在个人经历方面，相如有出使巴蜀、安定民心的功绩，而扬雄仅只一介文士学者，常年秘阁校书。所以，他们所表现出的思想、情怀各有差别，并影响到各自的文风，这也是很正常的。刘勰云"长卿傲诞，故理侈而辞溢；子云沈寂，故志隐而味深"（《文心雕龙·体性》），正是论述了二人因性格特质的不同而造成文风上的差异。

再次，就结构形式而言，扬雄赋与相如赋也并非完全雷同，其中不乏个人的独创与改革，这主要表现在以下几个方面：

其一，篇幅缩短，不落俗套。扬雄赋相对来说，比相如赋要短小，《甘泉》等四大赋加起来总共不过四千余言（《甘泉》1314 言、《河东》458 言、《羽猎》1328 言、《长杨》1079 言），只比相如《子虚》《上林》（3523 言）略长一些。尤其是《河东赋》仅 458 言，这在整个汉大赋篇目中篇幅都算短小。正因如此，所以扬雄赋结构便较相如赋更紧凑，中心也更突出。同时，扬雄赋并不拘守汉大赋陈法。如对汉赋体制的设主客问答以为首引，以及历叙东西南北、上下内外、四面八方地铺陈这一定格，扬雄就并非每篇袭用。《长杨赋》是采取了主客问答的形式，其余的或不用（《甘泉》《河东》），或虽用而不甚明显（《羽猎》）。

其二，喜用长句、长对，使汉赋形式更趋散文化，这样就更便于对各种事物进行铺叙和描写，也更便于发议论说道理。汉赋是一种韵、骈、散相间的文体，一般来说，开篇设主客问答以引出下文，用的是散文形式；而主要的铺述部分，则是运用整齐的三言、四言句式（也有六言句式）的韵文，节奏鲜明，音韵和谐。而扬雄则在铺陈部分也用了大量的长句长对。例如《甘泉赋》中“蚩尤之伦带干将而秉玉戚兮”至“于是乘舆乃登夫凤皇兮翳华芝”一节，“封峦石关施靡乎延属，于是大厦云谲波诡，摧嗺而成观”，“盖天子穆然珍台闲馆琁题玉英蜵蜎蠖濩之中，惟夫所以澄心清魂，储精垂思，感动天地，逆釐三神者”等，便是既长又散，于“汉赋为创格”（钱锺书《管锥篇》语）。又如《羽猎赋》中“徽车轻武，鸿絧緁猎，殷殷轸轸，被陵缘阪，穷冥极远者，相与列乎高原之上；羽骑营营，昈分殊事，缤纷往来，轠轳不绝，若光若灭者，布乎青林之下”，对偶甚长，“几似八股文中两比”（钱锺书《管锥篇》）。

其三，《甘泉赋》中有“乱词”，四言句式，隔句押韵，“兮”字前为韵脚，形式比较整齐而有规律，保存了骚赋楚歌之风。本来，扬雄以前，只有“骚赋”才有乱词，如王褒《洞箫赋》，这原本是由屈原吸取楚民歌写成楚辞而形成的定格，正宗大赋如枚乘《七发》，相如《子虚》《上林》等皆无乱词。扬雄把乱词写入大赋，说明了一个问题，即骚赋与汉大赋尽管在形式上存在很大的不同，以至于不少学者主张将它们划分为两种文体，但至少在汉人看来，二者是相通而统名之为“辞赋”的。同时，这也说明了扬雄能够灵活运用不同的形式来表现内容。他的这种做法对后世亦有影响。东汉王延寿《鲁灵光殿赋》便有乱词。另外，班固作《两都赋》，首先在赋后附诗五首，张衡《南都赋》以“颂”接尾，对汉大赋形式都有一定的改造和创新，他们都很有可能受到了扬雄的启发和影响。

最后，扬雄扩大了汉大赋的题材。扬雄以前的汉大赋，通常描写的是天子或诸侯王的宫殿、林苑以及田猎、游宴、礼仪等生活场面，而扬雄赋却涉及了一般的城市居民（当然是巨商大贾富豪之家而非引车卖浆者流）的日常生活。例如《蜀都赋》写道：“其俗迎春送冬，百金之家，千金之公，乾池泄澳，观鱼于江。若其吉日嘉会，期于涪口，送春之阴，迎夏之阳。侯、罗、司马，郭、范、雷、扬，置酒乎荥川之闲宅，设坐乎华都之高堂。延帷扬幕，接帐连岗。……昔天地降生，杜鄘密促之君，则荆上亡尸之相，厥女作歌。是以其声呼吟靖领，激呦喝啾，户音六成，行夏低回。胥徒入冥，及庙噌吟，诸连单情，舞曲转节，蹈应声。其佚则接芬错芳，襜袩纤延，堈凄秋，发阳春，罗儒吟，吴公连，眺朱颜，离绛唇，眇眇之态，吡噉出焉。若其游息渔弋，郤公之徒，相与如乎阳濒巨野，罗车百乘，期会投宿，观者方堤，行船竞逐……”描写了蜀郡的风土人情，蜀人嘉会、游宴、观渔、野游、赛舟及歌舞等千奇百态、丰富多彩的生活。这对于后世京都大赋的影响不小，尤其是对左思的《蜀都赋》影响更大。《文选》刘逵、李善诸注家多次引用扬雄《蜀都赋》的材料，于此可见一斑。

综上所述，可见扬雄的汉大赋得力于司马相如赋，但他以其深湛的寓意、弘丽的文彩、奇玮的格调、大胆变革的精神，为汉大赋的发展作出了自己的贡献，因此得以与司马相如一起受到人们推崇而雄踞于西汉赋坛之冠。

这里有必要提及的是，扬雄对汉赋的贡献更重要的是他的赋论。当汉赋方兴未艾之际，他根据前人的经验和自身的实践，就已经痛切地感觉到了汉大赋的严重的形式主义倾向而加以反对。因为按照汉大赋的形式主义要求，就必须“推类而言，极丽靡之辞，宏侈巨衍，竟于使人不能加也”，但这样一来，帝王们的注意力便完全被吸引到华美的辞藻和奇巧的结构上去了，虽然在赋的结尾处还稍微露出一丝讽谏之意，然而“览者已过”，根本收不到讽谏的效果，反而是“劝而不止”，最多也只能是“劝百讽一”。司马相如有过这方面的经验：“往时武帝好神仙，相如上《大人赋》，欲以风，帝反缥缥有陵云之志。”（《汉书·扬雄传》）扬雄本人也有亲身体验：“孝成皇帝好广宫室，扬子云上《甘泉颂》，妙称神仙，若曰非人力所能为，鬼神乃可成，皇帝不觉，为之不止。”（王充《论衡·谴告》）他深深认识到，形式的过分丽靡，辞藻的过于华美，完全会损害辞赋的思想内容。加之，扬雄还耻于赋家们类似俳优的卑下地位，于是便辍不复为。他的主张是，写赋也应当要“文质相副”，因此他提出了一条对辞赋进行批评的标准：“诗人之赋丽以则，辞人之赋丽以淫。”这句名言千百年来几成一条固定不变的法则而直接地影响了后世文学评论家们对辞赋的看法，所以茅盾曾说“扬雄是比韩愈早了八百年揭起反对文学的骈丽化的旗帜的第一人”（《夜读偶记》），对他给予了很高的评价。限于篇幅，本文不想在此就这一问题详加论述，而准备另具专文加以研讨。

原载《江西师范大学学报》1985 年第 1 期

扬雄、左思《蜀都赋》比较

◎ 吴明贤

摘要：扬雄《蜀都赋》作于出蜀前的汉成帝永始二、三年，左思《蜀都赋》作于晋惠帝初年左右。两赋皆以描绘蜀都为题材内容，铺陈夸张，未出汉人樊篱。但前者重在模仿相如，展示才华，为都城赋的先声；而后者重在讽谏，旨在表明主张统一、反对分裂，为都市赋的绝响。

关键词：扬雄　左思　《蜀都赋》　《三都赋》

扬雄，西汉末年著名辞赋家，与司马相如齐名，并称扬马。左思，西晋太康时期著名诗人和辞赋家，以《咏史》八首和《三都赋》驰名于当时。扬雄与左思虽生不同时，思想与志趣并不一样，但他们都以赋著称，特别是都以蜀都为题，写有同题之作《蜀都赋》，这是值得我们注意的。他们为什么创作此赋？两篇《蜀都赋》各有什么特点？本文尝试论之。

一

关于扬雄《蜀都赋》，徐中舒先生认为“既为《昭明文选》所不取”，且“蜀之为都自蜀汉称帝始，扬雄时代哪能有都？此赋非扬雄作，不辨自明”[①]，他以为是晋人伪托。其实，这个结论是错误的，很需要辨一辨。首先，未入《昭明文选》之作尚多，难道都是伪作？即如扬雄，《文选》只选录了他的《甘泉》《羽猎》《长杨》三赋，其《河东》等赋未入《文选》，然全文载于《汉书·扬雄传》，难道《河东》也是伪作？其次，蜀为国称都，并非始自蜀汉。如果说李白《蜀道难》“蚕丛及鱼凫，开国何茫然”[②] 还有神话传说的性质的话，那么《战国策·秦策》所记“夫蜀，西辟之国也，而戎狄之长也”[③]，则蜀开国应在战国或战国之前。而《史记·六国年表》中亦多将蜀与赵、楚、秦、吴同记，也说明蜀开国在战国或战国以前。有国必有都，蜀之为都至迟亦应在战国之时。再次，司马相如《难蜀父老》云“至于蜀都，耆老大夫搢绅先生之徒二十有七人，俨然造焉”[④]（《全汉文》），则明言“蜀都”，说明“蜀都”之称也应在汉武帝时或汉武帝前，并不是徐先生所言自蜀汉始。由此可知《蜀都赋》为扬雄作是不容轻易否定的。

那么，《蜀都赋》究竟作于何时呢？《汉书·扬雄传》载：

> 雄少而好学，不为章句，训诂通而已，博览无所不见。……顾尝好辞赋。先是时，蜀有司马相如，作赋甚弘丽温雅，雄心壮之，每作赋，常拟之以为式。又怪屈原文过相如，至不容，作《离骚》，自投江而死，悲其文，读之未尝不流涕也。以为君子得时则大行，不得时则龙蛇，遇不遇命也，何必湛身哉！乃作书，往往摭《离骚》文而反之，自岷山投诸江流以吊屈原，名曰《反离骚》；又旁《离骚》作重一篇，名曰《广骚》；又旁《惜诵》以下至《怀沙》一卷，名曰《畔牢愁》。[⑤]

---

① 徐中舒：《论〈蜀王本纪〉成书年代及其作者》，《论巴蜀文化》，四川人民出版社，1982 年，第 138 页。

② 《李太白全集》中华书局，1979 年。

③ 《战国策》，上海古籍出版社，1985 年。

④ 《文选》，中华书局，1977 年。

⑤ 《汉书》，中华书局，1962 年。

从以上引文可知，扬雄在蜀中家乡时曾有赋作，这些作品多为学习模仿，一是学习司马相如，因其“弘丽温雅”故“常拟之以为式”；二是学习屈原，因屈原“文过相如”，且身遭不幸，故“悲其文，读之未尝不流涕”，认为人生遇与不遇，皆由命定，屈子不应该自沉，对屈子表示了深切的同情和惋惜。扬雄早年模仿屈子之作有《反离骚》《广骚》《畔牢愁》等，而学习模仿司马相如的作品是哪些，《汉书》没有明确的记载。但据扬雄现在流传的赋作来看，《甘泉赋》《羽猎赋》《长杨赋》《河东赋》《太玄赋》《逐贫赋》《解嘲》《酒箴》及残篇《核灵赋》等皆为入朝之后所作，唯《蜀都赋》当是其入京以前居蜀时作。这是因为扬雄早年推崇司马相如，认为“长卿赋不似从人间来，其神化所致邪”[①]，晚年却不喜辞赋，《法言·吾子》云：

或问：“吾子少而好赋?”曰：“然。童子雕虫篆刻。”俄而曰：“壮夫不为也。”或曰：“赋可以讽乎?”曰：“讽则已；不已，吾恐不免于劝也。”或曰：“雾縠之组丽!”曰：“女工之蠹矣!”……或问：“景差、唐勒、宋玉、枚乘之赋也，益乎?”曰：“必也淫。”“淫则奈何?”曰：“诗人之赋丽以则，辞人之赋丽以淫。如孔氏之门用赋也，则贾谊升堂，相如入室矣。如其不用何!”[②]

《汉书·扬雄传》又载：

雄以为赋者，将以风也，必推类而言，极丽靡之辞，宏侈钜衍，竞于使人不能加也。既乃归之于正，然览者已过矣。往时武帝好神仙，相如上《大人赋》，欲以风，帝反缥缥有陵云之志。繇是言之，赋劝而不止，明矣。又颇似俳优淳于髡、优孟之徒，

① 《西京杂记》，上海古籍出版社，1987 年。
② 《法言》，上海古籍出版社，1987 年。

非法度所存，贤人君子诗赋之正也，于是缀不复为。[1]

《法言》作于平帝之世，《自序》述事止于《法言》之目，二者皆是扬雄晚年之作。可见，扬雄晚年认为辞赋不过是童子的“雕虫篆刻”，颇有悔其少作之意。原因则是因为“扬雄以为靡丽之辞，劝百而风一，犹骋郑卫之声，曲终而奏雅”[2]，铺排华丽，劝而不止，失去了讽谏的社会功能；且赋家“颇似俳优”，并不为统治者所重用，“非法度所存，贤人君子诗赋之正”，因而“壮夫不为”“缀不复为”，早就不再推崇司马相如了，故《蜀都赋》当是入蜀之前所作无疑。

《蜀都赋》具体作于何时，已难确指。据扬雄《答刘歆书》云：“雄始能草文，先作《县邸铭》《玉佴颂》《阶闼铭》及《成都城四隅铭》；蜀人有杨庄者为郎，诵之于成帝，成帝好之，以为似相如，雄遂以此得外见。”[3]（《全汉文》）又《文选·甘泉赋》李周翰注云：“扬雄家贫好学，每制作慕相如之文，常作《绵竹颂》；成帝时直宿郎杨庄诵此文，帝曰：‘此似相如之文。’庄曰：‘非也，此臣邑人扬子云。’帝即召见，拜为黄门侍郎。”[4] 以上两段文字说明，扬雄早年所作文章多与蜀中风土人情有关，多模拟司马相如，其入仕之途，亦颇与相如相似，皆因乡人荐举之故。这里虽然没有列出《蜀都赋》来，但可推知《蜀都赋》之作，应与以上所列之文相去不远，或者同时。又《汉书·扬雄传》载：“孝成帝时，客有荐雄文似相如者，上方郊祠甘泉泰畤，汾阴后土，以求继嗣，召雄待诏承明之庭。”[5] 又载：“初，雄年四十余，自蜀来至游京师，大司马车骑将军王音奇其文雅，召以为门下史，荐雄待诏，岁余，奏《羽猎赋》，除为郎，给事黄门。”[6] 今按：客即指杨庄，亦为蜀人。据《汉书·扬雄传》：雄“年

① 《汉书》，中华书局，1962 年。
② 《汉书·司马相如传赞》。
③ 严可均辑：《全上古三代秦汉三国六朝文》，中华书局，1958 年。
④ 《文选》，中华书局，1987 年。
⑤ 《汉书·扬雄传》。
⑥ 《汉书·扬雄传》。

七十一，天凤五年卒”[1]。天凤为王莽年号，天凤五年为公元 18 年，上推 71 年，则扬雄生于汉宣帝甘露元年（前 53），40 岁时则汉成帝永始三年（前 14），以扬雄四十一二岁至京师，则《蜀都赋》之作应在此前不久，定在成帝永始二、三年（前 15、前 14），或大致不差。

左思《蜀都赋》是《三都赋》中的第一篇，也是其成名之作。《三都赋》究竟何时所作，其说不一，争论颇大。《晋书》卷九二《文苑·左思传》云：

> 造《齐都赋》，一年乃成，复欲赋三都，会妹棻入宫，移家京师，乃诣著作郎张载访岷邛之事。遂构思十年，门庭藩溷皆著纸笔，遇得一句，即便疏之。自以所见不博，求为秘书郎。及赋成，时人未之重。思自以其作不谢班张，恐以人废言，安定皇甫谧有高誉，思造而示之。谧称善，为其赋序。张载为注《魏都》，刘逵注《吴》《蜀》而序之……陈留卫权又为思赋作《略解》……自是之后，盛重于时，文多不载。张华司空见而叹曰：“班张之流也。使读之者尽而有余，久而更新。”于是豪贵之家竞相传写，洛阳为之纸贵。初，陆机入洛，欲为此赋，闻思作之，抚掌而笑，与弟云书曰：“此间有伧父，欲作《三都赋》，须其成，当以覆酒甕耳。”及思赋出，机绝叹伏，以为不能加也，遂辍笔焉。[2]

以上记载，矛盾之处颇多。首先据《晋书》，皇甫谧死于公元 282 年[3]，故《三都赋》之作不得晚于是年，但陆机因太康九年（288）复治内外群官“举清廉，拔寒素”的缘故与弟陆云于第二年（289）入洛，故“抚掌而笑”，讥思作赋，亦不应早于是年。则《晋书·左思传》的记载，显然前后抵牾。其次，《晋书·张载传》载：“太康初，

① 《汉书·扬雄传》。

② 《晋书》，中华书局，1974 年。

③ 《晋书》。

至蜀省父，道经剑阁。”① 又张载《叙行赋》云：“岁大荒之孟夏，余将往乎蜀都。”②（《全晋文》）大荒为巳年，太康只有六年为乙巳，则张载入蜀亦当在太康六年（285），左思访张载应在此后，此亦与谧序之时间不合。另据《世说新语·文学》注引《左思别传》云：“贾谧诛，（思）归乡里，专思著述，齐王冏请为记室参军，不起，时为《三都赋》未成也。后数年疾终。其《三都赋》改定，至终乃止。……思为人无吏干而有文才，又颇以椒房自矜，故齐人不重也。”③ 贾谧被诛在晋惠帝永康元年（300），如据《左思别传》的说法，则《三都赋》写成应在公元300年后，显然这更与《晋书·左思传》相抵触。为自圆其说，《左思别传》又云：“思造张载，问岷蜀事，交接亦疏。皇甫谧西州高士，挚仲治宿儒知名，非思伦匹。刘渊林、卫伯舆并早终，皆不为思赋序注也。凡诸注解，皆思自为，欲重其文，故假时人名姓也。”④ 竟然将皇甫谧为之作序，刘逵、张载为之作注及左思访载等事完全否定，实属武断。

今按《隋书·经籍四》载：“张载及晋侍中刘逵、晋怀令卫权注左思《三都赋》三卷，綦毋邃注《三都赋》三卷。”⑤ 则隋时诸家之注尚存。今皇甫谧序文录入《文选》，刘逵、张载注《蜀都》《吴都》二赋皆载《文选》李善注中，事实俱在，《别传》否定其事，毫无根据。且《别传》谓左思“以椒房自矜，故齐人不重”，更是与左思性格行事不合，无实事求是之意，有人身攻击之嫌。左思为时人所不重，非“以椒房自矜”，而是“貌寝，口讷”，“不好交游”⑥（《文苑传》）所致，何况思本身非世族高门，固为人轻，机、云兄弟鄙之即为其例。《别传》之说牵强附会，实不足据。余嘉锡《世说新语笺疏》引王士

① 《晋书》。

② 严可均辑：《全上古三代秦汉三国六朝文》，中华书局，1958年。

③ 余嘉锡：《世说新语笺疏》，中华书局，1983年。

④ 《世说新语笺疏》。

⑤ 《隋书》，中华书局，1973年。

⑥ 《晋书》。

祯说："按太冲《三都赋》，自足接迹扬马，乃云假诸人为重，何其陋耶！……《别传》不知何人所作？定出怨谤之口，不足信也。"[①] 此言得之。又《文选》李善注引臧荣绪《晋书》说：左思"少博览文史，欲作《三都赋》，乃诣著作郎张载，访岷邛之事，遂构思十稔，门庭藩溷，皆著纸笔，遇得一句，即疏之，征为秘书。赋成，张华见而咨嗟，都邑豪贵，竞相传写"[②]。此与《晋书·左思传》相合，或即《晋书·左思传》所本。但此处未言皇甫谧序赋及陆机讥思二事。《晋书·后妃传》载："芬少好学，善缀文，名亚于思，武帝闻而纳之，泰始八年（272）拜修仪。"[③] 但《晋起居注》谓"咸宁三年（277）拜美人左嫔为修仪"[④]（卷一四五"皇亲部"）。此说较为可信，则泰始八年为左芬入宫之时。此时左思已萌发了写作《三都赋》的打算。其后又访张载，再求为郎，以长见闻。此皆是"构思十年"中事。据臧荣绪《晋书》及《晋书·左思传》载，左思"构思十年"写作《三都赋》皆在访张载之后，而据《晋书·张载传》，载"父收，蜀郡太守"，"太康初，（载）至蜀省父，道经剑阁"[⑤]。《文选·剑阁铭》李善注引臧荣绪《晋书》："载随父入蜀，作《剑阁铭》。"[⑥] 汤球辑王隐《晋书》卷七：载"随父收入蜀"[⑦]。常璩《华阳国志·大同志》：太康三年"以蜀多羌益，置西南夷府，以平吴军司张牧为校尉，持节统兵，州别立治西夷、治蜀，各置长史、司马"[⑧]。诸书所记，载父之名或为"收"，或为"牧"，同为《晋书》，各传所记皆不相同，则形近而误也。载父张收何时入蜀，很难确指，但最迟不得晚于太康三年（282）。而张载入蜀时间，诸书所记有异，疑其非只一次，或在太康

---

① 《世说新语笺疏》。

② 《文选》。

③ 《晋书》。

④ 李昉等：《太平御览》，中华书局，1960 年。

⑤ 《晋书》。

⑥ 《文选》。

⑦ 陆侃如：《中古文学系年》，人民文学出版社，1985 年。

⑧ 刘琳：《华阳国志校注》，巴蜀书社，1984 年。

初的二、三年（281、282），或如《叙行赋》所云，载之入蜀在“大荒之重夏”的“巳”年，即太康六年（285），则左思访岷邛之事当在首次入蜀（281、282）之后，此后左思方进入写作阶段，十年之后乃成。又据徐传武《皇甫谧卒年新考》《皇甫谧卒年新考补证》推断皇甫谧应卒于元康三年（293），《晋书·皇甫谧传》“太康三年卒”之“太康”乃“元康”之误①。言之凿凿，颇为有据，今从之。综上所述可知，左思《三都赋》的写作是一个长期的艰苦的过程：泰始八年左思因妹芬入宫而随之入洛，萌发了写作《三都赋》的想法，其后进入准备工作阶段，其间拜访过张载，寻觅创作的素材，经过十年构思写作，终于于292年左右完成了这篇名著，其中《蜀都赋》写成应更早一些。

二

扬雄是一个口吃病患者，不善言谈，但“默而好深湛之思”，博览群书，学问深厚。早年居蜀中，颇好辞赋，所作《蜀都赋》是此时的代表作品。左思亦有口吃的毛病，“不善交游”，但“辞藻壮丽”，其《三都赋》亦名噪一时，《蜀都赋》为其中之一，也是其赋作的代表。

首先，两赋都以蜀都为题材，描写的内容基本相同。作为蜀人的扬雄，由于生于蜀地，长于蜀地，对蜀地的情况比较了解熟悉，加之其学问渊博，知识丰富，故其赋对蜀的描写自然也就得心应手，十分精细。例如：

> 尔乃其人，自造奇锦，紌繏緸缜，縿缘卢中；发文扬采，转代无穷。其布则细绨弱折，绵茧成袵；阿丽纤靡，避晏与阴。蜘

① 中国文哲研究所：《中国文哲研究集刊》，台湾“中研院”，1997、1999年。

蛛作丝，不可见风。筩中黄润，一端数金。[①]

此写蜀锦，言其文采光鲜，细软轻柔，做成衣被，不仅漂亮纤丽，可避阴阳，而且如蛛丝般轻巧，黄金般贵重，描写细腻，颇具地方特点。

再如其状成都风貌：

雕镂铅器，百伎千工；东西鳞集，南北并凑。驰逐相逢，周流往来。方辕齐毂，隐轸幽輵。埃軼尘拂，万端异类。……万物更凑，四时迭代。彼不折货，我罔乏械。财用饶赡，蓄积备具。[②]

此言城市的繁荣：各类工匠齐聚，人流往来，车马奔驰，商贾云集，货物充足，充分显示了蜀都的繁盛。此外，描写蜀都的地理沿革、山川河流、方物出产、农业状况及历史人物等，无不娓娓道来，如数家珍，细致罗列，了如指掌。总之，扬雄根据自己耳闻目睹的实际情况和历史材料的记载，比较详尽地描绘了雄伟壮丽的巴山蜀水和繁荣富庶的锦城蜀都，显示了自己对于故乡的热爱之情。

左思并非蜀人，亦未曾到过蜀地，但他为了写作《蜀都赋》，曾亲往拜见到过蜀地的张载，“访岷、邛之事”，又求为秘书郎，以便博览方志群书，再加上他特别重视赋作的真实性，批评“相如赋《上林》，而引卢橘夏熟；扬雄赋《甘泉》，而陈玉树青葱；班固赋《西都》，而叹以出比目；张衡赋《西京》，而述以游海若。假称真怪，以为润色。若斯之类，匪啻于兹。参之果木，则生非其壤；校之神物，则出非其所。于辞则易为藻饰，于义则虚而无征”[③]。左思认为汉人的都城赋皆胜于藻饰，夸诞失实。因而他写作《三都赋》，“其山川城邑，则稽之地图；其鸟兽草木，则念之方志。风谣歌舞，各附其

① 《全上古三代秦汉三国六朝文》。

② 《全上古三代秦汉三国六朝文》。

③ 《文选·三都赋序》。

俗。……美物者，贵依其本；赞事者，宜本其事。匪本匪实，览者奚信?”[①] 故其《蜀都赋》虽结构模式未能超越汉大赋主客问答的形式，并无创新之处，但为了取信于读者，使读者受到感染，因而于山川方物的描绘，亦广征博引，富有特色。如：

> 于东则左绵巴中，百濮所充。外负铜梁于宕渠，内函要害于膏腴。其中则有巴菽巴戟，灵寿桃枝。樊以葅圃，滨以盐池。蝌蛦山栖，鼋龟水处。潜龙蟠于沮泽，应鸣鼓而兴雨。丹沙赩炽出其坂，蜜房郁毓被其阜。山图采而得道，赤斧服而不朽。若乃刚悍生其方，风谣尚其武。奋之则賨旅，玩之则渝舞。锐气剽于中叶，蹻容世于乐府。[②]

此写蜀东地带的物产财富和民风民俗，就颇为切合实际，真实可信。

其次，扬雄与左思的《蜀都赋》在艺术手法上亦颇为相同。扬雄认为“（赋）必推类而言，极丽靡之辞，闳侈钜衍，竞于使人不能加也”。所谓“极丽靡之辞，闳侈钜衍”就是采用了铺张扬厉的描写手法。其一，是时空两个方面的完整。如扬雄《蜀都赋》起始便从历史源流和地理分野说起：“蜀都之地，古曰梁州。禹治其江，渟皋弥望。郁乎青葱，沃野千里。上稽乾度，则井络储精。下案地纪，则坤宫奠位。”[③] 接着便从东南西北四个方位分别描写蜀都地区物产的丰饶富庶。继后又分别刻画蜀都的山崖、水流、沟渠以及果蔬、五谷、人民、风俗等，真是琳琅满目，应有尽有，极尽夸张与想象。与此相同，左思的《蜀都赋》开篇亦概写蜀都开辟的历史与地理位置：“夫蜀都者，盖兆基于上世，开国于中古。廓灵关以为门，包玉垒而为宇。带二江之双流，抗峨眉之重阻。水陆所凑，兼六合而交会焉。丰

---

① 《文选·三都赋序》。

② 《文选》。

③ 《全上古三代秦汉三国六朝文》。

蔚所盛，茂八区而菴蔼焉。”[①] 接着亦从蜀都的前（南部）、后（北部）、东、西及域内（中部）几个方位进行描绘。继后则从瓜果菜蔬禽鸟等物产、工艺商贾及人物名胜等方面进行刻画。两赋之内容结构，俨然相似，并未超出司马相如赋的樊篱。其二，是辞藻的华丽繁富。“汉人作赋，必读万卷书，以养胸次”[②]，尤其注重知识的积累，用以对赋进行苦心经营，扬雄所谓“能读千赋，则善赋”[③]（《道赋》）即指此。因而扬雄的赋作，特别是前期的赋作“涯度幽远，搜选诡丽”[④]（《才略》）。由于要对时空作细密的描绘敷衍，往往逞才炫博，铺陈描写，辞藻堆砌，显得华丽有余，真实不足。如《蜀都赋》中描写山川一段：“尔乃仓山隐天，岎崯回丛。增嶃重崒，峆石巉崔，崣嶷嶵嵬，霜雪终夏。叩岩岭嶙，崇隆临柴……”[⑤] 就搜奇抉诡，怪字连篇，重复累赘，使人难以卒读。左思的《蜀都赋》也是如此，如写成都的瓜果：“其园则有林檎枇杷，橙柿梬楟。榹桃函列，梅李罗生。百果甲宅，异色同荣。朱樱春熟，素柰夏成。若乃大火流，凉风厉。白露凝，微霜结。紫梨津润，樼栗罅发。蒲陶乱溃，若榴竞裂。甘至自零，芬芳酷裂。”[⑥] 贪多求富，辞繁意复，失于剪裁，依然未能跳出汉大赋的窠臼。故与左思同时的刘逵认为“研核者不能练其旨”，“博物者不能统其异”，因而不能不为之作注[⑦]。卫权虽称赞其“经学洽博，才章美茂，咸皆悦玩”，但亦指出“其山川土域，草木鸟兽，奇怪珍异，佥皆研精所由，纷散其义矣”，亦不得不为之《略解》[⑧]。可见扬雄、左思的同题之作《蜀都赋》是有着许多共同之处的。

---

① 《文选·蜀都赋》。

② 谢榛：《四溟诗话》，丁福保：《历代诗话续编》，中华书局，1983 年。

③ 桓谭：《新论》，上海人民出版社，1997 年。

④ 刘勰著、王利器校证：《文心雕龙校证》，上海古籍出版社，1980 年。

⑤ 《全上古三代秦汉三国六朝文》。

⑥ 《文选》。

⑦ 《文选》。

⑧ 《全上古三代秦汉三国六朝文》。

三

扬雄、左思虽然都以“蜀都”（成都）为题材作赋，但因他们生活在不同的时代，各人的才具气识、审美修养并不一样，故其《蜀都赋》亦代表着各自的风格特色，有着不同的时代特征。

首先，两人创作《蜀都赋》的目的和主旨不同。扬雄早年“尝好辞赋”，“少不得学，而心好沉博绝丽之文”①（《全汉文·答刘歆书》），特别推崇司马相如之赋的“甚弘丽温雅”，所谓“长卿赋不似从人间来，其神化所致也”，钦佩之情溢于言表。故其《蜀都赋》重在对司马相如的学习模仿，目的在于展示自己的才华学识，以求得到引荐进入仕途。事实上，汉成帝永始三年（前14），扬雄40余岁时就因在汉成帝身边为郎的蜀人杨庄的引荐，被甚爱辞赋的汉成帝召见入京，应该说汉成帝所见扬雄之文，除《绵竹颂》外，《蜀都赋》亦应在其中。这与司马相如因时为狗监的乡人杨得意推荐受到武帝召见如出一辙②。扬雄《蜀都赋》拟物写形，精于描绘。在他的笔下，天府之国的富饶、蜀中山水的美丽、蜀地人物的灵异，是那样的活灵活现，多彩多姿，虽不免有夸张失实之词、想象虚构之语，被左思指斥为“假称珍怪，以为润色，于辞则易为藻饰，于义则虚而无征”，但其对故乡的真挚之情却是不言而喻的。左思写作《蜀都赋》的目的却不同。汉末至魏，天下离析，国家分裂，人民遭难，及左思入洛之时，三家归晋，国家复归统一，文人对晋世中兴，不免抱有殷切的希望。但晋初实行分封之制，分裂危机，隐然可见。因此当时文人对于时局的发展，亦不免心存疑虑。左思《三都赋》仿《子虚》《上林》，虚设西蜀公子、吴国王孙、魏国公子，以为蜀、吴、魏三国的代言人，各言其都城的繁盛富有。赋末有赞语云：“日不双丽，世不两帝。天经地纬，

---

① 《全上古三代秦汉三国六朝文》。

② 司马迁：《史记·司马相如列传》，中华书局，1959年。

理有大归。”充分肯定并热烈称颂了魏。这是因为先秦至汉魏，中国的政治道统在北方；晋以禅让得天下，符合儒家正统思想，故《三都赋》尊魏，实为颂晋。这说明左思《三都赋》的创作主旨并不同于汉大赋的歌功颂德和劝百讽一，而是主张天下一统，反对分裂。左思的这一创作目的，在皇甫谧的《三都赋序》中更是明确地表现了出来，他说：

> 曩者汉室内溃，四海圮裂，孙刘二氏，割有交益。魏武拨乱，拥据函夏。故作者先为吴蜀二客，盛称其本土险阻瑰琦，可以偏王；而却为魏主，述其都畿，弘敞丰丽，奄有诸华之意。言吴蜀以擒灭比亡国，而魏以交禅比唐虞，既已著逆顺，且以为鉴戒。……二国之士，各沐浴所闻，家自以为我土乐，人自以为我民良，皆非通方之论也。作者又因客主之辞，正之以魏都，折之以王道。其物土所出，可得披图而校；体国经制，可得按记而验，岂诬也哉！①

序中鲜明地指出灭亡的吴蜀为“逆”，以禅让建国的魏为“顺”，以“王道”折服吴蜀二客，显然这是为以禅让方式上台的晋武帝歌功颂德，为三国归晋、天下一统唱颂歌的。故左思《蜀都赋》铺陈蜀地的历史事迹、地理位置、风土物产、人物风俗，虽求真务实，俨然一部压缩的地方志，但最终不过是为《魏都赋》作铺垫烘托而已，故远不如扬雄《蜀都赋》的情真意切、活泼生气和浓烈的地方色彩。

其次，两篇《蜀都赋》的意义和影响不同。扬雄《蜀都赋》是开启了都市赋的先声，而左思的《蜀都赋》则是都市赋的绝响。扬雄之前，枚乘《七发》虚拟楚太子有疾，吴客往问病因，以七事启发太子，其中有声色、车服、畋猎、观涛等事，未及都市生活。司马相如《子虚》《上林》借无是公之口，批评子虚、乌有先生，告诫诸侯要尊崇天子，维护统一，不能妄自尊大，逾礼越制，卒章归于讽谏。其中

① 《文选》。

写到山川之美，物产之富，畋猎歌舞之乐，奇禽异兽之多，离宫别馆之华丽，虽已写及帝王之上林苑，但仍未涉及都市。只有扬雄《蜀都赋》由历史渊源到地理形势，从财富物产到人物风俗，对蜀都进行了较为详细的铺陈描绘。虽未用主客问答的传统赋体形式，描绘亦颇粗疏，但材料集中，颇具地方特色，对后来汉赋都市题材的兴起有很大影响。其后在汉光武帝时期杜笃曾写过《论都赋》，赋中假客言都洛之非，而主人则言都廱州（按指长安）之利，委婉曲折地指出汉光武帝都洛只是因为“天下新定，矢石之勤始瘳，而主上方以边垂为忧，念葭萌之不柔，未遑于论都，而遗思廱州也”[①]（《全后汉文·论都赋》）。旨意在于反对建都洛阳，主张返都长安。赋中铺陈西汉帝王的功业，描绘长安城市的形胜，大都切合实际，不堆砌辞藻，可以说是都市赋的进一步拓展。东汉明帝时期的班固根据当时统治阶级企图利用赋来为其巩固政权服务的目的，认为赋具有讽和颂两种相反相成的社会功能，针对杜笃的迁都之论，写下了著名的《两都赋》。他在序中说：“臣窃见海内清平，朝廷无事，京师修宫室，浚城隍，起苑囿，以备制度。西土耆老咸怀怨思，冀上之眷顾，而盛称长安旧制，有陋洛邑之议。故臣作《两都赋》，以极众人之所眩曜，折以今之法度。”[②]既批评了长安士大夫希望迁都长安的论调，又肯定了建设都城的重要意义。正因为如此，故班固《西都赋》“首叙形势田里之饶，中言宫室之盛，末言田猎之乐，皆以‘眩曜’二字铺排开来”[③]（《评注昭明文选》引何焯语），其体制、描绘、辞藻、夸饰，皆效法《子虚》《上林》，主于讽谏；《东都赋》则“专言建武、永平之治，武功文德，继美重光，所能以法度折其眩曜也”[④]（《评注昭明文选》引孙执升语），侧重颂美圣皇，褒美制度，语言温润典雅，少有铺陈夸张。《两都赋》以对比和征实与夸张相结合的手法写东西二都，无论规模、体制、内

① 《全上古三代秦汉三国六朝文》。

② 《文选》。

③ 郭预衡：《中国古代文学史长编》，首都师范大学出版社，1995年。

④ 郭预衡：《中国古代文学史长编》，首都师范大学出版社，1995年。

容、手法都对以都市为题材的赋具有开创发展的意义。东汉中期以后，国势衰微，散体大赋由模仿走向没落。张衡鉴于“天下承平日近，自王侯以下，莫不逾侈”，乃“拟班固《两都》，作《二京赋》因以讽谏”[①]。张衡不满于司马相如等人的为讽反劝，故其《二京赋》既不同于《子虚》《上林》的专事铺陈，也有别于《两都》的侧重颂美，而是借安处先生之口，警告凭虚公子，指出嗜欲无节、聚敛无度，乃是亡国之根，应吸取教训。其对都市生活描写的细致生动，前所未有，可以说是都市赋的成熟之作。自此以后，抒情小赋兴起，都市大赋鲜有人作。直到左思《三都赋》感汉人都城赋的华词丽藻，以征实为原则而又不废夸张，抑吴蜀而尊魏，实颂晋的统一，忧分裂的隐患，其主题实不同于汉之京都大赋而具有晋的时代特色。诚如林纾所说：“自东汉光武及和帝，均都洛阳，……故孟坚作《两都赋》，归美东都，……平子之叙《西京》，尤侈靡无艺，……孟、张二子，皆抑西而伸东，以二子均主居东者也。左思仍之，故三都之赋，力排吴、蜀，中间贯穿全魏故实，语至堂皇；以魏中原，晋武受禅即在于邺，此亦班、张二子之旨。”[②]（《春觉楼论文》）自此以后，都市之赋无此规模，左思《三都赋》实继汉承魏、总结前贤，遂为绝响。

原载《四川师范大学学报》2015年第1期

① 范晔：《后汉书·张衡传》，中华书局，1965年。
② 郭预衡：《中国古代文学史长编》，首都师范大学出版社，1995年。

扬雄《方言》研究

《方言》与汉语方言研究的古典传统

◎ 殷孟伦

我选用这个题目，是说我国的传统语言学在方言研究方面，源远流长，早在西汉的末年，就已有了如《方言》那样的重要专著。作者所做的工作，已经定下了不少合理条例，积累了不少研究经验，直到今天仍颇有可资借鉴之处。为了使研究者重视历史传统，我特地把这部书提出来，说说自己的意见。

一、《方言》的作者问题和《方言》的内容

《方言》是我国最早的一部方言书，在世界上也是最早的一部方言书。原题《輶轩使者绝代语释别国方言》，略称为《方言》。根据《汉书·艺文志》与《汉书·扬雄传》里没有提到本书作者的名称，在后汉许慎写的《说文》里所引方言，扬雄说凡十三处，也都和《方言》内容没关系，只约有三分之一的条目和《方言》内容相应的条目极其相似，又不曾标出《方言》的书名；又据在与之时代相近的王充所著《论衡》一书里谈到的扬雄文章和他所著的两部书，仍然没涉及《方言》；如此等等，因此对《方言》的作者是谁便发生了疑问。可到了东汉末年，情况就大不同了。首先应劭著的《风俗通义》和《汉书·司马相如传集解》里都大引《方言》，于是扬雄和《方言》的关系，就由此确定下来了。其后魏孙炎注《尔雅》，张揖著《广雅》，大

量吸收《方言》词语；葛洪撰《西京杂记》，常璩撰《华阳国志》，称为扬雄《方言》；更有吴薛综解《二京赋》，杜预注《左传》，都引用《方言》。根据清代朴学大师戴震的考证，断定本书作者为扬雄，从此在我国传统的语言学界，《方言》便成为大家所熟习的书了。

扬雄是西汉末年一位大辞赋家和语言学家。在刘歆《与扬雄书》里说："属闻子云独采集先代绝言，异国殊语，以为十五卷。"照明人陈与郊的类次，去其复字，可得内容，包括《释诂》《释言》《释人》《释衣》《释食》《释宫》《释器》《释兵》《释车》《释舟》《释水》《释土》《释草》《释兽》《释鸟》《释虫》等共十六类，共载六百六十九事，古今别国的方言，于此可窥见其大概。

二、《方言》的编纂目的

《方言》的编纂目的同《尔雅》一样，不过它不像《说文解字》和《释名》都有一篇自序来表明作书的宗旨，但是作者在《答刘歆书》里也很明确地指出他著书的意图。作者曾经说："常闻先代𬨎轩之使，奏籍之书，皆藏于周秦之室。"可是经过战乱，它们都被遗弃了，只有他的同乡先辈严君平、林闾翁孺见到过，因此，他从这两人那里知道一些情况，但是君平所保存的不多，翁孺也只略有梗概之法。作者为了继承这一业绩，打算把它完成，不能不观书石室，不能不博访周咨。他做工作的目的，和先秦采风并无两样，也就是要"不劳戎马高车之使，坐知傜俗"，使人君坐帏幕之中，绝遐异域之语，名流于无穷，功列于汉室。从他这书的命名来说，全名叫《𬨎轩使者绝代语释别国方言》，这就是把语言古今雅俗都要作一番全面的考察。为《方言》一书作注的晋代学者郭璞说得好："考九服之逸言，标六代之绝语，类离词之指韵，明乖途而同致，辨章风谣而区分，曲通万殊而不杂。"这真是能够道出作者编纂《方言》这部书的伟大意图。

三、资料依据和来源

《方言》资料的依据、来源有两个方面。作者在《答刘歆书》里业已讲明，第一个来源是本于严君平和林闾翁孺所保存的以及观书于石室的资料。但这些资料可惜太少，又是已经见于书面上的，不能完成作者著书的理想。第二个来源是作者经过二十七年的亲身访问所得的资料，是完全活在人民口头上的，这是《方言》一书的主要资料。因为作者扬雄在京师服官，他利用了每年全国各地的孝廉（知识分子）随同郡国派遣的上计吏来到京师的机会，也利用了每年内郡轮流派遣到京师卫戍的卫卒（平民）来到的机会，亲自“把三寸弱翰，赍油素四尺，以问其异语，归而以铅摘次之于椠”。经过这样的访问调查，就记下了各个地方的不同方言。这还不算，他又把这些语言有交错的情况，更反复论思，作了比较，解决疑难。作者对这一工作的认真态度，的确使人佩服。因此，我们说这部书的内容不完全承袭前人的积累，它出色之处是在作者亲自的访问和反复核实，而且只是在依类归卷安排资料上像《尔雅》，在性质上却不和《尔雅》相同，它是在《尔雅》基础上更有所发展的。《方言》全书共有六百六十九个条目，包括了今方言、古方言和一般流行的普通话，可以说，绝大部分是利用活在人民口头的资料，这也是它的一个特色。

《方言》的底本如上文所述，可以知道是出于严君平和林闾翁孺，但我们要问，《方言》的研究方法是不是出于这二人呢？如果照扬雄《答刘歆书》里所说“翁孺梗概之法略有”，也可相信今天看到的《方言》不会没有他们二人的功绩。《方言》每条先列一些同义词，然后用“某地谓之某”或“某地某地之间谓之某”来说明，如卷一第一条：“党、晓、哲，知也。楚谓之党，或曰晓，齐宋之间谓之哲。”这可能就是扬雄承继了翁孺的研究方法。在这样的基础上，又再加分别，凡说“某地语”或“某地某地之间语”的，都是各地的方言。凡说“某地某地之间通语”的，便是通行区域较广的方言，如卷一

"悼、惄、悴、慭，伤也。自关而东，汝颍陈楚之间通语也"便是。又如说"通语"（如卷一："怜，通语也。"）、"凡通语"（如卷二："好，凡〔注：凡，《御览》卷三八引作其〕通语也。）、"通名"（如卷五："今江东通名大瓮为瓺。"）、"四方之通语"（如卷三："庸、比、侹、更、佚，代也。齐曰佚，江淮陈楚之间曰侹，余四方之通语也。"），也就是古代不同的方言。扬雄这样区别方言，真正体现出他说的"语言或交错相反，反复论思，详悉集之，燕其疑"的治学精神。

四、《方言》的作用

《方言》虽然是公元1世纪的产物，但它的成就和影响却是很大的。作者的治学精神也还值得我们很好地学习，从下面所提出的五点就可明白了。

（一）作者的首创精神体现出我国研究语言的优良传统。我国古代研究语言，远在周代，即有"輶轩之使巡游方国，采览异言，车轨之所交，人迹之所蹈，靡不毕载，以为奏籍"的事实，主要目的，即在推广规范语言（所谓雅言），以达到正言的作用，而语言本身，既有继承，又有发展，因此，不论采集和研究，都包括了纵横两个方面：纵的方面，就得搜罗周秦旧籍所载的语言；横的方面，更要注意当时流行的口语。作者继承了这个传统，把他编纂的书定名为《輶轩使者绝代语释别国方言》也正体现了这一点。在周秦人编纂《尔雅》的当时，它的作用在于正言，虽然所解释的是以文学语言为主，但不能没有口语作为基础，也就不能不含有方言的成分，从郭璞为《尔雅》作注所提出的具体例证看，就可以明白。《方言》编纂的性质，虽然和《尔雅》有些不同，它的解释语言、主要对象是在研究口语，但对典籍里曾经一般使用过的词语并不排斥，因为方言在过去的书面语言里不是一点也不曾见过，而且有不少是早已有了。只是到汉代使用的情况发生变动，甚至完全和先秦时代两样，所以觉得两者就有距离。因此，把《方言》和《尔雅》相比，语言的古今情况，有的并不相同，有的却还相同。作者研究方言很注意语言纵横两个方面的关系，取材虽以口语为主，可不屏除文学语言，因为这样做，正好把语言的古今雅俗作一对比，语言的源流变迁也就容易寻找出来。语言之所以行用和废弃，也容易求出它的所以然。我国语言研究的优良传统精神正是这样。作者是在认识问题和研究方法上更有所发展的，加之作者有一个过人的优越条件，即他是汉代最能识奇字的学者，刘歆的儿子刘棻就曾向他学习过。从这一点看，也可以说作者就是一部活字典，他对于古今语言之烂熟胸中，是毫无疑问的。

（二）作者在治学态度上也贯彻了“实事求是”的精神。作者收集方言资料，最大的特点是出于他的亲身访问，访问之后，再加详悉研究，到没有疑问为止，治学的态度是再谨严不过的。再看收集的这些资料，有的是周秦的古语，有的是当时人口语的记录，从数量上说，可算不少。这些资料的宝贵，都完全是经过调查得来的，可靠性非常大。不仅如此，他占有这些资料后，又还经过认真分析，作出比较的结论，划分流行区域，辨清同义词的细微差别，如“惟”“虑”“愿”“念”这四个词都是“思”的意思，但“惟，凡思也；虑，谋思也；愿，欲思也；念，常思也”（见《方言》卷一）。这岂能说是出于“闭门造车”的工作方法？

（三）作者在研究语言方法上创立了要掌握全面观点的原则。所谓掌握全面观点，即是作者看待语言并不割断它的时间和空间两方面的依存关系。因此，《方言》全书既网罗了周秦古语，又采取了当时的口语，在这些复杂纷繁的词语里，作者把它们分别归纳为通语、别语、转语等。如《方言》卷一：“敦，丰……大也”条，作者把这些词语说为“皆古今语也，初别国不相往来之言也，今或同，而旧书雅记故俗语不失其方，而后人不知，故为之作释也”。这说明“敦”“丰”等十个同义词，“丰”和“庞”有细微差别，“嘏”和“奘”有细微差别，而这些和“夰”“幠”“戎”“夏”“壮”“京”“将”却都是古今语的关系，有些现在还使用，有些却是残存在现代语里，不一定常说它，所以作者这样说。而这些词语，都是古代的方言，所以必须加以解释，然后才能使大家明白。可见要明白方言的关系，非从时间空间两方面去参合不可，否则关系不清，也就不能明白它们是怎样的发展和变化了。

（四）作者分析方言的精细程度和他所定的专用术语所表现出的精确内容是分不开的。我们知道，一门科学用语所代表的基本概念是否精确，这正是某门科学是否达到最高成就的标准表征。在扬雄所处时代，当然还不能够要求有如现代那样精确的术语出现。但是从他在《方言》里的表述看来，却使人获得对方言区分的明确了解，不能不承认作者是讲求思想方法的。他这部书定名为《輶轩使者绝代语释别国方言》，正说明他对语言研究是古今并包，全面探索。在全部六百六十九个条目中，收集了两千三百多个词，如果没有很好的归类办法，要做到井井有条，绝非易事。这样就需得使用一套专用术语统摄全书，把全部资料分成两大部类，这样做才能保证完全、正确，例如卷一“娥、㜲，好也”条即说：“秦曰娥，宋卫之间谓之㜲，或谓之姣。赵魏燕代之间曰姝，或曰妦。自关而西秦晋之故都曰妍，好，其通语也。”正可看出“好”这个词语流行的区域超出了上述各地，所以定名为“通语”。所谓“别语”，是“别国不相往来之语”，《方言》里所说的“某谓之某”或“某某谓之某”的词语都是。因为它的流行区域只限于某地或某地区，并不流行于四方，它和通语相反，所以这样定名，又称作“异语”，或者“某处通语”。所谓“某处通语”，也不过比只流行于某一地区的为大，比通行于四方的仍然算小。因此说，通语和别语是相对而起的名词，别语代表的是“异国殊语”，“别国不相往来之语”，那么，通语就是代表通行全国的普通话了。除此而外，作者还自创了“转语”“代语”“某处转语”等术语，又在解说时也说“语之转也”，这是对词语的转移源于声音的转变的说明。由此可见，作者分析语言，定出一套专用术语，这是好学深思的具体表现，不这样，不能很好地进行工作。

（五）作者解释方言现象所创立的分析方法也值得后人借鉴。《方言》全书十三卷，除末二卷有条目无说解的占绝大多数外，其余各卷有条目而无说解的却很少，甚至没有。从有说解的组织形式看，作者所立条例的繁密也正见其分析问题的精细程度。这里只举出主要的如下十项：

（1）以通语释别语。如上文所引“好也”条之类便是。全书明白说出“某，其通语也”，或“某，通语也”，不一而足。

（2）明著其为古今语或古雅之别语或古语之遗。如上文所引“大也”条及“长也”条都是。

（3）以别语解别语。如卷一“逢、逆，迎也”条说“自关而东曰逆，自关而西或曰迎，或曰逢”，便是其例。

（4）词同而义有别则区分为二词。如卷二“倚，踦，奇也”条的“踦”：“自关而西秦晋之间凡全物而体不具谓之倚，梁楚之间谓之踦，雍梁之西郊凡兽支体不具者谓之踦。”又“惊也”条的“逴”：“逴、獡透，惊也。自关而西秦晋之间凡蹇者谓之逴，宋卫南楚凡相惊曰獡或曰透。”卷十“䰈，緖、䫴，多也”条的“䰉”：“南楚凡大而多谓之䰈，或谓之䰉，凡人言语过度及妄施行，亦谓之䰉。”又如卷三“斟，益也”条说：“南楚凡物相益而又少谓之不斟，凡病少愈而加遽亦谓之不斟……”便是其例。

（5）词异义同而仍有分别的则著于说解。如卷二“餬、托、庇、寓、媵，寄也”条，“托”“媵”同训为“寄”，但有分别，所以作者就这样作解：“凡寄为托，寄物为媵。”又如卷二“搜、略，求也”条说：“秦晋之间曰搜，就室曰搜，于道曰略。”便是其例。

（6）词虽异而音义相关者，则明著如转语或代语，如上文所引“庸谓之倯”之类，便是其例。

（7）词虽同义有别类，则别作一解以附其后。如卷一：“嫚、蝉、𦆭、撚、未，续也。”又说：“蝉，出也。”此即所谓“别异义”之故。

（8）有因类而及者也并著其语，这又有异语同语之别。有异别的，如卷二“私、策、纤、䒠、稚、杪，小也”条说“凡物小者谓之私，或曰纤，缯帛之细者谓之纤。东齐言，布帛之细者曰绫，秦晋曰靡”之类便是。有同语的，如卷三“燕齐之间养者谓之娠，官婢女厮谓之娠”之类便是。

(9) 嫌本条目说解还有不明白者则取若（犹）某之言以为比例，如卷六“蹇，展，难也”条说：“乔晋曰謇，山之东西凡难貌曰展，荆吴之人相难谓之展，若秦晋之言相禅矣。”便是其例。

(10) 词义虽同，但因地异而用别的则详加说明。如卷一“虔、刘、惨、啉，杀也”条说：“秦晋宋卫之间杀曰刘，晋之北鄙亦曰刘。秦晋之北鄙，燕之北郊，翟县之郊，谓贼为虔，晋魏河内之北谓啉曰残，楚谓之贪，南楚江湘之间谓之欺。”便是其例。

更为突出的，作者看待语言已经使用了发展的观点。作者对方言认识，已经知道语言受到时间和地理的制约，必然引起相应的变化，因此，他在研究方法上，特别注意到这一点。例如“古今语”的关系，词语在使用上的细微差别，有的因声音变化又转为他语的，有的既为流行于某地的方言，同时又成为通语的，如此等等，他都根据词语使用的情况分别予以说明。有的例子在上文已经举出，如卷三“庸谓之倯，转语也”之类，很显然使人感到语言不是静止的东西，常常含有转变的。又如卷十说：“谰哰、謰謱，拏也，东齐周晋之鄙曰啢哰，啢哰，亦通语也。”照这样说，啢哰既是方言，又把它说成通语，这岂不发生矛盾？但从使用上看，语言变化是经常的现象，原来属于方言的词语，不是不可以进入通语，相反原来属于通语的也可以转成为方言，所以啢哰既可以是方言，也可以成为通语，这并不违背语词变化的一般情况。即如卷十：“煤，火也。楚转语也，犹齐言焜，火也。”这说明“火”这个词，在方言里由于语言的转变，在楚、在齐已经有了不同。由此可见，方言现象复杂纷繁，作者这样理出它的发展规律，在他以前研究语言的人还不曾有过，其难能可贵的独创精神，是值得特别提出的。

五、郭璞在《方言》研究上的成就

扬雄所著《别国方言》，在后来郭璞为其作注时，又举出晋代语言的变化以说明其转化之迹。大抵说来，其方式有以下几项：

（一）在汉为异语而在晋为通语的。如《方言》卷一“慧也”条下说：“楚或谓之谫。”郭注：“亦今通语。”

《方言》卷一“好也”条下说：“赵魏燕代之间曰姝。”郭注：“亦四方通语。”

（二）一种语在汉为通语而在晋为异语的。如《方言》卷九说：“錟谓之鈹。”郭注：“今江东呼大矛为鈹。”

卷同上：“方舟谓之潢。”郭注：“扬州人呼渡津舫为杭，荆州人呼潢。”

（三）一种语在汉为南而在晋为北的。如《方言》卷二“遽也”条下说：“吴扬曰茫。”郭注：“今北方通然也。”

《方言》卷五“牀”条下说：“其杠，南楚之间谓之赵。”郭注：“赵，当作桃，声之转也，中国亦呼杠为桃牀，皆通也。”

（四）一种语在汉为北而在晋为南的。如《方言》卷三：“茓，北燕谓之葰。”郭注：“今江东亦呼葰耳。”

《方言》卷三：“凡草木刺人，北燕、朝鲜之间或谓之壮。”郭注：“今淮南人亦呼壮；壮，伤也。”

（五）一种语在汉为东而在晋为西的。如《方言》卷一“好也”条下说：“自关而东，河济之间谓之媌。”郭注：“今关西人亦呼好为媌。”

《方言》卷一“痛也”条下说：“平原谓啑极无声谓之唴哴。”郭注：“今关西语亦然。”

（六）一种语在汉为西而在晋为东。如《方言》卷五“罂也”条下说：“灵桂之郊谓之瓶。”郭注：“今江东通名大瓫为瓶。”

《方言》卷五：“所以注斛，陈宋楚之间谓之篙。”郭注：“今江东亦呼为篙。”

按此东西南北通语异语的交错相反的情况，也各有各的原因。如颜之推《家训·音辞篇》说：南方水土和柔，其音清举而切诣，失在浮浅；北方山川深厚，其音沉濁而鈋钝，得其质直。又说：葛洪《要用字苑》分焉字音训若训何训安，当音于愆反；若造句及助词当音矣愆反。江南至今行此分别，昭然易晓；而河北混同一音。邪（音琊）者，未定之词，而北人呼为也，亦为误矣。又案《经典释文·条例》云：方言差别，因自不同，河北江南，最为鉅异。或失在浮清，或滞于沈浊，如而靡异，邪（不定之词）也（助句之词）弗殊，莫辨复（抉又反，重也）复（音服，反也），宁论过（古禾反，经过）过（古卧反，超过），此皆论其概略。若世变人移，音讹字替，山川阻深，渐积成俗，或有以方言所记中州之语，在晋则与江东多同，遂谓在汉为中原的，在晋则变为江东，现在又变易为闽广，自此而广，往而不反，推寻前代证据，理应如是。

六、《方言》中的转语问题

在《方言》一书中，首次出现了转语这一术语，计共有五处。又或谓之“语之转”，或称为“声转”，或称为“代语”。转语一词先见于本书，可能是扬雄的自造，以说明语音的流变规律。清代戴震曾经用这个术语来称他所著的一部书，惜未成，只留下一篇序文，但我们可以因此解决一些语言上的声转问题。根据这一理解，从《方言》中可以找出不少例子。如：

《方言》卷三说：“庸（按余封切）谓之倯（按相容切），转语也。”

又卷十一说：“蠾蝓者，侏儒语之转也。”这一条明白地说明转语名义的由来。

又卷五说：“臿谓之斛。”郭注：“汤料反。此亦鍪声转也。”这也是明著其例，不过在形式上变转语为声转，只是用字的不同，意思是一样的。按蠋蝓两字，郭注蠋音燭（按之欲切），蝓音臾（按羊朱切），侏儒之侏音章俱切，儒音人朱切，燭侏同为照纽。庸偢二字，照戴氏例为位同。臿音楚洽切，鍫斛同音七遥切，依郭音俱料反，亦为位同，以是推之，卷三说："铤，空也，语之转也。"按铤字，郭音挺（按徒鼎切）。空也之空，音苦红切。徒鼎、苦红其清浊为位同。

又卷十："煤，火也。楚转语也。"按郭音煤，呼隗反，火也之火音呼果切，同为正同纽。又说："南楚曰謰謱，或谓之支註，或谓之詀謕，转语也。"按郭音连，力延切；謱，力口切；支，之豉反；註，音注（按之戍切）；詀，托兼反；謕，音啼（按杜奚切）。

以上都是二字双声，所以叫它转，而謰謱、詀謕是同位关系，支註与詀是同位。

又卷十三说："㾓，极也。"郭注："江东呼极为㾓倦，声之转也。"按郭音㾓，巨畏反。前十二卷说："㱚，倦也。"郭注："今江东呼极为㱚，音喙。按喙，许秽切，与极亦同位。極，渠力切，是同纽。"依准这样说，郭注说声转的，亦同于转语之义，亦和位是不相越的。

此外有称为代语的，亦如同转语一样。举例如下：

《方言》卷十三说："鼻，始也。梁益之间谓鼻为初，或谓之祖，祖，居也。"郭注："鼻、祖皆始别名也。转复训以为居，所谓代语者也。"按祖，则古切；居，九鱼切，是同位。鼻，疾二切；初，楚居切，亦为清浊位同。足见《方言》的制作是以声为准，那么，研究方言的人亦当如是，而昔人说其流转的道理者但限于韵，不及于声，可是他仍只是根据谐声，而欲相推考阐明，所采用的方式亦较为疏略了。

七、关于疏证《方言》一类的著作

关于为《方言》作疏证的书，在清代有戴东原氏所作的《方言疏证》和王念孙氏的《疏证补》，皆较为著名。戴氏作《方言疏证》时，征引不少的书以成校释，下了很多功夫，但是校多而释少。王氏的《疏证补》只是增广戴氏所未注意的地方。如戴氏说注中“烈解”当作“遗解”，王氏则谓“烈”是“列”的误字。戴氏以“雅记故俗”为“常记故时之俗”，王氏则释“雅记”为“故记”，旧书故记通指六艺群书而言，所以“俗语”是“故时俗语”。这些地方都是匡救戴氏说的错误的。王氏又订“音悝”之悝为埋，雍丘之为雍县，慎济之济为懠，假狢之假为徦，噎噫谓忧也为谓噎忧也。这些地方都是戴氏所未及而王氏加以说明的。王氏又引《汉志》“袛台德先”以证台训养；夌彛声转（谓蒸真二部声相近故相转。然此实在是双声关系，不当论韵）以证倰也就是怜；哀爱声近（按亦双声）以证怃怜训爱，又训为哀；又谓噭咷犹号咷（按郭音噭音叫，《广韵》古弔切，号易释文户羔反，是同位双声）。这些都说明音义相关的道理，可惜书只完成一卷就中止了。另外王氏疏证《广雅》时，动辄采扬氏《方言》的话，加以解释，亦如其《疏证补》的做法。钱绎作《笺疏》时，时采王说，但其病在力求繁富，遂失之滥。如《广雅》昆浑字联、《疏证》引《方言》焜烕及《左传》焜燿，《王制·郑注》昆明也，《封禅文》煇煌以释昆。又云：混与昆声近，《方言》浑，盛也。《说文》混丰流也。浑混流声也。浑与混通。笺疏于浑下重引焜燿昆明以相释，乃不顾郭注肥满之义，是什么道理呢？又《广雅》儓，当也。疏证引《方言》：臺，近也。曰台与儓通。而笺疏于迅也下说：儓又训为丑，虽然释为丑恶之义，实与迅义亦相通。按《方言》卷三说：儓，农夫之丑称也，南楚凡骂佣贱谓之田儓。郭注：佅儓，驽钝貌。按《说文》：丑，可恶也。是恶为丑的本义，若丑训类，训众、训同，则为雠的声借。《周礼述闻》以《方言》卷二说：揄铺，艦极，帗缕，叶褕，毳也。郭注：皆谓物之扞蔽也。按扞蔽当作行蔽，这话是可信的，笺疏引《说文》“毳，兽细毛也”以释毳，不知道郭注音毳曰脃，正谓是脃薄之义，揄铺以下皆连语。亦若下文恒慨、蔘绥、羞绎、纷毋，言既广又大也，及卷三说：须捷，挟斯，败也。笺疏于毳也、败也乃分字作解，以鸟兽揄脱之毛铺陈之义与毛席同释揄铺，以短屈仅能覆蔽释艦䑿，以帗读若拨，《史记索隐》拨大楯为扞蔽，《通俗文》毛布曰氀，氀与缕通，以《玉篇》毳罽衣叶褕释叶褕，以须捷即须接为败之意，以《淮南》挟，销也，本书斯离也与败相近，合言之则曰挟斯。观看《广雅疏证》王氏于“挟斯，败也”条但引《方言》作证，以明侠和挟字通，这样说来，笺疏的各种说法只能当作皮傅的了。

八、结　语

《方言》一书，清代学者曾说：除《尔雅》外，它和《说文》切于治经，可见对《方言》的重视。近人胡朴安亦提到研究《方言》的重要性。通过上面的论述，研究《方言》所应注意的事项包括：（一）必须重视典籍以明所本；（二）收集材料以广应用；（三）派人实际考察，或出自亲身的访问；（四）注意不同语言的语词；（五）又须出自亲身整理；（六）分析出方言变易的规则，然后再评论其工作完善与否和成就大小，同时明确其疏误的由来。这样才有力于方言研究。如何得到正确的认识，如何继承前人成果以作我们今天研究的借鉴，是方言研究的重要课题。研究方言的同志们，如果要把工作搞好，不可不重视学习古典传统方言学的经验并用之于实践。

原载《文史哲》1983年第5期

《方言》与《尔雅》的关系

◎ 濮之珍

我国的语言研究，可以说是从汉代开始的。在汉代以前，虽然有些学者也谈到语言，但是没有写成专书。直到汉代，在汉语研究方面作出了辉煌的成绩。《尔雅》和《方言》就是汉代语言研究方面两部极其重要的作品。

历代学者对《尔雅》和《方言》进行过讨论和研究。至今，也还存在一些尚未解决的问题，例如二书的作者问题，就是一个至今尚未很好解决的问题。我个人的意见是，关于《方言》的作者，在没有得到有力的新证可以证明不是扬雄以前，暂且放在扬雄名下；至于《尔雅》的作者，本文暂不讨论。我们只要知道《尔雅》成书确在《方言》之前就行了。本文的目的是想就《方言》与《尔雅》的关系进行研究。

《尔雅》采用郝懿行《尔雅义疏》本，《方言》是采用周祖谟、吴晓铃校编的《方言校笺及通检》本[①]。在取材方面：《尔雅》取材于《释诂上》《释诂下》《释训》《释言》四卷，《方言》则取材于卷一、卷二、卷三、卷六、卷七、卷十、卷十二、卷十三。二书其余有关名物的材料，与本文所要讨论的问题无关，暂且不用。

为了便于排列、检查、称引，我用数字标记了《方言》和《尔

---

① 科学出版社出版。

雅》的各条，以每一卷每一条作一单位。我又假定了一些名词，“雅诂”“群诂例字”“诂训字”（即“母题”）、“方言”以作讨论的标帜。关于这些名词所代表的意义，用《方言》原文为例，加以解释如下。例如《方言》第一卷第一条：“党晓哲知也。楚谓之党，或曰晓。齐宋之间谓之哲。”用我假定的名词来表示就成为：

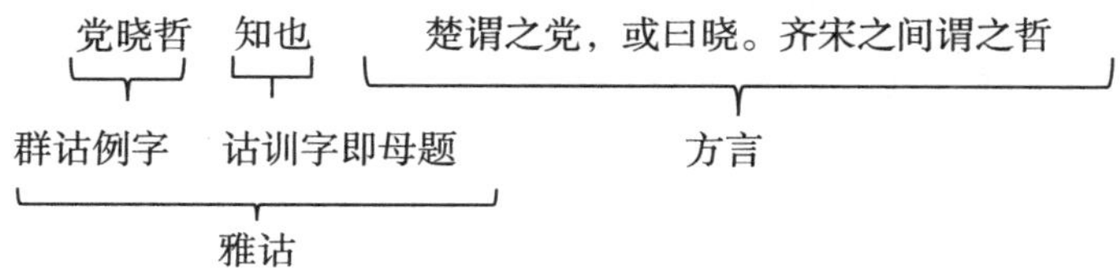

以下我们进行《方言》与《尔雅》的关系的研究。

一、从收集方言成书方法观察

《方言》一向被列入小学训诂类，明朝陈与郊的《方言类聚》，就是以《尔雅》的组织形式，作《方言》内容的分类。关于《方言类聚》这部书，清朝《四库全书总目提要》说：

> 《方言类聚》四卷，明陈与郊撰。与郊有《檀弓集注》，已著录。是编取扬雄原本，依《尔雅》篇目，分为释诂、释言等十六门，别为编次，使以类相聚。如原本第三卷，氓民也至枨随也数语，移入卷首为释诂。其原本卷首党晓也两节则列为释言，文载于敦丰庞乔一节之后。郭璞原注则总付每节后，低一格以别之。间有双行夹注，为与郊所考订者，仅略及音切字画之异同而已。①

由以上可知，陈与郊的《方言类聚》，是将《尔雅》的分类组织应用到《方言》这部书上去。不过，《方言》仍旧是《方言》，《尔雅》仍旧是《尔雅》，他并没有注意到《方言》与《尔雅》的真正关系。

① 《四库全书总目提要》（商务）卷四十三，释部四十三，小学类存目一。

但是，却因此引起我对《方言》与《尔雅》关系的注意。

现在，我们首先从收集方言来观察。关于收集方言的记载，郭璞《方言·序》说：

盖闻方言之作，出乎輶轩之使，所以巡游万国，采览异言，车轨之所交，人迹之所蹈，靡不毕载，以为奏籍。周秦之季，其业隳废莫有存者。暨乎杨生，沈淡其志，历载构缀，乃就斯文。①

刘歆《与扬雄书》说：

诏问三代周秦輶轩车使者，遒人使者，以岁八月巡路，求代语，僮谣，歌戏，欲得其最目。因从事郝隆求之有曰，篇中但有其目，无见文者。歆先君数为孝成皇帝言：当使诸儒共集训诂，《尔雅》所及，五经所诂，不合《尔雅》者诂籀为病；……会成帝未以为意，先君又不能独集。至于歆身，修轨不暇，何偟更创？属闻子云独采集先代绝言，异国殊语，以为十五卷，其所解略多矣，而不知其目。②

扬雄《答刘歆书》说：

雄少不师章句，亦于五经之训所不解。常闻先代輶轩之使奏籍之书，皆藏于周秦之室；及其破也，遗弃无见之者。独蜀人有严君平、临邛林闾翁孺者，深好训诂，犹见輶轩之使所奏言。③

由以上引文可以知道，在很早的古代，就已经进行过方言采集工作。到了周秦时代，收集方言的工作曾经中断过。直到汉代，大家又

① 《方言校笺及通检》，《方言校笺》附录，科学出版社，1956年，第91—93页。
② 《方言校笺及通检》，《方言校笺》附录，科学出版社，1956年，第91—93页。
③ 均见《方言校笺及通检》，《方言校笺》附录。

注意到收集方言的工作。由扬雄与刘歆往返的书信中，我们知道，刘向、刘歆两父子注意到收集方言的工作。在扬雄以前，有蜀人严君平及临邛林闾翁孺做过收集方言的工作。仅仅就这两封信，就已经知道，注意方言收集和亲身做收集方言的人，就有刘向、刘歆、严君平、林闾翁孺、扬雄等五人。我想一定还有好些我们不知名的。何以在汉代，一般人又注意到收集方言这个工作呢？这是与当时国君的提倡有关系的。刘歆《与扬雄书》说：

今圣朝留心典诰，发精于殊语，欲以验考四方之事，不劳戎马高车之使，坐知徭俗；适子云攘意之秋也。①

当时的统治者为什么注意方言收集工作呢？《汉书·食货志》已指出其目的在于“王者不窥牖户而知天下”，也就是说，统治者想通过收集方言了解地方情况，以便加强政治上的统治。因此在《汉书》本纪中常记载着派遣大臣巡行天下览观风俗的事。例如：

《汉书·宣纪》第八：“遣太中大夫强等十二人循行天下，存问鳏寡，览观风俗，察吏治得失。”

《汉书·平纪》第十二：“遣太仆王恽等八人，置副假节，分行天下，览观风俗。”

所谓“览观风俗”实际是兼做方言收集工作的，古人关于“风俗”的“风”的观念中，就包含着方言的不同。清代王先谦指出：“前古采风使者方行列国，匪独陈其诗篇而已；其于异俗殊言，必将备其声音训诂，随以上进。”②

明白了以上的情况，对汉代有较多的人注意方言收集就不奇怪

① 均见《方言校笺及通检》，《方言校笺》附录。

② 见序郭庆藩《方言校注》，思贤讲舍本。

了。我想，扬雄《方言》可能是在前人收集方言的基础上，更进一步而完成的。

另一方面，秦汉两代成为中央集权大国以后，由于社会、经济、文化的发展，也影响到语言的发展。一方面是春秋战国各地语言的交流融合，另一方面是共同语的统一性加强。这样丰富复杂的语言事实，提供给了小学家扬雄等研究语言的资料。我国语言研究从汉代开始不是偶然的，是社会发展、语言发展的自然要求。

其次，我们谈谈收集方言的人与文字训诂学及《尔雅》的关系。前面我们说过，在汉代的时候，一般人注意到收集方言，朝廷也重视这项工作，那么，收集方言的人到底是怎样去收集呢？在扬雄《答刘歆书》中，说到收集方言的严君平“财有千言”，说到收集方言的林闾翁孺是“梗概之法略有”。至于他自己收集方言的情形是：

> 故天下上计孝廉及内郡卫卒会者，雄常把三寸弱翰，赍油素四尺，以问其异语；归即以铅摘次之于椠，二十七岁于今矣。而语言或交错相反，方复论思，详悉集之，燕其疑。①

《西京杂记》也记载了扬雄收集方言的情形：

> 杨子云好事，常怀铅提椠，从诸计吏，访殊方绝域四方之语，以为裨补輶轩所载，亦洪意也。②

由以上记载，我们可以知道，收集方言时，并不是得一条记一条，随便零星的散记，而是有条理、有组织、有方法的，即所谓“翁孺梗概之法略有”。当然，关于林闾翁孺的梗概之法，我们是无从知道了。不过，关于《方言》如何收集成书，从《方言》本身，是可以

---

① 《方言校笺及通检》，《方言校笺》附录。

② 葛洪：《西京杂记》第三，《四部丛刊》子部。

推寻的。

在扬雄《答刘歆书》中说到收集方言的严君平与林闾翁孺都是“深好训诂”的人。而扬雄自己就是一位小学家。刘向、刘歆也是对文字训诂素有研究的人。由此我们看到一个事实，那就是这五位注意收集方言的人，都是具备有文字训诂知识的人。另一方面，《尔雅》在《汉书·艺文志》中，虽被列入“孝经家”，可是《汉书·艺文志》“书家”中却说：“古文读应《尔雅》，故解古今语而可知也。”[①] 由此可见，汉代人仍把《尔雅》看作是一部文字训诂的书。事实上《尔雅》主要是为解经而作的，这部书的完成一定在汉武帝提倡经学之后，而且是经过许多人补充的。那么，毫无疑问，扬雄等五人当然都见过《尔雅》的。《方言》这部书，也是一向被列在小学训诂类的，所以明陈与郊作《方言类聚》，就是以《尔雅》的分类组织，作《方言》内容的分类。总之，由于以上这些线索，引起我对《方言》与《尔雅》的关系的注意。

第三，《方言》与《尔雅》编制的粗略对照：

《方言》一书一共是十三卷，六百七十五条。每一条分成两部分：上面一部分是雅诂，下面一部分是方言。方言就是作者所收集的。但是，上面一部分的雅诂是从哪里来的呢？如果说就是下面一部分的方言，为什么在有些条中，方言与雅诂又不相符合呢？有时方言多于雅诂，如：

> 娥𡣍好也。秦曰娥，宋魏之间谓之𡣍，秦晋之间凡好而轻者谓之娥。自关而东河济之间谓之媌，或谓之姣。赵魏燕代之间曰姝，或曰妦。自关而西秦晋之故都曰妍。好，其通语也。(3/卷一)

有时又雅诂多于方言，如：

① 《汉书》卷三十《艺文志》，第8页。

> 慎济瞥愸湿桓忧也。宋卫或谓之慎，或曰瞥。陈楚或曰湿，或曰济。自关而西秦晋之间或曰愸，或曰湿。自关而西秦晋之间，凡志而不得，欲而不获，高而有坠，得而中亡，谓之湿，或谓之愸。（10/卷一）

在卷十二、卷十三中又大部分仅有雅诂，如：

> 爰暖哀也。（1/卷十二）
> 儒输愚也。（2/卷十二）
> 裔历相也。（1/卷十三）
> 裔旅末也。（2/卷十三）

我们知道，《方言》是一部未完成的作品，卷十二、卷十三仅有雅诂的现象就遗留下著作的痕迹，说明了作者是先有了雅诂，然后根据这些雅诂，再去求方言的。由于《方言》是一部未完成的作品，没有经过作者重新整理，所以在有些条中，雅诂与方言不相符合，以及出现卷十二、卷十三仅有雅诂的现象。那么，这些雅诂究竟是从哪里来的呢？我认为《方言》的雅诂是从《尔雅》中来的。也就是说，《方言》是根据《尔雅》先立下雅诂，然后再去求方言的。关于这个论点，在下一节中，我用二书具体内容的排比与对照来作证明。

二、从两书内容观察

在上面一节中，我说明了《尔雅》与《方言》有着密切的关系。现在，作更进一步的具体的排比与对照。

第一，名物分卷的对照：

《尔雅》十九篇，第一篇《释诂》分上下两卷，所以一共是二十卷。除《释诂》上下、《释训》《释言》四卷外，其余的十六卷，都是释名物方面的。《方言》是十三卷，除卷一、卷二、卷三、卷六、卷

七、卷十、卷十二、卷十三外，其余五卷，也都是释名物方面的。现在，就名物方面，作《方言》与《尔雅》的对照：

《尔雅》	《方言》
释器第六	卷五、卷九。
释虫第十五	卷十一。
释鸟第十七 释兽第十八 释畜第十九	卷八。

这些名物方面的，与本文所要讨论的关系不大，所以就不再作详细的排比研究了。

第二，雅诂形式的对照：

《尔雅》的雅诂组织形式，归纳起来可分为下列三式：

第一式：初哉首基肇祖元胎俶落权舆始也。(1/释诂)

如适之嫁徂逝往也。(6/释诂)

般齐中也。(1/释言)

第二式：明明斤斤察也。(1/释训)

条条秩秩智也。(2/释训)

第三式：姜女为媛。(92/释训)

鬼之为言归也。(114/释训)

第一式是列举群诂例字，以母题作义类的统领，放在一句的最后，并且一定以语助词“也”作结束。第二式在母题形式方面与第一式一样，但在群诂例字方面就不同了，所举的群诂例字，都是重言的复合词。第三式的形式最不整齐，群诂例字与母题形式都不一定，整个一条，好像是一句文章。

《方言》的雅诂组织形式，归纳起来，也可分为三种形式：

第一式：党晓哲知也。（1/卷一）

　　　　悛忯矜悼怜哀也。（7/卷一）

第二式：迹迹屑屑不安也。（20/卷十）

第三式：张小使大谓之廓。（25/卷一）

　　　　东齐之间壻谓之倩。（2/卷三）

由以上看来，《方言》雅诂组织的三种形式，与《尔雅》雅诂组织的三种形式是没有什么不同的。现在，我们再看看这三种形式在二书中的应用情况：《尔雅》的《释诂》《释言》，完全是用第一式；《释训》大部分用第二式，有一小部分是用第三式；《方言》则十分之九用第一式，用第三式的有十余条，以第二式的应用最少。

第二式，在《尔雅》中列入《释训》，朱骏声《说雅》说："训，说教也。或双声，或叠韵，……皆连文以为谊，当口以说教，斯聆音而晓焉。"① 可见《释训》中的连文词，多半是以声为义的。《毛诗关雎诂训传正义》说："训者，道也。道物之貌以告人也。"② 可见《释训》中的连文词，在语法作用上是用作"道物之貌"，就是说用作形容名词的形容词，或用作形容动词的副词。汉字是单音节的，表现在文学语言上有一种求偶的现象，于是有双声、叠韵、重言。所谓"灼灼状桃花之容，依依尽杨柳之貌"，可见古人早已有应用重言的现象。可是，由于社会不断发展，语言也随着社会的需要而有所变迁。也就是说，古人的重言，不一定就是今人所用的重言。我们试翻开《尔雅·释训》来看，其中的重言复词，大都已不存在于现代汉语中了。不过扬雄的时代，去古不远，为什么在《方言》中也找不出《尔雅·释训》中所收的重言复词？为什么《方言》中以第二式应用最少？是由于语言发展变迁的缘故，还是有其他的原因？由于《方言》是一部未完成的作品，有待于进一步的研究。

---

① 朱骏声：《说雅》，《花雨楼丛书》卷一，第31页。

② 《毛诗正义》卷一《释诂训传》。

第三，母题重见的对照：

现在，我们来作《方言》与《尔雅》母题排比的研究。在进行排比研究以前，我们先将《尔雅》的母题情形说明一下。《尔雅》卷一《释诂上》57 条，《释诂下》93 条，《释训》114 条，《释言》272 条，一共是 536 条。在这 536 条中，并不是有 536 个不同的母题，因为其中有七个母题重见了：

1. 氙谧溢蛰慎貉谧顗颜密宁静也。(22/释诂上)
   密康静也/(19/释诂下)
2. 永羕引延融骏长也。(30/释诂上)
   育孟耆艾正伯长也。(56/释诂下)
3. 薨薨增增众也。(18/释训)
   粟粟众也。(53/释训)
4. 蠲明也。(85/释言)
   翌明也。(200/释言)
5. 逸諐过也。(21/释言)
   邮过也。(172/释言)
6. 逭及也。(92/释言)
   逮及也。(121/释言)
7. 检同也。(154/释言)
   弇同也。(208/释言)

同样的母题，同在《释诂》《释训》或《释言》的范围下，为什么不合放在一条，而分开于两处呢？我称这种现象为母题重见。母题的重见，不一定是作者的失误，同样的母题，在同一范围下却分置成两条，是有它分置的道理的。就像上面所举的母题“长”，见于《释诂上》30 条，又重见于《释诂下》56 条。从字形看起来，《释诂上》30 条的母题“长”与《释诂下》56 条的母题“长”是完全一样的；但是由语音及义类去看，两个母题“长”的确是不同的。见于《释诂上》30条的母题“长”是长大久远的意思，而见于《释诂下》56条的母题“长”是长官、长辈的意思。像这样的母题重见，《方言》中是很多的。本文所取材的八卷方言，共计是528条，在这528条中，母题重见约七十次，凡二百十余条。母题重见的条数，占了二分之一，像这样一个普遍的现象，当然不是偶然的，重见有它重见的道理，分置有它分置的原因。关于《方言》中的母题重见，我打算在另外一篇文章里专门讨论，现在暂时不谈了。

第四，母题相同的对照：

《尔雅》的《释诂》《释训》《释言》536条中，除了有八个母题重见，还有26个母题相同。“母题重见”与“母题相同”的含义是不同的。在同一性质范围下，同样母题，分置成两条，称做“母题重见”；同样母题，分置在不同性质范围下，这只能称做“母题相同”。就是说，同样一个母题，见于《释诂》，又见于《释言》或《释训》中。像这样的情形，在《尔雅》中，有26个母题，总共是52条，我想不必逐条抄录，现在按《尔雅》的卷数、条数，即《释诂上》卷一、《释诂下》卷二、《释训》卷三、《释言》卷四，将母题相同的情形，列表于下：

母题	大	勉	美	和	众	病
条数	3/一	33/一	41/一	42/一	49/一	52/一
卷数	26/三	28/三	20/三	6/三	18/三	44/三
母题	思	敬	危	言	止	直
条数	55/一	1/二	4/二	8/二	14/二	18/二
卷数	16/三	3/三	10/三	234/四	15/三	62/三
母题	安	作	清	爱	动	喜
条数	20/二	31/二	39/二	49/二	50/二	66/二
卷数	24/三	19/三	64/四	21/三	8/三	32/三
母题	正	迎	食	忘	毒	智
条数	73/二	81/二	82/三	80/三	67/三	2/三
卷数	42/四	129/四	170/四	192/四	252/四	258/四

续表

母题	缓	小				
条数	31/三	42/三				
卷数	194/四	68/四				

现在，我们再来谈《方言》的母题。《方言》是十三卷，我取材的是卷一、卷二、卷三、卷六、卷七、卷十、卷十二、卷十三等八卷，总共是528条。我拿《方言》528条中的母题与《尔雅》的母题对比研究，结果是母题相同的有68次，共计是228条。现将《方言》与《尔雅》母题相同的情形列表于下：

母题：	《尔雅》条数/卷数	《方言》条数/卷数
大	3/一　26/三	12/一　21/一　24/一　95/十二　36/十三　131/十三
勉	33/一　28/三	32/一
美	41/一　20/三	3/二　124/十三　140/十三
和	42/一　6/三	107/十三
病	52/一　44/三	21/三　48/十三
思	55/一　16/三	11/一
敬	1/二　3/三	28/六
危	4/二　10/三	37/六
止	14/二　15/三	24/十二　25/十二
作	31/二　19/三	51/六　19/十三
清	39/二　64/四	18/十二　43/十二
爱	49/二　21/三	6/一　17/一　26/七
动	50/二　8/三	65/十二　38/十三
喜	66/二　32/三	95/十三
正	73/二　194/四	35/三　4/六　74/十二
迎	81/二　68/四	29/一
食	82/三　42/四	31/一　27/七　69/十二

续表一

母题：	《尔雅》条数/卷数	《方言》条数/卷数
忘	80/三　129/四	14/十三
毒	67/三　170/四	42/十三
缓	31/三　252/四	60/六　45/十二
小	42/三　258/四	8/二　28/十二　84/十二　10/十三
始	1/一	23/十二　78/十二　72/十三　91/十三
至	5/一	13/一
往	6/一	14/一
谋	12/一	81/十三
法	13/一	32/三　5/七　46/十三
信	16/一	20/一　11/七
匹	20/一	10/二　8/十二
远	25/一	21/六　24/七
高	31/一	56/六　95/十二　108/十二
强	34/一	9/七　36/十二　72/十二
尽	44/一	49/三　76/十二　40/十三
丰	45/一	2/二
聚	46/一	50/三
疾	47/一	34/二　1/七　4/十二　35/十二
惧	51/一	15/一
忧	53/一	10/一
待	3/二	52/十二　123/十三
厚	6/二	79/十二　129/十三
见	10/二	119/十三
审	51/二	41/六
养	62/二	5/一　73/十三　82/十三
难	68/二	6/六

续表二

母题：	《尔雅》条数/卷数	《方言》条数/卷数
取	77/二	30/一　19/六　44/三　17/十　47/十　53/十三　62/十三
余	80/二	4/一　30/二
续	84/二	26/一　48/六
定	86/二	27/六　69/十三
恶	40/三	29/十　35/十三
来	10/三	14/二
离	2/四	16/六　12/七
声	9/四	16/十三
然	14/四	43/十　54/十二
戾	22/四	37/三
隐	26/四	43/三
行	28/四	22/六　31/六　11/十二　19/十二　80/十二　64/十三　112/十三
发	58/四	53/十二
益	70/四	51/三　122/十三
试	80/四	58/十三
下	94/四	15/六　60/十三
暴	96/四	15/七
分	117/四	33/六
怒	118/四	20/二　33/三 53/六　18/七　53/十二　59/十三
重	123/四	9/六　109/十二
本	167/四	47/十三
能	198/四	23/十三
极	208/四	39/十三　89/十三
痛	201/四	8/一　21/二　71/十三
恨	213/四	55/十二

第五，内容现象的对照：

以上的排比，主要是组织形式方面的。现在，我们作内容上的排比研究。就是在母题相同的条件下，以《方言》的雅诂内容，与《尔雅》的雅诂对照、比较研究。研究的结果，有以下几种现象：

第一，雅诂完全相同：

烈枿余也。（《尔雅》80/二）

烈枿余也。（《方言》4/一）

第二，雅诂部分相同：

（1）弘廓宏溥介纯夏幠庞坟嘏丕奕洪诞戎骏假京硕濯讦宇穹壬路淫甫景废壮冢简蒟昄晊将业席大也。（《尔雅》3/一）

敦丰庞夵幠般嘏奕戎京奘将大也。（《方言》12/一）

硕沈巨濯讦敦夏于大也。（《方言》21/一）

坟地大也。（《方言》24/一）

（2）迨及也。（《尔雅》92/四）

迨遝及也。（《方言》18/三）

（3）逆迎也。（《尔雅》68/四）

逢逆迎也。（《方言》29/一）

（4）迄臻极到赴来吊艐格戾怀摧詹至也。（《尔雅》5/一）

假洛怀摧詹戾艐至也（《方言》13/一）

（5）如适之嫁徂逝往也。（《尔雅》6/一）

嫁逝徂适往也。（《方言》14/一）

（6）允孚亶展谌诚亮询信也。（《尔雅》16/一）

允訦恂展谅穆信也。（《方言》20/一）

展惇信也。（《方言》11/七）

（7）刘獮斩刺杀也。（《尔雅》32/一）

虔刘惨棘杀也。（《方言》16/一）

（8）亹亹蠠没孟敦勖钊茂劭勔勉也。（《尔雅》33/一）

钊薄勉也。（《方言》32/一）

(9) 肃齐遄速亟屡数迅疾也。（《尔雅》47/一）

速逞摇扇疾也。（《方言》34/二）

(10) 悠伤忧思也。怀惟虑愿念惄思也。（《尔雅》55/一）

郁悠怀惄惟虑愿念靖慎思也。（《方言》11/一）

(11) 煤怜惠爱也。（《尔雅》49/二）

怃俺怜牟爱也。（《方言》6/一）

亟怜怃俺爱也。（《方言》17/一）

(12) 浡肩摇动蠢迪俶厉作也。（《尔雅》31/二）

蠢作也。（《方言》19/十三）

(13) 餥餱食也。（《尔雅》42/四）

餥飵食也。（《方言》31/一）

第三，还有一类现象，不像以上两类那么明显。就是说在这类现象中，母题虽然相同，而在群诂例字方面，有一些字，若由字形去看，是两个不同形体的字，若由字音或义类去看，这两个不同形体的字往往却是相同的。如：

迪繇训道也。（《尔雅》54/二）

裕猷道也。（《方言》23/三）

这两条母题相同，在群诂例字方面似乎都不相同，可是，只要仔细观察，我们可以进一步认识它们真正的关系。例如：《尔雅》54/二的“繇”与《方言》23/三的“猷”由表面上看来，是两个不同形体的字；可是，我们应进一步由音义方面去看。《广韵》：“猷，道也。尤韵，以周切。”① “繇，犹也，尤韵，以周切。”② 根据《广韵》我们知道，“猷”与“繇”同属尤韵；根据反切我们知道，“猷”与“繇”

① 《广韵》（四部备要本）下平声卷第二，尤第十八，第37页。

② 《广韵》（四部备要本）下平声卷第二，尤第十八，第37页。

同属喻母。就是说，在字音方面“猷”与“繇”是完全相同的。我们知道字音相同的字往往义类相通，所以《诗·小雅·巧言》有“秩秩大猷”，《汉书》注引作“大繇”[①]。由此可知《方言》23/三的“猷”与《尔雅》54/二的“繇”是相同的。又如：

格怀来也。(《尔雅》10/四)

仪洛来也。(《方言》14/二)

《方言疏证》戴震曰：“格洛古通用。”[②] 按“洛”与“格”，《广韵》：“格，陌韵，古伯切。”[③] “洛，陌韵，古伯切。”[④] 由此可知“格”与“洛”同属陌韵，见母。也就是说，在音的方面，“格”与“洛”是完全相同的。所以《方言》14/二的“洛”与《尔雅》10/四的“格”是没有什么两样的。又如：

燬火也。(《尔雅》216/四)

煤火也。(《方言》6/十)

按《方言》注“煤，呼隗反”，按《广韵》：“燬，纸韵，许委切。”[⑤]“煤”与“燬”韵部虽然不同，可是由反切上知道二字同属晓母，又由于母题及二字的偏旁相同，知道二字的义类也相同。总之，由于这些仔细的观察，使我们认识了《方言》6/十“煤”与《尔雅》216/四“燬”的真正关系。像这一类的情形，还有很多，我们现在只举出三条，以说明这一类现象的大概罢了。

第四，除了以上三种现象外，在比较《方言》与《尔雅》雅诂内

---

① 清陈乔枞《三家诗遗说考》引《汉书》颜注，《诗·小雅·巧言》之篇曰：秩秩大繇，圣人谟之。

② 戴震：《方言疏证》卷二。

③ 《广韵》入声卷第五，陌第二十，第33页。

④ 《广韵》入声卷第五，陌第二十，第33页。

⑤ 《广韵》上声卷第三，纸第四。

容时，还发现一种现象，就是在两条母题不同的雅诂中，群诂例字往往有着牵连的关系，例如：从《方言》18/三“追遝及也”及《尔雅》92/四“追及也”两条来看，《方言》中“追”可以看作是本之《尔雅》。至于另外一个群诂例字“遝”是《方言》新创，还是有所本呢？又本之于何处呢？我们再看《尔雅》121/四“逮及也”，这一条母题虽然与《方言》18/三条相同，可是群诂例字又似乎不相干。我们再看《尔雅》113/四条“逮遝也”，这一条与《方言》18/三条母题虽然不同，可是这条的母题“遝”却与《方言》18/三条中的群诂例字相同。现在，我们将这四条平列着研究：

追及也。(《尔雅》92/四)

逮及也。(《尔雅》121/四)

逮遝也。(《尔雅》113/四)

追遝及也。(《方言》18/三)

由以上平列四条展转牵涉的关系上，我们可以看出，《方言》雅诂本之于《尔雅》的又一种方式。

总之，不论从组织形式来看，或从母题雅诂对照研究来看，都具体有力地说明了二书的关系，即《方言》的雅诂本之于《尔雅》。

《尔雅》和《方言》是我国语言科学上两部极其重要的作品，历代学者对二书进行过讨论和研究，至今还存在一些尚未解决的问题。本文所研究的，是提供出这一事实，以作为专家学者们更进一步研究二书，及研究汉语史的参考资料。

原载《学术月刊》1957年第12期

《方言》里的秦晋陇冀梁益方言

◎ 赵振铎　黄　峰

一

扬雄《方言》记录了不少古代的方言词，他标记这些词的地理分布用的地名非常复杂。有自然地理的名称，如“山”指华山或崤山，“岱”指泰山，“江”指长江，“河”指黄河，还有“江淮”“江湘”等。有古代的行政区划名，如古九州名，它们有的同时使用了汉代的名称，如汉代梁州又称“益州”，书中常常称“梁益”；还有古代的国名，如“秦”“晋”“赵”“楚”“韩”“魏”“宋”“郑”“卫”“齐”“鲁”等，它们多数为西周的封国；“蜀”是古国名，但它不是周王室所封；另外还有汉代的郡国名，如“沛”“平原”“会稽”“三辅”等，县名如“郊”“唐”“翟”“冀”“陇”等。这种复杂性给研究《方言》造成一定的困难，但是如果科学地分析这些地名，从时空两个方面认真推敲，它们又可以作为认识古代汉语方言的重要材料。

从扬雄调查收集方言的材料看，根据他给刘歆的信[①]，除了他在家乡的时候就看到了与他有外家牵连之亲的林闾翁孺整理方言的提纲所谓“梗概之法”外，还有他同乡严君平收罗得的从国家图书馆散失出来的千余字的资料，到首都长安以后，在国家图书馆看到的前代辅

① 此信附在各本《方言》的后面。

轩使者收集的方言材料。《方言》里面提到前代的国名地名多少和这些材料有关；再有就是他本人二十几年在首都进行方言调查收集的材料，《方言》里面那些注有汉代地名的材料应该是扬雄自己调查收集的。

本世纪一些学者根据《方言》里面两地或多地并举的材料进行归纳排比，以求得汉代方言的分区。罗常培、周祖谟两先生把当时汉语的方言分为七大区，它们是：（一）秦晋、陇冀、梁益；（二）周郑韩、赵魏、宋卫；（三）齐鲁、东齐、青徐；（四）燕代、晋之北鄙、燕之北鄙；（五）陈楚江淮之间；（六）南楚；（七）吴越。两位先生认为："从其中所举的方域来看，有的一个地方单举，有的几个地方并举。依理推之，凡是常常单举的应当是一个单独的方言区，凡是常常在一起并举的应当是一个语言比较接近的区域。"[①] 他们还用东汉注疏家提到当时汉语方言的区划来证明自己分类的可靠性[②]。

我们认为，这七大区可以从纵向和横向两个方面来观察。从横向方面看，扬雄时代，也就是西汉末年，原来众多的汉语方言已经汇合成这样七个大的方言区。当然其内部还会有分歧，还会有一些次方言或土语。从纵向方面看，这七个大的方言区又经过了复杂的历史形成过程，可以从这些地区的历史演变得到证实。

本文准备具体地以秦晋陇冀梁益方言作为例子来进行分析。其所以选择这个地区是因为它是周民族的故土，秦国也是在这个地区发展起来的，秦都咸阳、汉都长安都在这个地区，秦汉时期汉民族共同语的基础方言正是这个地区的方言，它在当时占有非常重要的地位，而且在汉语发展历史上也很有影响。

---

① 罗常培、周祖谟：《汉魏晋南北朝韵部演变研究》第一分册，科学出版社，1958年，第72—73页。

② 罗常培、周祖谟：《汉魏晋南北朝韵部演变研究》第一分册，科学出版社，1958年，第72—73页。

二

这一大片地区包括古代秦国的本土，晋国西南的那片地方，还有后来被秦吞并的古代巴蜀地区，就是今天的甘肃、陕西、山西和四川等地。《方言》里面除了“秦”“晋”“梁益”外，称“自关而西秦晋之间”“秦之旧都”“西秦”“晋之旧都”“秦晋之际”“秦晋之西鄙”“蜀汉”等地名都属于这个地区。还有“陇”，是西汉所置的县，治所在今甘肃张家川；与它并举的有“冀”，也是西汉所置的县，治所在今甘肃天水市。这两县都在古秦国境内。上述地区确为一个语言比较接近的区域，例如：

娥，好也。秦曰娥。秦晋之间凡好而轻者谓之娥。自关而西秦晋之故都曰妍。（郭璞注：“秦旧都今扶风雍丘也。晋旧都今太原晋阳县也。”）（第一）①

湿，忧也。自关而西秦晋之间，凡志而不得，欲而不获，高而有坠，得而中亡，谓之湿，或谓之惄。（同上）

逝，往也。逝，秦晋语也。（同上）

襦，西南蜀汉谓之曲领，或谓之襦。（第四）

肖，法也。秦晋之西鄙自陇冀而西使犬曰哨，西南梁益之间凡言相类者亦谓之肖。（第七）

眙，逗也。西秦谓之眙。（同上）

鼻，始也。梁益之间谓鼻为初，或谓之祖。祖，居也。（第十三）

秦本来是一个不大的封国。周孝王时，秦的祖先非子，以养马之功封于秦，地位并不显赫。周厉王时西方的戎人趁诸侯叛变的机会也

① 《方言》据四部丛刊影印南宋李孟传刻本。

乘机作乱，周王室利用秦遏制戎人，曾经向秦襄公许愿："戎无道，侵夺我岐、丰之地，秦能攻逐戎，即有其地。"[①] 于是秦大举向戎人发动进攻。到秦文公十六年（前750），把戎人赶到西边去，于是"尽收周馀民有之，地至岐，岐以东献之周"[②]。秦经过商鞅变法，国势日益强盛，于是向东扩展，首当其冲的是魏国。魏在晋的西南部，与秦毗邻。韩赵魏三家分晋以后，魏成为当时七个强国之一，通常与韩赵并称"三晋"。根据文献记载，秦与三晋之间在这几百年内时战时和，秦国最终灭了韩赵魏三国。

秦和晋原来在语言上有差异。许多学者都举出《左传·文公十三年》魏邑之主寿馀对秦伯的那段谈话作为例子[③]。其实仔细分析那段话的意思，它指的是：晋国的六卿在诸浮会面，打算把被秦重用的士会骗到晋国。于是派魏邑之主寿馀假装率领魏地的人叛变，以诱骗士会。寿馀对秦伯说："请东人之能与夫二三有司言者，吾与之先。"晋在秦之东，"东人"指晋国的人。"二三有司"指魏邑的臣吏。"能与夫二三有司言者"是说能够和魏国官吏谈得来的人。用了这个计策，并不是说两地语言有较大的差异。就是这样，也应该认为秦晋两地的话本来是有区别的。《方言》里面有一些秦晋对举的材料。

> 虔、儇，慧也。秦谓之谩，晋谓之㦖。（第一）
> 台，陶，养也。晋卫燕魏曰台，秦或曰陶。（同上）
> 絓、挈，特也。晋曰絓，秦曰挈。（第六）

在《方言》里面这类材料并不多，它们可以认为是当年秦晋语言差异的例证。从仅有的一点材料看，用今天已经有的声韵学知识又可以看到，它们在声韵上仿佛有某些联系。"谩"和"㦖"古代声母同在明母，韵母"谩"在元部，"㦖"在之部，属于阴阳对转；"台"和

① 《史记·秦本纪》。
② 《史记·秦本纪》。
③ 林语堂：《前汉方音区域考》，《语言学论丛》，开明书店，1933年，第24—25页。

“陶”根据曾运乾的考订，它们在古代声母应当相同[①]。这似乎又说明秦晋在语言上有联系，而不是不同的语言。在几百年的密切交往中，特别是商鞅提出招三晋之民到秦地和秦有计划地向晋地移民，这种交往加强了，促进了秦晋这两个方言区的汇合。

秦晋和梁益中间有秦岭山脉相隔，而梁益古代又属于戎人的地盘，所建立的蜀国和巴国，不是周王朝所封。扬雄《蜀王本纪》说“蜀人左言”，说明他们在语言上和中土不同。但是到了秦惠文王更元九年（前316），司马错、都尉墨率军队伐蜀，灭蜀建郡，张若、李冰等相继为太守。当时蜀地人口并不多，秦地避罪的人也向蜀地流动。秦得到这块地盘后，大量向这地方移民，处罚罪人也流放到蜀。据《史记·吕不韦列传》记载，吕不韦就因为得罪秦王政，被举家迁到蜀。一些商家也瞅准蜀这个地方，到蜀地来求发展。到了汉朝，蜀地终于成了汉语的一个方言区。刘渊林注左太冲《蜀都赋》的时候引用了一段《地理志》的话：“蜀人始通中国，言语颇与华同。”这个《地理志》不是通常说的《汉书·地理志》，而是另外一种今天已经佚亡的著作。这条材料说明蜀地受秦的影响在语言上的变化，变得同中土的语言一致了。这就是秦晋陇冀梁益在汉代可以看作一个方言区的原因。

三

扬雄《方言》比《尔雅》进步的地方在于，他在释义的时候注意采用描写说明的方式，而不再局限于利用语词来释义。这样做使一些语词的意义解释得更清楚明确。例如：

> 坟，地大也。青幽之间凡土而高且大者谓之坟。（第一）
>
> 张小使大谓之廓，陈楚之间谓之摸。（同上）

---

① 曾运乾：《喻母古读考》，《东北大学季刊》1927年第2期。

赵魏之郊燕之北鄙凡大人谓之丰人。《燕记》曰："丰人抒首。"抒首，长首也。（第二）

拌，弃也。楚凡挥弃物谓之拌，或谓之敲。（第十）

读《方言》的时候可以看到，这类描写说明的方式，在解释秦晋陇冀梁益方言的时候用得特别多。下面摘引一些例子。

亟，爱也。自关而西秦晋之间凡相敬爱谓之亟。（第一）

寻，长也。自关而西秦晋梁益之间凡物长谓之寻。（同上）

倚，奇也。自关而西秦晋之间凡全物而体不具谓之倚。（第二）

赧，愧也。秦晋之间凡愧而见上谓之赧。（同上）

自关而西秦晋之间无缘之衣谓之裗裾。（第四）

槌，自关而西谓之槌。其横，关西曰㮰。所以悬㮰，关西谓之𫄨。（第五）

耸，奖，欲也。自关而西秦晋之间相劝曰耸，或曰奖。中心不欲而由旁人之劝语，亦曰耸。（第六）

秦晋凡物树稼早成熟谓之旋。（同上）

谯，让也。自关而西秦晋之间凡言相责让曰谯让。（第七）

皮傅，强也。秦晋言非其事谓之皮傅。（同上）

贺，儋也。自关而西陇冀以往谓之贺，凡以驴马驼载物者谓之负佗，亦谓之贺。（同上）

车釭，齐燕海岱之间谓之锅。自关而西谓之釭，盛膏者乃谓之锅。（第九）

扬雄生在蜀郡，四十岁以后到首都长安，他的足迹没有离开秦晋梁益这片地区，多年从事方言调查研究的实践，加上这一地区又是当时共同语的基础，所以他对这一地区的词语的解释自然比较细致。就《方言》全书来看，对这一地区词语用描写说明的方式作解释的确实较其他方言区为多。

下面是对同义现象的辨识和属中求别的分析，例如：

> 嘏、奘，大也。秦晋之间凡物壮大谓之嘏，或曰夏。秦晋之间凡人之大谓之奘，或谓之壮。(第一)
>
> 自关而西秦晋之间凡物之壮大者而爱伟之谓之夏。(同上)
>
> 朦、厖，丰也。自关而西秦晋之间凡大貌谓之朦，或谓之厖。(第二)

这三条实际上都是在讲具有大的意义而在用法上又有差别的词。又如：

> 鋠、榇，裁也。梁益之间裁木为器曰鋠，裂帛为衣曰榇。(第二)
>
> 嘶、披，散也。秦晋声变曰嘶，器破而不殊其音亦谓之嘶。器破而未离谓之璺。(第六)
>
> 擱、剿，续也。秦晋续折谓之剿，绳索谓之剿。(同上)
>
> 聚、煎，火乾也。秦晋之间或谓之聚，有汁而乾谓之煎。(第七)
>
> 鸠，自关而西秦汉之间谓之鵴鸠，其大者谓之鳻鸠，其小者谓之鷂鸠，或谓之鹟鸠，或谓之鸦鸠，谓之鹘鸠。(第八)
>
> 守宫，秦晋西夏谓之守宫，或谓之蠦蝘，或谓之蜇易，其在泽中者谓之易蜴。(同上)

《方言》里面在其他地区方言词语的解释中也有这种辨析，但是比较起来解释秦晋梁益方言的数量无疑要多一些。

运用譬况比喻的方式来解释词语，是辞书释义的一种方式，它的前提是用来比况的词语应该是自己了解的，并且为大家熟知，秦晋梁益方言对扬雄来说符合这一要求。扬雄在解释别的方言里面的一些难解词语的时候，常使用这种比况方式。他一般用“若”和“犹”来引出比况的词语，而不用“如”。下面是一些例子：

吴楚之外郊凡无有耳者亦谓之䏃。其言䏃者，若秦晋中土谓堕耳者明也。（第六）

惧，惭也。荆扬青徐之间曰惧，若梁益秦晋之间言心内惭爽。（同上）

展，难也。荆吴之人相难谓之展，若秦晋之言相惮矣。（同上）

谆憎，所疾也。宋鲁凡相恶谓之谆憎，若秦晋言可恶矣。（第七）

欲、龛，受也。齐楚曰欲，扬越曰龛。受，盛也。犹秦晋言容盛也。（第六）

诬、䛘与也。吴越曰诬，荆齐曰䛘与，犹秦晋言阿与。（同上）

铺颁，索也。东齐曰铺颁，犹秦晋言抖薮也。（同上）

四

《方言》里面的秦晋梁益方言在汉语史上占有重要的地位。它是当时汉语共同语的基础方言，因而得以推广。郭璞注里面就有这样一条记载：

箸筩，自关而西谓之桶檧。（郭注：“今俗亦呼小笼为桶檧。”）（第五）

这一条完全可以证明扬雄所记的秦晋梁益方言的词后来在更广大地区流行。

类似情况还可以从汉魏六朝的文献里找到大量的语料来证明。下面举两个例子。

逝，往也。逝，秦晋语也。（第一）

这是说当“往”讲的“逝”当时是秦晋地区的方言，但是在汉魏六朝的文献里面可以看到它的广泛使用。

率彼江流，爰逝靡期。（王粲《赠蔡子笃诗》）
翩绵飘邈，微音迅逝。（嵇康《琴赋》）
望涛远决，冏然鸟逝。（木华《海赋》）
彼晨凫与归雁，又矫翼而增逝。（张华《鹪鹩赋》）
九逝非空想，七襄无成文。（颜延年《夏夜呈从兄散骑车长沙》）
微若抽茧，逝如激电。（陆倕《新刻漏铭》）

又如：

略，眄也。秦晋之间曰眄。（第二）

这也是一个在汉魏六朝文献中广泛使用的词。试比较：

转眄流精，光润玉颜。（曹植《洛神赋》）
而方偃仰瞪眄，谓足以夸世。（陆机《豪士赋序》）
展转眄枕席，长簟竟空床。（潘岳《悼亡诗》）
左眄澄江湘，右盼定羌胡。（左思《咏史诗》）
眄隰则万顷同缟，瞻山则千岩俱白。（谢惠连《雪赋》）
芥千金而不眄，屣万乘其如脱。（孔稚圭《北山移文》）
耳不辍音，眼无流眄。（陆倕《新刻漏铭》）

扬雄的时代虽然距离今天快两千年了，但是他所记录的秦晋梁益方言还有不少活在现代人们的口中。例如：

逢，迎也。自关而西或曰迎，或曰逢。（第一）

凡草木刺人，自关而西谓之刺。（第三）

擢，拔也，自关而西或曰拔，或曰擢。（同上）

罃甂谓之盎。自关而西或谓之盆。（第五）

暴五谷之类，秦晋之间谓之晒。（第七）

蝙蝠，自关而西秦陇之间谓之蝙蝠。（第八）

盾，关西谓之盾。（第九）

箄谓之筏。筏，秦晋之通语也。（同上）

原载《四川大学学报》1998 年第 3 期

扬雄《方言》中的秦晋方言

◎ 李恕豪

《方言》全称《輶轩使者绝代语释别国方言》，是我国也是世界上第一部方言著作。原本《方言》15卷，收录9000余字，今本《方言》13卷，11900余字，大约后人有所增补。《方言》的作者，学术界一般肯定为扬雄。扬雄（前53—后18），字子云，蜀郡成都人，西汉著名的辞赋家、哲学家、语言学家。语言学方面的著作除《方言》外，还有《训纂篇》。

在此文中，我们以扬雄《方言》为主要材料，结合历史人文地理等方面的知识，对汉代的秦晋方言作比较详细的研究。我们的研究，不仅着眼于对汉代秦晋方言的特点作大致的描写，勾画出这一方言的粗略轮廓及次方言，而且着重论述这一方言与其他方言的关系，它们之间的接触、交往和相互影响，并试图从政治、经济、历史、文化等方面去寻找原因。这样做的优点在于，我们所得到的关于秦晋方言的知识，不是静态的，而是动态的，并具有一定的解释性质。

在汉代，以首都长安为中心的秦晋方言是最重要的方言，是当时的共同语"通语"的基础。

《方言》中秦总共出现109次，其中单独出现仅10次，如果包括

5/10“秦之旧都”[①]、7/34“西秦”则为12次。《方言》中秦晋并举的条目有88次，包括7/5“秦晋之西鄙”，并举占秦出现总数的81%。晋在《方言》中出现107次，包括1/3“秦晋之故都”，1/16“晋之北鄙”，1/31“秦晋之际”，5/10、13/151“晋之旧都”，7/5“秦晋之西鄙”，10/9“东齐周晋之鄙”。单独出现仅5次，包括13/151“晋之旧都”、1/16“晋之北鄙”。秦晋并举的条目有88次，占晋出现总数的82%。可见，把秦晋划为一个方言区的理由是充足的。

梁益地区包括《方言》中的梁益、梁（益、雍）、西南、蜀、汉等地名。梁出现15次，除1/22、2/12中与雍并举外，其余13次都与益同时出现。西南出现6次，其中3次与梁益并举：4/44、7/5、11/13。蜀出现3次：12/99、5/37、4/6。汉出现4次，除8/8与“自关而西秦”并举外，皆与蜀同时并举。除去相重复的部分，代表梁益地区的地名总共出现20次，超过燕、周、韩、南楚之外等地名在《方言》中出现的次数，而与郑相近。但是，我们不能因此而把梁益划为一个独立的方言区。这是因为，在《方言》中代表梁益地区的地名只有12次单独列举：2/7、2/26“梁益”，1/28、6/11、11/14、13/72“梁益之间”，4/44、7/5、12/13“西南梁益之间”，4/6“西南蜀汉”，5/37“西南蜀汉之郊”，12/99“蜀汉”。其余8次则与其他地名同时列举。除7/5“西楚梁益之间”条外，其余7条都与代表秦的地名并举，它们是：1/19“自关而西秦晋梁益之间”，1/22“雍梁之间、秦晋”[②]，2/8“自关而西秦晋之郊梁益之间”，2/12“雍梁之西郊”，3/11“凉州西南之间”，6/2“梁益之间、秦晋之间”[③]，8/8“自关而西秦汉之间”。可见，《方言》中代表梁益的地名单独出现并不多见，它们往往与表示秦晋的地名并举。秦包括蜀在内，秦出现的109次中除去7次，即1/16“秦晋之北鄙”，1/31“秦晋之际河阴之间”，5/10

① 本文所引《方言》，以周祖谟《方言校笺》为据，斜线前的数字表明卷数，斜线后的数字表示条目。

② 《方言》中原作两条，都解释“牴”字，故合为一条。

③ 《方言》中原作两条，因都解释同一个“聛”字，故合为一条。

"秦之旧都"，7/5、7/15"秦之西鄙"，7/34"西秦"，13/151"秦豳之间"，剩下的102次都应当看成是与梁益的并举。即使不除去代表梁益的地名与代表秦的地名并举的7条，以《方言》中表示梁益地区的20次来看，同秦的109次相比，也是很少的。因此，汉代的梁益（蜀）方言，应当划入秦晋方言中去。扬雄是蜀人，他40岁以前一直生活在蜀地，他对自己的方言必定所知甚多，但在《方言》中表示梁益地区的地名竟是如此之少，这只能解释为当时的梁益方言与秦方言非常接近。

从历史上看，秦方言和晋方言的差异是显著的。《左传·文公十三年》："秦伯师于河西，魏人在东。寿余曰：'请东人之能与夫二三有司言者，吾与之先。'"当时的魏是晋国的属邑，可见秦与晋的方言并不一样。后来由于政治、经济关系的日趋密切，以及交通的改善[①]，秦晋方言相互交融，彼此的距离缩小。尤其是秦实行了商鞅的招诱三晋人民到秦的人口政策[②]，以及秦有计划地向晋移民以后[③]，这种交融和接近的速度大大加快了。到了汉代，秦方言和晋方言更为接近，可以合并成一个方言区，秦方言和晋方言就成为一个方言区下面的两个次方言了。周祖谟说："夏言应当是以晋语为主的。因为晋国立国在夏的旧邑，而且是一时的霸主，晋语在政治和文化上自然是占优势的。等到后来秦人强大起来，统一中夏以后，秦语和晋语又相互交融，到了西汉建都长安的时候，所承接下来的官话应当就是秦晋之间的语言了。"[④]

至于梁益一带，古代属于巴、蜀二国。巴蜀（尤其是蜀）有着悠久的历史和独特的文化。公元前316年，巴、蜀被秦所灭，以后这个地区迅速华夏化。在这之前，巴、蜀两族都有自己的语言，甚至独立

---

① 关于秦晋间交通的改善可参看杨宽《战国史》，第91页。

② 见《商君书·徕民》。

③ 《史记·秦本纪》载秦昭王二十一年，司马错"攻魏河内一魏献安邑，秦出其人，募徙河东赐爵，赦罪人迁之。"

④ 《方言校笺自序》，载《方言校笺及通检》，科学出版社，1956年版。

地发展出了自己的文字。童恩正说："从文字的结构来考察，这种文字是方块字而非拼音字，是直行而非横行。它与汉字一样，应属于表意文字的范围，而且还经历了一段相当长的发展历史，完全脱离了原始的象形阶段。"[①] 钱玉趾则认为，早于表意的巴蜀文字，在古蜀地还存在过一套属于另一系统的比较成熟的拼音文字。这种文字大约是一种音素一音节文字，是古蜀地土生土长而形成的[②]。尽管有着文化上的独特性，巴蜀地区并非与世隔绝，它与中原尤其是秦地长期保持着比较密切的联系和接触。据记载，巴、蜀都参加过周武王伐纣的战争。虽然《尚书·牧誓》只言及蜀而未曾提到巴，但《华阳国志·巴志》则说："周武王伐纣，实得巴蜀之师。"从出土的战国时代的巴蜀铜器来看，"一部分青铜器的器形保留着西周早期或更早的青铜器的特征。……巴蜀青铜器深刻地体现了周文化和巴蜀文化交流和融合的历史遗存"[③]。在战国蜀墓中，也发现不少中原文化的因素[④]。可以认为，在中原文化传播到巴蜀地区的同时，华夏语尤其是其中的秦方言便开始渗透到巴蜀地区，并与巴蜀原有的语言接触、融合。在秦灭蜀以后，秦王国曾经有计划地向蜀移民[⑤]。《华阳国志·蜀志》说："戎伯尚强，乃移秦民万家实之。"这种移民不仅有政治、经济、军事方面的目的，而且是为了推行包括语言在内的同化政策。唐卢求《成都记·序》说秦惠王移民为的是"皆使能秦言"。这样，巴蜀一带的人民便逐渐改说华夏语了。《文选》卷四载左思《蜀都赋》刘逵注引《地理志》说，秦灭巴、蜀以后，"蜀人始通中国，言语颇与华同"[⑥]。这里所说的华言，应当是秦方言。汉初，又有一次移民浪潮。《汉书·食货志》："汉兴，接秦之敝，诸侯并起，民失作业，而大饥馑，

① 《古代的巴蜀》，四川人民出版社，1979年，第132页。

② 见《古蜀地存在过拼音文字》，《四川文物》，1988年第6期。

③ 《中国青铜器》，上海古籍出版社，1988年，第466—467页。

④ 见李复华、匡远滢《新都战国蜀墓里中原文化和楚文化因素初探》，《西南民族研究》，四川民族出版社，1983年，第400—408页。

⑤ 见于树德《"秦民实蜀"刍议》，《文史杂志》，1990年第1期。

⑥ 《古代的巴蜀》，四川人民出版社，1979年，第131页。

凡米石五千，人相食，死者过半，高祖乃令民得卖子，就食蜀汉。”这些逃荒的人民有很多留了下来，其中来自秦地的人肯定不少。

这样，我们便可以把秦、晋、梁益看成秦晋方言下面的三个次方言。其中，秦方言是秦晋方言的核心，晋方言和梁益方言都是受秦方言强烈渗透和影响的方言。

秦方言和晋方言之间有两个显著的差异。

第一，秦方言特有的词语要多于晋方言特有的词语。这不仅是根据《方言》中的“秦”，而且是根据《方言》中的“关西”（包括“自关而西”“自关以西”，下同）、“自山而西”以及其他表示秦方言的地名与秦方言以外的其他地名的并举或单列的情况而得出来的结论。“关西”在《方言》中总共出现 87 次，只与“秦晋”并举 32 次，有 45 次单独列举。“自山而西”单独出现 1 次（6/3）。“关西”和“自山而西”的单独出现，说明这些词语一般只是在秦方言中使用，晋方言一般不使用[①]。《方言》中“秦”出现 109 次，如果加上“关西”和“自山而西”的 88 次，再加上表示秦方言（不包括梁益方言）的地名秦陇、陇冀、西陇、凉州、雍、豳（邠）、三辅，减去相互重复的条目，总共是 166 次。从单独出现来看，“秦”12 次，“关西”45 次，“自关而西”1 次，共计 58 次。此外，表示秦方言的地名，如果除去重复的条目，其单独出现又有 7 次。这样，《方言》中代表秦方言的地名单独出现共 65 次，占秦方言地名总数的 39%。而在“晋”的 107 次中，“晋”的单独出现（包括 1/16“晋之北鄙”、3/151“晋之旧都”）仅 5 次，只占“晋”出现总数的 5%。由此可见，晋方言的方言特征没有秦方言显著。

第二，晋方言的内部比较一致。《方言》中代表晋的局部地区的地名只出现了 8 次。它们是：5/10“晋之旧都河汾之间”，13/151“晋之故都”，1/3“秦晋之故都”，1/31“秦晋之际河阴之间”，1/16“晋之北鄙”，1/16“秦晋之北鄙”，7/5“秦晋之西鄙”，10/9“东齐

① “关西”也可能包括晋的一部分，即黄河转弯处的河曲地区。

周晋之鄙”。相反，代表秦的局部地区的名称，有 1/3“秦晋之故都”，1/13、1/17、13/151 邠（豳），1/16“秦晋之北鄙”，1/31“秦晋之际河阴之间”，2/12“雍梁之西郊”，5/10“秦之旧都”，6/55、8/7、8/10“秦陇”，7/5“秦之西鄙”，7/16、7/30“陇冀以往”，7/34“西秦”，9/11“西陇”，12/99“三辅”。总共 18 次。可见，秦方言之中包括了不少的土语。

在《方言》之中，秦的西部地区的方言很有特色。《方言》中“西秦”只提到一次（7/34）。郭璞注曰：“西秦，酒泉、敦煌、张掖是也。”我们不同意郭氏的看法。酒泉、敦煌等河西四郡原先属于匈奴，是汉武帝时新开辟的疆土。由于匈奴人已被逐出这一地区，因此这里的人民都是外来的汉族移民。《汉书·地理志》说：“自武威以西，本匈奴昆邪王、休屠王地，武帝时攘之，初置四郡，以通西域，隔绝南羌、匈奴。其民或以关东下贫，或以报怨过当，或以悖逆亡道，家属徙焉。”从武帝时到西汉末年只有一百年左右的时间，恐怕还不能形成稳定的当地方言。我们认为，“西秦”相当于《方言》中的“秦之西鄙”。“秦之西鄙”出现 2 次（7/5、7/15），其中 1 次(7/5)是“秦晋之西鄙自冀陇而西”。“晋”可能是衍文。“秦之西鄙”就是“自冀陇而西”。郭注：“冀县，今在天水。”就是今甘肃天水市。陇指陇县，今甘肃张家川。“自冀陇而西”主要指汉代的天水、陇西两郡，即今甘肃东南部。在《方言》中，“西秦”出现 1 次（7/34）；“秦之西鄙”出现 2 次（7/5、7/15）；“陇”出现 7 次（6/55、7/5、7/16、7/30、8/7、8/10、9/11），其中 7/5 与“秦之西鄙”重复；“冀”出现 3 次，皆与“陇”并举。我们把 2/12“雍（梁）之西都”也看成是“西秦”。这样，“西秦”一共出现 11 次，少于表示梁益方言的 20 次。因此，我们虽然把西秦方言视为秦方言的一个部分，但它有许多不同于秦方言的特点。西秦方言可以被看作是秦方言下的一个重要的土语。从历史上看，这一地区是秦最早建国的地方。

至于梁益方言，如前所述，代表梁益地区的地名有 12 次单独列举，远远少于表示秦方言地名单独列举的 65 次，而多于晋方言的 5

次。因此，梁益方言就其特点来说，虽不如秦方言突出，但比晋方言更有个性。

对汉代的方音进行研究，也可以部分印证我们的结论，尽管我们这方面的知识极其有限。根据罗常培、周祖谟的研究，秦方言和梁益方言在韵部方面的相同之处有：（1）幽宵相近，鱼宵相近；（2）真元相近；（3）东冬相近；（4）东蒸相近。它们的不同之处至少有两点。第一，在蜀方言中，侵部与冬部、蒸部相近，而在秦方言中，除“风”字可能已经以－ng收尾外，侵部的其他字都与真部相近。第二，蜀方言中的鱼部（除麻韵外）有韵尾－g，祭部有韵尾－d。此外，罗、周两先生还认为汉代秦陇一带的语音相近[①]。在魏晋时期，秦和梁益也有一些共同的语音特点。在晋代，“陕西长安以西至甘肃东部一带侵韵的元音与真韵接近，韵尾－m也可能有变－n的趋势”[②]。而三国时四川一带的“侵部字的韵尾－m有变为－n的倾向。……这跟雍州陕甘一带的情形相似”[③]。三国魏晋虽然在汉以后，但语音的发展是缓慢的，因此我们可以用它来印证汉代方言的语音特点。这一切都可以证明汉代的秦方言与蜀方言在语音上的某些共性，但也有一些各自的特点。同梁益方言相比，秦与西秦的语音更为接近。陆法言在《切韵序》中说：“秦陇则去声为入，梁益则平声似去。”秦、陇就是我们所说的秦和西秦，与梁益的方音大不一样。后一个时代方言特征的异同，可以在一定程度上反映出前一阶段方言之间的远近关系。

我们把秦晋方言划为秦、晋、梁益三个次方言，还可以从文化、历史、地理等方面找到理由。《汉书·地理志》对西汉时的各地风俗作了描述。风俗，就是文化。在古人看来，方言也是风俗的组成部分。因此，透过对各地风俗的不同观察，可以帮助我们窥测各地方言的差异。

---

① 参见《汉魏晋南北朝韵部演变研究》第一分册，科学出版社，1958年，第85—89页，第97—100页。

② 周祖谟：《魏晋时期的方音》，《中国语文》，1989年第6期，第438页。

③ 周祖谟：《魏晋时期的方音》，《中国语文》，1989年第6期，第438页。

《汉书·地理志》把晋方言的中心河东一带单独列为一区。这个地区“本唐尧所居，……有先王遗教”，因此有悠久的历史文化。“河东土地平易，有盐铁之饶”，这有利于减少方言的内部差异，并与外界有较多的商业交通往来。

《史记·货殖列传》把秦地分为三个区域：关中、巴蜀、天水陇西，并作了详细的描述。《汉书·地理志》也论及了这几个地区的风俗特点，并作了不少补充。总起来说，关中是周民族的故土，从周秦到汉，一直是最重要的政治中心，有古老的历史文化和发达的农业、工商业。由于汉王朝的首都长安在关中，因此秦方言必然是当时最重要的方言。巴蜀原来是非汉族地区，物产丰富，文化发达，但与外界的交通相当困难。这容易形成比较有特色的方言。天水陇西一带，畜牧业非常重要，这不同于关中，但《货殖列传》说这一地区“与关中同俗”，其方言面貌相近。

从《方言》中地名的并举来看，秦晋方言与其他方言的接触较少，其中又以梁益为最。

《方言》中代表梁益的地名，除7/5“肖、类，法也。……西楚梁益之间曰肖”外，只与秦晋方言内的地名并举。可见，汉代的梁益方言是一种非常孤立的方言，这可以用梁益偏于西南，交通不便，以及巴蜀拥有古老而独特的历史文化等原因去解释。不过，在秦国攻占巴蜀以前，巴蜀和楚之间有较多的交流。蒙文通说：“楚文化是受到巴蜀文化影响。巴蜀和楚，从文化上说是同一类型，应该是可以肯定的。”[①] 不仅如此，巴蜀地区还有许多来自楚地的移民，例如扬雄本人以及樊敏就是楚移民后裔的著名代表[②]。这些移民，对于促使巴蜀和楚的文化交流，起到了重要的作用。因此，徐中舒、唐嘉弘断定“蜀文化受楚文化影响，楚文化中亦有蜀文化影响”[③]。但是在《方言》中

① 《巴蜀史问题》，《巴蜀古史论述》，四川人民出版社，1981年，第100页。

② 见徐中舒、唐嘉弘：《古代楚蜀关系》，《文物》，1981年第6期。

③ 见徐中舒、唐嘉弘：《古代楚蜀关系》，《文物》，1981年第6期。

却看不出梁益方言和楚方言之间的某种共性。这说明自秦占领巴蜀以后，巴蜀与楚的来往基本中断，而与秦的联系大大加强。

在《方言》中，秦与秦晋方言以外的地名的并举相当稀少，与东齐的3次就算最多的了。1/17："亟……，爱也。东齐海岱之间曰亟。自关而西秦晋之间凡相敬爱谓之亟。"7/15："膊，……暴也。东齐及秦之西鄙言相暴僇为膊。"9/1："凡戟而无刃，……东齐秦晋之间谓其大者曰镘胡。"东齐与秦相隔甚远，这几个词在分布上缺乏连接秦与东齐的中间地带。因此，"亟""膊""镘胡"不是秦方言与东齐方言相互接触的结果，而是它们共同从古代继承下来的日趋消失的词语。汉代的秦方言和东齐方言实际上没有接触。

周、秦的并举在《方言》中只有2次：6/43"周秦"、6/65"周晋秦陇"。周就是洛阳。周秦相邻，距离并不遥远。在汉代，长安、洛阳是全国最大的城市，商业繁荣，交通方便，文化发达，其间往来甚多。它们之间的这种交往，可以追溯到很早以前。在《方言》中，"自关东西"提到13次，"山之东西"提到5次，共18次。关西、山西当然指秦方言，关东、山东则应该指以周（包括韩可能还包括郑）为起点的，或者说以周（韩郑）为核心的东部地区。因此，这18次并举可以被看成是秦方言与周韩郑方言的接触和交往。可见，在秦晋方言之外，与秦方言关系最密切的应当是周韩郑方言。考虑到自秦代以后，秦方言的重要地位以及通语以秦方言为基础这一事实，可以认为秦方言对周韩郑方言的扩散和影响是强烈的。

在《方言》中，秦与西楚并举1次（11/1），与陈并举2次（1/18、11/12）。汉代的西楚和陈都属于楚方言的范围。秦在《方言》中出现109次，楚出现129次（不包括"南楚""西楚"和"自楚之北郊"）。它们出现的总数居第一和第二。因此可以说秦方言和楚方言没有什么接触，相比之下，秦方言（包括邠）与宋卫方言，尤其是其中的卫（包括兖）的接触要稍微多一些。它们是：1/13"邠唐冀兖"，1/16"秦晋宋卫之间"，1/17"宋卫邠陶之间"，1/18"秦晋之郊陈兖之会"。除1/17外，都与晋（或唐、冀）并举。这实际上是晋方言对秦方言和宋卫方言的影响所致，因此，秦方言与宋卫方言的关系并不密切。此外，秦方言（包括“秦之北鄙”）与晋之北鄙、燕之北鄙、翟县之郊、西夏各并举1次（1/16、8/15）。值得注意的是，秦方言与赵、魏以及当时非常重要的齐方言之间都没有任何接触。

总的来看，秦方言一般只与同一方言区内的晋方言、梁益方言接触；在秦晋方言之外，与周韩郑方言的接触较多，与其他方言的接触相当稀少。这是因为，方言之间的相互影响、渗透和融合，是一个非常缓慢的过程。每一种方言都有相当长的历史。秦方言这种比较独立的现象，主要反映的是前一个历史阶段的事实，因此应当从长期的历史发展过程中去寻找其中的原因。周振鹤、游汝杰指出：“春秋之前诸夏语言的中心地区是成周一带（今河南北部），那时候秦国的语言还偏在西方，在诸夏语言区域中并无重要的地位。”① 事实上，在商鞅变法以前，“秦僻在雍州，不与中国诸侯之会盟，夷翟遇之”（《史记·秦本纪》)。《史记·商君列传》：“商君曰：‘始秦戎翟之教，父子无别，同室而居。今我更制其教，而为其男女之别，大筑冀阙，营如鲁卫矣。’”文化上的落后和地理上的隔绝，使秦方言很少与其他方言接触交往，而语言地位的低下，则进一步限制了秦方言向外扩散和影响其他方言的能力。这就是秦方言特别孤立以及秦方言有许多不同于其他方言的特点的原因。

晋方言与秦方言不同，它与秦晋方言区以外的地名有较多的并举。

除秦方言外，晋、卫的关系最密切。《方言》中晋、卫并举7次：1/4“晋卫之间”，1/5“晋卫燕魏”，1/6“晋卫”，1/11“晋宋卫鲁之间”，1/16“秦晋宋卫之间”，2/3“宋卫晋郑之间”，2/16“齐卫宋鲁陈晋汝颍荆州江淮之间”。另外还有1/31“郇唐冀兖”和1/18“秦晋之郊陈兖之会”。唐属于晋，兖在地理上与卫大体一致。《吕氏春秋·有始》：“河、济之间为兖州，卫也。”因此，晋、卫的并举实际上是9

① 《方言与中国文化》，上海人民出版社，1986年，第86页。

次。除 2/16 外，大概都应当看成是在较早的时期晋对卫的扩散影响的结果。晋、卫方言间较多的接触，是长期的历史原因决定的。晋与宋并举 4 次（1/11、1/16、2/3、2/16），都同时与卫并举。除 2/16 条难以断定外，都可以看成是晋方言通过卫对宋的影响。《方言》中，卫、宋属于一个方言区，因此，宋方言很容易把来自晋方言中的词语当成卫方言中的词语来吸收。

在《方言》中，晋、赵并举 3 次：2/25“晋赵之间”，2/27、6/1“晋赵”。晋与魏的并举也是 3 次：1/5“晋卫燕魏”，1/16“晋魏河内之北”，2/23“晋魏之间”。在历史上，赵、魏都出自晋，晋与赵、魏有一些相同的方言词语是自然的。但无论从《方言》中晋出现的 107 次看，或是从晋与赵、魏的历史关系来看，晋与赵、魏的接触都显得非常之少，晋与韩没有并举的情况。

齐、晋的并举有 4 次：2/23、6/6“齐晋”，6/12“齐楚晋”，2/16“齐卫宋鲁陈晋汝颍荆州江淮之间”。除最后一条无法断定外，其余三条可能是齐、晋方言早期接触和互相影响的结果。晋与东齐不接壤，而且距离较远，但其在《方言》中的并举有 3 次：1/17、9/1、10/9。同东齐与秦的情况相似，这也可以看成是它们共同从古代继承下来的词语。晋方言与东齐方言实际上并没有什么交流。

《方言》中晋与楚（包括荆）、陈的并举都分别为 5 次（1/18、2/11、2/16、6/12、11/12），考虑到晋、陈、楚在《方言》中出现的次数都非常多，它们的关系实际上非常疏远。

此外，晋与周并举 2 次（6/55、10/9），与鲁的并举也是 2 次（1/11、2/16）。其他与燕（1/5），燕之北鄙、翟县之郊（1/6），西夏（8/15），郑（2/3），汝颍、江淮（2/16）的并举都是 1 次。

可见，与秦方言相比，晋方言的孤立程度要低一些，它与关东的一些方言有较多的接触。这与历史上晋国曾经是一个强大的向外扩张的国家，与关东各国有着频繁的交往有关。从地理上看，晋比秦更接近东方各国，它们之间有较多的接触是非常合理的。

徐中舒对耒、耜这两种农具以及它们的流行区域进行了研究，认为“耒为殷人习用的农具，殷亡以后，即为东方诸国所承用。耜为西土习用的农具，东迁以后，仍行于泾渭之间”[①]。但是，夏的故地晋却不使用耜，而使用耒，“其中原因，大约有四：（1）东迁以后，晋与东方诸侯会盟聘享，来往频繁，故与东方的习俗，易于接近。（2）晋在春秋国力日益膨胀，必须招徕异国之民以实其地……（3）春秋时晋为诸侯盟主，垂百余年，城濮鄢陵邲巩诸战，师之所经，使东方农具得有传播的机会。（4）晋为盟主，各国均有贡献，物力雄厚，为商贾所必趋，而交易之货币，即为农具，此尤为易于传播之原因”[②]。徐氏所说东方农具耒在晋广泛使用的原因，也可以部分地用来解释晋方言与关东之间有较多接触的事实。

原载《四川师范大学学报》1992 年第 1 期

① 《耒耜考》，《历史语言研究所集刊》，第二本第一册，第 42 页。
② 《耒耜考》，《历史语言研究所集刊》，第二本第一册，第 46 页。

《方言·郭注》述例

◎ 吴庆峰

扬雄的《方言》面世约三百年，郭璞为它作了注。郭璞是晋代著名的学者，他的注不仅对《方言》这部书有重要作用，且在我国方言研究史上有珍贵价值。但从晋到清，人们对郭注并不太留意，直到近人王国维写了《书郭注方言后一》和《书郭注方言后二》①，郭注的优点才明白地显现出来。王国维阐述了郭注的一些体例，例如：其注音，“体例与音义为近”；其注义，“往往广子云之说，其例有广地，有广言”。后来周祖谟先生作了《方言校笺》，他在《自序》中对郭注释词的体例也做了说明。笔者仔细阅读《方言注》，认为郭注的体例还未尽明，今特从注字、注音、注词语、注体例四方面对郭注加以分析，以期对读懂郭注、读通《方言》有些作用。

一、注　字

《方言》是一部以汉人口里的活语言作研究对象的奇书。因此，要记录那些活的语言，现有的文字往往是不够用的。所以，扬雄写《方言》，就常常借用古字，或用假借字，有时还得自己造字。古字、假借字、新造的字，还有异体字，这些复杂的用字现象，就给阅读

① 见《海宁王静安先生遗书·观堂集林·艺林五》，商务印书馆石印本。

《方言》带来一些困难。所以，要给《方言》作注，首先就要注字。郭璞也正是这样做的。

（一）说明两字的古今字关系。对古字释以今字，则其义自明。如卷一“佫”注“古格字”，“艐”注“古届字”；卷二“攗”注“古捃字”；卷十三“簅”注“古管字”等①。郭氏也常用“某，今字作某”的方法。如卷七“逗”注“即住字也”，卷九“矜”注“今字作槿”，卷十三“瓺”注“今字作甍”等。

（二）对假借字则释以本字。如卷十二“鞅，怼也”。注：“鞅犹怏也。”卷七“税，舍车也”。注：“税犹脱也。”又，“㒩，中也”。注：“中宜为忡。忡，恼怖意也。”卷六“阌苦，开也，楚谓之闿”。注：“亦开字也。”卷十二“剢，狄也”。注：“（狄）宜音剔。”

（三）对异体字则释以当时通行的字。如卷四“袿谓之裾”。注：“衣后裾也，或作袪。”卷五“䓊，齐之东北海岱之间谓之儋”。注：“音儋荷，字或作甔。”又，“臿，赵魏之间谓之桌”。注：“字亦作鍫也。”卷九“车枸篓，西陇谓之㭫”。注：“即畚字。”

郭注异体字，常用术语是“或作”“亦作”“即”等，例皆见上。注中还有“一作”的术语，其中有些可视为异体字。如卷二“嬔，耦也”。注：“孚万反，一作嬎。”卷十三“蹻，拔也”。注：“蹻，一作踚。”有的则是异文，有些是错字。如卷十二“即，半也”。注：“即，一作助。”卷二“折，拔也”。注：“折，一作拯。”又，“敌，匹也”。注：“匹，一作迮也。”② 郭氏作注，一定进行了校勘，其有所见，即于注中标出，这是其“博异”精神的反映。

① 引文据周祖谟《方言校笺》，中华书局，1993年；又参照了戴震《方言疏证》（《丛书集成初编》，商务印书馆发行）。

② 周先生《方言校笺》在“一作嬎”“一作迮也”下注云：“校书者所加。”

二、注 音

王国维在《书郭注方言后一》论述郭璞为《方言》注音时说："其音有为本文作者，有为已注作者，可一一分别之。盖所音之字惟见注中而不见于本文者，此音为注作而不为本文作，固不待言，即其字并见本文及注中而其音在注所引今语下，则其音实兼为注作而不徒为本文作。盖注中所出之今语，本有音无字者也，景纯以其音及义拟之，而以当古之厶字，故必存其音，而古语之音亦可由此音推之。"这些意见都很精到。这里说一下郭氏注音的方法和体例：

（一）郭璞为《方言》注音，最常用的是反切法和直音法。其直音法，有一点值得提出来，就是用词语标音。如卷三"苏、芥，草也"。"周郑之间谓之公蕡，沅湘之南或谓之䒗。"注：蕡，"音翡翠"。䒗，"音车辖"。卷十二"䓁，戴也"，注："字或作焘。音俱波涛也。"卷十三"襟，格也"，注："音禁忌。"这是说被音字读这个词的一个字的音，即"蕡"音翡翠之翡，"䒗"音车辖之辖，䓁（焘）音波涛之涛，襟音禁忌之禁。郭注之中，凡一字下标明"音××"的，都是这个意思。

有时还省去"音"字，如卷二"抵"注"触抵"，卷三"讹"注"讹言"，卷五"㽞"注"屋霤"，卷六"陂"注"偏颇"。注中的这些词语看样子像释义的，其实都是注音的，《方言》全书，没有例外。戴震作《方言疏证》，亦未达此旨，如在卷一"庬"注"鸥鹏"，"般"注"般桓"之下说："注内鸥鹏、般桓，当作音鸥鹏之鹏、音般桓之般。观卷十一注内蠭音痈瘺之瘺，可见后人多妄删原文，遂不成语。"统观全书，以"××"注音者90次，以"音××之音"者1次而已。郭注体例如此，不能认为这是"妄删原文"所致。

（二）《方言》是记述汉代各种方言的著作，因为方言有异，体例繁杂，不太好读。特别是有些条目里的词，很难断定是双音词还是单音词，如卷十二"怤愉悦也""糜黎待也""懋朴猝也"等，就不易读断。郭璞作注，对有些双音词，就以注音的形式给指示出来，如“懸朴”下注：“劈历打扑二音。”按郭璞的意思，“懸朴”是一个双音词，这一条应读为：“懸朴，猝也。”这实际上也就标示了句读。

考郭璞注音体例，其注“二音”“两音”“二反”“两反”者，都有标示双音词的作用，少有例外。其言“二音”者如：卷一“谩台，惧也。”注：“蛮怡二音。”卷九：“艖谓之艒䑿。”注：“目宿二音。”卷十一：“螇螰。”注：“奚鹿二音”，“蚂蟧”。注：“貂料二音”，“蜓蚞”。注“廷木二音”等。其言“两音”者如卷一：“嘀极无声，楚谓之噭咷。”注：“叫逃两音。”卷四：“小袴谓之校衫。”注：“皎了两音。”卷八：“鹘鷉。”注：“滑蹄两音”，“鸮鸣”。注：“侃旦两音”，“蝙蝠”。注“边福两音”等。其言“二反”者如卷十：“（惽），江湘之间谓之顿愍，或谓之氐惆。”注：“丁弟丁牢二反。”又，“眠娗、荄媞、譠谩，皆欺谩之语也”。注：“莫典葎殄二反”，“恪校得解二反”，“讬兰莫兰二反”。其言“两反”者如卷三：“（芜菁），东齐谓之菈遠”注：“洛答徒合两反。”

郭璞还用“上音某、下音某”的“上下”关系来标示词，如卷十“謰，拏也”，“或谓之詀謕”。注：“上音连、下力口反”，“上讬兼反、下音啼”。又，“怂恿，劝也”。注：“上子竦反、下音涌。”

三、注词语

郭璞注解《方言》词语的条例，虽经诸家阐发，尚未尽显。今从郭璞注解词语和训释词义的方法两项，谈几点意见。

郭璞注解词语的方法多种多样，除常提到的以普通词语解释特殊词语以及说明“语转”，对名物加以具体描述等外，还有以下几点应当提出来：

（一）对要加以注释的词语，如一字能够为义的，则多以“谓某某”“言某某”进行说解。如卷十二“赋、与，操也”。注：“谓操持也。”又，“牧，饮也”。注：“谓牧饮牛马也”。卷一“娥、嬿，好也”。“或谓之姣”。注：“言姣洁也。”又，“或曰㛏”。注：“言㛏容也。”倘一字不能为义的，则往往先组成双音词，再进行解释。这又分三种情况：先组成重言再加以解释的，如卷二“自关而西秦晋之间凡细而有容谓之嫢”。注“嫢嫢，小成貌”。卷六“徥，行也”。注：“徥徥，行貌。”先组成联绵词再加以解释的，如卷六“峣、峥，高也”。注：“嶕峣、峥嵘，皆高峻之貌也。”卷十三“膔，短也”。注：“便旋，庳小貌也。”先加上词尾再进行解释的，如卷十三“湛，安也。”注：“湛然，安貌。”又，“黵，色也。”注：“黵然，赤黑貌也。”

（二）组词连读为释。郭璞把《方言》一条分别组词连读，义即明白。如卷三“斟，益也”。注：“言斟酌益之。”卷十三“掊，深也”。注：“掊克深能。”又，“揣，试也”。注：“揣度试之。”又，“易，始也”。注：“易代更始也。”又，“梗，略也”。注：“梗概大略也。”

（三）侧面释义。有些词语，正面不好训释，郭璞则从侧面训释。如卷一“凡物盛多谓之寇”，注：“今江东有小凫，其多无数，俗谓之寇凫。”卷十三“空，待也”，注：“来则实之。”

郭璞《方言注序》说：“余少玩雅训，旁味《方言》，复为之解，触事广之，演其未及，摘其谬漏。”这是其注释的基本原则。从训释词义上说，凡《方言》说得不明晰、不彻底的，都重新解说一下。主要是：

（一）明确词义。《方言》对一些词语的解释多是运用“某、某，某也”的形式，有的下面又没有说解，释义比较笼统。例如卷七：“皮傅、弹憸，强也。”卷十二：“鞅、侼，强也。”“虏、钞，强也。”卷七：“侔莫，强也。北燕之外郊凡劳而相勉若言努力者谓之侔莫。”以上四例，扬雄皆释以“强”，而“强”又是多义词，所以被释之词究属何义，不易把握。郭璞在第一个“强”下注“谓强语也”，在第二个“强”下注“谓强戾也”，在第三个“强”下注“谓强取物也”。第四个“强”字没有注，因为《方言》有一句解释，意思明白。再如卷十：“蘖，猝也。”注：“谓仓卒也。”卷十二：“懕朴，猝也。”注：“谓急速也。”经过郭注，“强”“猝”的词义就明确了。《方言》释词之例，往往是先罗列方言词或古语，然后以一个通语作释。而郭璞作注，则多是只给这个通语作释，以明确其词义。这个通语的意义明确了，那么整个一条的意义也就豁然了。

（二）沟通词义。《方言》中有相当多条目，释者和被释者词性不同，义有阻隔，如卷二："翿、幢，翳也。""翿""幢"本是古代跳舞的工具，怎么能训"翳"呢？郭璞注云："舞者所以自蔽翳也。"这就说明了"翿""幢"得义的原因，也就沟通了释者和被释者之间的意义。再如卷三："丽，数也。"注："偶物为丽，故为数也。"卷十："恪，恨也。"注："悭者多惜恨也。"卷十二："佥，夥也。"注："佥者同，故为夥。"又，"啬，积也"。注："啬者贪，故为积。"卷十三"赋，动也。"注："赋敛所以扰动民也。"又，"依，禄也"。注："禄位可依凭也。"分析上面的例子，我们可以看到，郭注释义，只在于说明某和某在哪一点上是相通的，又是怎样通的。因此，那些被沟通的词义，都是引申义。所以说，它和下文的"推求语源"是不同的，和下文的"别异义""别异训"也是不同的。

（三）推求语源。周祖谟先生在《方言校笺》中说："凡注中说'言某某'的大都属于这一类。"周先生还举了一些例子，如卷一："（慧）、秦谓之谩。"注："言谩诧也。"又，"（好），秦曰娥"。注："言娥娥也。"卷二："（美），南楚之外曰嫷。"注："言婑嫷也。"我们考查这些"言某某"的例子，多是形容词，被释词和用来训释的词之间音同或音近。

在郭注中，还有一部分是探求名词的语源的，其形式多是用一句话作解释，例如卷一："老，燕代之北鄙曰梨。"注："言面色似冻梨。"卷三："东齐之间壻谓之倩。"注："言可借倩也。"卷九："箭，关西曰箭。"注："箭者竹名，因以为号。"卷十二："裔，夷狄之总名。"注："边地为裔，亦四夷通以为号也。"卷十三："冢，秦晋之间谓之坟。"注："取名于大防也。"这样的注释很多，都是说明名词的名源的，有因颜色而得名，有因处所而得名，有因形状、功用等而得名。郭璞注清了名源，也就从根本上说解了词义，实在是一种由简驭繁的好办法。

四、注体例

《方言》的体例，前人多所论述，但各家多是从义类上分条列目的。实际上，《方言》的行文、编纂及释义方法等，亦多有条例。这一点从郭注中可以窥见，因为郭注非常注重从扬书本身中寻求条理。

郭注所阐明的《方言》的体例，大致有下列数端：

（一）阐明《方言》的性质。《方言》卷一："敦、丰、厖……大也。……皆古今语也。初别国不相往来之言也，今或同，而旧书雅记故俗语不失其方，而后人不知，故为之作释也。"这一条是扬雄说明其作《方言》之意。郭璞虽释"雅"为《尔雅》，出现错误，但在"不失其方"下注："皆本其言之所出也。"这就很好地阐明了《方言》的性质。扬雄虽没有坐着辅轩车到各地去作方言调查，但他在京师，记录了当时孝廉、卫卒和其他平民乃至少数民族的语言。扬雄本其音、本其义作了记录，并和雅言通语相比较，才编纂成了这部语言学史上的光辉著作。因此，郭璞的这个"本其言之所出"，就看到了语言的纵的和横的变化，所以他重视以今释古，也注意语言的区域性。例如卷三："东齐之间聓谓之倩。"注："今俗呼女聓为卒便是也。"卷九："车枸篓，宋魏陈楚之间谓之筷。"注："今呼车子弓为筷。"卷一："摧、詹、戾，楚语也。"注："此亦方国之语，不专在楚也。"卷五："把，宋魏之间谓之渠挐。"注："今江东名亦然。"郭璞看到了语言的这种变化，也看到了这种变化在语音上的联系。所以他在"皆古今语也"下注："语声转耳。"因此，他的注常常通过说明语音的变转来训释词义，如卷三："苪、讹、哗，化也。"注："皆化声之转也。"卷十："崽者，子也。"注："崽音枲，声之转耳。"卷十二："蝇，东齐谓之羊。"注："此亦语转耳。"郭璞的这种不受文字约束，从语音上去考察词语之间关系的态度是值得称道的。

郭璞所以能为《方言》写下卓越的注，是他对《方言》的性质有了深刻理解的结果。郭注可以说是《方言》的续篇。王国维说："读子云书可知汉时方言，读景纯书并可知晋时方言。张伯松谓《方言》为悬之日月不刊之书，景纯之注亦略近之。”（《书郭注方言后二》）这话是非常确当的。

（二）发明《方言》行文例。《方言》十三卷，其内容如按《尔雅》的分类方法，可以分为释诂、释言、释人、释衣、释食、释宫、释器、释兵、释车、释舟、释水、释土、释草、释兽、释鸟、释虫等十六类。各类所辖条目不等，但条目之间多有联系。这一点，郭注常用“亦”“互见其义”等来说明。例如卷二：“台、敌，匹也。”“抱、嬔，耦也。”注：“耦亦匹，互见其义耳。”卷六：“瘱、滵，审也。”“諳、帶，諟也。”注：“諟亦审，互见其义耳。”

郭注发明此例，实在是把《方言》当作一个整体来看的，了解此例，可以使我们更好地探索扬书的内部结构。以卷五《释器》为例，先说“鍑”“釜”“甑”“盂”“杯”“蠡”“案”“杯落”“箸筩”等食器，再说“甖”“瓿”“缶”“甂”等日用瓦器，再说“篙”“缩”“篝”“扇”等日用竹器，再说“碓机”“枥”“饲马橐”“臿”“杷”“佥”“刈钩”“薄”“橛”“槌”等日用杂物，以与人们生活关联的密切程度为序，逐条写来，使卷五成为一篇完整的文字。

（三）发明《方言》释词例。《方言》全书 669 条，释词 2000 余个，其释词方法也很复杂。其释词之例，经郭注阐发，可分五条：

一曰“随事为义”。卷一：“延、永，长也。凡施于年者谓之延，施于众长谓之永。”注：“各随事为义。”郭注之意是，同一个“长”，各因其事不同而为义，故有“延”“永”之分。在一个外延较大的词下，统辖一些外延较小的词，使名词同条相贯，是《方言》释词的重要方法。卷一：“惟，凡思也；虑，谋思也；愿，欲思也；念，常思也。”卷二：“秦晋之间美貌谓之娥，美状为窕，美色为艳，美心为窈。”卷七：“自河以北燕赵之间火熟曰烂，气熟曰糦，久熟曰酋，谷熟曰酷。熟，其通语也。”凡此之类，都是“随事为义”的例子。

二曰“别异义”“别异训”。卷一：“嫚、蝉、緍、撚、未，续也。楚曰嫚。蝉，出也。”注：“别异义。”卷十二：“奞，始也。奞，化也。”

注："别异训也。"又，"铺、脾，止也。"注："义有不同，故异训之。"所谓"别异义""别异训"，是郭璞总结《方言》释词的另一个方法。

按《方言》释词，本有重点，如"蝉，续也""奮，始也"之类。但它往往又连类而释，如"蝉，出也""奮，化也"之类。这种连类而释之义，有的和前义有些联系，而多数则毫不相干。所以郭注称之为"异义""异训"。这大都是一些假借义。《方言》所以收释这些意义，一是扬雄当时确有所闻见，二是想求其收义的"广"和"博"。如从这个角度看，下面的例子也当归入这一类。卷二："孑、荩、余也。孑，俊也。遵，俊也。"注："广异语耳。"卷十："愮、疗，治也。……愮又优也。""博异义也。"

三曰"广其训"。卷二："矖、铄、盱、扬、䁤，双也。南楚江淮之间曰矖，或曰䁤。好目谓之顺，黸瞳子谓之䀹，宋卫韩郑之间曰铄，燕代朝鲜洌水之间曰盱，或谓之扬。"注："'美目扬兮'是也。此本论双偶，因广其训，复言目耳。"此"本论双偶"，因目为双，所以连类而释了"顺""扬"等。它们在意义上是相关的。这和上面说的"别异义""别异训"不同。这类条目不少，如卷十三"鼻，始也。兽之初生谓之鼻，人之初生谓之首"，就因"鼻"而释"首"。

四曰"互相释""转相训"。卷十二："摇、祖，上也。祖，摇也；祖，转也。"注："互相释也，动摇则转矣。"又，"逭，遁，步也。"注："转相训耳。"卷十三："珇，美也。"注："美、好等互见义耳。"此例所释是一词两训，而两训之间是同义词。《方言》此例甚多，如卷十二："岑，大也。岑，高也。"又，"荐、蒙，覆也。荐，戴也"等。

五曰反训。卷二："逞、苦、了，快也。"注："苦而为快者，犹以臭为香、乱为治、徂为存，此训义之反覆用之是也。"卷十三："袥，乱也。"注："乱宜训治。"在古代汉语里，一个词有正反两个义项的情况不少，《方言》收了这类词。郭注发明"反训"之例，于训诂很有意义。卷十三："蒇、敕、戒，备也。"注："蒇亦训敕。"卷十二："蒇、逞，解也。"注："蒇训敕，复言解，错用其义。"这其实也是反训。

原载《古汉语研究》1995年第1期

相关文献研究

扬雄著述考略

◎ 王春淑

摘要：扬雄著述宏富，据文献记载有《训纂》《苍颉训纂》《方言》《乐》《蜀王本纪》《川箴》《官箴》《续史记》《志录》《太玄》《法言》《难盖天》等十二种，赋十二篇，诗文十余篇。《训纂》与《苍颉训纂》，或以为两书，一为字书，一为传释之作。《方言》的作者、书名、卷数、所收字数等，诸书记载不一，使人难解，其实乃扬雄未成之稿，后世颇有增益。《乐》，疑为集体编写。《蜀王本纪》，后世多以为伪托，实乃辞赋家手笔记史。其他种种，见记何书，或存或佚，本文对其一一条理，以展现扬雄著述之概略。

关键词：扬雄著述 《训纂》《苍颉训纂》《方言》《蜀王本纪》

扬雄，西汉蜀郡人。班固《汉书》本传称其“默而好深湛之思，清静亡为，少耆欲，不汲汲于富贵，不戚戚于贫贱，不修廉隅以徼名当世”，唯“好古而乐道，其意欲求文章成名于后世”。《汉书·楚元王传赞》又云：“自孔子后，缀文之士众矣，唯孟轲、孙况、董仲舒、司马迁、刘向、扬雄，此数公者，皆博物洽闻、通达古今，其言有补于世。《传》曰‘圣人不出，其间必有命世者焉’，岂近是乎?”扬雄作为西汉屈指可数的大学者，著述宏富。经、史、子、集都有作品，天文地理、文学史学、语言文字各个方面无不涉及。但是由于时代久远，诸书记载不一，其书又多有缺佚，所以对扬雄的有些著述历代颇有争议。本文即采诸家之说，分析辨证，对扬雄著述作一较为全面的述考。

一、经部：《训纂》《苍颉训纂》《方言》《乐》四种

《训纂》一篇。《汉志》《隋志》、两《唐书志》皆有著录。《汉志》著录："《训纂》一篇，扬雄作。"又载："《苍颉》七章者，秦丞相李斯所作也；《爰历》六章者，车府令赵高所作也；《博学》七章者，太史令胡母敬所作也。""汉兴，闾里书师合《苍颉》《爰历》《博学》三篇，断六十字以为一章，凡五十五章，并为《苍颉》篇。至元始中，征天下通小学者以百数，各令记字于庭中。扬雄取其有用者以作《训纂》篇，顺续《苍颉》。"《隋志》载："《三苍》三卷，郭璞注。秦相李斯作《苍颉》篇，汉扬雄作《训纂》篇，后汉郎中贾鲂作《滂喜》篇，故曰《三苍》。"《旧唐书志》亦载："《三苍》三卷，李斯等撰，郭璞解。"（《新唐书志》同）可见扬雄所撰《训纂》在隋唐时已与李斯《苍颉》、贾鲂《滂喜》合称为《三苍》。无论是《训纂》，还是《三苍》，在宋时皆无著录，其书当亡于此时。清马国翰《玉函山房辑佚书》辑《训纂篇》一卷，十四条。又有诸书中混引《三苍》而不能区别者，仍总题《三苍》，独为一卷。

《苍颉训纂》一篇。《汉志》著录。《隋志》已无其目。至于其书的内容，姚振宗《汉书艺文志条理》认为："闾里书师所合《苍颉》五十五章，扬雄作《训纂》，顺续《苍颉》，又易《苍颉》中重复之字，凡八十九章。则扬雄《训纂》篇三十四章，取闾里书师所并五十五章之旧本，易其复字而别纂成文，加以训诂，即《苍颉训纂》篇。"今有清黄奭《黄氏逸书考》辑《苍颉训纂》一卷。黄奭所辑《苍颉训纂》与马国翰所辑《训纂》内容完全相同，亦为十四条，唯字体偶有差异耳。

但是《汉志》为何既录《训纂》一篇，又录《苍颉训纂》一篇呢？这大概是因为二书内容有异，分别归类，即形成了这种状况。《训纂》的内容是取其有用之字，纂而次之，顺续《苍颉》。以这部分内容，此书可视为字书之类。所以刘歆《七略》将《训纂》列于古文

《苍颉》《凡将》《急就》《元尚》等字书之后，《汉志》因之。而《苍颉训纂》是取闾里书师所并《苍颉》五十五章之旧本，易其复字，别纂成文，加以训诂。以这部分内容，此书可视为注释字书的传释之书，所以班固作《汉志》时又将《苍颉训纂》增入。但二书的内容是密不可分的，所以在《汉志》之后，无论题扬雄《训纂》，还是扬雄《苍颉训纂》，渐渐被视为同一著述。例如《隋志·三苍》条下，注明扬雄作《训纂篇》，又注明后汉司空杜林注《苍颉》二卷，亡佚。杜林注《苍颉》二卷，即《汉志》所录杜林《苍颉训纂》一篇、《苍颉故》一篇。凡与《苍颉》有关的著述《隋志》都已注明，却不言及扬雄的《苍颉训纂》。这证明《隋志》很可能是将《汉志》所录扬雄《训纂》一篇与扬雄《苍颉训纂》一篇视为同一著述。马国翰与黄奭的辑本，一题为《训纂篇》，一题为《苍颉训纂》，而内容完全相同，其原因亦在于此。

《方言》，又称《𬨎轩使者绝代语释别国方言》，十五卷。《汉志》及《汉书》本传皆无著录。最早有后汉应劭《风俗通义·序》载："周秦常以岁八月遣𬨎轩之使，求异代方言，还奏籍之，藏于秘室。及嬴氏之亡，遗脱漏弃，无见之者。蜀人严君平有千余言，林闾翁孺才有梗概之法。扬雄好之，天下孝廉、卫卒交会。周章质问，以次注续，二十七年，尔乃治正，凡九千字。……张竦以为悬诸日月不刊之书。"应劭之说似乎源于刘歆《与扬雄书》及扬雄《与刘歆书》。刘歆书曰："属闻子云独采集先代绝言，异国殊语，以为十五卷。……今谨使密人奉手书，愿颇与其最目，得使入箓，令圣朝留明明之典。"扬雄答书曰："又敕以殊言十五卷，君何由知之？……雄少不师章句，亦于五经之训所不解。尝闻先代𬨎轩之使，奏籍之书，皆藏于周秦之室。及其破也，遗弃无见之者。独蜀人有严君平，临邛林闾翁孺者，深好训诂，犹见𬨎轩之使所奏言。翁孺与雄外家牵连之亲，又君平过误，有以私遇，少而与雄也。君平财（才）有千言耳，翁孺梗概之法略有。……雄为郎之岁……天下上计孝廉及内郡地卫卒会者，雄常把三寸弱翰，赍油素四尺，以问其异语，归即以铅摘次之于椠，二十七岁于今矣。而语言或交错相反，方覆论思，详悉集之，燕其疑。张伯松不好雄赋颂之文，然亦有以奇之。……曰：'是悬日月不刊之书也。'”刘歆、扬雄往来之书载于东晋郭璞注《方言》书中。晋常璩《华阳国志·蜀郡士女》记：扬雄以“典莫正于《尔雅》，故作《方言》”。又论：“（林闾）善古学，古天子有輶车之使，自汉兴以来，刘向之徒但闻其官，不详其职，惟闾与严君平知之，曰：'此使考八方之风雅，通九州之异同，主海内之音韵，使人主居高堂知天下风俗也。'扬雄闻而师之，因此作《方言》。”东晋时，郭璞注《方言》。其《方言注序》云：“盖闻《方言》之作，出乎輶轩之使。所以巡游万国，采览异言。车轨之所交，人迹之所蹈，靡不毕载，以为奏籍。周秦之季，其业隳废，莫有存者。暨乎扬生，沈淡其志，历载构缀，乃就斯文。是以三五之篇著，而独鉴之功显。”此后《隋志》、两《唐书志》《宋志》皆有著录。唯卷数或为十三卷，或为十四卷，与刘歆、扬雄往来书，以及郭璞序中所称十五卷不同。至于《方言》作者，《隋志》诸书皆题扬雄而无异议。但是宋洪迈《容斋随笔》卷十五却认为：“今世所传扬子云《輶轩使者绝代语释别国方言》凡十三卷，郭璞序而解之，其末又有汉成帝时刘子骏（歆）《与雄书从取〈方言〉》及雄《答书》。以予考之，殆非也。”洪迈以为“非也”的理由主要有四。其一，扬雄《答刘歆书》自叙所为文初无所谓《方言》。其二，扬雄书中称“蜀人严君平”，严君平本姓庄，后汉明帝讳庄，始改曰严，而作为西汉末的扬雄，不应预先得称“严君平”。其三，刘歆求书，扬雄答曰“必欲胁之以威，陵之以武，则缢死以从命”，何至是哉！其四，刘歆、扬雄往来书中，既云成帝，又云孝成皇帝，反复抵牾。其实洪迈的这些理由有的是出于个人臆想，有的则可以解释为是后人所改。认为刘歆、扬雄往来书及其《方言》为后汉时人伪作，实未有确证。但是，《汉书》本传及《汉志》皆不著录《方言》，这确实很值得探究。因此，隋唐时有人以为《汉志》所载《别字》十三篇即扬雄《方言》，以至将十五卷《方言》拼凑成十三卷，以与《汉志》所记《别字》十三篇相吻合。至清钱大昕《三史拾遗》仍曰：

《别字》十三篇，即扬雄所撰《方言》十三卷也。本名《辅轩使者绝代语释别国方言》，或称《别字》，或称《方言》，皆省文。但是，《汉志》并不以《别字》为扬雄所作。这从《汉志》所统计的“凡小学十家，四十五篇”与“入扬雄、杜林二家二篇”皆可推算出来。如果以《别字》为扬雄所作，则小学只有“九家”，扬雄也远不止“二篇”。《四库提要》则以为：“疑雄本有此未成之书，歆借观而未得，故《七略》不载，《汉志》亦不著录。”这一解释不仅使人信服地说明了《汉书》本传及《汉志》不录的原因，而且也很能说明其书书名、所收字数在诸书中记载不一的原因，以及为何东汉许慎《说文解字》有用《方言》之说者而皆不标扬雄《方言》的原因。这一切都是因为其书在扬雄手中尚未最后编成，所以其书书名、所收字数尚未一定，作者亦尚未广为世人所认识。扬雄之后，书稿辗转流传，递相增益。直至晋常璩《华阳国志》记扬雄以“典莫正于《尔雅》，故作《方言》”，此后，扬雄作《方言》才得以正名。《方言》今传本十三篇，一万一千九百余字，多于应劭所称九千字。

《乐》四篇。《汉志》著录。《隋志》及两《唐书志》无记载。但《隋志》有《乐经》四卷，不注撰人姓名。据《太平御览》卷八一五引桓谭《新论》：“阳城子张，名衡，蜀郡人，王翁（王莽）时，与吾俱为讲乐祭酒。”又王充《论衡·超奇》云：“阳城子张作《乐》。”故后世或以为《隋志》所记《乐经》四卷即阳成衡之书。姚振宗却认为：王莽在元始四年立乐经，当时成书不一其人。故王充归之于阳成衡，班固归之于扬雄[①]。书已佚。《水经注》引有扬雄《琴清英》。清王谟、马国翰皆以为《琴清英》乃扬雄《乐》四篇之一。王谟《汉魏遗书钞》辑《琴清英》一卷，五条；马国翰《玉函山房辑佚书》辑《琴清英》一卷，六条。两书去其重复，共六条。

① 姚振宗：《汉书艺文志条理》。

二、史部：《蜀王本纪》《州箴》《官箴》《续史记》《志录》五种

《蜀王本纪》。《汉志》及《汉书》本传皆无著录，汉时亦不见他书称引。其书始见于《华阳国志·序志》，云："司马相如、严君平、扬子云、阳成子玄、郑伯邑、尹彭城、谯常侍、任给事等各集传记，以作《本纪》，略举其隅。"《蜀王本纪》一书的内容多怪异不经，谈不上"信史""实录"。常璩就此提出了诸多疑难，并认为《蜀王本纪》非扬雄之书，而是后汉时祝元灵之书伪托。其说亦见于《华阳国志·序志》，云："汉末时，汉中祝元灵性滑稽，用州牧刘焉谈调之末，与蜀士燕胥，聊著翰墨。当时以为极欢，后人有以为惑。恐此之类，必起于元灵之由也。惟智者辨其不然，幸也。"徐中舒先生则认为《蜀王本纪》的作者既不是西汉末年的扬雄，也不是后汉时的祝元灵，而是后汉末的谯周[①]。顾颉刚先生则认为，"扬氏所录固多不经之言，而皆为蜀地真实之神话、传说"，常璩"以为此等不合理性之故事皆出于滑稽之流之信口编造，扬雄之书或经其窜乱。此则表示常氏全不认识神话、传说之本来面目"[②]。扬雄本擅长辞赋，以辞赋家的笔法写《蜀王本纪》，多属意于神话传说，怪异不经，这倒可以证明其书正是扬雄所著。《隋志》、两《唐书志》著录《蜀王本纪》一卷，扬雄作。《宋志》已无著录，其书当亡于宋时。今有严可均《全汉文》辑《蜀王本纪》一卷，二十六条；又有《玉函山房辑佚书补编》辑《蜀王本纪》一卷，两条。两书去其重复，共二十七条。

《州箴》《官箴》。《汉书》本传记："（扬雄）以箴莫善于《虞箴》，作《州箴》。"又《后汉书·胡广传》："初，杨（扬）雄依《虞箴》作《十二州二十五官箴》，其九箴亡阙。"[③] 箴者，所以攻疾防患。作为文

---

① 徐中舒：《〈论〈蜀王本纪〉成书年代及其作者〉》。

② 顾颉刚：《〈蜀王本纪〉与〈华阳国志〉所记蜀国事》。

③ 严可均《全汉文》云："所谓亡阙者，谓有亡有阙，……（其）五箴多阙文，其四箴亡，故云九箴亡阙也。"

体，乃规劝告诫之辞。宋晁说之《景迂生集·扬雄别传》云："雄见（王）莽更易百官，变置郡县，制度大乱，士皆忘去节义，以从谀取利，乃作司空、尚书、光禄勋、卫尉、廷尉、太仆、司农、大鸿胪、将作大匠、博士、城门将尉、上林苑令等箴，及荆、扬、兖、豫、徐、青、幽、冀、并、雍、益、交十二州箴，皆劝人臣执忠守节，可为万世戒。"今有《全汉文》辑扬雄十二《州箴》及二十一《官箴》，共三十三箴。又有清王谟《重订汉唐地理书钞》辑《十二州箴》一卷。

《续史记》。王充《论衡·须颂》记："司马子长纪黄帝以至孝武，扬子云录宣帝以至哀、平。"刘知幾《史通·古今正史》亦载：《史记》所书，年止汉武，太初以后，阙而不录。其后刘向、刘歆、冯商、卫衡、扬雄等"相次撰续，迄于哀、平间，犹名《史记》"。其书无传。

《志录》。其书世无称引，唯见记于梁任昉《文章缘起》。其书无传。

三、子部：《太玄》《法言》《难盖天》三种

《太玄》。《汉志》著录为十九篇。《汉书》本传记："《太玄》三方、九州、二十七部、八十一家、二百四十三表、七百二十九赞，分为三卷，曰一二三。……有首、冲、错、测、摛、莹、数、文、挩、图、告十一篇，皆以解剥《玄》体，离散其文，章句尚不存焉。"《汉志》与《汉书》本传所记已相违异。萧该《汉书音义》云："刘向《别录》，扬雄经目有玄首、玄冲、玄错、玄测、玄舒、玄营、玄数、玄文、玄挩、玄图、玄告、玄问合十二篇。"桓谭《新论》又云："《大玄经》三篇，传十二篇。"以上两说与《汉书》本传所记又不相同。以今传本《太玄》校之，其篇目合于《汉书》本传所记。姚振宗《汉书艺文志条理》认为："（刘向）所记在子云未成书之时，其间容有与定本互异，不足怪也。"至于《汉志》十九篇之说，《四库全书总目提要》认为："《汉志》所云十九篇，乃合其章句言之。今章句已佚，故篇数有异。"扬雄曾自作《太玄章句》，于本传已可得知。此外，阮孝绪《七录》称："《太玄经》九卷，雄自作章句。"《隋志》亦

载扬雄《太玄经章句》九卷。《华阳国志·蜀郡士女》云："（扬雄）以经莫大于《易》，故则而作《太玄》。"《汉书》本传又云："哀帝时丁、傅、董贤用事，诸附离之者或起家至二千石。时雄方草《太玄》，有以自守，泊如也。"《太玄》的内容，玄湛渊懿，"观之者难知，学之者难成"，"刘歆亦尝观之，谓雄曰：'空自苦！今学者有禄利，然尚不能明《易》，又如《玄》何？吾恐后人用覆酱瓿也。'"而桓谭以为绝伦，云"扬子之书文义至深，而论不诡于圣人，若使遭遇时君，更阅贤知，为所称善，则必度越诸子矣"①。后世学者张衡、崔瑗、宋衷、王肃、陆绩、范望、司马光等皆注《太玄》。今通行本有晋范望注《太玄经》十卷，宋司马光《集注太玄经》六卷等。

《法言》。《汉志》及《汉书》体传皆记十三卷。本传云："雄见诸子各以其知舛驰，大抵诋訾圣人，即为怪迂，析辩诡辞，以挠世事。虽小辩，终破大道而惑众，使溺于所闻而不自知其非也。及太史公记六国，历楚汉，讫麟止，不与圣人同，是非颇谬于经。故人时有问雄者，常用法应之，撰以为十三卷，象《论语》，号曰《法言》。"《法言》目录如下：《学行》第一，《吾子》第二，《修身》第三，《问道》第四，《问神》第五，《问明》第六，《寡见》第七，《五百》第八，《先知》第九，《重黎》第十，《渊骞》第十一，《君子》第十二，《孝至》第十三。今有晋李轨注《扬子法言》十三卷。

《难盖天》。诸书无著录。《隋书·天文志上》引扬雄《难盖天》八事。唐瞿昙悉达《开元占经》亦引。严可均辑入《全汉文》。

四、集部：赋十二篇，诗、文十余篇

赋十二篇。《汉志》著录。严可均《铁桥漫稿》以为即《反离骚》《广骚》《畔牢愁》《甘泉赋》《河东赋》《羽猎赋》《长杨赋》《蜀都赋》《核灵赋》《太玄赋》《逐贫赋》《酒赋》十二篇。其中《反离骚》《甘

① 《汉书·扬雄传》。

泉赋》《河东赋》《羽猎赋》《长杨赋》五篇，本传载其辞。《蜀都赋》《太玄赋》《逐贫赋》三篇，见于《古文苑》等书。至于《蜀都赋》，徐中舒先生认为，“既为《昭明文选》所不取”，且“蜀之为都自蜀汉称帝始，杨（扬）雄时代蜀哪能有都？此赋非扬雄作，不辨自明”①，以为乃是晋人伪托。《核灵赋》无全文，《文选注》《太平御览》有引文。《酒赋》，又作《酒箴》，《汉书·陈遵传》引录全文，《北堂书钞》《太平御览》有引文。《广骚》《畔牢愁》，因《汉书》本传仅存其目而失传，诸书无引文。

诗文十余篇。有《解嘲》《解难》两篇，《汉书》本传收录其辞。有《赵充国颂》，《汉书·赵充国传》录。有《对诏问灾异》，《汉书·五行志》录。有《剧秦美新》，《文选》录。有《答刘歆书》《元后诔》，分别见记于《文心雕龙》“书记”“诔碑”篇，《艺文类聚》《古文苑》录。有《上书谏勿许单于朝》，《汉书·匈奴传》录。有《与桓谭书》《连珠》，《文选注》《艺文类聚》征引。有《答桓谭书》《答茂陵郭威书》二篇，诸家辑本，如《汉魏六朝一百三家》、梅鼎祚《西汉文纪·扬雄》、四库全书本《扬子云集》等皆录。但严可均以为此二篇乃桓谭、郭威缀拾扬雄之语，而非扬雄所答之书。又有《天问解》，见记于东汉王逸《楚辞章句·天问·叙》；有《县邸铭》《王佴颂》《阶闼铭》《成都城四隅铭》《绣补灵节龙骨铭诗》三章，见记于扬雄《答刘歆书》。以上数篇诗文，诸书皆无引文。扬雄集部著述可考知其目者，大抵如上所列。

《隋志》又著录《扬雄集》五卷，两《唐书志》著录亦同。据《崇文总目·别集类》记：两汉人之集，仅有董仲舒、蔡邕、陈琳三家。如此，则隋唐时流传的《扬雄集》五卷，已亡于唐五代之乱，所收篇目亦不可得知。赵希弁续编《郡斋读书志·后志》云：“《扬雄集》三卷。古无雄集，皇朝谭愈好雄文，患其散在诸篇籍，离而不属，因缀辑之，得四十余篇。”陈振孙《直斋书录解题》卷十六记，

① 徐中舒：《〈论〈蜀王本纪〉成书年代及其作者〉》。

《扬子云集》五卷，不著编辑者名氏，但云："大抵皆录《汉书》及《古文苑》所载。"《宋史志》有《扬雄集》六卷。刘克庄《后村诗话续集》卷三亦云："《扬雄集》六卷，四十三篇。"各家卷数不一，可见宋时辑《扬雄集》者，不止一家。今流行者，主要有《四库全书》本《扬子云集》六卷，为明万历中遂州郑朴在《扬子云集》五卷的基础上，又取《太玄》《法言》《方言》三书及类书所引《蜀王本纪》《琴清英》诸条，与诸文赋合编之，厘为六卷，而以逸篇之目附卷末。又有严可均《全汉文》辑扬雄文、赋，以及《难盖天》《蜀王本纪》《州箴》《官箴》《琴清英》，合编为四卷，辑文注明出处，内容最为详尽。

原载《四川师范大学学报》1996 年第 3 期

跋扬雄《法言》卷十、卷十一

◎ 白寿彝

扬雄《法言·重黎卷第十》《渊骞卷第十一》，大都是评论历史人物。《法言序》说："仲尼以来，国君将相，卿士名臣，参差不齐，一概诸圣，撰《重黎》。仲尼之后，讫于汉，道德行颜闵，股肱萧曹，爰及名将，尊卑之条，称述品藻，撰《渊骞》。"比较概括地说出两篇的内容，也说出了作者的历史观点是正宗儒学的观点。从内容看，两篇的评论基本上以《史记》所记为范围。卷十一连举货殖、循吏、游侠、佞幸，连举信陵、平原、孟尝、春申，更都是《史记》的专篇，并且是约略连属的专篇。这两卷中的议论，如以六国之亡归之于时激（时势之相激）、地保（地势险要之保卫）和人事的具备，论秦汉兴亡由于天（历史条件）人（人谋）的具备，论李斯之非忠，都跟太史公的论断相似。然称赞石庆，反对游侠，反对陈胜、吴广，这都是跟太史公对立的，表达了正宗学者的立场。

《史通·史官设置》和《古今正史》并言扬雄继太史公撰续《史记》，而不见于《汉书·艺文志》和本传。班固在前人各种续撰《史记》的基础上，写为《汉书》，明文引用扬雄历史评论者不过数条，而多见于《法言》此两卷内。《汉书·张冯汲郑传·赞》："扬子以为孝文亲诎帝尊以信亚夫之军，曷为不能用颇、牧？彼将有激云尔。"此见《法言》卷十，而语句前后有所颠倒。《东方朔传·赞》引扬雄九十余言，见《法言》卷十一，差不多都是原文而有所删削。《赵尹韩张两王传·赞》："冯商传王尊，扬雄亦如之。"《法言》卷十一称"王子贡之介"。王子贡，就是王尊。只有《司马相如传·赞》和《司马迁传·赞》引扬雄评论不见《法言》。然《司马迁传·赞》原文称："自刘向、扬雄博极群书，皆称迁有良史之材，服其善序事理，辨而不华，质而不俚，其文质，其事赅，不虚美，不隐恶，故谓之实录。"这是总括刘向、扬雄，甚至还有别人的话，也不一定是扬雄把这些话都完全说过。如参考《后汉书·班彪传》引《略论》所称道司马迁的话，上引《司马迁传·赞》也可能包含班彪的话在内。所谓"自刘向、扬雄"，是可以在二人以外还包含别人在内的。

原载《北京师范大学学报》1963年第3期

《扬子法言》历代校注本传录

◎王　菡

汉代思想家扬雄所著《法言》，为历代学者所重视，并为之校勘注释。本文拟就主要校注本的流传予以考述。

一、李轨注本

最早注释《法言》的人，即扬雄的学生侯芭。《汉书·扬雄传》曰："钜鹿侯芭常以雄居，受其《太玄》《法言》。"《汉书·艺文志》中没有侯芭注释《法言》的著录。《隋书·经籍志》上记载"梁有《扬子法言》六卷，侯苞注，亡"。据姚振宗《隋书·经籍志考证》一书，侯芭作侯苞，系版本传误。隋以后的书目不见侯芭注本，而《太平御览》引《法言》，有侯芭一条注文，与现存清代重刻治平本相较，其内容为东晋李轨注文的一部分，可见侯芭的注文至宋代仍散见，李轨注《法言》时，曾以侯芭的注释为参考。

东汉末年南阳宋衷也曾注《法言》。宋衷又名宋忠，字仲子，召至王业从事。史书中没有他的传，其事迹主要散见于《三国志》中。《隋书·经籍志》记"扬子法言十三卷，宋衷注"。新、旧唐书志中亦有著录。现存的世德堂本的司马光集注中，可见到一条宋衷的注文。《文选》李善注本中引《法言》及其注文时，也可见到一些宋衷的注文。宋衷的注本在新、旧唐书志上的著录均为十卷本。

东晋李轨，字弘范，其注释的《法言》相当完整地保存至今。李轨以祠部郎中任终。《隋书·经籍志》中著录他的许多著述，姚振宗称赞他“长于音训，明习故事”。他不仅为众多经书子书作音注，还叙写了东晋、西晋之际部分起居注。李轨所注《法言》，于北宋治平年间由国子监馆阁精校刊出，并附以《音义》一卷。后来司马光进行集注时，以此为李本。这个治平本在南宋时由钱佃重刻印，与《孟子》《荀子》《文中子》并为四书。清嘉庆二十三年，江都秦恩复得到旧刊本，在第二年刻印出版的序言中，秦氏曰：“戊寅首春，购得宋刊，稍有修板，终不失治平之真。”现在常见的李轨注本，如《四部丛刊》和《诸子集成》本中收入的《法言》，用的就是秦氏的重刻治平本。

清代王文进的《文禄堂访书记》，内有顾广圻校《法言》后手记一篇，曰：“何义门学士独校李轨注十三卷，云绛云楼藏，序篇在末卷，后转入泰兴季氏，又归是楼。予往尝借归得之，窃疑其校与司马温公所见李本颇不同。”顾广圻举例说明何焯校勘所据本，是后来“剜板添补”者（顾广圻语）。这篇手记作于嘉庆戊寅二月，与嘉庆二十四年秦恩复的序正吻合。顾广圻对版本的鉴别，即何焯校宋本与温公所见之李本不同一，颇为中肯。

这个“稍有修板”的重刻治平本，与司马所见治平本的不同，大体情况如下。

由于司马光集注本是“辄采诸家所长”（司马光《注扬子序》），可见有删节之处，那么李轨的注文，从条目上说，应是李本多于集注本；从内容上说，应该是李本长于集注本。校勘表明，今李注本有，而集注本没有的李轨注文，共七十四条；集注本有，但李注本没有的李轨注文共四条。汪荣宝的《法言义疏》均据集注本补入。内容上的不同，还可以分为两种情况。一是约和繁的不同。如世德堂集注本中《渊骞篇》品藻汉臣，正文：“问晁错，曰愚。”李轨注文为：“画策削诸侯王，七国既反，令盎得行其说，智而不能自明，朝服斩于东市。”而今《四部丛刊》本的《法言》此处李轨注文仅曰：“削诸侯以危身。”二是李注本中，李轨注文只是集注本中李轨注文的一部分。如《问道篇》论中国的礼乐正八荒，《四部丛刊》本中的李轨注文仅作“殷，正”，世德堂集注本中此处的李轨注文则为：“殷，正。中国之制，五百里甸服，五百里侯服，五百里绥服，五百里要服，五百里荒服。”这些，有的是汪荣宝的《义疏》作为李注收入，有的没有收入。

今存的李注本与司马光所见的李本之不同，还表现在另一个方面。由于司马光集注时，以治平监本为底本，并与吴秘注本、宋咸注本及《音义》参校，遇到异文处便出校记，借此，可以对李本的原貌得到一个比较的机会。凡是司马光指出李本作某字，而今《四部丛刊》本确实作某字，如此之处近三十条。但是还有四条校记，司马光指出李本作某字，而《四部丛刊》本非是。《重黎篇》中，有一个较突出的例子，扬雄曰“始元之初，拥少帝之微”，叙述汉重臣霍光的功绩。《四部丛刊》本则作“始六之诏”。温公的校记中，说李本作“始六世之诏”，而宋、吴本作“始六之诏”，《音义》中引天复本作“始元之初”。汉武帝末年“察群臣唯光任大重，可属社稷，上乃使黄门画者画周公负成王朝诸侯以赐光”（《汉书·霍光传》）。汉武帝是刘汉第五世，已将顾命重任交给霍光，故拥立六世昭帝即位，无须汉昭帝再下诏。显然李本作“始六世之诏”是不通的，宋、吴本的“始六之诏”是“始六世之诏”的省略语，也不可取。天复本以其较早，可能“始元之初”比较合乎史实，所以温公从天复本。始元是汉昭帝第一个年号，昭帝即位时年仅八岁，霍光辅佐，挫败燕王旦、上官桀等人的谋反。六、元字形相近，容易混淆，刊行治平监本时，大约以“始六之初”意思不通顺，在“六”字下加“世”字。成温公所见李本云，“初”和“诏”字因其上部类似，误传写也。近人汪荣宝说：“今治平本‘始六之诏’，‘六’字占二格，窜改之迹显然。”

总之，现存的治平本的翻刻本，已经在文字和版本上与司马光所见之原本有一定的出入，但仍保持了大部分原状。正是秦恩复所说：“稍有修板，终不失治平之真。”

李轨注本因其年代较古，特别又经北宋治平年国子监校勘发行，成为《法言》的重要注本，后来虽有司马光等人的补注集注，也不能取代李注本的流传和影响。李注本最早著录于《隋书·经籍志》，以后两宋的书志中均可见。陈振孙的《直斋书录解题》中说："此本历景祐、嘉祐、治平三降诏，更监学、馆阁两制校定，然后颁行，与建宁四注本不同。钱佃得旧监本刻之，与孟、荀、文中子为四书。"这段话简略说明了李注本在两宋的流传情况。

元代学者吴师道《书扬子后》中指出："晋李轨注《法言》，钱佃用国子监治平中旧本刊之，当时已用宋咸注增入矣。今以四注本较之，李注简，宋注详，凡李注本其文详者，皆所增入也。"（《吴礼部集》）吴师道此言，对前面所说的注文约繁不符的原因，提出自己的见解。这对后来新的点校本，无疑有重要的参考价值。

二、《音义》和唐宋时期的注本

李轨之后，隋代辛德源曾注《法言》。《隋书》和《北史》中有辛德源的传，但是《隋书·经籍志》和新旧唐书中都没有该书的著录，可见流传时间很短。

唐代有柳宗元注本。柳宗元注《法言》，今存于司马光集注之中的仅五条。这和《说郛》中所辑柳宗元《扬子新注》一卷基本一致。柳注《法言》的著录见于《新唐书·艺文志》《崇文总目》和《宋史·艺文志》。《宋志》曰："柳宗元注扬子《法言》十三卷，宋咸补注。"宋咸注《法言》，曾于景祐四年写进书表，载之集注本卷首，其曰："虽李郁亭解之于前，柳宗元裁之于后，然多疏略，犹或误遗。"可见柳注比较简单。其单行本除再见于《天一阁书目》外，少有著录。

唐以后又有《法言音义》一卷，不知撰人。陈振孙《直斋书录解题》曰："《法言》注十三卷《音义》一卷。"《音义》今见于李注之后，起端就引《隋志》介绍李轨的著述及仕履，文中亦引柳宗元注，其柳注和今集注本中征引的相同。或柳宗元的注是依靠《音义》保存下来的也未可知，因为《旧唐书》不见著录柳注《法言》，仅于《新唐书》中著录，而《新唐书》修于北宋，晚于《音义》，《音义》还常提到天复本。温公曰："未知天复何谓也。"（《司马温公注扬子序》）清代顾广圻对天复纪年考之颇详，他说："以予考之，唐昭宗纪元，天复尽四年，厥后王建于蜀仍称之，然则天复本者盖谓彼时之蜀本，逮温公日而已无有存焉者，故不质言之。"（《文禄堂访书记·顾广圻跋》）唐昭宗的天复纪年加上前蜀的天复纪年共七年，从901年到907年。无论是在昭宗还是前蜀的天复年间，天复本都可算是唐晚期《法言》的版本了。天复年后到宋太祖即位，共五十年左右。虽然政权更迭频仍，但这段时间唐文化的影响并没有间断，《音义》的体例基本沿袭了陆德明的体例。周中孚《郑堂读书记补逸》曰，其"出于故相宋公庠家，当是宋初人作也"。周中孚之论未免武断。宋庠与宋咸、吴秘俱仁宗时人，如《音义》是宋初人所作，独宋庠得之欤？而宋咸和吴秘则无由知之？《音义》以五代所作可能性较大，首先是因其体例距离唐代不远，与后来宋、吴二人的注释体例区别较明显；其次，宋庠的兄弟宋祁，当时正修唐历，唐及五代的文集史料必定收集正多，所以他可能见到唐以后传刻的李轨注本及五代时的《法言音义》，国子监馆阁两制校定的《法言》，用的就是宋庠家的这部李轨注本和音义。这部李轨注本的版本和《音义》中所提到的天复本又有不同，《音义》也许就是根据这部李本注成的，也就是说，宋庠家的这部李注本和这部音义，原来可能是一套。《音义》中有些只是根据天复本指出异同，如前面举过的例子："始六世之诏"，《音义》注曰："天复本作'始元之初'。"有些则做出判别，说明俗本的错误。如集注本《修身篇》："华无实则史。"李注本作"华无实则贾"。《音义》注曰："音古。俗本作'史'，后人改之尔。旧本皆作'贾'，谓贾人炫鬻过实。"可见《音义》作者见到的《法言》版本起码有三个。

宋代有宋咸注本。《续资治通鉴长编》中，记载宋咸于嘉祐四年因"上所注《扬子》及《孔丛子》，赐三品服"。宋咸对《法言》的序言的位置作了调整，其《重广注扬子法言序》中说："《法言》每篇之序，皆子云亲旨，反列于卷末，甚非圣贤之法。今升之于篇首，取合经义。”叙录在卷末，是汉代的习惯，《潜夫论》和《汉书》的叙传都是如此。治平监本依旧例，把序言放在卷末，颇得其宜。宋咸的做法，温公的集注本仍之，所以现在所见的集注本的叙录分别在各篇之首。

宋代还有吴秘注《法言》。吴秘曾从学于泰山学案的刘牧，刘牧通《易》，吴秘作过《太玄笺》，见于《宋史·艺文志》。但吴秘所注《法言》不见各书目著录。温公《注扬子序》曰："故著作佐郎宋咸、司封员外郎吴秘皆尝注《法言》。”未知吴秘注本是否刊行，而今只依靠司马光的集注保存下来。由于不见吴秘注《法言》的序言，无从知道其成书时间，但司马温公在《注扬子序》中曰：“宋著作、吴司封亦据李本，而其文多异同，《音义》皆非之，以为俗本。今独以国子监所行者为李本，宋著作、吴司封本各以其姓别之。”可推知吴秘注《法言》当在治平二年以前，所以他没见到、也没有使用国子监本。

四家注《法言》。从部分书目看来，有别于司马光集注本的，还有一种四家注。最早见于《遂初堂书目》的记载，再见于《直斋书录解题》。陈振孙说李注本经过精校，“与建宁四注本不同”。由于著录不够详细，姑且记录以备一说。

明代有赵大纲的集注本，《天一阁书目》和《郘亭知见传本书目》中有著录。明代还有谢汝韶、焦竑的注释本。清代有俞樾的《扬子平议》。民国时有刘师培的《扬子法言斠补附帙文》及《法言补释》，曾收入《刘申叔先生遗书》。还有汪荣宝的《法言义疏》，现在中华书局作为新编诸子集成之一出版。刘师培的两部著述由于很少刊行，这次也附在汪氏义疏的卷末一起出版。

三、司马光对《法言》的集注与校注

元丰四年，正是司马光住在洛阳的时候，他完成了集注《法言》的工作。元丰五年，他又完成了《太玄经》集注的工作。司马光的集注为后人研究扬雄的思想提供了钥匙，也为后人研究司马光的思想提供了材料。

司马光对扬雄评价甚高，他在《注扬子序》中说道："然扬子之生，最后监于二子而折衷于圣人，潜心以求道之极致，至于白首，然后著书，故其所得为多。后之立言者莫能加也。"温公对扬雄的著作潜心研究多年，写有《说玄》《潜虚》。皇祐二年，司马光上《乞印荀子·扬子法言状》，其曰："顾兹二书，犹有所阙，虽民间颇多私本，文字讹误，读不可通。"可见温公早已注意到《法言》各种版本的异同情况，感到有必要精加勘校，以利流传。

治平二年的国子监精校本刊出之后，温公认为该本在对《法言》的义理发挥和版本校勘方面仍存在一些问题，同时，他也希望把自己"研精竭虑，历年已多"的一些想法记录下来，以利扬雄思想的传播。所以他"辄采诸家所长，附以己意，名曰集注"，把李轨、柳宗元、宋咸和吴秘的注文集中在一起，加上自己的意见，就是现在见到的《五臣注扬子法言》。

司马光所用的版本除国子监治平刊本、吴秘注本和宋咸注本，还用了《音义》和《汉书》。校勘中，异字校正共九十条左右。基本上可分二种情况：一是李、宋、吴本和《音义》及其天复本之间的校雠，二是这几个版本与《汉书》之间的对勘。

对于第一种情况，多数异文之处以李本为难。因为李本是从宋庠家发现的一个较精当的版本，又经国子监馆阁校定，自然不可轻视，但又不盲从，经与李本相校近九十处，有三十处采用了其他版本。

温公在《注扬子序》中说，被《音义》斥为"俗本"者，常与吴秘、宋咸所持之本相同，但在校勘中，司马光仍依宋、吴本而非李本。例如《修身篇》中，扬雄引申《诗经》的意思说："田甫田者，莠乔乔；思远人者，心忉忉。"温公注："李本'甫'作'圃'，今以宋、吴本。"此语出自《诗·齐风·甫田》："无田甫田，维莠骄骄。无思远人，劳心忉忉。"李本"甫"作"圃"，其实是三家诗与《毛诗》的区别。《隋书·经籍志》小序曰："汉初，有鲁人申公，受

《诗》于浮丘伯，作诂训，是为《鲁诗》。齐人辕固生亦传《诗》，是为《齐诗》。燕人韩婴亦传《诗》，是为《韩诗》。终于后汉，三家并立。汉初又有赵人毛苌善《诗》，自云子夏所传，作诂训传，是为《毛诗》古学，而未得立。”扬雄之时，三家诗盛行，而《毛诗》未立，扬雄学《鲁诗》。汉末，《毛诗》开始为显学，《鲁诗》亡于西晋。《文选》中班固《东都赋》李善注引《韩诗》曰：“东有圃草。”此诗今见于《诗·小雅·车攻》，作“东有甫草”。此处甫作大解，“维田甫田”之甫也作大解，所以，甫、圃相通。《韩诗》的“东有圃草”，成为三家诗中“甫”和“圃”的佐证。司马光此处将李本之“圃”改作宋、吴本之“甫”，是以《毛诗》正三家诗，似未尽妥帖。

在《问道篇》中，扬雄曰：“或曰：刑名非道邪？何自然矣？曰：何必刑名，围棋、击剑，反自眩刑，亦皆自然也。”司马光于此校记：“李本‘自’作‘目’，今从宋吴本。”《音义》曰：“一本作‘反自眩刑’。”正和宋、吴本相同。《史记·老庄申韩传》认为，申韩刑名之说，正是出于黄老，而老子是推崇自然的，《道德经》曰：“人法地，地法天，天法道，道法自然。”自然乃道之本，是极致，为最高法则。扬雄此语，是以围棋和击剑为例，说明刑名迷惑别人，而自己亦因此迷惑的自然法则。因运用刑名之道而自身被害的例子，最典型的即韩非之《说难》。《法言·问神篇》曰：“或问：韩非作《说难》之书，而卒死乎说难，敢问何反也？曰：说难盖其所以死乎？”这段话，可以作为前面“反自眩刑，亦皆自然”的解释。刑名之术欲治人，自己反被治，围棋、击剑想迷惑别人，自己未免也迷惑其中，这就是扬雄积极反对申韩刑名之说的原因之一。故此作“反自眩刑”，显然符合扬雄本意。古字中“刑”“形”通用，李本中大约因“自”“目”相近而致误。司马光此处从宋、吴本为“反自眩刑”，以符合扬雄一贯的思想，甚有见地。

天复本以其版本较早，《音义》多引征，温公也常以为准，如前面提到的“始元之诏”事。但天复本也有不尽如人意的地方，如《渊骞篇》中，扬雄品藻汉代名臣，曰：“晁错，曰愚。”司马光出校记曰：“《音义》曰：天复本作‘由忠’。今从诸家。”陶鸿庆《读法言札记》中认为当取“由忠”，以和前面论爰盎“忠不足”相对。司马光本“曰愚”，并申辩道：“错知诸侯太强必为乱，故削之，而七国寻反，身死东市。不若主父偃从诸侯所欲，分国邑侯子弟，而诸侯自弱也。故以错为愚。”晁错废除封建的做法，过于急切拙直，所以被斩东市，扬雄因此认为他愚。

《音义》中提到天复本共十六处，温公全部征引对勘，其中从八条，不从八条。以上所述李本和天复本在司马光校勘中所起的作用，可以看出，他并不一味追求古版，也不绝对相信国子监本的权威，而是要体现扬雄思想的本来面貌。从这一点出发，使他在校勘中主观意识较强，产生了前面指出的遽改三家诗的处理结果，这和后代乾嘉学者不随意改动而存疑的做法相比，反映出宋代思想界重视个人意识的表述，大胆怀疑、充分讨论的特点。

司马光作为史学家，很重视史料的征引。他利用《汉书》校《法言》共六处。《法言》中对汉代人物的评价，《汉书》多有引用，作为他校，不失为一个好的参考，但是也有温公拘泥《汉书》而错改《法言》的。如《渊骞篇》，扬雄论东方朔曰：“非夷尚容，依隐玩世，其滑稽之雄乎？”温公明言李本如此，却据《汉书·东方朔传》的赞论改为：“非夷齐而是柳下惠，戒其子以尚容，首阳为拙，柱下为工，饱食安坐，以仕易农，依隐玩世，诡时不逢，其滑稽之雄乎？”扬雄《法言》所论颇简略，而班固赞语颇详，大概是班固因扬雄语约，特意详细叙述，是扬雄原意而不是扬雄原语。自温公依《汉书》改动，以后的刻本都照引《汉书》语。多亏司马光的校记记录了李本原语，否则几乎不得知其本来面貌。现在的嘉庆重刊治平本也是引《汉书》语。其实李轨对正文的注释，就是引用《汉书》，如果扬雄原文与《汉书》基本相同，那么李轨岂不是等于没有注释吗？这说明李轨所见的《法言》，此处一定是约语。司马光集注《法言》时，也引征了李轨的注，但是根据《汉书》改写《法言》，似没有细加体察。清代顾广圻校《法言》时，曾借何义门的校本，就怀疑其本与司马光所见的李本不同，后又见秦恩复的《法言》，于此处“剜板添补痕迹尤宛然，方悟温公所言者其初板也，义门所校者后来修改者也”（《文禄堂访书记》）。但秦恩复重刊时，其原则是“凡遇修板，仍而不改”，体现了乾嘉学者的严谨态度。

除版本外，司马光亦重视音训。他在序中说，有了定本之后，要“先审其音，乃解其义”。所以在集注《法言》时，注音处近两百条。司马光注音的重点在两方面：一是多音字，如好恶长少之类；二是难字，如螟蛉蜾蠃之类。司马光的注音多取于《音义》，反切字的使用也多与之同。

温公集注《法言》，见于尤袤的《遂初堂书目》，著录十分简单。《郡斋读书志》中著录为十三卷。《直斋书录解题》中曰“《法言》十卷”，没有注者的姓名，其解题曰：“凡十三篇，篇各有序，本在卷末，如班固叙传，然今本分冠篇首，自宋咸始也。”可见是宋咸以后的注本，但无法确定是否温公的集注本。

清代陆心源的《皕宋楼藏书志》录有元刊本司马光集注本，其书志曰：“本宅今将监本四子纂图互注附入重言重意，精加校正，兹无讹谬，誊作大字刊行，务令学者得以参考互相发明，诚为益之大也。建安”《铁琴铜剑楼藏书目》不仅记有这个元刊本及上面引到的题识，而且瞿镛因此判断：“据此则是本依宋监本授梓，故卷首宋咸题名上冠以圣宋也。”叶德辉在《书林清话》中记叙宋代刻书牌记，其以《法言》举例曰：“宋麻沙本纂图互注扬子《法言》附入重言重意，精加校正，兹无讹谬，誊作大字刊行，务令学者得以参考，互相发明，诚为益之大也。建安（下空三字）谨咨，见陆续跋，陆志、瞿目，并云元刊本，陆志脱谨咨二字。按此宋季麻沙本，建安下脱刻人姓名，因载鬻他人，故尔剜去。”现在北京大学善本部藏有一部著录为元刊本的《法言》，卷首宋咸之上冠以“圣宋”，注文中有“重意”“互注”的标目，正文之前述有五声十二律图。这与陆心源和瞿镛的著录颇相合。

莫友芝《郘亭知见传本书目》记有宋本《纂图互注扬子法言》，

司马光集注。以莫友芝所引其书题记，可知此纂图互注本和前面叶德辉提到的宋末麻沙本同出一源。

目前常见的是明代顾氏世德堂本，叶德辉在《书林清话》将其列为明代刻书精品。现在美国波士顿哈佛大学中文图书馆藏有傅增湘藏园的宋刊元修明补明印本《纂图互注扬子法言》，卷首傅沅叔前言中说："按《法言》通行者为明顾氏世德堂本，其源出于建安四子，而去其互注与重言重意耳，然其中亦有未经去净者。此宋末刊本，各家多有。云，恒不为世重。"又说："余此帙得之沪上为铁琴铜剑楼旧藏，未经编入目者。"该书本是瞿镛所藏，但未为之著录。傅沅叔用此本与世德堂本校勘一过，收获不小，其版本价值与北大所藏元刊本不相上下。

原载《文献》1994 年第 3 期

扬雄《畔牢愁》与《九章·悲回风》的“附益”问题

◎ 张树国

摘要：《九章·悲回风》是一聚讼纷纭的历史遗留问题，在《九章》中字数、行数高居第一。王逸、朱熹等古代学者一直认为是屈原所作，朱熹《楚辞集注》认为该篇是屈原的“临绝之音”。近现代以来，《悲回风》被有些学者认为“伪作”，但多凭感觉，证据不足。近年出土了一些竹简文献，对简帛编连体例的研究，对《悲回风》作者问题的解决，提供了一些富有启发性的材料。《悲回风》由两大部分组成，从开头至“宁溘死以流亡兮，不忍为此之常愁”共四十八单句为屈原原作；自“孤子唫而抆泪兮”至结尾共六十二单句为汉成帝时扬雄所作《畔牢愁》。在刘歆等人整理《七略·诗赋略》时追录并“附益”在《九章·悲回风》之下。

关键词：《畔牢愁》　《九章·悲回风》　附益

《九章·悲回风》以其极富争议性而在楚辞学史上独树一帜。王逸《楚辞章句》认为：“《九章》者，屈原之所作也。屈原放于江南之野，思君念国，忧心罔极，故复作《九章》。章者，著也，明也。言己所陈忠信之道，甚著明也。卒不见纳，委命自沉。楚人惜而哀之，世论其词，以相传焉。”[①] 洪兴祖《补注》云：“《史记》云：上官大夫短屈原于顷襄王，王怒而迁之，乃作《怀沙》之赋。则《九章》之作，在顷襄时也。”《文选》卷三三《九章·涉江》李周翰注云：“原既放逐，又作《九章》，自述其志。‘九’义与《九歌》同。”[②] “章”即乐章，“九章”相当于九首诗，王逸注不一定正确。朱熹《楚辞集注》云：“《九章》者，屈原之所作也。屈原既放，思君念国，随事感触，辄形于声，后人辑之，得其九章，合为一卷，非必出于一时之言也。”[③] 这一说法很贴切。但朱熹认为：

> 考其词，大多直致无润色，而《惜往日》《悲回风》，又其临绝之音，以故颠倒重复，倔强疏卤，尤愤懑而极悲哀，读之使人太息流涕而不能已。[④]

这一说法很具有颠覆性。《史记·屈原列传》认为：“（屈原）乃作《怀沙》之赋，其辞曰……于是怀石，遂自沉汨罗以死。”屈原的绝命辞应是《怀沙》。宋代魏了翁《鹤山渠阳经外杂钞》、明许学夷《诗源辨体》已经怀疑《悲回风》之“骤谏君而不听兮，任重石之何益”两句“是岂屈子口语耶?”吴汝纶《古文辞类纂评点》云：

> 《九章》自《怀沙》以下，不似屈子之辞。子云《畔牢愁》所仿，自《惜诵》至《怀沙》而止，……《悲回风》文字奇纵，而少沉郁谲变之致，疑亦非屈子作。[⑤]

---

① 王逸章句、洪兴祖补注：《楚辞补注》卷四，《九章章句》，中华书局，1983 年，第 120 页。

② 萧统：《文选》卷三三，日本足利学校藏宋刊明州本六臣注，人民文学出版社，2011 年，第 512 页。

③ 朱熹：《楚辞集注》卷四，江苏广陵古籍刻印社，1990 年，第 89 页。

④ 《楚辞集注》卷四，第 89 页。

⑤ 蒋立甫、吴孟复主编：《古文辞类纂评注》，安徽教育出版社，2004 年，下册，第 1952 页。

吴汝纶认为："此（《悲回风》）殆吊屈子者之所为欤?"此说对本文很有启发意义。陆侃如、冯沅君《中国诗史》则认为《惜诵》《思美人》《惜往日》《悲回风》等篇"大都是空泛的议论，字句也有抄袭《离骚》的痕迹"，"所以《惜诵》等篇多少有一点伪托的嫌疑"①。但还拿不出坚实的证据来证明其"伪托的嫌疑"，对《九章》四首的批评也有失公允，这也是现代《悲回风》研究中面临的困境。

西汉成帝河平三年（前26），刘向整理中秘藏书，将《楚辞》集为"二十五篇"，见《汉书·艺文志·诗赋略》。顾实《讲疏》云："今《楚辞》，《离骚》一篇，《九歌》十一篇，《天问》一篇，《九章》九篇，《远游》《卜居》《渔父》三篇，凡二十五篇。"② 这"二十五篇"虽然存在很大争议，但可以肯定其中应该有《九章》。刘向曾作《九叹》，其《忧苦》章云："叹《离骚》以扬意兮，犹未殚于《九章》。"③"殚"者，尽也。《九叹》盖仿照屈原《九章》而作，既然有"《九章》"，那么《悲回风》自然就在其中。传世本王逸《楚辞章句》将《九章》定为一卷，《悲回风》为《九章》最后一篇，篇幅、字数在《九章》中最长最多。本文将《九章》各篇制定表格，进行一下对比：

《九章》篇名	句数	字数
《惜诵》	88	672
《涉江》	60	434
《哀郢》	66	515
《抽思》	89	625
《怀沙》	80	479
《思美人》	66	482
《惜往日》	76	581

① 陆侃如、冯沅君：《中国诗史》第三篇《屈平》，百花文艺出版社，2008年，第72页。

② 顾实：《汉书艺文志讲疏》，上海古籍出版社，2009年，第169页。

③ 《楚辞补注·九叹章句第十六》，第300页。

续表

《九章》篇名	句数	字数
《橘颂》	36	188
《悲回风》	110	842

《悲回风》字、句之数均居《九章》之冠，比第二《惜诵》句数多22行，字数多170字。《悲回风》文本本身存在着大问题，所以，无论怎样训诂，都难以使文义畅通。本文细味原诗，发现《悲回风》前后结构以及诗中关于地理、名物方面的内容都存在问题。为论述方便，将《九章·悲回风》分为上、下两部分：从开头“悲回风之摇蕙兮”至“宁溘死以流亡兮，不忍为此之长愁”，共48单句、24整句，为《悲回风》（上）；从“孤子唫而抆泪兮，放子出而不还”至结尾“心絓结而不解兮，思蹇产而不释”，共62单句、31整句，为《悲回风》（下）。

一、《悲回风》篇章结构之内在矛盾

本文从《悲回风》的结构入手，经过前后对比，发现《悲回风》篇章结构方面存在着内在矛盾。

首先《悲回风》（下）说到“岷山”、大江（而非沅湘）及其周围环境和垂直性的气候，可以说这是确定《悲回风》作者问题的“瓶颈”。屈原不可能被流放到岷山，这是人所共知的事实。游国恩先生《论屈原之放死及楚辞地理》对屈原行踪考释甚详，认为：“屈原之放，前后凡两次：一在楚怀王朝，一在顷襄王朝。怀王时放于汉北，顷襄王时放于江南。汉北之放盖尝召回，江南之迁一往不返。”[1] 这是一权威性的意见。本文认为对“岷山”及相关问题的考证应该成为解决《悲回风》艺术结构及作者问题的关键。

① 《游国恩学术论文集》，中华书局，1989年，第53页。

其次，《悲回风》前后所叙季节不同，这是最大的矛盾之点。《悲回风》（上）抒写的是秋末飘零的感受，首句云："悲回风之摇蕙兮，心冤（一作宛）结而内伤，物有微而陨性兮，声有隐而先倡。""物微"指蕙草而言，"性"即"生"，"声隐"指"回风"即旋风，意思是说，蕙草命丧是以有声而隐其形的旋风为其先导。《悲回风》（上）对秋景的描写还有几处，如"鸟兽鸣以号群兮，草苴比而不芳"，"苴"指干枯的草。又如："岁曶曶其若颓兮，旹（时）亦冉冉而将至。薠蘅槁而节离兮，芳以（一作已）歇而不比。"清刘梦鹏《屈子章句》云："岁颓，岁将暮也。时至，年将老也。"[①]《悲回风》（上）抒写诗人的情感生活都是以秋末作为背景的，如："涕泣交而凄凄兮，思不眠以至曙。终长夜之曼曼兮，掩此哀而不去。""长夜曼曼"既是对秋夜渐长的如实书写，同时也是诗人愁肠百转、终夜无寐的心理刻画。而从"孤子唫而抆泪"至结尾，"虹""霓""炎气""烟液"等词语标明季节为夏，《悲回风》（下）有许多看似矛盾的景物描写，在下文将重点讨论。

再次，《悲回风》（上）多原创性的语句，而《悲回风》（下）多模仿之语，如《悲回风》（上）："物有微而陨性兮，声有隐而先倡。"而《悲回风》（下）则作"声有隐而相感兮，物有纯而不可为"。《悲回风》（上）"夫何彭咸之造思"，《悲回风》（下）"昭彭咸之所闻"，此语颇令人费解；《悲回风》（下）"心絓结而不解兮，思蹇产而不释"又见诸《哀郢》，《抽思》作"思蹇产之不释兮，曼遭夜之方长"等。朱熹《集注》以为："其临绝之音，以故颠倒重复，倔强疏卤，尤愤懑而极悲哀。"注意到了语句重复的问题，曲为之说。

最后，在写作风格上，《悲回风》（上）由秋景言情，表达孤独飘零但仍旧坚守自己的节操，如第五、六句云："夫何彭咸之造思兮，暨志介而不忘。""彭咸"在屈赋中共出现七处，从《离骚》中"愿从彭咸之所居"开始，作为屈原的理想人格一直未曾动摇。而《悲回

---

① 金开诚、董洪利、高路明：《屈原集校注》，中华书局，1996年，第633页。

风》（下）言情之外兼有言理的成分，所写历史人物除“彭咸”外，还有“介子（推）”“伯夷”“（伍）子胥”“申屠狄”等，其思想旨趣主要是老庄道家的老生常谈，与《悲回风》（上）大相径庭。

本文首先提出一大胆假设，即《悲回风》（上）与《悲回风》（下）为不同作者、不同时间甚至不同时代之人所作。前者为屈原《悲回风》原作，而后者则是后人凭吊屈原的作品，即扬雄的《畔牢愁》。

二、《悲回风》（下）之岷山地理、气候及作者关系

《悲回风》（下）从“上高岩之峭岸兮”开始，有一段关于人物行为的叙事：

> 上高岩之峭（一作陗）岸兮，处雌蜺之标颠。据青冥而摅虹兮，遂倏忽而扪天。吸湛露之浮源（一作凉）兮，漱凝霜之雰雰。

王逸《章句》解释上段文字，除第一句“升彼山石之峻岷也”比较准确外，其他都不太准确。“雌蜺”，郝懿行《尔雅义疏》：“蜺，雌虹也。”[①]“标颠”即顶点、顶端之意，闻一多《九章解诂》：“《汉书·司马相如传》：偃蹇杪颠。标颠即杪颠。”《屈原集校注》译为：“我登上高峻的崖岸，来到那彩虹的最高处。”（第650页）“青冥”即青天。“据”为凭借、依靠。“摅”，洪《补》：“舒也。”据上下文意，有“张布”“腾跃”之意。《后汉书·张衡传》：“仆夫俨其正策兮，八乘摅而超骧。”李贤注：“摅犹腾也。”这两句《屈原集校注》译为：“倚靠青天舒散了彩虹，一下子我就摸到了天。”（第650页）“吸湛露之浮源兮”，王逸注：“湛，厚也。《诗》曰：湛湛露斯。”“源”一作“凉”，

① 郝懿行：《尔雅义疏》，汉京文化事业有限公司1985年据清同治四年（1865）刻本影印，第767页。

明汪瑗释为："浮凉，谓露之清澈，其光若浮而味凉也。"[①]"味凉"表现的是个人的感受。这段文本用了一连串的行为动词，如"上""处""据""摅""扪""吸""漱"等，表达作者的心理、动作及行为。"颠"（端纽真部）、"天"（透纽真部）、"雰"（古音滂纽文部，《广韵》：抚文切）叶韵。下面有一段关于岷山地理及气候的描写：

> 冯昆仑以瞰雾（王逸注：一云瞰雾露，一云潋雾露）兮，隐岷山以清江。惮涌湍之磕磕兮，听波声之汹汹。纷容容之无经兮，罔芒芒之无纪。轧洋洋之无从兮，驰委移之焉止。漂翻翻其上下兮，翼遥遥其左右。[②]

"昆仑"为西部神山，在《离骚》中多次出现。"隐岷山以清江"，王逸《章句》："隐，伏也。岷山，江所出也。《尚书》曰：岷山导江。"洪《补》云："岷山，在蜀郡氐道县，大江所出。《史记》作汶山。《列子音义》引《楚辞》：隐岷山之清江。隐，依、据也。"洪《补》正确。《庄子·齐物论》"南郭子綦隐几而坐"，郭庆藩《集释》录《释文》："隐，于靳反，冯也。"[③]"冯"即"凭"，"冯""隐"均为"依""据"之意。"隐岷山以清江"当即"凭附岷山以瞰清江"之意，"瞰"涉上文而省。《尚书·禹贡》云："岷山导江，东别为沱。"[④]《史记·夏本纪》："汶、嶓既艺，沱、涔既道。"《集解》："《地理志》：岷山在蜀郡湔氐道，嶓冢山在汉阳西。"张守节《正义》："《括地志》云：岷山在岷州溢乐县南一里，连绵至蜀二千里，皆名岷山。"[⑤]岷山是长江、黄河的分水岭，是岷江与嘉陵江的发源地。

汉唐时代，人们一直认为岷江即长江之源头及上游。北魏郦道元

---

① 汪瑗：《楚辞集解》，北京古籍出版社，1994年，第248页。

② 《楚辞补注·九章章句第四》，第161页。

③ 郭庆藩：《庄子集释·齐物论第二》，《诸子集成》本，上海书店出版社，1986年，第21页。

④ 《尚书正义》卷六，中华书局2010年据清嘉庆版影印，第319页下。

⑤ 司马迁：《史记》卷二《夏本纪》，中华书局，2013年，第1册，第80页。

《水经注》卷三三《江水一》记载："岷山，在蜀郡氐道县，大江所出。"[①] 东晋常璩《华阳国志》卷三《蜀志》"其大江自湔堰下至犍为有五津"[②] 下，刘琳《校注》云："汉唐间人多以走马河、府河为岷江正流，称江水或大江。"[③]《太平御览》引《书·璇玑钤》曰："禹导江水，决岷山，流九贡。"《山海经》曰："岷山，江水出焉。"又引《家语》曰："江始出岷山，其源可以滥觞。及至于江津，不方舟不可以涉。"[④] 在汉唐时人的心目中，岷江即长江。谭其骧《中国历史地图集·西汉·益州刺史部北部》标注很清晰[⑤]。

《悲回风》（下）接下来数句用赋排手法描写岷江之水，湍磕磕、波汹汹、纷容容、罔芒芒、轧洋洋、漂翻翻、翼遥遥形容岷江之水波涛起伏、茫茫无边，一派纷乱无序的样子。波浪上下翻腾着漂流向前，左右摇摆着像飞一样奔向远方，比喻水流之速。联系上文，这当是从岷山山顶俯瞰岷江所见。刘永济《〈惜往日〉〈悲回风〉二篇非屈作之证》统计《悲回风》用联绵词至二十五句，"正后世文人有心雕饰之证"[⑥]。而极易引起争议的是下面几句：

> 氾潏潏其前后兮，伴张弛之信期。观炎气之相仍兮，窥烟液之所积。悲霜雪之俱下兮，听潮水之相击。

"炎气""烟液""霜雪"容易引发歧义。清刘梦鹏《屈子章句》解释"伴张弛之信期"曰："秋冬阴气严肃张也。春夏阳气宽舒弛也。寒暑往来，按候不爽，故曰信期。"[⑦] "信期"实指江潮之"汛期"和

---

① 郦道元著、杨守敬注：《水经注疏》卷三三，江苏古籍出版社，1989年，第2734页。

② 常璩著、刘琳注：《华阳国志校注》卷三，巴蜀书社，1984年，第232页。

③ 《华阳国志校注》，第233页。

④ 李昉：《太平御览》卷四〇，上海古籍出版社，2008年，第893—473页。

⑤ 谭其骧：《中国历史地图集》第二册《秦·西汉·东汉时期》，中国地图出版社，1982年，第29—30页。

⑥ 刘永济：《笺屈馀义》，中华书局，2007年，第239页。

⑦ 《屈原集校注》，第655页。

"枯水期"。"观炎气之相仍兮，窥烟液之所积"，王夫之曰："烟，云也。液，雨也。积者，云屯而雨沛也，此春夏之气也。"① 马茂元《楚辞选》云："炎气，夏令郁蒸之气。"联起上文，意思是说从岷山山顶向下俯瞰，夏季郁蒸之气凝为雨云。此处言"观"言"窥"，皆为"俯瞰"之意。但紧接着"悲霜雪之俱下"，明黄文焕《楚辞听直》解释说："下霜以后，继之以雪，秋而冬也。"② 蒋骥云："炎气指夏，霜雪指冬，错举以概四时也。"③ 但此处始云"炎气"、继言"霜雪"并无"概指四时"之意，实际上是指岷山山地气候。上文既言"冯昆仑""隐岷山"，此处指山顶由于高度关系出现的盛夏霜雪之景。《太平寰宇记·剑南西道七》"汶山县"条云："岷山，王羲之与谢安书曰：周益州书述蜀中山川，如岷山，夏含霜雪，校之所闻，昆仑之仲也。《华阳国志》：岷山一曰汶焦山、安乡山，直上六里，岷岭之最高者，遇大雪开泮，望见成都。岷山一名鸿冢，即陇山之南首，故称陇蜀也。"④ 岷山地区因为高度和温度的关系，有"一山有四季，十里不同天"的民谣，气候植被呈垂直分布，这是起码的地理常识。《水经注》卷三三记毗邻岷山的邛崃山"夏则凝冰，冬则毒寒"，岷山亦与此同。所以从作者所处位置和视角来说，在岷山山顶向下俯瞰则山腰处炎夏积云成雨，在山顶则霜雪俱下而倍感凄凉。

但屈原不可能来到岷山，对此历来楚辞学者往往采取神秘主义的解释。王夫之《楚辞通释》云："此想像魂游四方，俯瞰江山之貌。"⑤ 在《悲回风》"上高岩之峭岸兮，处雌蜺之标颠"下《通释》云："此下言沉湘之后，精神不泯，游翱天宇之内，脱浊世之污卑，释离愁之菀结，以一死自靖于先君，逌然自得也。"⑥ 这一解说是没有什么根据

---

① 王夫之：《楚辞通释》，《续修四库全书》，上海古籍出版社，1997 年，第 1302 册，第 240 页。

② 《屈原集校注》，第 656 页。

③ 蒋骥：《山带阁注楚辞》，上海古籍出版社，1984 年，第 143 页。

④ 乐史：《太平寰宇记》卷七八《剑南西道七》，中华书局，1998 年，第 4 页。

⑤ 《续修四库全书》，第 1302 册，第 240 页。

⑥ 《楚辞通释》，第 239 页。

的悬想之辞，也许是表达自己的遗民情结。蒋骥云："此下皆预设魂游之境，此言由水而登天也。"[①] 陈本礼对《悲回风》的解说最为荒诞不经，云："此设言死后之魂游也。"又云"死后之神游"，"魂在波中与彭咸游"，"悲尸在水中随波漂泊"，等等。[②]《九章》尽管偶尔发抒梦境（如《惜诵》），几乎完全是写实型的，所以此处"魂游"之说是不能接受的。

那么，究竟是谁在"上高岩之峭岸""隐岷山以（瞰）清江"呢？显然不是屈原。笔者认为当是西汉晚期的扬雄。从《悲回风》"孤子唫而抆泪兮，放子出而不还"以下，即扬雄所作《畔牢愁》。《汉书·扬雄传》中记载：

> 扬雄字子云，蜀郡成都人也……扬季官至庐江太守，汉元鼎间避仇复溯江上，处岷山之阳曰郫，有田一廛，有宅一区，世世以农桑为业。自季至雄，五世而传一子，故雄亡它扬于蜀。[③]

《汉书》本传是在扬雄《自序》基础上，补充一些资料和史家论赞而成，记载扬雄先世事迹非常清晰。《艺文类聚》卷二六："汉扬雄《自序》曰：雄为人简易佚宕，默而好深湛之思，清静无为，少嗜欲，不汲汲于富贵，不戚戚于贫贱。"[④]《文选·运命论》"则王莽、董贤之为三公，不如扬雄、仲舒之阒其门也"句下，李善注引扬雄《自序》曰："雄家代素贫，嗜酒，人希至其门。"[⑤] 以上所引扬雄《自序》之文，并见《汉书》本传。"郫"属蜀郡，处于"岷山之阳"，师古注："岷山，江水所出也。山南曰阳。"《汉书·地理志》"蜀郡"条："郫，

---

① 《山带阁注楚辞》，第 142 页。

② 《屈辞精义》，《续修四库全书》，第 1302 册，第 519 页。

③ 《汉书》卷八七上《扬雄传》，第 11 册，第 3513 页。

④ 欧阳询：《艺文类聚》卷二六《人部十·言志》，上海古籍出版社，1999 年，第 464 页。

⑤ 萧统编、李善注：《文选》，上海古籍出版社，1986 年，第 6 册，第 2304 页。

《禹贡》：江沱在西，东入大江。”[①] 郦道元《水经注》卷三三《江水一》云：“江水又东北，迳郫县下。”[②] 唐李吉甫《元和郡县图志》卷三一《剑南道上》“郫县”条：“本郫邑，蜀望帝理汶山下，邑曰郫，是也。秦灭蜀，因而县之，不改。”[③] 可见扬雄郫县老家位于岷山之南，岷江之畔，而岷江汉唐以来一直被视为长江上游，据说蜀地先世君主望帝埋葬于此，扬雄曾作《蜀王本纪》。《汉书·扬雄传》记载，扬雄自言“顾尝好辞赋”：

> 先是时，蜀有司马相如，作赋甚弘丽温雅，雄心壮之，每作赋，常拟之以为式。又怪屈原文过相如，至不容，作《离骚》，自投江而死，悲其文，读之未尝不流涕也。以为君子得时则大行，不得时则龙蛇，遇不遇命也，何必湛身哉！乃作书，往往摭《离骚》文而反之，自峄山投诸江流以吊屈原，名曰《反离骚》；又旁《离骚》作《重》一篇，名曰《广骚》；又旁《惜诵》以下至《怀沙》一卷，名曰《畔牢愁》。［《畔牢愁》《广骚》文多不载，独载《反离骚》］

据张震泽先生《扬雄集校注》分析，上文带“［］”部分为班固所加按语，《校注》将《广骚》与《畔牢愁》归入扬雄“佚篇”[④]。《扬雄传赞》为班固在《扬雄自序》之后所加《赞》语，云：“赋莫深于《离骚》，反而广之；辞莫丽于司马相如，作四赋。皆斟酌其本，相与放依而驰骋云。”[⑤] 其“反而广之”，指扬雄所作《反离骚》和《广骚》，而未提《畔牢愁》。据上文“又旁《惜诵》以下至《怀沙》一卷，名曰《畔牢愁》”，“旁《离骚》”“旁《惜诵》”之“旁”通“傍”，

---

① 《汉书》卷二八上《地理志》，第 6 册，第 1598 页。
② 《水经注疏》，第 2746 页。
③ 李吉甫：《元和郡县图志·剑南道上》卷三一，中华书局，1983 年，第 770 页。
④ 张震泽：《扬雄集校注》，上海古籍出版社，2009 年，第 405 页。
⑤ 《汉书》卷八七下《扬雄传》，第 11 册，第 3583 页。

师古曰："旁，依也。"朱骏声《说文通训定声·壮部》："旁假借为傍，《庄子·齐物论》：奚旁日月，挟宇宙。成玄英疏：傍，依附也。"又引《周书·王会解》"旁天子而立于堂上"，注："差在后也。"[①] 由此推断，班固知道这两篇作品的原貌和保存状态，因为"文多"所以"不载"，以合史家修史之体。同样"文多不载，独著其目"的《法言》现在还流行。《扬雄传》云"自雄之没至今四十余年"，因此班固颇能道出内在曲折。但王逸于安帝元初中（114—120）为校书郎编集《楚辞章句》时，这一情节就不为其所知了，在《楚辞章句》中没有收入扬雄的楚辞作品，所以人们认为《广骚》与《畔牢愁》汉代既已失传。但从汉明、章帝时班固撰写《汉书》至安帝时王逸编集《楚辞章句》，中间既无战乱，又无火灾发生，不可能无端散失，所以扬雄楚辞作品一定还在《楚辞》集中，也许就被附益在屈原《悲回风》之后，未以常规的形式存在。《广骚》笔者另为专论，此篇专论《畔牢愁》。

班固《扬雄传》："自嶓山投诸江流以吊屈原，名曰《反离骚》。"扬雄《反离骚》云："因江潭而往记兮，钦吊楚之湘累。"李奇曰："诸不以罪死曰累，荀息、仇牧皆是也。屈原赴湘死，故曰湘累也。"师古曰："记，书记也，谓吊文也。言因江水之边而投书记以往吊也。"[②]《水经注》卷三三《江水一》云："扬雄《反离骚》云：自嶓山投诸江流，以吊屈原，名曰《反骚》也。"[③] 此记载不是很准确。在《反离骚》中未言"岷山"投书之事，所以记载这一"岷山投书"事件的应是这篇《畔牢愁》，为后来追记此事而作。《畔牢愁》之命意，《汉书》载："李奇曰：畔，离也。牢，聊也。与君相离，愁而无聊也。"[④] 王念孙《读书杂志·汉书第十三》认为，"牢读为懰"，训为"忧"，"牢愁"为叠韵字。"畔者，反也。或言《反骚》，或言《畔牢

① 朱骏声：《说文通训定声·壮部第十八》，中华书局，1984 年，第 925 页。
② 《汉书》卷八七上《扬雄传》，第 11 册，第 3516 页。
③ 《水经注疏》，第 2736 页。
④ 《汉书》卷八七上《扬雄传》，第 11 册，第 3515 页。

愁》，其义一而已矣。”[①] 王念孙释“牢愁”为“忧愁”，释“畔”为“反”，认为《畔牢愁》与《反骚》同义。杨树达认为王念孙释“牢愁”为“忧愁”是正确的，但不认同王释“畔”为“反”，而释“畔”为“离”：“《畔牢愁》为离忧，亦《离骚》之义也……《畔牢愁》为《离骚》，明矣。”[②] 杨树达直接将《畔牢愁》解释为《离骚》了，这是不正确的。“畔”即使有“离”义，当训为“离开”“躲避”之义，与《离骚》之“离”训为“遭受”之“离”（同“罹”，二字同属来纽歌部）也绝不相同。《畔牢愁》之“畔”为“离”“避”之意。《汉书·冯奉世传》：“今乃有畔敌之名，大为中国羞。”如淳曰：“不敢当敌攻战，为畔敌也。”[③] 清赵翼《陔馀丛考》释“畔”云：“畔，吴语谓躲避曰畔。亦有所本。陈后主创齐圣观，民谣曰：齐圣观，寇来无处畔。见《言鲭》。”[④] “畔”训“躲避”。“牢愁”，据王念孙解释，为“忧愁”之意，“畔牢愁”即躲避忧愁之意。

《楚辞》作品几乎都用句中字作为篇名，所“避”者为“牢愁”，那么本文有理由认为，在《畔牢愁》之上必有写“愁”为主的诗句。《悲回风》从开头“悲回风之摇蕙兮”，中间“纠思心以为纕兮，编愁苦以为膺”，至“宁逝（一作溘）死而流亡兮，不忍为此之常愁”句止，当为屈原《悲回风》之正文；之下则为扬雄的《畔牢愁》。《畔牢愁》首句云：

> 孤子唫而抆泪兮，放子出而不还。孰能思而不隐兮，照（一作昭）彭咸之所闻。

对这两句中“孤子”与“放子”的解释，王逸《章句》云：“远

---

① 王念孙：《读书杂志》，江苏古籍出版社，2000年，第365页。
② 杨树达：《汉书窥管》卷九，上海古籍出版社，2006年，第666—667页。
③ 《汉书》卷七九《冯奉世传》，第10册，第3298页。
④ 赵翼：《陔馀丛考》卷四三，河北人民出版社，2003年，第921页。

离父母，无依归也。屈原伤己无安乐之志，而有孤放之悲也。”[①] 朱熹解释比较模糊：“幼而无父曰孤，放，弃逐也。”[②] 明林兆珂《楚辞述注》云：“孤子悲泪，放子无依，（屈）原盖以自况也。”[③] 王逸及诸家解释皆以“孤子”与“放子”为屈原自况，但这根本不合古汉语之语法规则。“孤子”与“放子”对言，很明显为二人。“孤子唫而抆泪”，洪《补》：“唫，古‘吟’字，叹也。抆，音吻，拭也。”此句意为“孤子边吟诵边擦拭眼泪”，所“唫”者当为屈原的楚辞作品，即“放子出而不还”之“放子”。这位“孤子”即是扬雄。《汉书》卷五七《扬雄传》：“自（扬）季之雄，五世而传一子，故雄无它扬于蜀。”可见，扬雄家世从先曾祖扬季开始，五世单传，属于典型的细族孤门。下句“孰能思而不隐兮，照（一作昭）彭咸之所闻”，联系上下文意，当为“思及自己的身世，谁能不隐痛呢？（从“放子”屈原身上）明白了所听闻的彭咸事迹”。“照”，朱熹《集注》作“昭”，注曰：“昭，明也。”在被屈原精神与不幸遭遇的感召下，作者登上岷山山顶，投书以吊屈原。这也就是《悲回风》（下）“登昆仑以瞰雾兮，隐岷山以清江”那一段所描写的内容。这种“投书以吊”的方式应该是受了贾谊的影响。《史记·屈原贾生列传》记载：“自屈原沉汨罗后百有余年，汉有贾生，为长沙王太傅，过湘水，投书以吊屈原。”[④] 需要澄清的是，《汉书》本传记扬雄：

> 乃作书，往往摭《离骚》文而反之，自崏山投诸江流以吊屈原，名曰《反离骚》。

这是不是与本文对《畔牢愁》的考证有矛盾？扬雄《反离骚》保存在《汉书》本传中，而《畔牢愁》《广骚》因为“文多”所以“不

① 《楚辞补注》，第158页。
② 《楚辞集注》，第125页。
③ 《屈原集校注》，第635页。
④ 《史记》卷八四《屈原贾生列传》，第8册，第3004页。

载”。《反离骚》以老庄道家思想来看待屈原自杀，往往摘取《离骚》文句而反其义。结尾云：“弃由聃之所珍兮，蹠彭咸之所遗。”“由”即许由，“聃”为老聃，为道家先驱。《反离骚》开头交代：“因江潭而往记兮，钦吊楚之湘累。”因此本文认为，被投之“书”为《反离骚》，而记载登岷山瞰大江这一“投书”经过的作品是《畔牢愁》，创作时间要晚于《反离骚》。

但扬雄何以于岷山吊祭屈原?《华阳国志》卷三《蜀志》言：“周灭后，秦孝文王以李冰为蜀守，冰能知天文地理，谓汶山为天彭门，乃至湔氐县，见两山对如阙，因号天彭阙。仿佛若见神，遂从水上立祀三所。祭用三牲，珪璧沉濆。汉兴，数使使者祭之。”[①] 文中“汶山”即岷山。《水经注》引《河图括地象》曰：“岷山之精，上为井络，帝以会昌，神以建福。”[②] 可见扬雄于岷山吊祭屈原，是因为此处有祭祀地点，同时也有社会心理的基础。

三、《悲回风》（下）之道家思想来源

上文所论，《悲回风》（下）即《畔牢愁》。

《畔牢愁》记载扬雄自己阅读屈原作品的心理感受，屈原忠贞而被流放、最后投江自杀的悲剧命运，在孤苦无依的扬雄内心产生了强烈共鸣。于是在内心冲动之下，登上岷山山顶，将《反离骚》这首凭吊屈原的作品投入岷江。那个时代，人们一直认为岷江就是长江的正源。《汉书》扬雄本传除了一些史家“按语”及“论赞”之外，主要材料为扬雄《自序》，所以能够保留鲜为人知的“草莽”时期的扬雄生活经历和心理过程。《畔牢愁》除了记载“岷山投书”情节之外，另一主要内容就是用道家思想为屈原开出一味心灵鸡汤，讲述了一些历史人物的事迹，这些人物传说基本上都出自道家著作。

---

① 《华阳国志校注》，第 201 页。

② 《水经注疏》卷三三《江水一》，第 2738 页。

据陆侃如《中古文学系年》记载，扬雄于汉成帝阳朔二年（前23）三十一岁左右创作《反骚》《广骚》和《畔牢愁》[①]。《反离骚》云："汉十世之阳朔兮，招摇纪于周正。"晋灼曰："十世数高祖、吕后至成帝也。成帝八年乃称阳朔。"应劭曰："招摇，斗杓星也，主天时。周正，十一月也。"苏林曰："言己以此时吊屈原也。"[②] 其时扬雄尚在蜀郡郫县，成帝元延元年（前12）四十二岁时始来京师。扬雄深受道家思想影响，早年师事蜀地精通老庄学说、曾作《道德指归》的严君平。《汉书·王贡两龚鲍传》记蜀郡严君平"依《老子》、严（庄）周之指著书十余万言"，"扬雄少时从游学，以而仕京师显名，数为朝廷在位贤者称君平德"[③]。其道家思想也体现在《畔牢愁》（即《悲回风》（下））中：

> 借光景以往来兮，施黄棘之枉策。求介子之所存兮，见伯夷之放迹。心调度而弗去兮，刻著志之无适。曰：吾怨往昔之所冀兮，悼来者之愁愁（一作逖）。浮江淮而入海兮，从子胥而自适。望大河之洲渚兮，悲申徒之抗迹。骤谏君而不听兮，任重石之何益？[心絓结而不解兮，思蹇产而不释。]

结句"心絓结"两句，王逸注云："一本无此二句。""借光景以往来兮，施黄棘之枉策"，王逸《章句》："黄棘，棘刺也。枉，曲也。言己愿借神光电景，飞注往来，施黄棘之刺，以为马策，言其利用急疾也。"[④] 王逸注相对准确，这两句诗意为："借助于神光电景（影），再施以黄棘做的马鞭"，目的是超越时空与古代先贤交游。洪《补》则以"黄棘"为地名，楚怀王曾与秦昭王盟约于"黄棘"，而被扣留，

① 陆侃如：《中古文学系年》，人民文学出版社，1998年，第8页。
② 《汉书》卷八七上《扬雄传》，第11册，第3517页。
③ 《汉书》卷七二《严君平传》，第10册，第3056页。
④ 《楚辞补注》，第161页。

客死于秦。“今顷襄信任奸回，将至亡国，是复施行黄棘之枉策也。”[①]洪《补》将原意为“马策”“鞭策”之“策”，释为“策谋”之策，但与上下文截然不合，这个解释是不正确的。

在《畔牢愁》中，“介子推”“伯夷”“伍子胥”及“申徒狄”集体登场，这些人物传说均来源于《庄子·杂篇·盗跖》，未必实有其事，这篇寓言当出于庄子后学之手。文中记载了“盗跖”训斥孔子的一段话：

> 世之所谓贤士，伯夷、叔齐。伯夷、叔齐辞孤竹之君而饿死于首阳之山，骨肉不葬……申徒狄谏而不听，负石自投于河，为鱼鳖所食。介子推至忠也，自割其股，以食文公；文公后背之，子推怒而去，抱木而燔死。……此六子者，无异于磔犬流豕、操瓢而乞者，皆离名轻死，不念本养寿命者也。世之所谓忠臣者，莫若王子比干、伍子胥。子胥沉江，比干剖心。此二子者，世谓忠臣也，然卒为天下笑。[②]

《庄子·盗跖》篇汉初既已单篇流行。湖北江陵张家山汉墓中有《庄子·盗跖》篇 44 支竹简，墓葬的年代不晚于文帝前元十一年（前167），内容完整，与现存版本基本一致[③]。但据廖名春先生考证，如平均以每简 38 字计算，简本《盗跖》篇应有 1692 字左右，与今传本3100 字相距甚远，仅相当于今本的第一章，说明今本《盗跖》并非原貌，其原本应与简本相似。关于《盗跖》篇的著成年代，廖先生认为其上限在公元前 256 年，下限为公元前 239 年，不可能为庄子手著。从它所宣扬的轻物重生、全性保真的思想来看，从其语句多有与《庄子》中的《应帝王》《马蹄》《让王》《渔父》《山木》《胠箧》等篇类

---

① 《楚辞补注》，第 161 页。

② 《庄子集释》，《诸子集成》本，第 431 页。

③ 《江陵张家山两座汉墓出土大批竹简》，《文物》，1992 年第 9 期。

似来看，认为系出于庄子后学所著，廖名春推测为“备说”所作[①]。可备一说。从《盗跖》篇早已单篇流行的角度来分析，扬雄应该能阅读到这篇晚期道家文献。《盗跖篇》中的典故应该对《畔牢愁》的创作给予一定影响。

郭庆藩《庄子集释》注云，关于介子推“抱木而燔死”之说始于《庄子·盗跖》，在《左传》《吕览》中并无焚死之说[②]。《畔牢愁》“求介子之所存兮”中的“介子”即介子推，“所存”二字，王逸、洪兴祖《楚辞补注》，朱熹《楚辞集注》均无释文，此句出典见诸《九章·惜往日》：“介子忠而立枯兮，文君寤而追求。封介山而为之禁兮，报大德之优游。”介子推“忠而立枯”可能与“抱木而燔死”之说有关，“封介山”即指“介子之所存”。

《畔牢愁》所谓“见伯夷之放迹”，伯夷事迹为众人所知。“浮江淮而入海兮，从子胥而自适”中的“子胥”即“伍子胥”，事迹主要见于《国语》中的《吴语》《越语》，因为屡次劝谏吴王夫差，被赐剑自杀。《吴语》记载：“（子胥）将死，曰：‘以悬吾目于东门，以见越之入，吴国之亡也。’王愠曰：‘孤不使大夫得有见也。’乃使取申胥之尸，盛以鸱鹈，而投之于江。”韦昭注：“鸱鹈，革囊。”[③] 屈原曾咏叹过伍子胥的悲惨结局。《九章·涉江》云：“伍子逢殃兮，比干菹醢。”《惜往日》云：“吴信谗而弗味兮，子胥死而后忧。”屈原所咏伍子胥事迹均见诸史籍。但东汉初年袁康、吴平辑录《越绝书·越绝德序外传记第十八》对子胥之死增添了一些神话描写：“王使人捐于大江口，勇士执之，乃有遗响。发愤驰腾，气若奔马，威凌万物，归神大海。仿佛之间，音兆常在，后世称述，盖子胥水仙也。”[④] 子胥成为“水仙”的说法可能久已流行，但在屈原作品中没有反映。《畔牢愁》

---

① 廖名春：《〈庄子·盗跖〉篇探原》，《文史》第四十五辑。

② 《诸子集成》本，第 431 页。

③ 上海师范大学古籍整理研究所校点：《国语》，上海古籍出版社，1988 年，第 602 页。

④ 袁康、吴平：《越绝书》卷一四，上海古籍出版社，1985 年，第 102 页。

之“从子胥而自适”，洪《补》：“自适，谓顺适己志也。”① 朱熹《集注》：“适，便安也。”② “自适”与子胥成为“水仙”故事有关。此句“从子胥而自适”用语很不恰当，招致批评。《文心雕龙·辨骚》举屈赋“四事”异乎经典，其中“依彭咸之遗则，从子胥以自适，狷狭之志也”③，刘永济认为：“《悲回风》且有‘从子胥而自适’之语，尤非屈子所忍言。”④ 此句立意及境界不是很高。

“申徒狄”屡见于《庄子》，如《大宗师第六》：“若狐不偕、务光、伯夷、叔齐、箕子、胥余、纪他、申徒狄，是役人之役，适人之适，而不自适其适者也。”⑤ 王先谦云：“《释文》：殷时人，负石自沉于河。”⑥《庄子·外物第二十六》记载尧让国，结果使“申徒狄因以踣河”。《盗跖篇》当在传说基础上作了进一步的发挥。《淮南子·说山训》云：“申徒狄负石自沉于渊，而溺者不可以为抗。”高诱注：“抗，高也。”⑦ 《畔牢愁》所谓“望大河之洲渚兮，悲申徒之抗迹”，当取材于这一典故。在道家传说故事中，“申徒狄”是让国而死的人物。

以上这些人物在道家学说中都是“离名轻死”的典型。《畔牢愁》之“骤谏君而不听兮，任重石之何益”，指屈原数谏楚怀王、顷襄王而不见听，虽欲自任以重石，终无益于万分也。扬雄以《庄子》、屈赋、《淮南子》等书记载的介子推、伯夷、伍子胥、申徒狄的典故咏叹屈原之负石投江自杀无益。吴汝纶认为“此（指《悲回风》）殆为吊屈子者之所为”⑧ 是一正确的判断。

《畔牢愁》末段“曰吾怨往昔之所冀兮”之“曰”字，清人陈本

---

① 《楚辞补注》，第161页。

② 《楚辞集注》卷四，第128页。

③ 刘勰著、范文澜注：《文心雕龙注》卷一，人民文学出版社，1998年，第47页。

④ 《笺屈余义》，第239页。

⑤ 王先谦：《庄子集解》卷二，《诸子集成》本，上海书店，1986年，第38页。

⑥ 《庄子集解》，第38页。

⑦ 《淮南子》卷一六，《诸子集成》本，第276页。

⑧ 《古文辞类纂评注》，下册，第1952页。

礼注："曰者，乱词也。"[①] 竹治贞夫认为"曰"上应脱"乱"字，"乱曰"以下十句与屈赋作品常见的"乱曰"不同，不是出自作者自身的现实生活，而是感伤屈原，是屈赋的拟作。这种"二段构成"的风格与屈赋作品大异其趣[②]。所谓"二段构成"是屈赋作品的突出特征，作为其标志，竹治贞夫《楚辞二段构成》归纳为"乱曰"（如《离骚》《九章》）、"少歌"（见《抽思》）、"倡"（见《抽思》）、"重"（见《远游》）、"叹"（刘向《九叹》）等，一方面具有总结前文的作用，另一方面也许能适度补充前文文意的不足[③]。其中"乱曰"频见于乐章，不只限于《楚辞》。《论语·泰伯》："子曰：师挚之始，《关雎》之乱，洋洋乎盈耳哉。""乱"即乐之"卒章"。学者往往以"理"训"乱"，如《离骚》"乱曰"，王逸《章句》云："乱，理也。所以发理词指，总撮其要也。"洪《补》："乱者，总理一赋之终。"[④] 从《畔牢愁》"曰"实即"乱曰"即结尾段来分析，《畔牢愁》是一篇记述扬雄亲身经历和主观思想的完整作品，并非屈赋的拟作。

四、《畔牢愁》当为刘歆附益在《悲回风》之下

那么，屈原《悲回风》与扬雄《畔牢愁》是何时、何人、怎样粘连在一起的呢？这应该是古籍整理方面的问题，必须明确古人著述之体例。

"九章"定名很早，这是不容怀疑的。《九章》的"章"就是篇章的"章"，意指九篇作品而言。朱熹《集注》云："后人辑之，得其九章，合为一卷，非必出于一时之言。"[⑤] 章太炎《訄书·官统中》云："《楚辞》传自淮南，以父讳更'长'曰'修'。"自注："《楚辞》传本

---

① 《屈辞精义》，《续修四库全书》，第1302册，第520页。

② ［日］竹治贞夫：《楚辞研究》，日本风间书房，1989年，第654页。

③ 《楚辞研究》，第634—641页。

④ 《楚辞补注》，第47页。

⑤ 《楚辞集注》，第89页。

非一，然淮南王安为《离骚传》，则知定本出于淮南。"[①] 屈宋作品最初使用先秦楚系文字写成，这一"定本"应该是将先秦楚系文字为载体的《楚辞》作品转写成汉隶《楚辞》。姜亮夫《九章题解》认为："《九章》之辑，盖必成于淮南幕府无疑。以其上于天子，中秘必有藏本，子云得观书中秘，其拟作前五篇，亦即本于安所定之次耶?"[②] 扬雄《畔牢愁》为早年在蜀郡郫县时创作，前文已论定为三十一岁时，非四十二岁时来长安为"郎"，得观书中秘时所作，姜先生这一推测有误。陈子展认为："淮南王作《离骚经章句》，刘向典校经书，集《楚辞》为十六卷，他们都有编定屈赋九篇为一卷、题名《九章》的可能。"[③]《九章》最早见于刘向《九叹·忧苦》："叹《离骚》以扬意兮，犹未殚于《九章》。"但在刘向、刘歆父子之前，未有《九章》之名。《四库全书总目·集部一·楚辞类》云："裒屈、宋诸赋，定名楚辞，自刘向始也。"[④] 这一点也可以从汉人对《九章》的模仿中看出，如刘向《九叹》一卷、王褒《九怀》一卷以及见于《隋书·经籍志》的杨穆《九悼》一卷。既然《九章》早有定本，则必有屈原所作《悲回风》一篇，可见怀疑《悲回风》为伪作的观点是欠考虑的。至于《悲回风》与《畔牢愁》如何"粘连"的问题，本文提出几种可能性的解释：

一、扬雄《畔牢愁》最初"附益"在屈原的《悲回风》之下。余嘉锡《古书通例》卷四《辨附益》列举大量资料来说明古人"附益"之五种通例："当先明古人著作之体，然后可以读古书。古人作文，既不自署姓名，又不以后人之词杂入前人著述为嫌，故乍观之似无所分别……且当时竹简繁重，撰述不多，后师所作，即附先师以行，不似后世人有集。……若因其非一人之笔，而遂指全书为伪作，则不知

① 章太炎著、徐复注：《訄书详注》卷三三，上海古籍出版社，2000 年，第 549 页。

② 姜亮夫：《重订屈原赋校注》，云南人民出版社，2002 年，第 325 页。

③ 陈子展：《楚辞直解·九章解题》，江苏古籍出版社，1988 年，第 532 页。

④ 永瑢等：《四库全书总目》卷一四八《集部·楚辞类》，中华书局，1995 年，第 1167 页。

古人言公之旨。”[1] 由此可知“附益”并不等于“作伪”，乃古书之通例。从出土文献诸如上博简、清华简、郭店简以及《北京大学藏西汉竹书》四册来看，余嘉锡所谓“不自署姓名”以及“后师所作，即附先师以行”是可信的。扬雄的时代仍属于简帛并用时代，其所作《畔牢愁》很有可能未署作者姓名。《四库提要·集部总序》云：“古人不以文章名，故秦以前书无称屈原、宋玉工赋者，洎乎汉代，始有词人，迹其著作，率由追录。”[2] 扬雄《畔牢愁》与汉代诸多楚辞作品一样，是咏叹屈原的悲剧命运、吊古伤今的作品，为依傍《九章》而作，很可能在刘歆编定《楚辞》十六卷时附益在《悲回风》之下。

二、在篇、卷分合之际解释《悲回风》与《畔牢愁》的粘连问题。《汉书·成帝纪》及《艺文志》记载，光禄大夫刘向校中秘书，向卒，哀帝使向子刘歆卒父业，《汉书·艺文志》“诗赋略”在向、歆《七略》之上删要而成，云“屈原赋二十五篇”。王逸《楚辞章句》云：“逮至刘向，校典经书，分为十六卷。”裒集屈、宋、景差、贾谊、淮南小山、东方朔、严忌、王褒及刘向作品而成。陈振孙《直斋书录解题·离骚释文》：“余按：《楚辞》刘向所集，王逸所注，而《九叹》《九思》亦列其中，盖后人所益也欤?”[3] 这一怀疑是有道理的。《九叹》为刘向所作，《九思》为王逸所作。既然收录了刘向作品，《楚辞》由“篇”到“卷”这一过程，应由刘歆总成其事。“篇”“卷”有别，“篇”指文章，“卷”一说是把文字写在竹木简上，经过绳子编连并卷成一卷后的名称，另一说“卷”从缣帛为言。《文史通义·篇卷》：“著之于书，则有简册。标其起讫，是曰篇章。”下文论到刘向、歆校书，云：“向、歆著录，多以篇卷为计。大约篇从竹简，卷从缣素，因物定名，无他义也。而缣素为书，后于竹简，故周、秦数篇，入汉始有卷也。第彼时竹素并行，而名篇必有起讫；卷无起讫

① 余嘉锡：《古书通例》，《余嘉锡说文献学》，上海古籍出版社，2001 年，第 267 页。

② 《四库全书总目》卷一四八《集部·楚辞类》，第 1267 页上。

③ 陈振孙：《直斋书录解题》卷一五，上海古籍出版社，1987 年，第 434 页。

之称，往往因篇以为之卷。”[①] 这种“附益”即竹书连抄现象，在竹书文献中较常见。如陈伟《楚简册概论》记载，《上博简》第四册《昭王毁室》与《昭王与龚之脽》连抄，第五册《鬼神之明》与《融师有成氏》连抄，等等[②]。《楚辞》经过向、歆整理后，卷少篇多，同一卷可以容纳一篇或多篇文章，如《九章》为一卷，扬雄《畔牢愁》可能由刘歆等人附益于《九章》最后一篇《悲回风》之下，使《悲回风》篇幅远远超出同卷其他篇章，诗意因此扞格不通。《汉书·扬雄传》言“旁《惜诵》至《怀沙》而为《畔牢愁》”，可见，班固尚清楚这一“附益”之事。班固又说：“《广骚》《畔牢愁》文多不载，独载《反离骚》。”后人以为二篇当时既已散失，实际上误解了班固的意思。至王逸《章句》，一句“《九章》者，屈原之所作也”，前人之言足以蔽后世之聪明，致使后人疑虑重重，治丝愈棼。

三、古书不题撰人，乃当时通例。余嘉锡《古书通例》卷一：“周秦古书，皆不题撰人。俗本有题者，盖后人所妄增。……古人以学术为公，初非以此争名。故于撰著之人，不加别白也。”[③] 这方面例子很多，《史记·韩非列传》：“秦王见《孤愤》《五蠹》之书曰：嗟乎！寡人得见此人与之游，死不恨矣。李斯曰：此韩非所著书也。”这种情况至汉代仍无改变。《汉书·司马相如传》：“上读《子虚赋》而善之曰：朕独不得与此人同时哉！（杨）得意曰：臣邑人司马相如自言为此赋。”《文选》卷七《甘泉赋》李周瀚注：“扬雄家贫好学，每制作慕相如之文，尝作《绵竹颂》，成帝时直宿郎杨庄诵此文，帝曰：此似相如之文。庄曰：非也，此臣邑人扬子云。”[④]《古书通例》云：“汉末人著书，尚不自题姓名也。而谓周秦人书，有自题某官某

---

① 章学诚著、叶瑛注：《文史通义校注》，中华书局，1985 年，第 305 页。

② 陈伟：《楚简册概论》，湖北教育出版社，2012 年，第 8 页。

③ 《余嘉锡说文献学》，第 181 页。

④ 《文选》卷七，据日本足利学校藏宋刊明州本六臣注影印，人民文学出版社，2011 年，第 116 页。

人撰者乎?"[①] 竹书非但"不题撰人"，有时也"不自署书名"。《古书通例》云："或别自单行，或附在本书，或分著篇章，或随文附益。"[②] 宋人编唐人文集，尚往往误收他人之作，何况竹帛之书既不题撰人，又不著题名，几经隶定，多次誊抄。后人动辄说古人"作伪"，往往是由于不了解古人著述体例的缘故。

五、《悲回风》不是屈原的"临终绝笔"

根据以上考论的结果，传世《九章·悲回风》实际上是由屈原《悲回风》原作与扬雄《畔牢愁》组合而成。上文主要考证了《悲回风》（下）就是扬雄《畔牢愁》，这样，所有围绕着《悲回风》的争议就迎刃而解了。在此前提下，分析屈原《悲回风》原作的创作时间、地点和艺术风格，线索就清晰得多了。

首先，《悲回风》"伪作说"不成立。从开头"悲回风之摇蕙兮"至"不忍为此之常愁"文意贯通，略无阻碍，共 48 单句、24 整句，为屈原原作。在《九章》中，篇幅仅超过《橘颂》。这首诗以"愁"字贯穿全篇，应该是顷襄王时流放江南的某年秋季所作，抒发的是秋末飘零、孤独无依的满怀愁绪。诗云："惟佳人之永都兮，更统世而自贶。"王逸《章句》："佳人，谓怀、襄王也。邑有先君之庙曰都也。更，代也。贶，与也。言己念怀王长居郢都，世统其位，父子相举，今不任贤，亦将危殆也。"[③] "都"当训为优美、优雅。《诗经·郑风·有女同车》云："皮美孟姜，洵美且都。"《毛传》："都，闲也。"朱熹《诗集传》："都，闲雅也。""更统世"句意谓顷襄王代怀王为君主，只考虑自己，而不顾国家之安危。可见这首诗作于顷襄王时。略为遗憾的是，这首诗未交代地点，所以就无法考证屈原是在何地而作。前

① 《余嘉锡说文献学》，第 186 页。
② 《余嘉锡说文献学》，第 247 页。
③ 《楚辞补注》，第 156 页。

人认为《悲回风》“伪作”是不成立的，本文已经做了分析。

其次，《悲回风》“临终绝笔”说不成立。以朱熹《楚辞集注》为代表的《悲回风》“为屈原临绝之辞”的说法，主要受了《悲回风》（下）即扬雄《畔牢愁》的影响，误读了《畔牢愁》的诗句。其“临终绝笔”为《怀沙》，《史记·屈原列传》云：“乃作《怀沙》之赋，其辞曰……于是怀石遂自投汨罗以死。”《怀沙》首四句云：“陶陶孟夏兮，草木莽莽。伤怀永哀兮，汩彼南土。”这也是关于屈原投江时间的最可信记载。《怀沙》是屈赋中唯一为《史记》所全文收录的，《怀沙》结尾云：“知死不可让兮，愿勿爱兮。明以告君子兮，吾将以为类兮。”[①] 刘永济先生评价说：“《怀沙》明是自沉前作，其辞旨严正朗丽，较之他篇，殊为沉着。”[②] 这首绝命辞记载了屈原自杀前对楚国黑暗现实与自身命运的深刻思考，表达了为理想而死的决绝之心。

原载《文学遗产》2017年第1期

① 《史记》卷八四《屈原贾生列传》，第8册，第3003页。

② 《笺屈余义》，第239页。

扬雄《蜀都赋》释疑

◎ 熊良智

扬雄是西汉时期巴蜀的辞赋大家，他创作了对巴蜀文学具有开创意义的辞赋作品《蜀都赋》，在现代学术界却遭到了质疑。著名学者徐中舒先生就认为："此赋非扬雄作，不辨自明。"① 郑文先生则从文献来源推测："《蜀都赋》虽略见于《艺文类聚》六十一，而《古文苑》言'世传孙洙巨源于佛寺经龛中，得唐人古文章一编，莫知谁录也。'(韩元吉《古文苑序》) 说是子云所作，似乎不大可信。"② 其他如方铭、王青也从不同角度提出了质疑③。应该说学者的怀疑都提出了一定的思考，但是推测的多，并没有充分的论证。笔者通过对现有资料的解读，认为《蜀都赋》最有可能是扬雄所作。

一

徐中舒先生质疑扬雄《蜀都赋》的一条重要根据是："蜀之有都

---

① 徐中舒：《论〈蜀王本纪〉成书年代及其作者》，《川大史学·徐中舒卷》，四川大学出版社，2006 年，第 488 页（原刊《社会科学研究》创刊号，1979 年 3 月）。相近观点又见于《巴蜀文化初论》，《四川大学学报》（哲学社会科学版），1959 年第 2 期。

② 郑文：《对扬雄生平与作品的探索》，《文史》第 24 辑，中华书局，1985 年，第 209 页。

③ 方铭：《扬雄赋论》，《中国文学研究》1991 年第 1 期。王青：《扬雄评传》，南京大学出版社，2000 年。

（指京都言）自蜀汉称帝始，扬雄时代蜀哪有都?”笔者以为这其实是徐先生的误会，徐先生理解“都”为“京都”。蜀之有国是很久远的事。就以徐先生曾在文中引过的《本蜀论》记载：“望帝者杜宇也，从天下。女子朱利自江源出，为宇妻。遂王于蜀，号曰望帝。望帝立以为相。时巫山峡蜀水不流。帝使（鳖）令凿巫峡通水，蜀得陆处。望帝自以德不如，遂以国禅，号曰开明。”既然有王，有国，则必有其都。现代考古发掘的三星堆遗址以及成都十二桥、羊子山土台等遗址，证明古蜀早已存在大型都邑，而三星堆已有王权机制，十二桥已发现宫殿格局，则蜀之有都是不可否认的事实，彭邦本教授就明确指出：“看来三星堆这座面积达 2.6 平方公里的古城，曾是雄极一时的蜀地共主——鱼凫王朝的都城。”[①] 这一史实也可以从传世文献得到证明。《蜀王本纪》载：“蜀王据有巴蜀之地，本治广都樊乡，徙居成都。秦惠王遣张仪、司马错定蜀，因筑成都而县之。成都在赤里街，张若徙置少城内，始造府县寺舍。今与长安同制。”[②] 因此，蜀之有都绝不是从蜀汉称帝开始的。特别是汉武帝时期的司马相如在所作《难蜀父老》中已有“蜀都”之称：“东乡还报，至于蜀都，耆老大夫，缙绅先生之徒二十七人，俨然造焉。”[③] 这说明扬雄时代早已有了“蜀都”。

而且扬雄《蜀都赋》中的“蜀都”并非单指京都而言。“蜀都之地，古曰梁州”，“东有巴賨，绵亘百濮”，“南则有犍牂潜夷，昆明峨眉”，“西则有盐泉铁冶，橘林铜陵”，“北则有岷山，外羌白马”。地域既非限于“蜀郡”，也非限于成都，而是指以成都为中心的所属封邑之地。这也正是扬雄不少作品中“都”字的一贯用法。比如《益州箴》：“茫茫洪波，鲧湮降陆。于时八都，厥民不隩。”章樵注：“鲧湮

---

① 彭邦本：《早期蜀史诸代并存、相继关系及其共主秩序考略》，《徐中舒先生百年诞辰纪念文集》，巴蜀书社，1998 年，第 300 页。

② 严可均：《全上古三代秦汉三国六朝文》，中华书局 1958 年，第一册，第 414 页。

③ 司马迁：《史记》，中华书局，1982 年，第 3049 页。

洪水，不知疏导其源，故八州之民，皆不得宅土安居。”[①] 此以“八州”释“八都”。又《徐州箴》：“降用任姜，镇于琅玡，姜氏绝苗，田氏攸都。”据《史记·田敬仲完世家》所载：“齐国之政，皆归田常。田常于是尽诛鲍、晏、监止及公族之强者。而割齐自平安以东至琅邪，自为封邑。封邑大于平公之所食。”[②] 田常为相，专齐之政，所谓田氏“攸都”，正是自为封邑。这也说明徐先生对于扬雄《蜀都赋》中“蜀都”所指是有误会的。

二

《蜀都赋》受到现代学者怀疑的另一个重要原因，是其不见于《汉志》。但是，我们从《汉书·艺文志》的记载中知道，扬雄赋十二篇，其中班固注：“入扬雄八篇。”遍检《汉书》，《扬雄传》所载有《甘泉赋》《河东赋》《校猎赋》《长杨赋》；汉人以辞赋一家，赋、颂一体，则有《反离骚》《广骚》《畔牢愁》，《赵充国传》则有《赵充国颂》。又，许慎《说文解字·氏部》有“扬雄赋，响若氏隤”[③]，所引是《解嘲》中文字，则《解嘲》亦谓之赋。如此则总计为九篇，与《汉书·艺文志》所载有别。如果按《七略》原载四篇，《汉书·扬雄传》也说“辞莫丽于相如，作四赋”，则班固所入“八篇”也不能尽见于《汉书》，是否因此而否定《汉书·艺文志》关于扬雄赋十二篇的记载呢？十二篇赋既不尽见于《汉书》，其名也不可尽考，则《蜀都赋》不见于《汉书》，并不足成为其非扬雄作的证据。我们甚至还可以从班固《两都赋》只言片语的描述中，推测班固是读过扬雄《蜀都赋》的。比如《两都赋》：“若摛锦布秀，烛耀乎其陂。”李善注引扬雄《蜀都赋》曰：“丽靡摛烛，若挥锦布绣。”[④] 李善注《文选》多

① 《古文苑》卷十四，影印文渊阁《四库全书》本，台湾商务印书馆，1986年。

② 《史记》，第1884页。

③ （清）段玉裁：《说文解字注》，上海古籍出版社，1988年，第628页。

④ 《文选》，中华书局，1977年，第29页。

征引文献出典，此或正是李善认为语源所出即为扬雄《蜀都赋》，则《蜀都赋》或正属班固“入扬雄八篇”之一。

学者们怀疑《蜀都赋》真伪的又一个理由，是《蜀都赋》作为完整的作品，最早见于《古文苑》中，但《古文苑》所选文“其真伪盖莫得而明”①，很难作为定据。然而，同样载于《古文苑》中扬雄其他作品《幽州箴》《交州箴》等，郑文先生等皆无所疑，而以《蜀都赋》出于《古文苑》则不可信，似乎在逻辑上有自相矛盾之嫌。而且，从两晋到唐代的古注、类书多处征引《蜀都赋》，与左思差不多同一时代的刘逵仅在左思《蜀都赋》注中就曾征引扬雄《蜀都赋》达十余次，如“带二江之双流，抗峨眉之重阻”，刘逵注：“扬雄《蜀都赋》曰：两江珥其前。”② “家有盐泉之井，户有橘柚之园”下，刘逵注：“扬雄《蜀都赋》曰：夹江缘山。又曰：西有盐泉铁冶，橘林铜陵。”③在“若其旧俗”，刘逵注：“扬雄《蜀都赋》曰：其俗迎春送冬，百金之家，千金之公。”④ 又据臧荣绪《晋书》所载左思作《三都赋》，“乃诣著作郎张载，访岷邛之事”，而张载所注《魏都赋》“汉罪流御，秦馀徙帮䂍”，也引扬雄《蜀都赋》曰：“秦汉之徙，充以山东。”⑤ 他如王羲之《与周益州书》、郦道元《水经注·江水一》都有引述，而北齐的司马膺之还专门为扬雄《蜀都赋》作过注⑥。《艺文类聚》六十一则节引扬雄《蜀都赋》。因而并非《古文苑》始载《蜀都赋》其文。

有的学者也从《蜀都赋》的创作角度，质疑扬雄《蜀都赋》的真伪，认为：“左思作《三都赋》，当时人人争着抄写，洛阳为之纸贵。同时有人模仿《三都赋》而作的《蜀都赋》也托名扬雄而盛于世。”⑦

---

① （清）永瑢等：《四库全书总目》，中华书局，1965年，第1691页。

② 《文选》，第75页。

③ 《文选》，第77页。

④ 《文选》，第79页。

⑤ 《文选》，第109页。

⑥ （唐）李百药《北齐书·司马子如传》载司马膺之“好读《太玄经》，注扬雄《蜀都赋》”（中华书局，1972年，第241页）。

⑦ 徐中舒：《论〈蜀王本纪〉成书年代及其作者》，《川大史学·徐中舒卷》，第487页。

可是，左思《蜀都赋》采用的托名西蜀公子与东吴王孙的对话结构形式，与《三都赋》共为整体，欲抑先扬，最后在《魏都赋》中以魏国先生所言为“上德之至盛”的主旨，也就是抑吴都、蜀都而申魏都[①]，即皇甫谧《三都赋序》所说“因客主之辞，正之以魏都，折之以王道”，这与扬雄《蜀都赋》迥然不同。左思在《三都赋序》中已明确宣称“思慕《二京》而《三都》”。两相比较，无法看出扬雄《蜀都赋》模仿左思《蜀都赋》的痕迹。同时，与左思同一时代的张载、刘逵都在著作中引述扬雄的《蜀都赋》，他们不会对这样一篇模仿左思《蜀都赋》，而冒名扬雄的《蜀都赋》一无所知。特别是张载，左思创作《三都赋》时还曾专门拜访过他，他若是引述了一篇模仿左思《蜀都赋》的作品而浑然不觉，这在情理上很难说通。

三

而根据现有资料，我们认为扬雄是最有可能写作《蜀都赋》的。按《汉书·扬雄传》记载，扬雄少而好学，“顾常好辞赋。先是时，蜀有司马相如，作赋甚弘丽温雅。雄心壮之，每作赋，常拟之以为式”[②]。入京师后所献赋，都特别强调讽谏，可是因为“赋劝而不止明矣”，“于是辍不复为”。据此可以推断《蜀都赋》是一篇早年的作品，文中几乎不见讽谏之意，但是其中对山川地理、物产丰饶、世风习俗的描述夸饰，正可以看出他对司马相如赋的“弘丽温雅”的向往。这也是两汉时期巴蜀文学的一时风气。《汉书·地理志》记述说：“及司马相如游宦京师诸侯，以文辞显于世，乡党慕循其迹。后有王褒、严遵、扬雄之徒，文章冠天下。由文翁倡其教，相如为之师。”[③] 这自然会形成一种对巴蜀题材的关注。《文选·甘泉赋》李周翰注：“扬雄家

① （清）王鸣盛：《十七史商榷》卷五十一，《三江扬都条》，中国书店，1987年。

② （汉）班固：《汉书》，中华书局，1962年，第3514—3515页。

③ 《汉书》，第1645页。

贫好学，每制作，慕相如之文，尝作《绵竹颂》。”[①] 从扬雄《答刘歆书》所言“雄始能草文，先作《县邸铭》《王佴颂》《阶闼铭》及《成都城四隅铭》”，“成帝好之，以为似相如”[②] 可以看出，其文或者多与巴蜀题材有关，与司马相如的风格相似，这些文章多已不见。今天还能见到的则有《益州箴》《蜀王本纪》《蜀都赋》。

再从《蜀都赋》本身用韵的情况来看，扬雄的《蜀都赋》“东”“冬”不分，比如：“尔乃其俗：迎春送冬，百金之家，千金之公，乾池泄澳，观鱼于江。”这里“冬”“公”“江”三字的用韵分属“冬”与“东”部，更有特点的是“侵”“冬”通押，比如：

> 尔乃其人，自造奇锦，紌繏緅緌，缘缘卢中，发扬文采，转代无穷。其布则细绨弱折，绵茧成衽，阿丽纤靡，避晏与阴。蜘蛛作丝，不可见风。筩中黄润，一端数金。雕镂铅器，百伎千工。

这里的“锦、中、穷、衽、阴、风、金、工”，分别为“侵”“冬”“冬”“侵”“侵”“冬”“侵”“东”部韵字。根据语音学家的研究，这正是两汉时蜀方言的情形，也是扬雄赋用韵的情形。罗常培、周祖谟先生就曾经指出：“阳声韵东、冬两部王褒和扬雄的韵文里通押的比单独应用的还多。”这在扬雄的《羽猎赋》有“穷、雄、溶、中”，《甘泉赋》中有“钟、穷”，《河东赋》有“降、隆、东、双、功、龙、嫌、颂、雍、踪、从”的用韵。“下至东汉时，广汉人李尤所作韵文东、冬也合用不分。”所以，“东、冬两部不分，可能是蜀方言的一般现象”[③]。他们又指出：“侵部字在司马相如的文章里有与冬部通押的例子。”“在扬雄的作品里，侵部字不仅与冬部字通押，而且

---

① 《六臣注文选》，中华书局，1987 年，第 140 页。

② （清）严可均：《全上古三代秦汉三国六朝文》，第 411 页。

③ 罗常培、周祖谟：《汉魏音南北朝韵部演变研究》，科学出版社，1958 年，第 87 页。

与蒸部字通押。”我们看《太玄》的“进”首次四的赞辞：“日飞悬阴，万物融融。”[①] 又《沈》首辞：“阴怀于阳，阳怀于阴，志在玄宫。”[②]这里的“阴”属侵部韵，“融、宫”属冬部韵。又《太玄》的《太玄莹》：“夫一一所以摹始而测深也，三三所以尽终而极崇也，二二所以参事而要中也。”[③]这里的“深”属侵部字，“融，容，崇，中”为冬部韵，其中“容”虽为东部，但蜀方言不分而通押。虽然这种异部通押的现象在其他方言中也有可能存在，但考虑到扬雄赋中这些用韵特点的统一性，我们认为扬雄作《蜀都赋》最有可能。

原载《文献》2010 年第 2 期

①②③（汉）扬雄：《太玄经》，《诸子集成》补编七，四川人民出版社，1997 年，第 263、301、326 页。

论《蜀王本纪》成书年代及其作者

◎ 徐中舒

《蜀王本纪》相传为西汉末杨雄所作①，但其书不见于《汉书·艺文志》。《隋书》及新旧《唐书》始著录其书于地理类中，是记录蜀中掌故的地方志书，原与正史中的本纪不同，所以《隋书》《新唐书》纪皆作记。纪虽可训记，但在习惯用法上究有不同。《史记·五帝本纪·索隐》："帝王书称纪者，言为后代纲纪也。"《蜀王本纪》初名《蜀本纪》，或省称《蜀纪》（见《华阳国志·序志》）。《蜀纪》，他书征引皆作《蜀记》。只是杂记蜀事之书，除记述有关蜀王事迹以外，还杂记与蜀王无关之事，所以此书只应称《蜀本纪》，唐人误增"王"字实属不当。

《蜀纪》荟萃成书，当在刘焉、刘备相继统治益州之时。汉灵帝末年，中原乱象已成。中原人士想找一个避难的所在，远的就是交趾，近的就是巴蜀。《三国志·刘二牧传》："焉睹灵帝政治衰缺，王室多故。乃建议言：'刺史太守货赂为官，割剥百姓，以致离叛，可选清名重臣以为牧伯，镇安方夏。'焉内求交州牧，欲避世难。议未及行。侍中广汉董扶私谓焉曰：'京师将乱，益州分野有天子气。'焉闻扶言，意更在益州。会并州杀刺史张壹，凉州杀刺史耿鄙，焉谋得施。出为监军使者，领益州牧。"

---

① 编者按：原文刊发时作"杨"，全文如此，特此说明。

刘焉是鲁恭王后裔，汉章帝时徙封竟陵（今湖北天门县），遂为竟陵人。他少仕州郡，积学教授，历洛阳令、冀州刺史、南阳太守，入为宗正、太常。历官中外，素负重望。他为益州牧时，就有一班文人学士随之入蜀。在这个偏安小朝廷内，又有一班宾客陪着他谈宴寻欢，经常以蜀中掌故旧闻作为剧谈的资料。

《华阳国志·序志》："汉末时，汉中祝元灵性滑稽，用州牧刘焉谈调之末，与蜀士燕胥（燕同谯，宴也，胥，相也，言相与饮宴。孙星衍《祠堂书目》以燕胥为人名，实误），聊著翰墨。当时以为极欢，后人有以为惑，恐此之类必起于元灵之由也。"常璩蜀人，他后于刘焉一百五十余年，当时故老流传或有此说。因此，他认为《蜀本纪》就是刘焉宾客根据谈宴的资料写成的。祝元灵名龟，刘焉以为葭萌长。《隋书·经籍志》及《华阳国志·汉中士女》均载祝龟作《汉中耆旧传》，并非《蜀本纪》。

刘焉宾客中的来敏撰《本蜀论》。此书久已亡佚。《水经注》曾引用其中两条，尚可窥见其书的一般面目。所谓《本蜀论》者，就是探寻先蜀本原而次第论述之。其成书尚在《蜀本纪》之前。如《本蜀论》述望帝故事说：

> 荆人鳖令死，其尸随水上，荆人求之不得也。令至汶山下，复生，起见望帝。望帝者杜宇也，从天下。女子朱利自江源出，为宇妻。遂王于蜀，号曰望帝。望帝立以为相。时巫山峡而蜀水不流。帝使令凿巫峡通水，蜀得陆处。望帝自以德不如，遂以国禅，号曰开明。

此事在《蜀本纪》中则已多增改。兹录其文如次，以便对勘：

> 后有一男子名曰杜宇，从天堕，止朱提。有一女子名利，从江源井中出，为宇妻。乃自立为蜀王，号曰望帝。治汶山下，邑曰郫。化民往往复出。望帝积百余岁。荆有一人名鳖灵，其尸亡

> 去，荆人求之不得。鳖灵尸随水上，至郫，遂活，与望帝相见。望帝以鳖灵为相。时玉山出水，如尧之洪水，望帝不能治。使鳖灵决玉山，民得安处。鳖灵治水去后，望帝与其妻通，惭愧，自以德薄不如鳖灵，乃委国授之而去，如尧之禅舜。鳖灵即位，号曰开明。

这个故事在《蜀本纪》中就有许多臆说和错误。如鳖是鄨县为犍为郡郡治，令是县令是官名，鳖灵即鄨令的音讹。又如望帝化为子规，是蜀人历代相传的神话故事，早已流传于中原。《说文》于“巂”〔音髓〕字下云：“巂周，燕也。……一曰，蜀王望帝淫其相妻，惭，亡去，为子巂鸟。故蜀人闻子巂鸣，皆起曰：‘是望帝也。’”汉魏时人称蜀人为叟，叟即巂周的合音。后人或省称为巂，又称为子巂，即子规，因其为杜宇所化，又称为杜鹃或子鹃。杜宇化鹃本是一个优美的爱情故事，许慎是经学家，“淫其相妻”不合于儒家伦常道德，所以称其“惭，亡去”。点金成铁，实在糟塌了这个故事。李商隐诗曰“望帝春心托杜鹃”，才是这个故事的正解。望帝禅让就是因为鄨令治水成功，民得陆处。说他如尧禅舜，这样解释也就可以使人满意了。但必要把惭愧德薄委国授之而去作为禅让的又一理由，这岂不是对禅让的谴责吗？《蜀本纪》的作者否认望帝化鹃，所以就臆造“望帝积百余岁”之说。又如此书所载蚕丛三代“神化不死”及“化民往往复出”，以说明先蜀享国久长，尤为荒唐不经。《本蜀论》说“女子朱利自江源出”，朱利原为藏语牧场之意。帕尔《西藏志》（董之学、傅勤家译本）谓：“土（藏）人分土地为四类：曰 Tong 即平原，曰 Gong 即岗岭，曰 Dork 言牧场也，曰 Rong 言溪谷也。”此四类土地名称都是藏缅语系的基本语汇。汉语的唐、塘即 Tong 的对音，刚、岗、康即 Gong 的对音，朱利、朱倭即 DorK 的对音，阆、郎、浪、狼即 Rong 的对音。我们如懂得这些基本语汇，则对于西南地区地名命名之故就可以不待烦言而解。DorK 是古代的复辅音字，在汉语中往往要以两个音缀的汉字为其对音。今四川甘孜藏族自治州地区还有一个地名称为朱倭，旧译为竹窝，这里就是一个牧区，正与汶山江源相同。《华阳国志·蜀志》说杜宇“以汶山为畜牧，南中为园苑”，朱利出自江源，她就是一个牧女，所以称为朱利。朱利、朱倭、竹窝都是DorK的对音。《新唐书·吐蕃传》说吐蕃称白兰羌为丁零；《华阳国志·蜀志》说汶山郡有白兰，白兰即白狼，白狼羌也是一个住牧的部落（不是游牧），丁零就是DorK的对音。朱利本是一个牧女的名字，而《蜀本纪》的作者就错误地以利为女子名而释朱为朱提，错误是明显的。汶山江源原为蜀地，朱提汉牂牁郡，属夜郎境，杜宇王蜀，他为什么又“止朱提”呢？据此言之，《蜀本纪》的成书必然是出于《本蜀论》之后。书名本纪，也当是袭用《本蜀论》之本，作为书名。后世史书有称为纪事本末者，本就是探求其本原之意。

刘焉时代秦宓虽隐居不仕，但他对于蜀中掌故，也有编纂之功。《三国志·秦宓传》：秦宓“广汉绵竹县人也。少有才学，州郡辟命，辄称疾不往”。先主既定益州，以夏侯纂为广汉太守。纂请宓为师友祭酒，领五官掾，尊之为仲父。他仍然卧病家中不出。有一天太守偕同主簿功曹带着厨膳到他家开宴畅谈，从容询及蜀中历史文物。秦宓应太守的请求，答曰：“民请为明府陈其本纪。”秦宓此时已经有一个本纪的稿本了。秦宓向太守谈了三个故事：

一、“蜀有汶阜之山，江出其腹，帝以会昌，神以建福，故能沃野千里。”裴注以此说出于《河图括地象》（属于谶纬一类的书，多不可信）。所谓“帝以会昌”，就指的是鳖令会见望帝受禅为开明帝。所谓“神以建福”，就指的是鳖令治水，蜀民得以陆处。

二、“禹生石纽，今之汶山郡是也。”《史记·六国年表序》：“禹生于西羌。”汉代居于蜀地羌民皆以禹为其始祖，故江州（今重庆）有涂山禹王祠及涂后祠，汶山广柔县刳儿坪说为禹母剖腹生禹之地。“夷人（此夷人即指羌民言）营其地，方百里，不敢居牧。有过，逃其野中，不敢追，云畏禹神。能藏三年，为人所得，则共原之云。”（以上见《华阳国志》之《巴志》《蜀志》）“禹生石纽”乃蜀地羌民自述其先代的传说。

三、“三皇乘祗车，出谷口，今之斜谷是也。”司马贞《三皇本纪注》说此事出于《河图》及《三五历记》。谷口为“今之斜谷”，是秦宓所作的解说。“三皇乘祗车，出谷口”是《河图》原文，徐整《三五历记》也是抄录《河图》的。秦宓又怎能知此谷口为斜谷呢？裴松之注也以此为疑。现在看起来，这个问题也容易解答。《三国志·刘后主纪》：“亮使诸军运米集于斜谷口，治斜谷邸阁。”邸阁是储米的仓舍，邸车就是往来邸阁所用的独轮车。祗从氏声当读为“邸”。斜谷栈道，道路艰险，诸葛亮作流马木牛在这里运米储粮。流马木牛就是用独轮车改造的车，粮少而行速者为流马，粮多而行迟者为木牛。秦宓说谷口为斜谷，就是以自己耳闻目睹之事解释古代的传说。《三国志·秦宓传》载秦宓与吴使张温的酬对，“答问如响”。如温问曰：“天有姓乎？”宓曰：“有。”温曰：“何姓？”宓曰：“姓刘。”温曰：“何以知之？”答曰：“天子姓刘，故以此知之。”若此之类与说谷口为斜谷，又何以异？以此例之，《蜀本纪》中石牛、石笋、石镜之说，也是即景敷说，不必有什么依据。

以上秦宓所陈本纪三事，皆见于《蜀本纪》或《蜀记》中。秦宓所陈的本纪，也就是后来《蜀本纪》或《蜀记》的蓝本。

《蜀本纪》或《蜀王本纪》出于来敏、秦宓以后，已有上述确凿可据的资料，而唐人断为杨雄所作，这又是什么原故呢？

常璩为成汉时代的蜀人，他后于来、秦，约及百年。他在《华阳国志·序志》中历叙与《蜀纪》有关的作者说：“司马相如、严君平、杨子云（雄字子云）、阳城子玄、郑伯邑、尹彭城、谯常侍、任给事，各集传记以作本纪，略举其隅。”常璩时代存在许多不同写本的《蜀记》或《蜀传》（传即耆旧传一类的书），这些书中所载蜀事皆一鳞半爪不够全面，所以说“略举其隅”。他所列举的八个蜀人中，司马相如、杨子云都是西汉时代最著名的文学家。他们都擅长辞赋，著名当时。严君平与杨雄同时，他隐于卜肆，著《老子道德指归》。他们都与《蜀本纪》无关，只因他们都是蜀中名宿，尤其是杨雄，于辞赋之外还著有《太玄》《法言》，声名又在司马相如之上。左思在《蜀都赋》里就说："杨雄含章而挺生，幽思绚道德，摛藻掞天庭，考四海而为俊，当中叶而擅名，是故游谈者以为誉，造作者以为程也。"因此，魏晋时代的人就把《蜀本纪》托名为杨雄作，这也是可以理解的。

上述八人中除西汉司马、杨、严三人外，阳城子玄不详，孙星衍《祠堂书目》以王莽时作《乐经》的阳城子长当之，殊不足信。郑伯邑名廑，尹彭城名贡，谯常侍名周，任给事名熙，此四人中谯周最著名，《三国志》有传。郑伯邑，常璩称其作《耆旧传》，尹贡、任熙事迹皆不详。常璩说他们都"各集传记以作本记"，语极含糊。《蜀本纪》究竟是谁作的，他自己也弄不清楚。当时蜀中已有许多不同的写本《蜀记》，后来王隐据以作《册补蜀记》（见《旧唐书·经籍志》)，其书多至七卷，当包括耆旧传一类的书在内，其书今已亡佚。这里不再提及祝元灵者，他可能认为祝的笑谈，实与世俗间的横说无异，似不足列于著作之林。

常璩是一个封建的正统派史学家。他认为先蜀历年绝不能早于黄帝尧舜之世，先蜀也应是臣事中原王朝的诸侯。《史记》所载黄帝以来的历年，去成汉时代不过二千余年，先蜀积年就不能远在三四千年以上。他说世俗间横有为蜀传者，言"蜀王蚕丛之间周回三千岁"。他因为不相信先蜀积年久远，就说，这都是世俗间的横说。他认为《蜀本纪》中所载许多神话，如"荆人鳖灵死，尸化西上，后为蜀帝，苌弘之血变成碧珠，杜宇之魄化为子鹃"，也是同样的横说。他更为痛心的是《本纪》说"蜀椎髻，左衽，未知文书，文翁始知书学"。把他的桑梓之邦比于蛮夷，这岂不是对他的侮辱吗？他作《华阳国志》虽然参考了这些旧记，重要的还是要"验以《汉书》，取其近是"，作了许多修正工作。他对《蜀本纪》的作者说得愈含糊，就愈便于他的修正工作。

《蜀本纪》不是杨雄的作品，从内容、文体、书目、著录各方面加以考察，都是无可怀疑的。

从内容方面说，如《蜀本纪》误分朱利为二名，必然是出于来敏

《本蜀论》之后，说已见前。其他还有一些内容不能出于杨雄之前，将来也要在《蜀王本纪笺证》中再作说明，这里就一概从略了。

杨雄文章简洁艰深，如《法言》谓“蜀庄沈冥”，蜀庄是说蜀人庄君平（东汉人讳庄为严，故庄君平皆作严君平），沈冥是说他隐于卜肆，甘于沈冥，不与达官贵人往还。只用四个字包括这样丰富的内容，没有注释是很难使人理解的。《蜀本纪》结构松散，浅显易晓，不类杨雄文章。

再看《汉书·杨雄传》及《艺文志》所著录杨雄的著作，其中也没有《蜀本纪》。《汉书·艺文志》本于刘歆《七略》，杨雄与刘歆同官于莽朝，皆以学问知名于世，又相知最深，雄如作此书，《七略》不容不载。班固作《汉书》时，去杨雄之没仅四十余年，他作《杨雄传》，对于杨雄的著作，备列无遗，也没有提到《蜀本纪》。

《汉书·杨雄传赞》说杨雄欲求文章成名于后世，以为“经莫大于《易》，故作《太玄》；传莫大于《论语》，作《法言》；史篇莫善于《仓颉》，作《训纂》；箴莫善于《虞箴》，作州箴（雄作十二州箴）；赋莫深于《离骚》，反而广之（雄作《反离骚》）；辞莫丽于相如，作四赋（雄作《甘泉》《校猎》《长杨》《河东》四赋，皆载于《杨雄传》中，这里并无《蜀都斌》），皆斟酌其本，相与放（仿）依而驰骋云”。杨雄作书皆有所仿依。此书既名本纪，班固作传赞时为什么不接下去说“史莫高于史迁，作《蜀本纪》”呢？

桓谭与刘歆、杨雄年辈相及，又同仕莽朝，桓谭作《新论》对于杨雄备极尊崇。他说：“杨子云才智开通，能入圣道，卓绝于众，汉兴以来未有此人也。”又说：“雄著书以百数，惟太史公广大，其余皆丛残小论不能比之。子云所造《法言》《太玄经》，又数百年其书必传世。世咸尊古卑今，贵所闻，贱所见也，故轻易之。”《蜀本纪》如为杨雄所作，他为什么不以《蜀本纪》与《史记·五帝本纪》相提并论呢？

根据以上这些默证，杨雄不作《蜀本纪》还不是很清楚吗！（《方言》出于林闾，见《华阳国志蜀郡士女》，也不是雄作。）

杨雄既不作《蜀本纪》，为什么唐以后的人都深信《蜀王本纪》出于杨雄，一千四百年来绝无人提出异议，这又是什么原故呢？

魏晋时代，蜀吴相继灭亡，天下三分，复归统一。左思作《三都赋》，当时人人争着抄写，洛阳为之纸贵。同时有人模仿《三都》而作的《蜀都赋》也托名杨雄而盛传于世。因此，杨雄的《蜀都赋》也就不胫而走，传诵当时。东晋时代王羲之与周益州书曰："杨雄《蜀都》左太冲《三都》殊不备悉。彼故为多奇，益令其游目意足也。"词赋夸张居多，所以说"游目意足"，写实甚少，所以说"殊不备悉"（王书见《蜀中名胜记》）。此《蜀都赋》既为《昭明文选》所不取，至南宋时始载于《古文苑》中，其价值当然不能与班固《两都》左思《三都》相提并论。蜀之为都（指京都言）自蜀汉称帝始，杨雄时代蜀哪能有都？此赋非杨雄作，不辨自明。古人得书不易，信而好古，宁信其有，不信其无，虽在通人如王羲之也难免不上当。

《古文苑》所载《蜀都赋》云："昔天地降生杜鄘（宇）密促之君，则荆上亡尸之相。"这里所用的典故就出于《蜀本纪》。唐人崇尚诗赋，既以此赋为杨雄作，因此，说《蜀本纪》出于杨雄，他们也就深信不疑了。

先蜀故事，既为刘焉时代文人学士达官贵人经常谈宴的资料，因此，就有人多方搜寻先蜀故事笔之于书，来敏、秦宓特其中最知名者。谯周少从秦宓问学，受秦宓影响最深。《三国志·秦宓传》："初宓见帝系之文，五帝皆同一族，宓辨其不然之本。又论皇帝王霸豢龙之说，甚有通理。谯允南（周字允南）少时数往谘访，纪录其言于《春秋然否论》。"谯周《春秋然否论》今已不传，但其所作《古史考》则是根据秦宓之言而阐述五帝不同一族之书。在一千七百年以前已有此疑古精神，实属难能可贵。谯周作《古史考》既是阐述秦宓旧说，其掇拾先蜀掌故旧闻，亦当是继承秦宓的余绪。《蜀本纪》荟萃于谯周，在时代风尚与传授系统，他就是最适当的人选。

《三国志·秦宓传注》引谯周《蜀本纪》曰："禹本汶山广柔县人也，生于石纽，其地名刳儿坪。"裴松之刘宋时人，他作《三国志注》

时，尚知《蜀本纪》为谯周作。其后虞世南钞辑《北堂书钞》时，也说《蜀王世纪》为谯周作（《书钞》一〇六卷）。《书钞》是虞世南仕隋时所辑录的类书，是唐以前人尚知此书出于谯周。

综观以上论述可以断言：《蜀本纪》或《蜀王本纪》的作者是蜀汉时代的谯周而不是西汉末年的杨雄。

原载《社会科学研究》1979 年第 1 期

重要论著索引

1929—1949

董作宾:《方言学家扬雄年谱》,《中山大学语言历史研究所周刊》1929年第8期。

汤炳正:《汉代语言文字学家扬雄年谱》,《论学杂志》1937年。

陆侃如:《扬雄与王音王商王根的关系》,《大公报文史周刊》1947年第39期。

唐兰:《扬雄奏甘泉河东羽猎长杨四赋的年代》,《学原》1948年第10期。

1950—2018

一、专著

万志全:《扬雄美学思想研究》,中国社会科学出版社,2008年。

王青:《扬雄评传》,南京大学出版社,2000年。

王彩琴:《扬雄〈方言〉用字研究》,高等教育出版社,2011年。

冯树勋:《扬雄的范式研究:西汉末年学术范式冲突的折中之例》,台湾大学出版中心,2015年。

华学诚:《扬雄方言校释汇证》,中华书局,2006年。

刘君惠:《扬雄方言研究》,巴蜀书社,1992年。

李恕豪:《扬雄〈方言〉与方言地理学研究》,巴蜀书社,2003年。

张强：《扬雄美学思想研究》，人民出版社，2001年。

张震泽：《扬雄集校注》，上海古籍出版社，1993年。

林贞爱：《扬雄集校注》，四川大学出版社，2001年。

周祖谟：《方言校笺》，中华书局，1993年。

郑万耕：《扬雄及其太玄》，北京师范大学出版社，2009年。

郑文：《扬雄文集笺注》，巴蜀书社，2000年。

黄开国：《一位玄静的儒学伦理大师——扬雄思想初探》，巴蜀书社，1989年。

路广：《〈法言〉〈扬雄集〉词类研究》，高等教育出版社，2011年。

解丽霞：《扬雄与汉代经学》，广东人民出版社，2011年。

魏鹏举：《疏离体制化的书写：扬雄写作的文化诗学研究》，汕头大学出版社，2007年。

二、论文

万志全：《扬雄美学思想的发展历程》，《山东师范大学学报》2006年第3期。

万志全：《论扬雄的音乐美学思想》，《人民音乐》2007年第1期。

卫仲璠：《〈扬子法言〉论屈原章析义》，《安徽师大学报》1985年第2期。

马光：《扬雄赋论中文体自觉意识的形成》，《中国社会科学院研究生院学报》2007年第5期。

马辉芬：《〈法言〉著录及版本考略》，《图书馆理论与实践》2006年第4期。

王以宪：《扬雄著作系年》，《湘潭大学社会科学学报》1983年第3期。

王以宪：《试论扬雄在汉大赋上对司马相如的因革与发展》，《江西师范大学学报》1985年。

王允亮：《扬雄〈剧秦美新〉与汉代的王道观》，《上海大学学报》2017年第5期。

王允亮：《扬雄官箴创作及经典化问题探讨》，《暨南学报》2017年第8期。

王伦信：《〈太玄〉首符是一组严整的三进制数》，《中国哲学史》1993年第1期。

王兆立、于成宝：《〈太玄〉的筮法和天道观略论》，《周易研究》2009年第4期。

王启林：《〈太玄〉美学思想三题》，《西南民族大学学报》1992年第1期。

王育德：《中国五大方言分裂年代的语言年代学试探》，《语言学资料》1962年第3期。

王春淑：《扬雄著述考略》，《四川师范大学学报》1996年第3期。

王栋：《扬雄赋论中的文体自觉意识》，《西南交通大学学报》2007年第5期。

王萍：《严遵、扬雄的道家思想》，《山东大学学报》2001年第1期。

王菡：《〈扬子法言〉历代校注本传录》，《文献》1994年第3期。

王彩琴：《扬雄〈方言〉中的记音字与方言词》，《河南社会科学》2010年第6期。

王彩琴：《扬雄〈方言〉里的河洛方言》，《河南社会科学》2014年第12期。

王彩琴：《扬雄〈方言〉借音字考》，《湖南大学学报》2006年第1期。

王彩琴：《扬雄〈方言〉联绵词初探》，《平顶山学院学报》2008年第6期。

王德华：《扬雄赋论准则及其大赋创作模式》，《浙江师范大学学报》2011年第4期。

车瑞、刘冠君：《“丽则”：扬雄赋论与汉赋嬗变》，《武汉大学学报》2015年第4期。

方铭：《〈剧秦美新〉及扬雄与王莽的关系》，《中国文学研究》

1993年第2期。

方铭：《扬雄与刘勰》，《中国文化研究》1997年第3期。

方铭：《扬雄赋论》，《中国文学研究》1991年第1期。

孔繁治：《刘向刘歆扬雄之比较》，《许昌学院学报》1991年第3期。

邓文彬：《中国古代方言学的建立与扬雄〈方言〉的地位和影响》，《西南民族学院学报》2001年第4期。

叶幼明：《扬雄的"玄"是一个唯物主义命题》，《湖南师范大学学报》1997年第4期。

叶福翔：《试论扬雄对中国文化的贡献》，《中华文化论坛》1996年第1期。

申小龙：《汉代〈方言〉的经学超越与范式更新》，《学术月刊》1998年第12期。

田小中：《朱熹论〈太玄〉》，《周易研究》2007年第3期。

白寿彝：《跋扬雄〈法言〉卷十、卷十一》，《北京师范大学学报》1963年第3期。

冯小禄：《从模拟论扬雄〈反骚〉的范式意义》，《北京师范大学学报》2003年第3期。

边家珍：《扬雄对西汉新儒学的重构及其意义》，《东岳论丛》2002年第6期。

边家珍：《论扬雄对先秦儒学的继承与发展》，《河南大学学报》2002年第3期。

师为公：《扬雄〈法言〉姚鼐评点辑析》，《文献》2013年第2期。

华学诚、马莲：《扬雄〈蜀都赋〉词语札记》，《语言科学》2008年第2期。

华学诚、马莲：《扬雄〈蜀都赋〉词语注商》，《语言研究》2008年第2期。

华学诚：《扬雄〈方言〉"奇字"考（上）——兼析〈方言〉"奇字"的表词特点》，《钦州师范高等专科学校学报》2000年第4期。

华学诚：《扬雄〈方言〉“奇字”考（下）——兼析〈方言〉“奇字”的表词特点》，《钦州师范高等专科学校学报》2001年第1期。

刘冰：《南宋台州刻本〈扬子法言〉》，《图书馆学刊》2009年第6期。

刘志伟、邵杰：《〈文选〉所收〈剧秦美新〉之作年及涉莽时事考论》，《河南师范大学学报》2014年第5期。

刘怀荣：《从“九天”说看扬雄“文必艰深”论》，《山西师大学报》2003年第4期。

刘保贞：《〈太玄〉赞辞所倡明君、贤臣思想述评》，《齐鲁学刊》2001年第2期。

刘保贞：《扬雄与〈剧秦美新〉》，《山东大学学报》2000年第6期。

刘保贞：《扬雄著作及其流传》，《山东大学学报》2003年第1期。

刘保贞：《论〈太玄〉对〈周易〉的模仿与改造》，《周易研究》2001年第1期。

刘晓勤：《评扬雄的政治操行》，《西南民族学院学报》1996年第2期。

问永宁：《〈太玄〉是一部“谤书”——“刺莽说”新证》，《周易研究》2005年第6期。

问永宁：《从〈太玄〉看《扬雄的人性论思想》，《周易研究》2002年第4期。

问永宁：《读玄释中——试论〈太玄〉所本的宇宙说》，《周易研究》2001年第3期。

许杰：《论扬雄与东汉文学思潮》，《中国社会科学》1988年第1期。

许杰：《论扬雄融合儒道对其文论的影响》，《学术月刊》1986年第4期。

孙少华：《文本层次与经典化——〈文选〉左思〈蜀都赋〉注引扬雄〈蜀都赋〉相关问题》，《中南民族大学学报》2015年第3期。

孙少华：《扬雄的文学追求与文学观念之迁变》，《清华大学学报》2012年第1期。

孙玉文：《试论扬雄〈方言〉与方言特征词的判定问题——以〈方言〉部分方言词的重复注释为例证》，《湖北大学学报》2011年第5期。

孙良申：《连珠源起及与汉赋之关系》，《西南民族大学学报》2010年第6期。

纪国泰：《扬雄“四赋”考论——兼论扬雄“三世不徙官”的重要原因》，《西华大学学报》2005年第6期。

芜崧：《扬雄〈方言〉中的荆楚方言词汇释》，《荆楚理工学院学报》2009年第10期。

李丹：《扬雄和王符伦理思想比较论》，《求是学刊》2014年第2期。

李凤玲：《赋料扬雄敌——谈扬雄对杜甫赋作的影响》，《杜甫研究学刊》2005年第2期。

李全华：《扬雄的三进制理论》，《湖南大学学报》1985年第2期。

李实：《扬雄对汉匈和好的贡献》，《内蒙古社会科学》1980年第1期。

李祥俊：《北宋诸儒论扬雄》，《重庆社会科学》2005年第12期。

李恕豪：《扬雄〈方言〉中的秦晋方言》，《四川师范大学学报》1992年第1期。

李恕豪：《论扬雄〈方言〉中的几个问题》，《古汉语研究》1990年第3期。

李敬忠：《〈方言〉中的少数民族语词试析》，《民族语文》1987年第3期。

杨春宇、王媛：《扬雄〈方言〉所见的幽燕方言》，《辽宁师范大学学报》2015年第6期。

杨晓宏：《〈方言〉与鲁南方言词汇的古今词义演变》，《宿州教育学院学报》2008年第4期。

杨海文：《扬雄〈法言〉的文化守成主义》，《学术研究》1997 年第 9 期。

杨福泉：《〈太玄〉的撰著旨趣及儒道兼赅的哲学思想》，《绍兴文理学院学报》2009 年第 4 期。

杨福泉：《扬雄至京、待诏、奏赋、除郎的年代问题》，《上海大学学报》2002 年第 1 期。

杨福泉：《扬雄的历史哲学与人物评论》，《绍兴文理学院学报》2007 年第 1 期。

杨福泉：《论〈法言〉的尊圣崇经与儒学批判》，《上海大学学报》2003 年第 3 期。

束景东：《扬雄作州箴辨伪》，《文献》1992 年第 4 期。

束景南、郝永论：《扬雄文学思想之“文质相副”说》，《文艺理论研究》2007 年第 4 期。

束景南：《〈太玄〉创作年代考》，《历史研究》1981 年第 5 期。

束景南：《〈太玄赋〉非伪作辨》，《古籍整理研究学刊》1993 年第 5 期。

束景南：《〈法言〉仿〈齐论语〉辨》，《古籍整理研究学刊》1993 年第 3 期。

束景南：《文质说：作为一种文化学的历史发展》，《古籍整理研究学刊》1993 年第 3 期。

吴永焕：《从〈方言〉所记地名看山东方言的分区》，《文史哲》2000 年第 6 期。

吴庆峰：《〈方言·郭注〉述例》，《古汉语研究》1995 年第 1 期。

吴明贤：《扬雄、左思〈蜀都赋〉比较》，《四川师范大学学报》2005 年第 1 期。

何易展：《扬雄〈蜀都赋〉“巴賨”考论》，《南京大学学报》2017 年第 1 期。

冷卫国：《“诗人之赋”与“辞人之赋”——论扬雄的赋学批评》，《齐鲁学刊》2013 年第 3 期。

汪文学、刘苏晓：《扬雄文学“明道”论之内涵及其对刘勰的影响》，《贵州民族大学学报》2015年第4期。

汪启明：《扬雄〈方言〉中的“东齐”考辨》，《四川大学学报》1993年第3期。

汪耀明：《扬雄文学思想对东汉文论的影响》，《重庆教育学院学报》2010年第1期。

张立文：《扬雄的太玄哲学》，《孔子研究》2013年第6期。

张全真：《从〈方言〉郭注看晋代方言的地域变迁》，《古汉语研究》1998年第4期。

张运华：《从〈太玄〉看道家理论思辨对扬雄的影响》，《唐都学刊》1999年第1期。

张丽霞：《扬雄〈方言〉词汇的历史嬗变及其现代意义》，《管子学刊》2007年第4期。

张兵：《儒主道辅　本道兼儒——论扬雄〈法言〉的思想特征》，《管子学刊》2005年第1期。

张树国：《扬雄〈畔牢愁〉与〈九章·悲回风〉的“附益”问题》，《文学遗产》2017年第1期。

张晓明：《广泛性与变革性：扬雄的文体实践》，《青岛师范大学学报》2011年第2期。

张晓明：《扬雄箴文略论》，《甘肃社会科学》1997年第5期。

张峰屹：《严可均辑校〈蜀王本纪〉之误漏举要》，《文学遗产》2013年第4期。

张钰翰：《北宋扬雄〈法言〉、〈太玄〉疏解著述考》，《理论界》2013年第7期。

张震泽：《扬雄生平、作品评价及其他有关问题》，《辽宁大学学报》1992年第3期。

陈立中：《从扬雄〈方言〉看汉代南岭地区的方言状况》，《韶关学院学报》2002年第4期。

陈立中：《论扬雄〈方言〉中南楚方言与楚方言的关系》，《湘潭大学社会科学学报》2001 年第 5 期。

陈伦敦：《朱熹批判扬雄意图探析》，《武夷学院学报》2016 年第 2 期。

陈树：《从扬雄〈方言〉看扬州话中的古语遗留》，《宁夏大学学报》2013 年第 1 期。

陈思维：《试论扬雄赋的模拟与转型》，《中国韵文学刊》2003 年第 2 期。

陈朝辉：《扬雄〈自序〉考论》，《四川师范大学学报》2006 年第 2 期。

陈碧仙：《论扬雄辞赋的讽谏意识表现与形成原因》，《山西师范大学学报》2009 年第 6 期。

邵杰：《〈剧秦美新〉"帝典"论与汉新之际士人心态》，《文学遗产》2016 年第 2 期。

金生杨：《论〈太玄〉研究的历史变迁》，《西华师范大学学报》2008 年第 2 期。

周文英：《扬雄对〈太玄〉符号系统的语形、语义解释》，《江西大学学报》1993 年第 1 期。

周立升：《〈太玄〉对"易""老"的会通与重构》，《孔子研究》2001 年第 2 期。

周桂钿：《"千石之官"和"猗顿之财"——王充论扬雄、桓谭》，《浙江学刊》1994 年第 6 期。

周桂钿：《重评扬雄〈剧秦美新〉》，《中国社会科学院研究生院学报》2013 年第 2 期。

周清泉：《扬雄世系考辨》，《成都大学学报》1992 年第 2 期。

郑万耕：《扬雄〈太玄〉中的宇宙形成论》，《社会科学研究》1983 年第 4 期。

郑万耕：《扬雄伦理思想发微》，《北京师范大学学报》1990 年第 6 期。

郑万耕：《扬雄的史学思想》，《史学史研究》1998 年第 2 期。

郑文：《〈太玄〉学说初探》，《西北师范大学学报》1979年第4期。

郑文：《在人性论上荀况对扬雄的影响》，《河北学刊》1985年第3期。

赵世璜：《对扬子云“难盖天八事”钱氏释义的几点补充》，《成都大学学报》2008年第2期。

赵生群：《扬马辞赋讽谏论》，《文史哲》1987年第3期。

赵和平：《〈方言〉音义关系例释》，《沙洋师范高等专科学校学报》2001年第1期。

赵俊玲：《“官箴王阙”传统与扬雄箴文》，《安阳师范学院学报》2015年第3期。

赵振铎、黄峰：《扬雄〈方言〉里面的外来词》，《中华文化论坛》1998年第2期。

赵振铎：《扬雄〈方言〉是对〈尔雅〉的发展》，《社会科学研究》1979年第4期。

赵振铎、黄峰：《〈方言〉里的秦晋陇冀梁益方言》，《四川大学学报》1998年第3期。

柏亚东：《〈文选〉李善注征引〈方言〉的特点及评价》，《南阳师范大学学报》2008年第11期。

钟志强：《扬雄的“以文立命”及其对文学自觉的影响》，《四川教育学院学报》2009年第3期。

侯文学：《中国古典诗歌中的扬雄典事及其主导取向——以扬雄的儒学史境遇为参照》，《陕西师范大学学报》2013年第2期。

侯文学：《甘泉赋的文化承载——兼论扬雄〈甘泉赋〉的创作背景》，《贵州社会科学》2017年第7期。

侯文学：《扬雄从才子型文人到学者型文人的转化及其意义》，《江西师范大学学报》2015年第5期。

侯文学：《扬雄智论发微》，《宁夏社会科学》2008年第2期。

俞纪东：《〈汉志·诗赋略〉“扬雄赋”绎释》，《复旦学报》2002年第3期。

施丁：《扬雄评司马迁之意义》，《求是学刊》2007年第4期。

施之勉：《扬雄奏〈甘泉〉〈羽猎〉二赋在成帝永始三年考》，《大陆杂志》1952年第2期。

施之勉：《扬雄待诏承明之庭在永始元年考》，《大陆杂志》1975年第2期。

姜书阁：《扬雄、桓谭、王充间的思想承传关系》，《湘潭大学学报》1994年第3期。

聂振斌：《扬雄文质副称说的美学意义》，《西北大学学报》1983年第1期。

钱荣贵：《扬雄〈方言〉的编纂宗旨与编纂方法论》，《辞书研究》2015年第3期。

徐中舒：《论〈蜀王本纪〉成书年代及其作者》，《社会科学研究》1979年第1期。

徐玲英：《论戴震对扬雄〈方言〉的贡献》，《淮北师范大学学报》2012年第4期。

徐复观：《扬雄待诏承明之庭的年代问题》，《大陆杂志》1975年第6期。

殷孟伦：《〈方言〉与汉语方言研究的古典传统》，《文史哲》1983年第5期。

高亨、董治安：《〈太玄经〉释义（选载）》，《山东大学学报》1989年第4期。

高明：《扬雄〈剧秦美新〉考论》，《西藏民族学院学报》2006年第2期。

郭世轩：《审美诉求与意识形态建构的矛盾——关于扬雄"悔其少作"的文化阐释》，《社会科学辑刊》2014年第3期。

郭建勋：《扬雄及其〈反离骚〉之再认识》，《求索》1989年第4期。

桑东辉：《从人伦维度探究扬雄思想的体系架构与内在关联》，《唐都学刊》2017年第1期。

黄开国：《〈太玄〉与西汉天文历法》，《江淮论坛》1990年第2期。

黄开国：《扬雄〈法言〉的人论及意义》，《江西社会科学》1989年第4期。

黄开国：《扬雄的社会历史观》，《重庆师范学院学报》1990年第2期。

黄开国：《扬雄的著述活动与著作》，《成都大学学报》1992年第2期。

黄开国：《论扬雄哲学的玄范畴》，《社会科学研究》1990年第1期。

黄开国：《析〈太玄〉构架形式》，《孔子研究》1989年第4期。

黄中模：《扬雄的〈反离骚〉及其引起的论争》，《江汉论坛》1982年第6期。

黄进：《从扬雄辞赋看蜀人的艺术想象与生存智慧》，《中华文化论坛》2012年第3期。

黄典诚：《〈方言〉及其注本》，《辞书研究》1982年第3期。

黄革：《见于〈方言〉中的柳州方言词》，《广西右江民族师专学报》2003年第5期。

黄绮：《论声母分合——〈扬雄方言音辨〉问题之一》，《河北大学学报》1962年第12期。

曹大中：《屈赋非扬雄所说"诗人之赋"辩》，《中国文学研究》1990年第4期。

龚克昌：《评汉代的两种辞赋观》，《文史哲》1993年第5期。

常森：《〈两都赋〉新论》，《北京大学学报》2007年第1期。

康健常：《扬雄的语言观及其〈方言〉的价值》，《殷都学刊》1991年第1期。

清宫刚：《扬雄与道家思想》，《河北大学学报》1997年第4期。

梁宗华：《论扬雄对儒学的改造和发展》，《东岳论丛》2016年第12期。

董志翘：《扬雄〈方言〉与中古、近代汉语词语溯源二例》，《语文研究》2005 年第 4 期。

董治安：《关于汉赋同经学联系的一点探索——从扬雄否定大赋谈起》，《文史哲》1990 年第 5 期。

董根洪：《“动化天下，莫尚于中和”——论扬雄的中和哲学》，《社会科学研究》1999 年第 6 期。

蒋文燕：《关于〈封禅文〉、〈剧秦美新〉和〈典引〉的一点思考》，《宁夏大学学报》2002 年第 2 期。

韩敬：《〈太玄〉与〈周易〉之比较研究——兼论扬雄在中国哲学史上的地位与作用》，《思想战线》1987 年第 5 期。

韩敬：《〈玄攡注〉摘要——〈太玄注〉选载（一）》，《文献》1993 年第 1 期。

程维：《从王世贞对扬雄赋论的“误”引看明中期的赋学复古》，《中南大学学报》2014 年第 6 期。

傅鉴明：《扬雄的〈方言〉与历史比较语言学》，《成都大学学报》1988 年第 1 期。

谢荣娥：《论扬雄〈方言〉楚地词“革”源自古越语》，《中南民族大学学报》2015 年第 3 期。

雷健坤：《扬雄信道的思想特质》，《学术研究》1997 年第 9 期。

解朱皋：《〈方言〉所记古朝鲜语与现代朝鲜语“无一近似”》，《濮阳职业技术学院学报》2016 年第 2 期。

解丽霞：《“今古转型”中的扬雄经学观》，《中华文化论坛》2007 年第 3 期。

解丽霞：《〈易〉到〈论语〉的经学转向——扬雄晚年思想转变的经学解读》，《江淮论坛》2008 年第 5 期。

解丽霞：《为学重〈仪礼〉与为术重〈周礼〉——扬雄与王莽古文经学》，《孔子研究》2011 年第 3 期。

解丽霞：《正今文倡古学：扬雄与刘歆经学》，《哲学动态》2010 年第 12 期。

解丽霞：《取〈易纬〉驳谶符：扬雄与谶纬学说》，《华南理工大学学报》2011 年第 2 期。

解丽霞：《取道宗儒：〈太玄〉的义理诠释》，《四川师范大学学报》2009 年第 5 期。

蔡方鹿：《扬雄的道统思想及其在道统史上的地位》，《四川师范大学学报》2017 年第 4 期。

蔡伯铭：《扬雄的逻辑辩说思想与数的演绎逻辑》，《湖北师范学院学报》1988 年第 1 期。

蔡晓：《由扬雄〈方言〉看泌阳话中古语的遗留》，《天中学刊》2003 年第 3 期。

谭佛佑：《论扬雄的教育思想》，《贵州教育学院学报》1987 年第 4 期。

谭继和：《“西道孔子”扬雄的大一统观与儒风在巴蜀的流布》，《中华文化论坛》2001 年第 1 期。

谭淑娟：《扬雄与韩愈》，《贵阳师范学院学报》2006 年第 2 期。

熊良智：《扬雄“四赋”时年考》，《四川师范大学学报》2005 年第 3 期。

熊良智：《扬雄〈蜀都赋〉释疑》，《文献》2010 年第 1 期。

魏启鹏：《〈太玄〉·黄老·蜀学》，《内蒙古师范大学学报》1996 年第 2 期。

魏鹏举：《述“事”作“文”：扬雄〈太玄〉旨意探微》，《文学评论》2009 年第 3 期。

濮之珍：《方言与尔雅的关系》，《学术月刊》1957 年第 12 期。

三、学位论文

万志全：《扬雄美学思想研究》，山东师范大学博士学位论文，2006 年。

王栋：《扬雄文论研究》，湖南师范大学硕士学位论文，2005 年。

王博：《扬雄〈法言〉研究》，广西师范大学硕士学位论文，

2004年。

王智群：《〈方言〉与扬雄词汇学思想研究》，华东师范大学博士学位论文，2007年。

井雷：《〈太玄〉象数与汉代易学卦气说》，山东师范大学硕士学位论文，2013年。

田小中：《〈太玄〉易学思想研究》，山东大学博士学位论文，2009年。

刘静安：《从大赋创作到玄静之思：扬雄辞赋创作论》，陕西师范大学硕士学位论文，2007年。

孙素秀：《〈法言〉的文学观及其影响》，曲阜师范大学硕士学位论文，2008年。

李锐：《扬雄〈法言〉研究》，山东师范大学硕士学位论文，2014年。

张庆伟：《扬雄〈法言〉思想研究》，山东大学硕士学位论文，2008年。

张丽霞：《扬雄〈方言〉词汇嬗变研究》，山东师范大学硕士学位论文，2002年。

张倩：《扬雄辞赋名物考》，兰州大学硕士学位论文，2012年。

张焕新：《〈法言〉复音词研究》，东北师范大学硕士学位论文，2004年。

张鹏：《论扬雄的政治思想》，中国政法大学硕士学位论文，2007年。

陈朝辉：《扬雄文学思想研究》，四川师范大学硕士学位论文，2002年。

陈碧仙：《扬雄辞赋及其赋论之研究》，福建师范大学硕士学位论文，2002年。

林晓雁：《一个汉代儒者的执著与徘徊——试论扬雄的自我认同及其矛盾》，北京大学硕士学位论文，2004年。

孟晓妍：《〈方言〉郭璞注双音词研究》苏州大学硕士学位论文，

2005 年。

侯文学：《淑周楚之丰烈——扬雄作品的文化阐释》，东北师范大学博士学位论文，2003 年。

姜晶晶：《扬雄与王充天人思想的比较研究》，山东大学硕士学位论文，2016 年。

党时勇：《论〈法言〉的圣人之道》，湘潭大学硕士学位论文，2016 年。

高安晶：《司马相如与扬雄辞赋研究》，西北大学硕士学位论文，2011 年。

唐妤：《扬雄与巴蜀文化》，四川师范大学硕士学位论文，2008 年。

葛园：《扬雄〈法言〉文体研究》，扬州大学硕士学位论文，2015 年。

韩文娟：《〈法言〉修辞研究》，西北师范大学硕士学位论文，2013 年。

翟蕾：《扬雄〈法言〉的历史观及其影响》，陕西师范大学硕士学位论文，2012 年。

魏然：《〈法言〉伦理思想研究》，中南大学硕士学位论文，2009 年。

后　记

近百年来的扬雄研究，成果丰硕。就成果形式而言，主要有：专著，由现代意义上的出版社出版；论文，发表于现代意义上的学术期刊或者辑刊，以及报纸的文史副刊；学位论文，是指近一二十年网络发布的硕博士论文。根据本书编撰的任务和体例，我们仅从公开发表的学术论文中选编了部分文章，汇集成这本《扬雄研究文选》。

据不完全统计，近百年来海内外公开发表的扬雄研究论文，超过400篇。我们拜读了专家学者们的宏文，正是一次很好的学习。而限于本书体例和预先商定的选文规模，我们仅从中选编了31篇约30万字的文章。选文的标准是有代表性。具体的考虑是：根据我们所理解的百年来扬雄研究的实际情况，将入选文章分为几个部分（扬雄事迹研究、扬雄思想研究、扬雄文学研究、扬雄《方言》研究、相关文献研究）；如果某位专家学者有多篇研究佳作，只选一篇；入选论文，兼顾不同历史时期，而以近40年为主（截至2017年）。但是，用鲁迅先生曾强调过的“选家的眼光”来看，我们的选编不可避免地存在一些遗憾，比如入选文章是否某位学者的“代表作”，以及归类是否恰当，还有遗珠之恨。

书前有一篇学术综述，大致概述了近百年来的扬雄研究（主要是研究论文）。但是限于我们的学养和见识，综述难免不全面、不深入，请专家学者和广大读者朋友批评指正。书后附录了重要论著索引，选录了有代表性的专著、论文和学位论文，以供检索参阅。

关于文本校录，保持原貌，并注明原发刊物，但原文中个别明显的错脱字，则径自修改；引文著录保持原貌，不勉强整齐划一，只是统一为当页脚注，以便阅览。这样处理，想来作者诸君和广大读者朋友是理解和赞同的。

由于时间紧，阅读量大，加之阅读不便等原因，少数民国早期的报刊文章和海外发表的研究论文，以及一些专家个人文集、学术会议文集中的研究论文，尚未查阅到。另外，关于扬雄语言学著作《方言》的研究论文，由于引述中《方言》原文怪字僻字较多（有些本身就是扬雄自造的字），文本录制和校订有一定困难，这方面的文章就选得少一点。在此要向有关专家学者和广大读者朋友致歉。

为全面反映从民国到当代研究扬雄的重要成果，编者从数以千计的作品中筛选出本书所收录的这些著述。同时编者多方努力寻找这些著述的著作权人，获得绝大多数著作权人的授权；但尚余少量篇目难以联系上其著作权人，在此特别致歉。请相关著作权人知悉后与编者或出版社联系，以便支付稿酬。

编　者

2018 年 8 月